U0505366

长期品牌管理

上海市学术著作出版基金

长期品牌管理

何佳讯 著

世纪出版集团 格致出版社

国际学术界的推荐一

"I think Professor He's work will gain even more recognition as time goes on since his work fills an important gap in our discipline. He is not only leading the branding research in China，but also a critical player in the big picture of branding in the world. Professor He represents the leading scholars we want to have in our discipline，who are grounded on critically important problems to China，but at the same time，whose work will enrich the overall academic literature and practice in the world."

Min Ding
Smeal Professor of Marketing and Innovation
Smeal College of Business
The Pennsylvania State University

"我认为随着时间的发展，何教授的著作将得到越来越多的重视，因为他的著作填补了我们学科的一大空白。他不仅在引领中国的品牌研究，同时也在世界品牌研究的大格局中发挥重要作用。何教授的研究立足于十分重要的中国现实问题，但同时又推进了世界范围内品牌理论研究和实践的发展，他是这一学科中我们想要拥有的一位领军式人物。"

丁敏，Smeal 市场营销和创新教席教授
美国宾州州立大学 Smeal 商学院

国际学术界的推荐二

"I have been very impressed by Prof. He's work on branding, which covers important new ground. More specifically, Prof. He has made important contributions to the branding literature on two distinct but interrelated dimensions. First, his work contributes to branding theory in general. In this work, he does not shy away from qualitative insights, but transforms them into a measurable format. Second, Prof. He's work enriches the international body of brand knowledge by complementary, theory-grounded emerging market perspective. "

Jan-Benedict E.M.Steenkamp, Dr. h.c., PhD. MSc. BSc

C.Knox Massey Distinguished Professor of Marketing &

Chairman of the Marketing Department

Kenan-Flagler Business School

UNC-Chapel Hill

"何教授在品牌方面的著作给我留下了非常深刻的印象,他的著作涉及了重要的新兴领域。具体说来,何教授对品牌研究中两个不同但相互联系的层面作出了重要贡献。其一,他的著作从总体上推动了品牌理论的发展,他没有刻意回避定性洞察,而是把它们转变成可测量的方式。其二,何教授的著作提供了一个互补的、以理论为基础的新兴市场视角,丰富了国际社会的品牌知识。"

扬-本尼迪克特 · 斯廷坎普

C.Knox Massey 市场营销杰出教席教授

美国北卡罗来纳大学 Kenan-Flagler 商学院市场营销系主任

本书成果获得如下学术荣誉,特此鸣谢:

第十届上海市哲学社会科学优秀成果论文类一等奖(2010.12);

第十二届上海市哲学社会科学优秀成果论文类二等奖(2014.8);

第六届高等学校科学研究优秀成果奖(人文社会科学)三等奖(2013.4);

第四届中国管理学年会优秀论文奖(2009.11);

上海市社会科学界第六届学术年会优秀入选论文奖(2008.12);

2007年JMS中国营销科学学术年会优秀论文奖(2007.10);

上海市社会科学界第四届学术年会优秀论文奖(2006.12)。

自序
品牌与品牌化研究的取向、格局及趋势 [1]

2013 年 7 月 29 日,巴黎,我与 Jean-Noël Kapferer 教授相约晤面。刚一落座,Kapferer 教授就问我,"您与 David Aaker 和 Kevin Keller 熟识吗?"在那个时刻,我似乎一下得以确认自己的想法:在现代品牌理论发展的近三十年中,真正称得上奠基人的也许只有这三位宗师。尽管他们几乎在差不多的时间发表(出版)了代表作,但 Kapferer(1991)首次提出"战略品牌管理"构念[2],并于 1992 年出版了同名英文著作[3]。在差不多同样的时间,Aaker(1991)出版了《创建强势品牌》。两年后,Keller(1993)发表了《概念化、测量和管理基于顾客的品牌资产》这篇种子论文。

那么,这三位学者的奠基性贡献究竟何在? 笔者认为,他们奠定了品牌与品牌化研究的基本取向,共同构建了整体性的研究格局,并引领了不同的研究路径。

品牌与品牌化研究的三大取向

品牌与品牌化研究有两个对应的取向。如果我们画一坐标,那么向左走就是企业(战略)角度,这是 Kapferer 教授建立并主张的取向;向右走就是顾客角度,这是 Keller 教授确立并主导的取向。在这个坐标的中间,则是企业与顾客兼顾的取向,这是 Aaker 教授开创并坚持的取向。这三种取向构成了完整的版图,并蕴含了品牌创建与品牌资产测量的实践逻辑，十分重要。把它们放在一起，有助于我们理解品牌与品牌化研究的全貌。三种取向的基本比较见表 1。

表 1   品牌与品牌化研究的三大取向

比较项	企业取向	企业与顾客兼顾	顾客取向
奠基人	Jean-Noël Kapferer	David A. Aaker	Kevin Lane Keller
开创之作	Strategic Brand Management-New Approaches to Creating and Evaluating Brand Equity(1992)	Managing Brand Equity (1991)	Conceptualizing, Measuring and Managing Customer-based Brand Equity(1993)
核心构念	Brand Identity	Brand Equity ＋ Brand Identity	Customer-Based Brand Equity
对品牌的理解	"品牌是条件性资产"（即品牌是产品加上产品之外的附加值）	企业战略之脸（A Brand is the Face of a Business Strategy)(2014)	品牌知识导致顾客对营销活动的差异化反应（即品牌是产品之外的附加值）
核心管理模型	Brand Identity Prism (1992)	Brand Equity(1991) Brand Identity Planning Model(1996a)	Brand Planning Models（包括：Brand Positioning Model, Brand Resonance Model, Brand Value Chain Model)(2013)
品牌战略制定的起点	品牌识别	战略品牌分析	品牌定位
品牌建立范式的侧重点[4]	自上而下建立品牌	自上而下建立品牌	自下而上建立品牌
品牌资产测量的视角	财务角度	顾客与财务联合的角度；市场角度	顾客角度
派生的理论流派	• 品牌取向（Urde, 1999；Urde, Baumgarth and Merrilees, 2013） • 基于企业内部视角的品牌管理（Burmann, 王煦逸, Halaszovich, 2015)[5]	• 信息经济学视角（Erdem and Swait, 1998) • 品牌资产的财务价值（Aaker and Robert, 1994；Mizik and Jacobson, 2008）；Mizik, 2014) • 利益相关者聚焦的品牌逻辑（Merz, He and Vargo, 2009) • 基于雇员的品牌资产（Tavassoli, Sorescu and Chandy, 2014) • 全球品牌（Steenkamp, 2014) • 品牌价值共创（Ramaswamy and Ozcan, 2015)	• 消费者—品牌关系（Fournier, 1994) • 品牌个性（Aaker, 1997) • 品牌社群（Muniz and O'Guinn, 2001) • 文化品牌化（Holt, 2004) • 品牌体验（Brakus, Schmitt and Zarantonello, 2009) • 品牌依恋（Park et al., 2010) • 品牌之爱（Batra, Ahuvia and Bagozzi, 2012) • 品牌价值观（Torelli et al., 2012)

企业取向

Kapferer 在《战略品牌管理》第一版(1992)和第二版(1995)著作的序言中指出,品牌化不应该是一种战术性决策,即在营销过程的最后,通过像广告、包装等之类的传播建立品牌;也不是一开始所关注的品牌名称、标识、设计等事情。"真正的品牌管理,无论如何,在很早阶段就以一种战略和一个持续一致的愿景开始了。""它的中心概念是品牌识别,而不是品牌形象"。因此,Kapferer 在建立战略品牌管理的逻辑体系时,是由品牌识别(brand identity)开始的,他花了数章篇幅介绍品牌识别的概念和构面、它的来源,以及如何随时间因素管理品牌识别的一致性和变化。需要指出的是,在 Kapferer 的理论中,品牌识别首先不是那些设计性的识别元素,而是帮助确定产品的来源,是产品的意义和方向,在时间和空间上定义产品的身份。

时隔十年后,Kapferer 推出第三版(2004)。他在序言中坦言,第三版反映了自己思想的演进,核心是把品牌和企业整合起来(integrating brand and business)。品牌是业务盈利增长的工具,品牌建立的目的即为此。因此,企业战略和品牌战略之间的相互关系需要得以强调,因为这是公司运作的方式。Kapferer 指出,关键要记住的是,无论一个品牌的形象与知名度如何,如果品牌无法产生额外的现金流,那就是没有价值。在第四版(2008)的前言中,Kapferer 指出,要把品牌看作是战略性资产。战略的目的是建立持续性竞争优势,而品牌则是非常少数的实现方式之一。在第五版(2012)的序言中,Kapferer 一开始就直接指出本书的原创性:与其他任何品牌管理书不同,这是因为它是企业取向的。Kapferer 认为,品牌是一种条件性资产(conditional asset),即它以产品的存在为前提,离开了产品,品牌的价值无法实现。因此,我们可以简单地概括,在 Kapferer 的逻辑中,品牌是产品加上产品之外的附加值。

纵观 Kapferer 的理论体系,可以看出他强调的一些要点,包括:品牌组合投资(brand portfolios);产品与品牌的关系;品牌与商业模式;品牌的财务评估与会计,等等。这些都是企业取向的品牌管理所需要重视的内容。

顾客取向

与 Kapferer 的企业（战略）角度对应的另外一个取向即是顾客角度。这个角度强调品牌价值的来源是消费者对品牌的认知、情感和态度。它解释了为什么在产品同质化的情况下，不同品牌的产品具有不同的溢价水平。事实上，在很多情况下，品牌的无形资产价值部分要大大高于有形资产价值部分。这就是为什么在 20 世纪 80 年代后期开始的西方公司兼并收购浪潮中，收购方愿意支付账面值的数倍价钱来购买公司，看中的就是公司所拥有的品牌价值，但这并不体现在资产负债表中。例如，1988年，瑞士雀巢食品公司以总额 10 亿多美元的价格买下了英国罗特里（Rowntree）公司，收购价是其财务账面总值的 6 倍。雀巢公司因此收获了罗特里公司的宝路（Polo）、奇巧（Kit Kat）和八点以后（After Eight）等产品品牌。在这样的背景下，学者们开始研究品牌价值以及品牌价值的来源，其核心概念便是品牌资产（brand equity）[6]。1988 年，美国营销科学研究院（MSI）将其列为研究重点，推动了学术界对此问题的研究。[7] 1989 年，Farquhar 发表"管理品牌资产"这篇重要文章，在此文的一开始，作者就指出，品牌资产就是一个品牌赋予产品的"附加值"。[8]

Keller（1993）建立了顾客角度的品牌理论体系。他提出"基于顾客的品牌资产"构念，定义为由品牌知识引起的消费者对品牌营销的不同反应。一个品牌可能拥有正面或负面的品牌资产，这取决于与没有标明品牌或只有一个虚拟品牌的产品或服务相比，消费者对拥有品牌的产品或服务具有积极还是消极的反应。品牌知识由品牌意识（分为品牌再认和品牌回忆）和品牌形象（即一系列令人喜爱、强烈和独特的品牌联想）组成，在基于顾客的品牌资产的定义中处于重要的地位。只有消费者意识到某个品牌并且在记忆中对该品牌形成了令人喜爱、强烈、独特的品牌联想时，我们才说该品牌具有基于顾客的品牌资产。Keller（1998）以此文为理论基础，出版了教科书。有意思的是，尽管 Keller 对品牌理论的取向是彻底的顾客角度，但他的教材起了与 Kapferer 著作同样的书名《战略品牌管理》，只是副标题不同。[9]

站在实践的角度，Keller（1998）以他的理论提出了品牌资产金字塔模型(后改称为品牌共鸣模型)。这个模型有四层两条路径,形象地表现了整个品牌创建的阶段过程。低层为品牌识别(即品牌显著度),往上是品牌含义(包括功效和形象),再往上是品牌反应(包括判断和感受),最后到达顶端是品牌关系(即品牌共鸣)。只有当品牌处于金字塔塔尖时,才能产生具有深远价值的品牌资产。在整个过程中,金字塔左侧倾向于建立品牌的"理性路径",金字塔右侧倾向于建立品牌的"感性路径"。我们不难看出,这个模型完全是顾客角度。值得指出的是,Keller 模型中的"品牌识别"是指品牌元素,目标是建立知名度。在 Keller(2013)的理论体系中,品牌战略的核心是建立品牌定位。这可以从他的教科书的章节安排中看出。

如果说企业取向的逻辑,品牌是产品加上产品之外的附加值,那么顾客取向的逻辑,品牌就是产品之外的附加值。我们不难看出,在 Keller 的理论体系中,对如何设计与实施品牌营销项目(包括品牌元素、营销组合、营销传播、次级联想杠杆等)以建立品牌资产(即品牌附加值)非常强调;在品牌资产测量方法中,Keller 把品牌资产的来源与结果区分开,使得我们很清楚地看到基于顾客认知的品牌原动力。Keller 理论体系的核心是品牌知识(brand knowledge)构念,包括品牌意识和品牌形象。这就是顾客取向的品牌逻辑。

企业与顾客兼顾取向

与 Kapferer 的企业取向和 Keller 的顾客取向不同的是,Aaker 对品牌理论的研究则结合了企业和顾客两种取向。在向左走是企业(战略)取向、向右走是顾客取向的坐标上,Aaker 的研究似乎处在坐标的中间,兼容了企业角度和顾客角度这两个理论视角。在 Aaker(1991)的第一本代表作《管理品牌资产》一书中,他提出了品牌资产模型,包括品牌忠诚度、品牌意识(知名度)、感知质量、品牌联想和其他专属性品牌资产等五大方面。这些品牌资产对顾客和公司两个方面提供价值。可以看出,Aaker 试图把顾客取向与企业取向结合起来。在该书中,Aaker 举了大量案例,综合了战略与竞争、营销战略与财务等理论视角进行分析。

在 Aaker(1996a)的第二本代表作《创建强势品牌》一书中,他提出了

"品牌识别规划模型"，这个模型以品牌识别系统为核心，包括核心识别和延伸识别，它们来源于四大方面：产品、组织、人员与象征。这个品牌识别模型与 Kapferer 界定的品牌识别更为接近，即强调品牌内涵与意义的识别，而不是外在表现元素的识别。而在 Keller(2013)的定义中，品牌识别是指整套品牌元素，强调的是外在形式上的识别。之后，Aaker 和 Joachimsthaler(2000)在《品牌领导》一书中，进一步明确了品牌的战略性地位，提出要把经典的品牌管理模式从战术性取向转变为战略管理取向，这种转变需要把品牌识别作为品牌战略的基石，并通过品牌架构、品牌建设方案、组织结构和过程等作为完整系统，保障实现品牌的领导地位。

Aaker(2004)还专门出版了《品牌组合战略》。在该书的前言中，Aaker 指出，成功的企业战略必需关注品牌组合战略。如果品牌组合战略模糊不清、互不连贯，就会妨碍甚至破坏企业战略的实施。在品牌组合的目标中，Aaker 结合了顾客评价的因素。时隔七年后，Aaker(2011)又出版了《品牌相关性》一书。在该书中，Aaker 把企业取向和顾客取向很好地融合在一起，它基于竞争战略的视角，又运用了顾客认知评价的基本原理。Aaker 的核心思想是，在品牌竞争中，可以不是通过让品牌的偏好程度超过竞争对手的方法赢得竞争，而是通过创立新的品类或子品类，让竞争对手变得不相关，因而不被消费者所考虑的战略，彻底赢得竞争。2014 年，Aaker 出版了《Aaker 论品牌》，总结了 20 条驱动成功的原则。这些原则来自 Aaker 以往著述的总结和提炼，综合了企业和顾客两大取向。

品牌资产概念化及测量的三种取向[10]

无论是哪种研究取向，都离不开"品牌资产"这个突破性构念。1988年，美国 MSI 召开关于品牌资产[11]主题的会议，并把品牌资产列为优先研究课题。在此后的十多年间，"品牌资产"成为影响营销界最有震撼力的概念之一[12]，并成为营销学的核心构念和理论。品牌资产测量受制于对品牌资产内涵的理解。[13]从已有的研究看，学者们对品牌资产的概念化主要存在财务、市场和顾客等三个要素及其组合的不同视角[14] (Ailawadi, Lehmann and Neslin, 2003; Kim, Kim and An, 2003; Munoz and Kumar, 2004), 并以品牌价值链模型建立了相互间的联系 (Keller and Lehmann, 2003)。对品牌资产概念化的三个视角的理解, 有助于我们进一步把握上述有关品牌研究的三大取向。

三个基本角度的定义

在财务角度上, 学者们的定义有很大差异。有人认为是指现在盈余和未来盈余预测的折现值总和(Brasco, 1988), 或重置成本(Stobert, 1989), 或者是并购、清算价值(Brasco, 1988; Stobert, 1989); 也有人认为是公司未来现金流量折现的递增量, 意即相同产品比较有无品牌对未来现金流量的影响(Simon and Sullivan, 1993), 等等。

市场角度定义也不尽相同, 最有代表性的是 Aaker(1991, p.15)的定义: 一组与一品牌的名字及符号相连的品牌资产(assets)与负债, 它能增加或扣减某产品或服务所带给该企业或其顾客的价值。其他的定义还有: 由于品牌(名称)所达成的市场地位(Tauber, 1988), 持久及差异化优势的效果(Doyle, 1990); 品牌名称赋予的附加价值(Farquhar, 1989, 1990); 与一般竞争者比较所产生的价格溢酬(Mullen and Mainz, 1989), 可视为自己与竞争者被消费者同等需求时, 自己的市价与竞争者市价之比减去 1 所得的百分比(Crimmins, 1992); 由品牌名称而非功能属性带来的增量效用(Kamakura and Russell, 1993); 在考虑品牌的延伸力时, 可解释为一种剩余价值, 存在于喜欢的印象、态度的倾向及行为的偏好中(Rangaswamy, Burke and Oliva, 1993); 介于被消费者个体感知的整体品牌偏好和他/她的基于客观测量属性水平上的多态属性偏好之间的差异(Park and Srinivasan, 1994); 整体质量与选择意愿(Agarwal and Rao, 1996), 等等。

基于顾客的定义最有影响力的当属 Keller(1993, p.2)的定义: 消费者对品牌知识而引起的对该品牌营销的不同反应。其他的定义还有: 在相同的产品特色水平上, 有品牌的产品与一个无品牌的产品相比, 所存在的消费者选择的差异(Yoo, Donthu and Lee, 2000)。Blackston(1995)

从另外的角度提出品牌资产是品牌意义和品牌价值,品牌意义包含了品牌突出性(brand saliency)、品牌联想和品牌个性,品牌价值是品牌意义管理的成果。Blackston(1992)认为品牌资产的创造可视为品牌与消费者交互作用的过程,此过程可被称为是品牌关系的建立。Leuthesser、Kohli 和 Harich(1995)认为从消费者的观点看,是品牌名称单独地对提供物的价值贡献程度。Lassar、Mittal 和 Sharma(1995)认为,定义品牌资产存在五个重要的考虑:消费者所感知的;与品牌相关的整体价值;品牌的整体价值源自于品牌名称而非只源自于品牌的有形面;是相对于竞争者的一种优势;能正面影响财务绩效。这些考虑的核心反映了基于顾客的角度。

研究者们对品牌资产定义普遍接受的概念是:品牌资产可解释为带有品牌名称的产品与没有品牌名称的同样产品相比,获得的营销效果(effects)或结果(outcomes)(Leutheser, 1988; Farquhar, 1989; Aaker, 1991; Dubin, 1998; Keller, 2003)。[15]这种特定的效果可能是消费者层面的构念,例如态度、意识、形象和认识;或是公司层面的结果,如价格、市场份额、收益和现金流等(Keller, 1993)。事实上,1988 年 MSI 给出的品牌资产定义就已经具有很大的包容性:品牌的顾客、渠道成员和母公司等对于品牌的联想和行为集合,它使得品牌可以获得比在没有品牌名称的情况下更大的销售额和边际利润,同时赋予品牌超过竞争者强大、持久和差别化的竞争优势[16]。

品牌资产的来源与结果

Keller(1993,1998)使用基于顾客(customer-based)的定义,把受制于消费者知识结构的品牌资产来源,与品牌资产的市场结果(即以市场为基础的品牌资产)区别了开来。于是,学界对品牌资产的评价就分为两派。一派是聚焦于品牌的市场评价(如比较法、估价法和整体法(参见Keller, 1998, 2003)。很多研究者在这种倾向下发展出众多的品牌资产测量方法(eg., Kamakura and Russell, 1993; Simon and Sullivan, 1993)。他们认为品牌资产测量应该依赖于市场为基础的客观的测量,因为消费者的态度和偏好测量在本质上是主观的(Simon and Sullivan,

1993）。另一派则持反对意见，认为一个品牌具有的价值是消费者给出的评价确定的，因此他们的看法必须考虑进去（Keller，1993）。

这两派实际上对应于被更多的学者认可的两种测量（目的）角度：组织/公司的角度（eg.，Simon and Sullivan，1993）及顾客的角度（eg.，Keller，1993；Krishnan，1996）。前者探究的是品牌资产对于公司的价值，它是从财务的角度，主要基于未来现金流的贴现盈余（incremental discounted future cash flows）来看待品牌资产，这是由于一个品牌化产品的收益超过一个未品牌化产品的收益（Simon and Sullivan，1993）。这种品牌资产（assets）包含在公司资产中，出现在公司的资产负债表中。后者探究的是品牌对于顾客的价值，它是从营销决策的背景中看待品牌资产。这个视角关注的是产品或服务品牌是如何被顾客知觉的。

这两种测量角度仍间接表达了品牌资产来源与结果之间的关系。按Doyle（2000，p.221）的解释，品牌资产来源于顾客对公司品牌的信任，这种信任产生顾客与品牌之间的一种关系，它激励偏好、品牌忠诚和对公司在品牌名下提供新产品和服务的购买意愿。因此，品牌资产既对消费者产生价值（Ambler，1997），又对公司（股东）产生价值（Aaker，1991；Farquhar，1990）。[17]这在业界已取得广泛共识：品牌应该被当作是一项资产，对组织的长期的、根本的业务战略是必不可少的。

基于品牌价值链的测量方法体系

基于顾客的品牌资产研究渐成气候后，对品牌资产测量方法的研究追求出现了变化。主要表现在，综合不同评估要素（顾客、市场或财务）的方法不再成为主流，而是转为研究不同要素之间的因果关系（Munoz and Kumar，2004）。这体现在 Keller 和 Lehmann（2003）从品牌价值链的角度对各类测量方法所做的新归类中，见表 2。他们把品牌资产的测量分为三类，第一类称为"顾客心智集合"（customer mindset），聚焦于品牌资产的消费者来源的评价。第二和第三类分别被称为"产品市场"（product market）和"金融市场"（financial market），集中于公司从它的品牌资产中得到的结果或净利。[18]三类方法各有自己的优缺点，没有一个单一的测度能够集品牌资产测量的所有理想特征于一身（Ailawadi，Lehmann， and Neslin，2003），也没有一种方法适合于所有的市场情形（Wyner，2001）。

表 2　基于品牌价值链的测量方法表达

顾客心智集合	产品市场	金融市场
通用的方法		
• 意识 • 联想 • 态度 • 依恋 • 行动 • 满意 • 品牌关系	• 重购率 • 市场份额 • 溢价 • 额外收益 • 营销组合弹性 • 品牌延伸成功	• 股票价格 • 经济附加值（EVA） • 余值法（Residual in valuation） • 出售价值（Value in a sale）
商业的方法		
• Yong & Rubicam's Brand Asset Valuator • Research International's Equity Engine	• Interbrand • Millward Brown's Brand Z	• Stern-Stewart
主要用户		
• 品牌/产品经理	• 品牌/产品经理 • CMOs • COOs	• CFOs • CEOs
学术的角度		
• 品牌资产结构（Aaker，1991，1996a） • 品牌资产十要素 *（Aaker，1996b） • 品牌知识维度（Keller，1993） • 品牌个性维度（Aaker，1997） • 品牌关系质量（Fournier，1994，1998） • 品牌资产金字塔（Keller，2001，2003） • CBBE 多维量表（Yoo and Donthu，2001）	• 价格均衡法（Blackston，1990） • 品牌资产两要素模型（Srivastava and Shocker，1991） • 剩余法（Kamakura and Russell，1993；Park and Srinivasan，1994） • 联合分析法（Cobb-Walgren，Ruble, and Donthu，1995） • 全球品牌资产模型（Motameni and Shahrokhi，1998） • 收入溢出法（Revenue Premium）（Ailawadi, Lehmann, and Neslin，2003）	• 股票市值法（Simon and Sullivan，1993）

* 注：品牌资产十要素含有两个产品市场变量：市场份额，价格和分销覆盖。
资料来源：Keller and Lehmann（2003），其中学术的角度系作者补充。

　　基于顾客的测量直接、真实地揭示品牌资产的内核，而产品市场和金融市场的测量方法反映出品牌资产的扩展效应。在金融市场上，有多种方法做出对品牌价值的直接财务牵连关系的评价。三个特别重要的指标是股票价格、市盈率以及最终的公司总体市值,其他的测量如经济附加值也有用。但 Keller 和 Lehmann(2003)指出,这些都是相当不灵敏的指标,它们只解释了品牌对于公司的小部分的贡献。在产品市场上,尽管借助购买行为调查,可以知道品牌资产的确存在,但却无法揭示真正驱动品牌资产形成的消费者因素(Biel,1993)。唯有"顾客心智集合"的测量方法在评价品牌资产的来源方面能提供丰富的信息,具有很好的诊断能力,并且作为一种输入要素能预测一个品牌的发展潜力(Ailawadi,Lehmann,and Neslin,2003)。Mizik(2014)的研究证实了这一点,即基于顾客的品牌资产对财务绩效的影响主要体现在未来的盈利能力方面。

品牌与品牌化研究的五大板块[19]

品牌与品牌化研究的三大取向十分简练,但对于概括纷繁复杂的具体研究来说,又可能过于简单。那么,品牌与品牌化研究的知识结构究竟是怎样的? 与三大研究取向有无对应关系? 这里介绍笔者曾经开展的一项研究,即运用引文分析中的同被引分析法和社会网络分析法,通过计算给出同被引文献间的空间结构关系,从而揭示出品牌与品牌化研究的主题领域、经典文献和发展趋势。

我们选取 JMR(*Journal of Marketing Research*)、JM(*Journal of Marketing*)、JCR(*Journal of Consumer Research*)、MS(*Marketing Science*)、IJRM(*International Journal of Research in Marketing*)这五本公认的国际权威营销学期刊作为文献来源期刊,以"brand(s)"限定于标题作为检索词,检索 SSCI[20]数据库 1975 年 1 月至 2008 年 11 月间的所有数据,得到被引频次最高的前 100 篇文献[21]。考虑到体现论文影响力的被引频次的多少受时间积累影响,为消除这一影响,我们对这百篇文献的被引频次按发表年代先后进行调整,得出其相对被引频次排序,选定相对被引频次位居前 30 名的论文为基础文献,可认为它们是迄今为止品牌研究领域影响力最大的经典文献(见表 3)。同时,我们通过 SSCI 数

表 3 高被引品牌研究核心文献(TOP 30)主题分布表

排序	被引次数	文献编号[a]	作者	年代	期刊[b]	作者单位与国别[d]		标题及主要内容
1	430	V1[*][c]	Keller	1993	JM	斯坦福大学商学院	美国	标题:《基于顾客的品牌资产的概念化、测量和管理》从基于顾客的角度建立了品牌资产的概念模型,"基于顾客的品牌资产"(CBBE)被定义为品牌知识对于消费者对该品牌营销反应的不同效应,探讨了如何构建、测量和管理基于顾客的品牌资产。
2	361	V2	Mitchel, Olson	1981	JMR	卡内基梅隆大学商学院,宾夕法尼亚大学沃顿商学院	美国	标题:《产品属性信念是广告效果对品牌态度形成和变化的唯一中介变量么?》态度理论研究最早用权威代表人物 Fischbein 认为品牌属性信念并非是品牌态度形成唯一的作用变量,消费者对广告的态度也会影响品牌态度和购买意愿的形成。
3	276	V3[*]	Fournier	1998	JCR	哈佛大学商学院	美国	标题:《消费者与品牌:在消费者研究中发展关系理论》本文发展了消费者行为研究中的关系理论,讨论了关系在消费者—品牌情境中的有效性,通过对品牌关系质量(BRQ)的探讨,提供了一个更好理解消费者与品牌联结的关系类型框架。
4	245	V4	Dodds, Monroe, Grewal	1991	JMR	波士顿学院,弗吉尼亚理工大学,迈阿密大学	美国	标题:《价格、品牌名和商店信息对购买者产品评价的影响》本文建立和检验了购买者对外部线索信息—价格、品牌名和商店等对感知质量,感知对价利购买意愿影响的概念模型。
5	242	V5[*]	Aaker, Keller	1990	JM	加利福尼亚大学商学院,斯坦福大学商学院	美国	标题:《消费者对品牌延伸的评价》研究了消费者对品牌延伸评价的影响因素。原品牌感知质量的高低,延伸产品之间的"适合性"(fit)和延伸的困难程度。其中,"适合性"可以通过转移性、互补性和替代性三方面进行测量。
6	196	V6	Winer	1986	JCR	范得堡大学欧文管理学院	美国	标题:《经常购买产品的品牌选择参考价格模型》研究了经常购买的产品品牌的选择模型,该模型由产品的购买概率模型和参考价格形成模型两部分组成。通过对三种品牌咖啡的面板数据研究表明,使用这一品牌选择模型比仅使用当前观测价格的标准需求模型更能有效地对购买概率进行预测。

（续表）

排序	被引次数	文献编号	作者	年代	期刊	作者单位与国别	标题及主要内容
7	166	V7	Rao, Monroe	1989	JMR	明尼苏达大学卡尔森管理学院、弗吉尼亚理工大学 Pamplin 商学院，美国	标题:《价格、品牌名、商店名对购买者产品感知质量的影响——一个综合评论》本文整合了以前的研究，采用元分析方法试验性地调查了产品价格、品牌名称和商店名称对于购买者对产品感知质量的影响。
8	162	V8	Nedungadi	1990	JCR	多伦多大学管理学院，加拿大	标题:《记忆可接近性(accessibility)变化可能影响——在不改变品牌评价的情况下对品牌选择的影响》本文聚焦于基于记忆的选择情景，品牌的可接近性。在这样的情况下，评价之外的因素可能影响购买时对头脑中考虑购买的品牌。
9	157	V9	Park, Young	1986	JMR	匹兹堡大学商学院、亚利桑那大学埃勒商学院，美国	标题:《消费者对电视广告的反应——涉入度和背景音乐对品牌态度形成的影响》本文把高涉入度认知和情感两种类型，通过操纵涉入度水平和类型，表明三种不同的涉入度形式对品牌态度形成具有不同影响。论文也检验了作为边缘线索的音乐如何影响品牌态度的形成过程。
10	155	V10*	Aaker	1997	JMR	加州大学洛杉矶分校安德森商学院，美国	标题:《品牌个性维度》根据西方人格理论的"大五"模型，以人格心理学研究方法为基础，开发了第一个系统的品牌个性维度量表(BDS)。
11	143	V11*	Keller, Aaker	1992	JMR	斯坦福大学商学院、加州大学伯克利分校哈斯商学院，美国	标题:《品牌延伸的连续性维度效应》实验室研究检验对一个核心品牌延伸评价的影响因素，这个核心品牌已经或还没有延伸至其他产品类。特别地，核心品牌的感知质量、核心公司可靠性和产品的数量，成功性和相似度，以及品牌产品适合性感知、被假设既影响预备延伸产品的评价，也影响核心品牌自身的评价。
12	142	V12*	Park, Jaworski, MacInnis	1986	JM	匹兹堡大学埃勒商学院、亚利桑那大学埃勒商学院，美国	标题:《战略性品牌概念—形象管理》以品牌联想的形成过程为基础，提出了品牌概念管理(BCM)常规框架，用于选择、执行和控制品牌概念形象。这个框架由对品牌概念的选择、引入、精细化和防御等连续性过程组成。

（续表）

排序	被引次数	文献编号	作者	年代	期刊	作者单位与国别	标题及主要内容
13	138	V14	MacInnis, Moorman, Jaworski	1991	JM	亚利桑那大学埃勒商学院、威斯康辛大学麦迪逊分校商学院、亚利桑那大学埃勒商学院；美国	标题：《增强和测量消费者处理广告中品牌信息的动机、机遇和能力》作者提出一个框架，直接把影响传播有效性的广告线索的MOA（动机、机遇和能力）和处理水平所影响的传播效果这两者联系了起来。这个框架强调了在广告执行线索和传播效果中，MOA所扮演的中介角色。
14	135	V15	Boush, Loken	1991	JMR	俄勒冈大学商学院、明尼苏达大学卡尔森管理学院；美国	标题：《品牌延伸评价的过程跟踪研究》以产品分类为基础，运用实验法研究品牌延伸评价过程的影响因素。其中品牌延伸的典型性（延伸产品与原产品间的相似性）和品牌宽度（品牌当前产品的变化）对品牌延伸的过程和评价结果有显著性影响。
15	130	V17*	Broniarczk, Alba	1994	JMR	德克萨斯大学奥斯汀分校商学院、佛罗里达州立大学；美国	标题：《品牌延伸中品牌的重要性》以往的研究认为影响消费者延伸评价的重要因素包括消费者对品牌的偏好和延伸产品与原产品类别的相似性。本文的实验揭示了品牌的特定联想可能主导了品牌情感和品类相似性的效果，尤其当消费者具有高的品牌知识时。
16	129	V18*	Park, Milberg, Lawson	1991	JCR	匹兹堡大学商学院、乔治敦大学商学院、斯克兰顿大学商学院；美国	标题：《品牌延伸的评价，产品特色的两个因素：产品特色相似性和品牌概念一致性》本文检验影响延伸成功与否的两个因素。研究发现，消费者在评估品牌延伸时，不仅考意产品层次上特色相似性的信息，也考虑品牌概念和延伸产品之间概念的一致性。
17	127	V19*	Muniz, O'Guinn	2001	JCR	德保罗大学、伊利诺伊大学香槟分校；美国	标题：《品牌社群》本文引入品牌社群的思想。品牌社群是专门化的、非地理边界的社群，它以社会学和消费者行为为理论基础。文章以经典的和当代的社会学和消费者行为为理论基础，使用人种志和计算机媒介环境数据，探究三种品牌社群的特征、过程和特殊性。
18	110	V24*	Loken, John	1993	JM	同为明尼苏达大学卡尔森管理学院；美国	标题：《品牌信念稀释：何时品牌延伸具有负面影响？》本文检验了品牌延伸更多或更少可能稀释与母品牌名称相关的信念的情形。实验结果显示，当消费者感知母品牌延伸与母品牌信念不一致时，稀释会发生。然而，当消费者感知是母品牌非典型的品牌延伸的时候，稀释效应应更少发生。

（续表）

排序	被引次数	文献编号	作者	年代	期刊	作者单位与国别	标题及主要内容
19	109	V25	Hardie, Johnson, Fader	1993	MS	同为宾夕法尼亚大学沃顿商学院 美国	标题：《损失规避和参考位置对品牌选择的影响模型》消费者行为选择受到品牌对多属性参考点相对位置的影响。本文通过建立参考依赖的品牌选择模型，强调了损失规避和参考依赖对品牌选择的作用。以往的品牌选择研究中并未充分考虑这两个概念。
20	108	V26	Erdem, Keane	1996	MS	加州大学伯克利分校哈斯商学院、明尼苏达大学卡尔森管理学院 美国	标题：《不确定性下的消费决策：在骚动市场中捕捉动态的品牌选择过程》本文构建了由以往购买经历和广告的影响，在品牌特性不确定情况下的两个消费者品牌选择行为模型，即时序效用最大化的动态用前价值期望和最大化的动态"期望"模型。
21	101	V29*	Mela, Gupta, Lehmann	1991	JMR	圣母大学商学院、哥伦比亚大学商学院、哥伦比亚大学商学院 美国	标题：《促销和广告对消费者品牌选择的长期影响》通过对经常购买商品长达8年时间的面板数据分析，研究了促销和广告对消费者品牌选择的长期影响。从长期来看，广告降低了消费者对价格的敏感度，而价格促销提高了消费者对价格的敏感度。
22	79	V44*	McAlexander, Schouten, Koenig	2002	JM	俄勒冈大学商学院、波特兰州立大学商学院、俄勒冈大学商学院 美国	标题：《创建品牌社群》在 Muniz 和 O'Guinn 研究的基础上，提出了品牌社群的广义观点，认为关键的关系包括顾客与品牌、顾客与产品以及顾客之间。作者采用人种志方法探究品牌社群，并通过定量方法测试关键结果。
23	72	V47	Chaudhuri, Holbrook	2001	JM	费尔菲尔德大学学院、哥伦比亚大学商学院 美国	标题：《从品牌信任和品牌情感到品牌绩效的效用的作用》以品牌忠诚的两个方面购买态度和态度忠诚作为中介变量，建立的结构方程模型包括产品市场水平和相对价值（市场份额和实用价值）以及品牌水平控制（品牌差异化和音音份额）。

（续表）

排序	被引次数	文献编号	作者	年代	期刊	作者单位与国别	标题及主要内容
24	72	V48	Degeratu, Rangaswamy, Wu	2000	IJRM	宾州州立大学 Smeal 商学院，宾州州立大学 Smeal 商学院，杜兰大学 Freeman 商学院，美国	标题:《在线和传统超市下的消费者选择行为(在线和其他搜寻属性的作用)》 本文研究在不同的购物环境下:品牌名,价格和其他搜寻属性的作用。影响消费者选择行为。根据作者提出的选择模型采用数据验证了假设:在线环境中品牌名称在某些信息可得性较少的品类中得更重要;感觉属性对在线选择的影响更小,而事实信息的影响更大;在线环境中价格敏感度变得更高。
25	64	V54	Alden, Steenkamp, Batra	1999	JM	夏威夷马诺大学商学院，比利时王国鲁汶天主教大学商学院，密歇根大学商学院，美国，比利时	标题:《亚洲,北美和欧洲通过广告的品牌定位:全球消费文化的作用》 本文提出,相对于之前的 LCCP 当地消费文化定位），FCCP(外国消费者文化定位）战略，随着全球化市场而言。一个全新的全球消费文化定位(GCCP)战略在广告运用中具有重要意义。研究结果支持了新构念的有效性。
26	62	V55	Holt	2002	JCR	哈佛大学，美国	标题:《为什么品牌会导致咳嗽? 消费文化与品牌之间的辩证逻辑理论》 作者在当今出现的反传统文化的背景下，建立了消费文化与品牌化的逻辑辩证模型，以此解释当代品牌化理论的演进过程，并分析了当今品牌抵制运动出现的原因及潜在的影响。
27	43	V83	Van Heerde, Gupta, Wittink	2003	JMR	蒂尔堡大学经济学院，康乃尔大学管理学院，荷兰，格罗宁根经济学院，荷兰，美国	标题:《促销导致的销售量增长的75%是源自品牌转换吗? 不,只有33%》 对 Gupta(1988)弹性作用理论(本品牌产品由于促销引起的销售量增长的75%源自于其他品牌销售量同比例的降低)提出了质疑,认为采用不同于弹性作用法的基于单位销售量测量法,可以发现当由于促销使得本品牌销售量增长100个单位时,其他品牌仅仅降低了33%的销售量,而非75%。

（续表）

排序	被引次数	文献编号	作者	年代	期刊	作者单位与国别	标题及主要内容
28	42	V84	Keller	2003	JCR	达特茅斯学院塔克商学院　美国	标题:《品牌综合体:品牌知识的多维度性》 在高度竞争性环境中,营销者通常必须把它们的品牌与其他实体(如人物、地点、事情和其他品牌)联系起来,以提升品牌资产。理解这种杠杆作用过程而要理解消费者品牌知识以及这种联想是如何改变的。作者提出,采用更广义的、全方位的视角,把品牌知识的多维度性整合起来是改进品牌化理论和实践的关键,无论是从一般的意义上,还是专门针对品牌杠杆化。
29	39	V90*	Aaker, Fournier, Brasel	2004	JCR	斯坦福大学商学院、达特茅斯学院斯坦福大学商学院,美国	标题:《当好品牌犯错时》 本文研究了影响消费者—品牌关系强度的两个重要因素——品牌个性和品牌关系强度,且这两者对关系强度的交互作用在有无受到品牌犯错的情况下对消费者关系强度产生不同的动态变化特征。"真诚"与"刺激"个性在任有无受到品牌犯错的情况下——伙伴质量的关系者强度影响。
30	39	V91	Pauwels, Hanssens, Siddarth	2002	JMR	达特茅斯学院塔克商学院、加州大学洛杉矶分校安德森管理学院、南加州大学马歇尔商学院　美国	标题:《价格促销对品类影响范围的长期影响》 价格促销对品类影响范围,品牌选择和购买数量产生何种程度的长期效果?作者以一个易腐烂和一个可储藏产品的每周销售量的面板扫描数据,建立持续性模型来回答这个问题。

注:a. 该列中的文献编号是根据绝对被引率从高低排列的原始序号(共100篇)。由于根据时间因素调整得到了相对被引率,因此,原始序号30位后排列的部分文献也进入了了相对被引前30位。

b. JM＝*Journal of Marketing*,JCR＝*Journal of Consumer Research*,JMR＝*Journal of Marketing Research*,MS＝*Marketing Science*,IJMS＝*International Journal of Research in Marketing*

c. 标*的文献也出现于Keller和Lehmann(2006)对品牌和品牌化研究进行回顾和展望的参考文献中。

d. 与文献对应所标的单位为作者发表该文时的署名单位。

据库,查得所有引用这 30 篇文献的全部著文信息,共计 3 963 篇[22]。利用 Excel 软件建立引用和被引关系数据库。然后,利用 SQL Server 2000 查询语言计算出这 30 篇中每两篇文献的同被引次数,建立一个 30 * 30 的原始同被引矩阵。同被引矩阵是完全对称矩阵,对角线上的数值即为该文献的被引用频次。通过多维标度分析和社会网络分析,我们得到了清晰的结果,区分勾勒出了品牌理论研究的五大板块。

多维标度分析结果及图示

通过多维标度分析,我们得到了一个有关当前品牌理论研究的二维知识结构,见图 1。图中的 30 个散点(文献)分布于四个象限,构成了五大领域。[23]通过对每个领域中的文献进行具体解读,我们可以定义这五大研究领域:

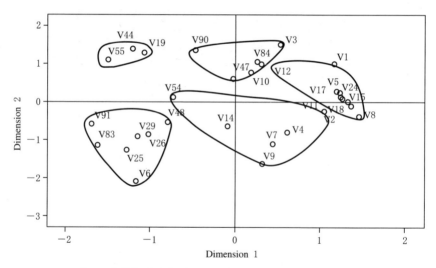

图 1   多维标度分析结果:品牌与品牌化研究的知识空间

领域Ⅰ:品牌资产与品牌延伸(V1,V2,V5,V8,V11,V12,V15,V17,V18,V24),主要位于第一象限中下方;

领域Ⅱ:消费者—品牌关系(V3,V10,V47,V84,V90),位于第一象限左上方并横跨第二象限;

领域Ⅲ:品牌社群与消费文化(V19,V44,V55),位于第二象限;

领域Ⅳ:品牌选择模型(V6,V25,V26,V29,V48,V83,V91),位于第三象限;

领域Ⅴ:营销要素与品牌态度(V2,V4,V7,V9,V14,V54),主要位于第四象限,但也横跨第二和第三象限。

根据这五大领域在坐标图中的分布情况,我们大致可以定义两个坐标的概念:维度一为内—外关系取向,往左边倾向于外部影响关系,往左边倾向于内部驱动关系;维度二为研究方法取向,往上倾向于行为方法,往下倾向于建模方法。这两个维度生动地区分了研究学者的不同学术兴趣,清楚地界定了品牌理论研究的基本方向,简洁地勾画了品牌科学的核心知识版图。分布于四大象限中的五大核心领域覆盖了品牌领域的基本研究取向,尽管不足以反映全部研究主题和分支,但确已呈现了稳定的基础性研究格局。我们可以用品牌价值链(Keller and Lehmann,2003)或品牌前因后果系统模型(Keller and Lehmann,2006)[24]加以解释。前者以营销活动、顾客心智集合、品牌业绩和股东价值这四大核心组成要素表达品牌价值产生的前因后果关系。后者在此基础上增加了反馈效应,指出了实践中的复杂性和随机性。

领域Ⅰ、领域Ⅱ和领域Ⅲ主要研究的是品牌价值链中第二个要素(品牌知识),以及第二个要素(品牌知识)和第三个要素(品牌业绩)之间的关系;领域Ⅳ主要研究的是第一个要素(营销变量)和第二个要素(主要是选择行为)之间的关系;领域Ⅴ主要研究的是第一个要素(营销变量)和第二个要素(品牌知识)之间的关系问题。这些研究覆盖到了品牌前因后果系统模型(Keller and Lehmann,2006)的主干部分,其中少量文献是构建理论框架,为未来研究指引了方向;大部分文献都是以实证方法探究品牌的前因后果关系,为未来研究奠定了基础。它们对构建品牌理论体系起到了支柱性作用。这种核心文献的经典价值和持续影响效应可从Keller和Lehmann(2006)对当今品牌研究文献评价的结论中看出,他们认为对品牌延伸和某些探究品牌资产发展过程的研究有些过于专注了,相反,直接探究品牌的财务、法律和社会影响的努力还相当有限。

与前面笔者提出的品牌与品牌化研究三大取向对照,我们不难发现,领域Ⅰ、领域Ⅱ、领域Ⅲ和领域Ⅳ都是明确的顾客取向;领域Ⅴ基本上也是顾客取向,只有个别涉及企业与顾客兼顾取向(V54)。

Ucinet6 分析结果及 NetDraw 网络图

网络分析结果与前面的多维标度分析存在一致的地方,这进一步印证了多维标度分析的有效性。对图2以平面视觉看,图1结果的不同领域仍然集聚在一起。例如,领域Ⅰ(品牌资产与品牌延伸)位于中间靠左,内部节点联系紧密;领域Ⅳ(品牌选择模型)位于右上方。

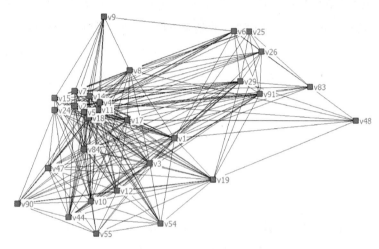

图 2　NetDraw 网络分析结果:品牌与品牌化研究的知识联系

网络图显示了全面关联关系的立体化可视结果。通过 Ucinet6 计算可知,该网络的密度值为6.49,高于一般社会网络密度值1,印证了这些经典文献之间潜在的内部关系,即不仅领域内部具有紧密关系,不同领域之间也具有高关联性。例如,领域Ⅰ和领域Ⅴ,领域Ⅱ和领域Ⅲ。整个网络的中心势结果为16.02%。一般而言,中心势越接近1,说明网络越具有集中趋势。从该结果看,该群体网络的集中趋势不是很大。详见图2。

从程度中心性的计算结果中可知,排名前10位的核心节点为文献V5,V1,V18,V11,V15,V17,V24,V3,V10,V19。它们分别涉及品牌延伸(V5、V18、V11、V15、V17、V24)、品牌资产(V1)、品牌关系(V3)、品牌个性(V10)和品牌社群(V19),是30篇经典文献引用网络中最活跃的点。

亲近中心性的计算结果表明,排名前 10 位的核心节点为文献 V1,V18,V11,V5,V3,V29,V84,V17,V24,V10。它们分别涉及品牌资产(V1)、品牌延伸(V18、V11、V5,V17,V24)、品牌关系(V3)、品牌选择(V29)、品牌知识(V84)和品牌个性(V10),处于网络的中心地位。

前 10 位文献大多具有一致的程度中心性和亲近中心性。不一致的是文献 V15、V19 具有高程度中心性,而文献 V29、V84 具有高亲近中心性。

经典研究领域的发展趋势

我们对所有 3963 篇文献按图 1 得到的五大领域以及引用它们的年代分布进行统计[25],可看出五大核心领域经典文献被引数量的大致发展走向。见图 3。

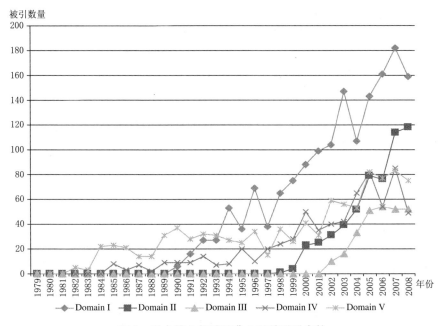

图 3　五大核心领域经典文献被引量走势

从图 3 中可以看出,对五大子领域高被引文献的引用总体上都呈上升趋势。从引用数量多少看,品牌理论研究的五大子领域各具特色。领域Ⅰ"品牌资产与品牌延伸"占据了明显的优势地位,它的研究起点早,被引用频次的绝对数大大高于其他四个子领域,显然它是品牌研究最为普遍的领域。对领域Ⅵ"品牌选择模型"以及领域Ⅴ"营销要素与品牌态度"经典文献的总体引用量低于领域Ⅰ,但其被引发生早,处于稳定的增长状态,表明这两大领域为品牌研究的常规和经典领域。对领域Ⅱ"消费者—品牌关系"的引用从1998年后开始起飞,而对领域Ⅲ"品牌社群与消费文化"的引用在2002年后起飞。前者的总体被引量与领域Ⅵ大致相当,后者的总体被引量低于领域Ⅱ和领域Ⅵ,但都成长迅速。这表明领域Ⅱ和领域Ⅲ这两大子领域属于新兴成长领域。

理论启示

上述的研究结果表明,在国际上,品牌与品牌化研究领域已经产生了权威和核心学者群。30多年来,学者们对这五大核心领域的高被引文献的引用量总体上都呈上升趋势,充分表明了这些高被引文献的经典价值以及核心领域分布的稳定性。与品牌价值链(Keller and Lehmann,2003)或品牌前因后果系统模型(Keller and Lehmann,2006)比照,这些研究领域覆盖到了主干部分。因此可以说,它们对构建品牌理论体系起到了支柱性作用,代表了品牌研究方向的基本选择,而30篇经典文献则是这些研究方向的奠基之作。进一步的网络中心性分析表明,其中有4篇权威文献分别开创了品牌延伸评价(Aaker and Keller,1990)、基于顾客的品牌资产(Keller,1993)、消费者—品牌关系(Fournier,1998)、品牌个性(Aaker,1997)之研究先河,建立了品牌理论研究的基本领域。

由此可看出,在国际顶级期刊上,品牌与品牌化研究以消费者行为角度(顾客取向)为主导。这意味着战略角度(企业取向)的研究有更大的突破与创新空间,将对品牌理论发展有重要贡献。此外,种子论文的发表决定了理论研究范式的走向。在未来的研究道路上,中国一流学者面临的最大挑战在于,是否能够发表种子论文,成为高被引论文,在某一方向或领域引领全球学者的研究走向。当然,随着时间的发展,上述得到的五大核心领域终将演化,但与较快出现的新研究主题相比,这五大核心领域显示相对稳定性的状态。也就是说,通过比较,我们不难发现新的分支研究的理论范式极可能源自于本研究得到的五大核心领域,例如有关 B2B 品牌化的研究仍然显示了其遵循领域I中有关 CBBE 的基本范式(Leek and Christodoulides,2011)。根据 Kuhn(1962)有关规范科学的研究进程的描述,上述研究得出的五大核心领域可认为是品牌与品牌化研究中的基本范式。图 3 显示的被引增长趋势正是表明了这些范式稳定的、坚固的长期作用。

2009—2015 年间的新发展及趋势

上述的研究已完成多年,那么迄今为止,五大核心领域的基本结构是否发生了变化?为此,笔者又按上述研究同样的方法,检索得到了 2009 年至 2015 年间[26]最高被引 100 篇论文。通过对比 1975—2008 年间的最高被引 100 篇论文,发现新增进入最高被引前 100 名的论文有 42 篇。笔者按主题内容把这些论文归入五大核心领域,发现仅有 3 篇不能明确归入,其余 39 篇都可以归属相应的领域,见表 4。这表明,五大核心领域具有稳定性。

表 4　2009—2015 年新增高被引文献的领域分布

五大基本领域	2009—2015 年新增的高被引文献
领域Ⅰ:品牌资产与品牌延伸(9 篇)	Ahluwalia and Gurhan-Canli(2000);Berens,van Riel and van Bruggen(2005);Bottomley and Holden(2001);Desai and Keller(2002);Erdem and Swait(2004);Kirmani,Sood and Bridges(1999);Klink and Smith(2001);Moore,Wilkie and Lutz(2002);Völckner and Sattler(2006)
领域Ⅱ:消费者—品牌关系(7 篇)	Aggarwal,Pankaj(2004);Brakus,Schmitt and Zarantonello(2009);Escalas and Bettman(2005);Fitzsimons,Chartrand and Fitzsimons(2008);Fournier and Yao(1997);Park,et al(2010);Thomson(2006)
领域Ⅲ:品牌社群与消费文化(8 篇)	Algesheimer,Dholakia and Herrmann(2005);Bagozzi and Dholakia(2006);Brown,Kozinets and Sherry Jr.(2003);Han,Nunes and Drèze(2010);Kates(2004);Muniz Jr.,Albert and Schau(2005);Schau,Muñiz Jr. and Arnould(2009);Thompson,Rindfleisch and Arsel(2006)
领域Ⅳ:品牌选择模型(5 篇)	Corstjens and Lal(2000),Degeratu,Rangaswamy and Wu(2000);Pauwels and Srinivasan(2004);Sayman,Hoch and Raju(2002);Wedel and Pieters(2000)
领域Ⅴ:营销要素与品牌态度(10 篇)	Ailawadi,Lehmann and Neslin(2003);Ailawadi,Neslin and Karen Gedenk(2001);Campbell and Keller(2003);Dawar and Pillutla(2000);Klein and Dawar(2004);Lee and Labroo(2004);Pieters and Warlop(1999);Pieters and Wedel(2004);Russell(2002);Simonson,Carmon and O'Curry(1994)
其他(3 篇)	Erdem,Swait and Valenzuela(2006);Keller and Lehmann(2006);Rao,Agarwal and Dahlhoff(2004)

不能明确归入的三篇论文,除一篇是综述外(Keller and Lehmann,2006),另两篇论文开辟了新领域,一是有关全球品牌资产(Erdem,Swait and Valenzuela,2006);二是有关品牌组合战略(Rao,Agarwal and Dahlhoff,2004)。下面围绕新的高被引文献,笔者简要概括三个重要的研究领域,它们在未来的品牌与品牌化研究中占有重要地位。

全球品牌化与全球品牌资产

与上述的品牌与品牌化研究的一些核心领域相比,有关全球品牌问题的研究还处于年轻的成长期。大约从2000年前后开始,全球品牌化开始变为一个重要的课题,但总体上,实证研究还相当有限(Özsomer and Altaras,2008)。全球品牌化(global branding)是品牌跨越地理和文化边界开展全球营销,以实现规模经济效应、持续创新和提升品牌价值等目的(Kapferer,2012;Keller,2013;Yip and Hult,2012)。从战略品牌管理的框架看,与创建品牌和发展品牌战略等基本阶段所不同,全球品牌化战略是品牌发展的高级阶段,它包括两个主要方面:建立全球品牌定位与创建全球品牌资产。可以预计,在经济和市场全球化不断加速的时代背景下,全球品牌化将成为品牌研究的新热点课题。笔者曾对这个领域的研究进行回顾[27],得到了如下一些结论:品牌感知全球性构念推进了全球品牌概念的界定及操作化,全球品牌维度确立了全球品牌资产的基本来源;全球消费者文化为全球品牌定位提供了基本指引,而品牌感知全球性与本土象征价值则成为全球品牌定位的基本关系研究;全球品牌资产存在跨国评价的差异性,其原因包括品牌特征、国家特征及文化价值观的影响,等等。

从品牌资产的角度看(Aaker,1991;Keller,1993),全球品牌化是品牌在全球范围内对其品牌资产进行创建、测量与管理的问题。传统的品牌资产研究,通常是在一个国家内进行,或者不考虑跨国之间品牌资产生的差异。但全球品牌资产与传统的品牌资产评价不同,其表现出的一个基本特征就是,跨越国界的消费者对同一品牌的评价存在差异(Lehmann et al.,2008;Hsieh,2004)。这种差异在不同经济体(发达国家与发展中国家)与文化(西方与东方)的国家尤其明显并得到研究的重视(e.g., Eisingerich and Rubera，2010；Madden et al.，2012；Strizhak-ova et al.，2011)。理解同一品牌在不同国家存在的品牌资产差异,对如何实现品牌全球化十分重要。

对于品牌重要性为什么存在国家差异,Erdem、Swait 和 Valenzuela (2006)以文化因素影响品牌信号作用的差异进行了解释,并开展了跨国调研。研究表明,对集体主义或不确定性避免评价高的消费者而言,品牌可靠性对选择的正面影响更大。这是由于对集体主义消费者而言,可靠的品牌提供了更多的价值,因为消费者会对这些品牌感知到高质量(即加强了群体认同);对高不确定性避免的消费者,则因为可靠的品牌具有更低的感知风险和信息成本。

企业取向、企业与顾客兼顾取向的研究[28]

顾客取向的学派把品牌理解为产品之外的附加值,而企业取向的学派则把品牌理解为产品加上产品之外的附加值。前者的核心构念是"基于顾客的品牌资产"(Keller，1993),后者的核心构念是品牌识别(Kapferer，1992)。企业与顾客兼顾取向的核心构念则是品牌资产(Aaker，1991)加上品牌识别(Aaker，1996a)。详见表0-1。

企业取向、企业与顾客兼顾取向的品牌管理研究,是基于公司战略、组织行为、市场营销、财务会计、运营管理等理论与方法,围绕品牌化与品牌战略主题开展研究。在国际顶级学术期刊上,与顾客取向的研究相比,企业取向、企业与顾客兼顾取向的研究相对较少,值得我们关注和拓展。近年来,一些学者开拓了这方面的新研究。例如,Tavassoli，Sorescu 和 Chandy(2014)从对经理人支付薪酬的角度验证了"基于员工的品牌资产"(employee-based brand equity)所体现的品牌价值。结论表明,对于拥有强势品牌的公司经理人来说,他们接受更低的薪酬支付。与一般经理人想比,这种效应对于 CEO 和年轻经理人来说,更为明显。Ertimur 和 Coskuner-Balli(2015)从市场的制度逻辑出发,发展了制度逻辑、竞争动力与市场演进之间联系的理论性架构,提出了管理冲突性逻辑的需求、传达品牌合法性、与建立一致性的品牌身份认同之间的实践框架。作者建立了管理通才型品牌与专才型品牌的战略与行动方略。Mizik(2014)

采用有限的营销计量数据,揭示了基于顾客心智集合的计量正向影响当前的财务绩效。关键在于,她的研究表明,品牌资产重要的更大影响体现在公司的未来财务绩效方面,即仅有一小部分的总体财务影响体现在当年利润方面,而大部分的影响体现在未来的盈利能力方面。

在企业中,品牌的角色并非只应属于市场或法律的某个职能范畴。"品牌"无处不在,每个部门、每位管理者、每位员工都对本公司的品牌表现产生影响,例如,财务部针对不同顾客推出柔性的支付方式,人力资源部的薪酬方案激发员工的积极性,研发部开发产品的新功能,物流部门有效地改进送货的速度,这些不同职能部门的工作都会影响顾客最终对品牌的体验,进而提高顾客忠诚度,最终有助于提升企业的营业收入和资产回报率。因此,品牌建设应具有全局性的战略地位,即把品牌建设作为企业战略,确立品牌在企业管理中的领导地位,建立以品牌为中心的企业组织,实现品牌价值对于企业价值贡献的最大化。简言之,就是"战略品牌管理"。企业要建立品牌领导地位,应该把战略规划与建立公司品牌、战略能力与品牌核心价值、业务战略与品牌组合战略、财务评估和会计与长期品牌管理等,结合起来考虑。

数字化世界品牌创建与管理的新逻辑

在 2009—2015 年间新增的 42 篇文献中,有 15 篇文献属于领域 Ⅱ 和领域 Ⅲ,即有关消费者—品牌关系、品牌社群与消费文化。显然,品牌关系理论[29](Fouriner,1994)以及利益相关者聚焦的品牌逻辑(Merz,He and Vargo,2009)在数字化世界中有了新的发展空间和生命力。自 Muniz 和 O'Guinn(2001)发表种子论文以来,品牌社群成为品牌理论研究的热点。线上世界带来了品牌创建的新手段和新技术,催生了新的理论逻辑,对品牌管理理论发展产生了重要的影响和震动。很多品牌管理的基本问题值得我们重新思考。例如,在数字化世界中,产品和品牌的基本关系是如何的? 数字化世界的品牌识别是如何建立的? 是否品牌体验和过程成为核心识别? 品牌定位是如何建立的? 是自上而下制定的还是自下而上形成的? 线上品牌的组合战略是否不同于线下世界? 新的评估依据和原理是什么? 线上品牌资产、品牌关系质量、品牌强度、品牌价值如何测量评估？数据驱动的品牌战略如何制定？

　　数字化世界品牌创建的核心理论是品牌价值共创（Brand value co-creation）（Ramaswamy and Ozcan，2015）。传统方式是企业主导品牌创建过程，企业创造了品牌价值。而新兴的方式是企业与顾客共创品牌价值。在数字化世界里，与企业的能力一样，顾客（用户）的个体能力、融入与体验决定了品牌与品牌建立。企业与顾客共创品牌价值的重要模式是"用户生成内容"，简称 UGC（User-Generated Content）。它泛指在Web2.0 环境下，以任何形式在网络上发表的由用户创作的文字、图片、音频和视频等内容。UGC 的发布平台不断演变创新，包括 BBS、开源软件、虚拟社区、博客、微博、微信，图片、视频和音频分享网站和 APP，维基、在线问答、消费者评论、SNS、众包、社会化标注、P2P 等各类社会化媒体及其应用。在网络环境下，当信息和知识成为产品和服务基本属性的时候，UGC 便成为打造数字化品牌的重要战略模式。它的兴起和流行大大推进了"自下而上"建立品牌的路径，并且确立了连接各方的品牌融入平台（Brand engagement platforms）的中心地位。这显著地体现了利益相关者聚焦的品牌时代特征，即顾客之间和其他利益相关者之间形成社会关系和网络关系，所有的利益相关者都是操作性资源（operant resources）。[30]

　　数字化世界品牌管理的核心理论是顾客融入（customer engagement）（Hollebeek，Glynn and Brodie，2014），它是指顾客交易行为之外，顾客对品牌或公司的关注与专注（认知维度），与品牌互动过程中产生的灵感、归属与依恋感、责任感、身份感、沉浸感、幸福感与自豪感等（情感维度），以及付出的努力及活跃度（行为维度），如口碑、推荐、评论、赞助、分享、合作、建议、贡献等行为。顾客融入可以产生顾客终身价值、顾客推荐价值、顾客影响价值和顾客知识价值，这四大价值贡献于品牌，为企业创造价值。顾客融入也为顾客自身带来价值，包括顾客满意度、自我品牌联结、社会认同强化、情感体验收益等方面。

　　数字化世界的品牌创建和管理是未来品牌科学研究的重要趋势。当我们把数字化当作环境而不是技术的时候，需要我们从整体上重新思考品牌的作用和价值，修正甚至重建品牌管理的理论体系。

致　　谢

本书成果反映我在品牌与品牌化领域的部分研究工作,至今已逾十年。各项研究受到多项科学基金的资助,在此特别鸣谢。它们分别是：

(1) 国家自然科学基金面上项目:"文化价值观影响下的消费者品牌态度:世代差异与代际影响研究(批准号 70772107)",2008.1—2010.12。

(2) 教育部新世纪优秀人才支持计划(2008 年度):"中国消费者品牌态度的儒家动力影响机制(批准号 NCET－08－0198)",2009.1—2011.12。

(3) 上海市哲学社会科学"十一五"规划课题(2007 年度):"上海老字号品牌复兴的影响机理与管理路径研究(批准号 2007BJB003)",2008.1—2009.12。

(4) 上海市教育委员会科研创新重点项目:"消费者品牌情感测量的中国化研究(批准号 09ZS57)",2009.1—2011.12。

本书稿酝酿于我在美国北卡罗来纳大学 Kenan-Flagler 商学院访学研究期间(2011 年 7 月至 2012 年 8 月)。在那段日子里,合作导师 Jan-Benedict E.M.Steenkamp 教授对我影响甚深。我十分认同他的学术倾向,自己的一些学术观念也得以悄然改变。感谢他对我的帮助和指导,本序中"品牌与品牌化研究的五大板块"原英文稿的修改,直接得益于他的详尽意见。感谢他对我学术研究的褒扬和肯定。

感谢美国宾州州立大学 Smeal 商学院丁敏教授对我学术研究的肯定和赞赏,感谢他邀请我加入他创立的复旦可持续创新与增长研究所,担任学术委员会委员;感谢他在百忙之中为我写推荐语,这份鼓励和友谊弥足珍贵。

感谢我指导的硕博生,特别是才源源、秦翕嫣、王莹、丛俊滋、胡颖琳、李耀、杨清云、路曼曼等。本书各项研究工作量巨大,感谢他们在研究前期的准备、数据收集处理等方面的协助。感谢吴婉滢为本书校核参考文献。

感谢在本书各项研究、评审、成稿和出版过程中,所有给我帮助的前辈、同行和各界朋友们。

感谢上海市学术出版基金的资助,感谢格致出版社社长范蔚文、责任编辑王萌、程倩对本书出版的重视。

2012 年 4 月 12—13 日,Kenan-Flagler 商学院组织主办多学科角度探讨品牌与品牌战略的学术会议[31]。Kevin Keller 作为曾经执教于该学院的教授受邀发表重要演讲。在那次会议上,我报告了一项关于品牌个性认知如何影响品牌延伸评价的研究[32]。Keller 教授特地来到我报告的会场,听完后作了很为仔细的点评。我印象最深的是他说,"您做的研究并不只是在中国情境中才有,美国也有。"我意识到中国学者与西方学者考虑问题立场的差异。那么,在今天这个全球化的时代,中国情境下学术研究的价值和生命究竟是什么? 中国学者应该尊崇什么样的学术价值观? 这是一个大课题,值得我们用心思索。

2016 年 4 月 8 日

注　释

[1] 本文(序)的部分内容或全部内容先后受邀在华东理工大学、广东外语外贸大学、中山大学、暨南大学、武汉大学、上海财经大学等高校做过学术报告,也在"2015 中国市场营销国际学术年会"(西安交通大学,2015 年 7 月)的品牌管理特殊兴趣小组上做过交流,特此感谢邀请方。

[2] Kapferer(1991)的奠基之作首先是以法文出版的,书名是 *Les Marques*, *Capital de L'entreprise*,出版社是 Les Editions d'Organisation。

[3] 此英文版翻译自作者的法文版。

[4] 参见何佳讯(2015):当品牌作为战略:品牌建立的两大路径,《管理学家》,3 月号,108—109。

[5] 参见克里斯托弗·布曼、王煦逸、蒂洛·哈拉斯佐维奇(2015):《品牌管理:基于企业

内部的视角》,上海财经大学出版社。

［6］参见何佳讯(2000):《品牌形象策划——透视品牌经营》,复旦大学出版社,103—104。

［7］直至 20 世纪 70 年代末,研究者主要感兴趣于产品和品牌产生的整体效果,他们一般不把产品对消费者产生的效果和品牌对消费者产生的效果区分开来。因此,我们可以认为 Srinivasan(1979)所写的论文是品牌资产研究的奠基性工作之一,该文证明品牌具有独立于产品之外的自身附加价值(效用)(Jourdan,2002)。

［8］参见 Peter H.Farquhar(1989),"Managing Brand Equity," Marketing Research,September,24—33。

［9］Kapferer 的奠基之作从第三版(2004)开始,把书名调整为 *The New Strategic Brand Management*。

［10］有关这方面的研究回顾,可参考笔者发表的综述论文:何佳讯(2006),基于顾客的品牌资产测量研究进展——量表开发、效度验证与跨文化方法,《商业经济与管理》,(4),53—58;何佳讯(2006),品牌资产测量的社会心理学视角研究评介,《外国经济与管理》,(4),48—52。

［11］"品牌资产"的英文是 brand equity。国内也有学者译为品牌权益。但在更多的情况下,使用"品牌资产"的译法。

［12］*International Journal of Research in Marketing* 在 1993 年第 1 期,*Journal of Marketing Research* 在 1994 年第 5 期和 1995 年第 2 期,*Journal of Consumer Marketing* 在 1995 年第 4 期曾辟专辑讨论。

［13］不同角度的品牌资产评价,其用词有区别。如从财务角度(包括市场角度),一般称为品牌资产评估(valuation),如从顾客心智角度,一般称为品牌资产测量(measurement)。

［14］国内学者对这三个视角的重要论述,参见卢泰宏(2002),品牌资产评估的模型与方法,《中山大学学报(社科版)》,42(3),88—96。

［15］几乎所有的品牌资产定义支持品牌作为一个符号带给产品的附加(additive)观点,即把品牌和产品分离解释。但也有个别学者主张品牌和产品不分离的包含(inclusive)观点,其理由是从营销伦理出发,认为附加的品牌资产测量的基本主张,将注意力聚焦于认知与真实之间的落差,鼓励营销者努力改造消费者认知,偏离真实(扩大落差),这样,就助长他们作出很可能是欺骗性的主张(Abela,2003)。

［16］这个定义转引自 Keller(2003),p.43。

［17］品牌资产对于公司价值的贡献已在很多实证研究成果中得到体现。如花旗银行发表在美国《金融时代》上的一项研究发现,拥有驰名品牌(well-known brands)的公司其股市业绩在 15 年间比平均超过 15%—20%(见 Leslie Butterfield: *Excellence in Advertising*,Oxford: Butterworth-Heinemann,1999,p.266)。拥有强势品牌的公司,

通常其市场价值与帐面价值之比很高。相当多的实际案例表明,当有品牌的公司被收购时,收购方常付出高价——典型地是帐面值的 5—6 倍(Doyle,2000,p.221)。

[18] Prophet 公司把这三类方法归纳为感知计量(即意识、熟悉度和备选)、绩效计量(即购买决策和忠诚度)和财务计量(即价值产生)(Munoz and Kumar,2004)。这三类方法亦可合并为两类:营销方法和财务方法(Calderon,Cervera and Molla,1997)。营销方法把“顾客心智集合”方法和“产品市场”方法合在一起。两者的区别是:营销方法直接分析消费者相关的方面,财务方法则提供品牌经济价值的评估。营销方法既测量品牌价值的原因(顾客心智集合方法),也测量品牌价值的效果(产品市场方法),而财务方法只测量品牌价值的效果。

[19] 本部分内容节选于笔者发表的论文“何为经典? 品牌科学研究的核心领域与知识结构——基于 SSCI 数据库(1975—2008)的科学计量分析”,载《营销科学学报》,2010 年第 6 卷第 2 辑,111—136。后来在此基础上,笔者又重新对部分数据统计进行修正,增加了对新兴市场品牌研究经典论文的分析,重写了讨论部分,写成英文篇章“The Intellectual Structure in Brands and Branding Research: A Scientometric Analysis,”发表于 Wang,C. L. and Jiaxun He (edtiors),*Brand Management in Emerging Markets: Theories and Practices*,IGI Global,2014,pp.1—35。

[20] 本研究选取的 SSCI 是社会科学引文索引(Social Science Citation Index)数据库。它涉及了社会科学的各个领域,目前收录 2 000 多种国际性、高影响力的社会科学学术期刊。

[21] 通过 SSCI 所得的绝对被引排序前 100 名的文献依次从 V1 到 V100 进行标识,本节涉及的文献编号均来自这个编码。

[22] 这 3 963 篇著文信息的获取均来自于 SSCI 数据库提供的引文检索功能,我们通过 SSCI 期刊查询网站(http://scientific. thomsonreuters. com/cgi-bin/jrnlst/jloptions. cgi?PC=J)对这 3 963 篇著文的来源期刊是否都收录于 SSCI 进行了查阅。发现 74.6％的期刊目前来源于 SSCI,一定程度说明了这些文献的高质量。对于不属于 SSCI 的来源期刊的文献,一方面由于一些文章并非发表在社会科学期刊上,如发表在 *Science*、*Neuroscience Letter* 等上,它们在自然科学领域也是高质量的权威杂志;另一方面,SSCI 数据库根据各期刊历年的发表文献质量不断调整,这使得某些以前属于 SSCI 的期刊之后退出了 SSCI。

[23] 为进一步验证其结构,本研究基于这 100 篇最高被引文献进行了另一项研究。收集所有这 100 篇文献文后的参考文献(包括图书和会议文献等),共得 2 622 篇。按照被引频次,保留所有大于等于 4 次的文章作为原始数据。这样产生 66 * 66 初始同被引矩阵用于 MDA 分析。结果得到与图 1 非常相似的 4 个聚类。其中 3 个聚类与图 1 相同,图 1 中的领域 2 和领域 3 合为一个聚类,命名为品牌关系与消费行为。由于这 100 篇最高被引文献在 1974—2004 年间出版,引用常发生在被引文章出版一段时间

后,两篇有关品牌社区的最高被引文章在 2001 和 2002 年发表,在 MDS 结果中没有相关引文是可以接受的,这可以看作是理解为什么领域 2 和领域 3 合并为一个聚类的原因。有关统计细节备索。

[24] Keller 和 Lehmann(2006)的这篇论文是综述。与其文后所附的参考文献进行比较,发现只有 13 文章是重叠的(在表 3 中以 * 表示)。也就是说,17 篇重要文献没有提及。这表明,科学计量方法能够补充专家分析的不足。此外,仅仅基于这 30 篇文章,我们就能得到品牌研究领域的核心结构,覆盖了 Keller 和 Lehmann 模型(Keller and Lehmann,2006)的主要领域。这在某种程度上显示了科学计量方法的简约性解释。

[25] 我们使用 1979—2008 年的数据绘制关于引用频次的年代分布图,原因在于本文的 30 篇经典文献并没有在 1975—1979 年之间发表的,因此其被引频次都为 0,在折线图中这些点都和横轴重合,所以没有在图中绘制出来。

[26] 本部分研究的文献检索时间为 2015 年 6 月 3 日。

[27] 有关这个领域的综述请参见:何佳讯(2013),全球品牌化:构念、脉络与进展,《营销科学学报》,9(4),1—19;Chabowski,B. R.,S. Samiee, and G. T. M. Hult(2013),"A Bibliometric Analysis of the Global Branding Literature and a Research Agenda," *Journal of International Business Studies*,44,622—634。

[28] 有关企业取向的品牌管理问题,可参考笔者在《管理学家》杂志上撰写的专栏文章,主要有如下各期:"当品牌作为战略:给高管们的六点忠告"(2014 年 2 月号);"当品牌作为战略:建立品牌领导地位"(2014 年 3 月号);"当品牌作为战略:重视内部品牌化"(2014 年 4 月号);"当品牌作为战略:品牌驱动市场"(2014 年 5 月号);"当品牌作为战略:用品牌保护创新"(2014 年 6 月号);"当品牌作为战略:把握品牌化阶段"(2014 年 7 月号)。

[29] 详见本书第九章。

[30] 操作性资源(operant resources)相对于对象性资源(operand resources)而言,参见 Vargo 和 Lusch(2004)。

[31] 会议名称是"Brands and Branding in Law,Accounting and Marketing"。

[32] 这个报告即是后来发表的论文:He, Jiaxun(2012),"Sincerity, Excitement and Sophistication: The Different Effects of Perceived Brand Personality on Brand Extension Evaluation," Nankai Business Review International,4(3),398—412。有关内容见本书第四章第二节。

参考文献

1. Aaker, David A. and Erich Joachimsthaler(2000), *Brand Leadership*, New York: The

Free Press.

2. Aaker, David A.(2004), *Brand Portfolio Strategy: Creating Relevance, Differentiation, Energy, Leverage, and Clarity*, New York: The Free Press.

3. Aaker, David A.(2011), *Brand Relevance: Marking Competitors Irrelevant*, San Francisco: Jossey-Bass.

4. Aaker, David A.(2014), *Aaker on Branding*, New York: Morgan James Publishing.

5. Aaker, David A.(1996a), *Building Strong Brand*, New York: The Free Press.

6. Aaker, David A.(1996b), "Measuring Brand Equity Across Products and Markets," *California Management Review*, 38(3), 102—120.

7. Aaker, David A. and Robert Jacobson(1994), "The Financial Information Content of Perceived Quality,"*Journal of Marketing Research*, 31(May),191—201.

8. Abela, Andrew(2003), "Additive Versus Inclusive Approaches to Measuring Brand Equity: Practical and Ethical Implications," *Brand Management*, 10(4), 342—352.

9. Agarwal, Manoj K. and Vithala Rao(1996), "An Empirical Comparison of Consumer-Based Measures of Brand Equity," *Marketing Letters*, 7(3), 237—247.

10. Aggarwal, Pankaj(2004), "The Effects of Brand Relationship Norms on Consumer Attitudes and Behavior," *Journal of Consumer Research*, 31(1), 87—101.

11. Ahluwalia, Rohini and Zeynep Gurhan-Canli(2000), "The Effects of Extensions on the Family Brand Name: An Accessibility-Diagnosticity Perspective," *Journal of Consumer Research*, 27(3), 371—381.

12. Ailawadi, Kusum L., Scott A.Neslin, and Karen Gedenk(2001), "Pursuing the Value-Conscious Consumer: Store Brands versus National Brand Promotions," *Journal of Marketing*, 65(1), 71—89.

13. Alden, Dana L., Jan-Benedict E.M. Steenkamp, and Rajeev Batra(1999), "Brand Positioning through Advertising in Asia, North American, and Europe: The Role of Global Consumer Culture," *Journal of Marketing*,(January), 75—87.

14. Algesheimer, René, Utpal M. Dholakia, and Andreas Herrmann(2005), "The Social Influence of Brand Community: Evidence from European Car Clubs," *Journal of Marketing*, 69(3), 19—34.

15. Ambler, Tim(1997), "Do Brands Benefit Consumer?" *International Journal of Advertising*, 16(3), 167—198.

16. Bagozzi, Richard P. and Utpal M. Dholakia(2006), "Antecedents and Purchase Consequences of Customer Participation in Small Group Brand Communities," *International Journal of research in Marketing*, 23(1), 45—61.

17. Batra, Rajeev, Aaron Ahuvia, and Richard P. Bagozzi(2012), "Brand Love,"*Journal of Marketing*, 76(March), 1—16.

18. Berens, Guido, Cees B.M. van Riel, and Gerrit H. van Bruggen(2005), "Corporate Associations and Consumer Product Responses: The Moderating Role of Corporate Brand Dominance," *Journal of Marketing*, 69(3), 35—48.

19. Blackston, Max(1990), "Price Trade-Offs as a Measure of Brand Value," *Journal of Advertising Research*, 30(4), 3—7.

20. Blackston, Max(1992), "Observations: Building Brand Equity by Managing the Brand's Relationships," *Journal of Advertising Research*, 32(3), 79—83.

21. Blackston, Max(1995), "The Qualitative Dimension of Brand Equity," *Journal of Advertising Research*, 35(4), RC2—RC7.

22. Bottomley, Paul A. and Stephen J.S. Holden(2001), "Do We Really Know How Consumers Evaluate Brand Extensions? Empirical Generalizations Based on Secondary Analysis of Eight Studies," *Journal of Marketing Research*, 38(4), 494—500.

23. Boush, David M. and Barbara Loken(1991), "A Process-Tracing Study of Brand Extension Evaluation," *Journal of Marketing Research*, 28(February), 16—28.

24. Brakus, J.J., Bernd H.Schmitt, and Lia Zarantonello(2009), "Brand Experience: What Is It? How Is It Measured? Does It Affect Loyalty?," *Journal of marketing*, 73(3), 52—68.

25. Brasco, T.C.(1988), "How Brand Name Are Valued for Acquistions," in *Defining, Measuring, and Managing Brand Equity*, ed. Leuthesser, Lance, Report No. 88—104, Marketing Science Institute, Cambridge, MA.

26. Broniarczyk, Susan M. and Joseph W.Alba(1994), "The Importance of the Brand in Brand Extension," *Journal of Marketing Research*, 31, 214—228.

27. Brown, Stephen, Robert V.Kozinets, and John F.Sherry Jr.(2003), "Teaching Old Brands New Tricks: Retro Branding and the Revival of Brand Meaning," *Journal of Marketing*, 67(3), 19—33.

28. Haydee, Calderon, Amparo Cervera, and Alejandro Molla(1997), "Brand Assessment: A Key Element of Marketing Strategy," *Journal of Product & Brand Management*, 6(5), 293—304.

29. Campbell, Margaret C. and Kevin L. Keller(2003), "Brand Familiarity and Advertising Repetition Effects," *Journal of Consumer Research*, 30(2), 292—304.

30. Cobb-Walgren, Cathy J., Cynthia A. Ruble, and Naveen Donthu(1995), "Brand Equity, Brand Preference, and Purchase Intent," *Journal of Advertising*, 24(3), 25—40.

31. Corstjens, Marcel and Rajiv Lal (2000), "Building Store Loyalty through Store Brands," *Journal of Marketing Research*, 37(3), 281—291.

32. Crimmins, James. C.(1992), "Better Measurement and Management of Brand Value," *Journal of Advertising Research*, 32(4), 11—19.

33. Dawar, Niraj and Madan M.Pillutla(2000), "Impact of Product-Harm Crises on Brand Equity: The Moderating Role of Consumer Expectations," *Journal of Marketing Research*, 37(2), 215—226.

34. Degeratu, Alexandru M., Arvind Rangaswamy, and Jianan Wu(2000), "Consumer-Choice Behavior in Online and Traditional Supermarkets: The Effects of Brand Name, Price, and Other Search Attributes," *International Journal of research in Marketing*, 17(1), 55—78.

35. Desai, Kalpesh K. and Kevin L. Keller(2002), "The Effects of Ingredient Branding Strategies on Host Brand Extendibility," *Journal of Marketing*, 66(1), 73—93.

36. Dodds, William B., Kent B. Monroe, and Dhruv Grewal(1991), "Effects of Price, Brand and Store Information on Buyers Product Evaluations," *Journal of Marketing Research*, 28, 307—319.

37. Doyle, Peter(1990), "Building Successful Brands: The Strategic Options," *Journal of Consumer Marketing*, 7(2), 5—20.

38. Doyle, Peter(2000), *Value-Based Marketing: Marketing Strategies for Corporate Growth and Shareholder Value*, Chichester: John Wiley & Sons, Ltd.

39. Dubin, Jeffrey A.(1998), "The Demand for Branded and Unbranded Products: An Econometric Method for Valuing Intangible Assets," Chapter 4 in *Studies in Consumer Demand: Econometric Methods Applied to Market Data*, Boston, Massachusetts: Kluwer Academic Publishers.

40. Eisingerich, Andreas B. and Gaia Rubera(2010), "Drivers of Brand Commitment: A Cross-National Investigation," *Journal of International Marketing*, 18(2), 64—79.

41. Erdem, Tülin, and Michael P. Keane(1996), "Decision-Making under Uncertainty: Capturing Dynamic Brand Choice Processes in Turbulent Consumer Goods Markets," *Marketing Science*, 15(1), 1—20.

42. Erdem, Tülin and Joffre Swait(1998), "Brand Equity as a Signaling Phenomenon," *Journal of Consumer Psychology*, 7(2), 131—157.

43. Erdem, Tülin and Joffre Swait(2004), "Brand Credibility, Brand Consideration, and Choice," *Journal of Consumer Research*, 31(1), 191—198.

44. Erdem, Tülin, Joffre Swait, and Ana Valenzuela(2006), "Brands as Signals: A Cross-

Country Validation Study," *Journal of Marketing*, 70(1), 34—49.

45. Ertimur, Burgak and Gokcen Coskuner-Balli (2015), "Navigating the Institutional Logics of Markets: Implications for Strategic Brand Management,"*Journal of Marketing*, 79(2), 40—61.

46. Escalas, Jennifer E. and James R. Bettman(2005), "Self-Construal, Reference Groups, and Brand Meaning," *Journal of Consumer Research*, 32(3), 378—389.

47. Farquhar, Peter (1989), "Managing Brand Equity," *Marketing Research*, 1(3), 24—33.

48. Farquhar, Peter(1990), "Managing Brand Equity," *Journal of Advertising Research*, 30(August-September), RC7—RC12.

49. Fitzsimons, Gráinne M., Tanya L.Chartrand, and Gavan J. Fitzsimons(2008), "Automatic Effects of Brand Exposure on Motivated Behavior: How Apple Makes You 'Think Different'," *Journal of Consumer Research*, 35(1), 21—35.

50. Fournier, Susan and Julie L.Yao(1997), "Reviving Brand Loyalty: A Reconceptualization within the Framework of Consumer-Brand Relationships," *International Journal of Research In Marketing*, 14(5), 451—472.

51. Han, Young J., Joseph C.Nunes, and Xavier Drèze(2010), "Signaling Status with Luxury Goods: The Role of Brand Prominence," *Journal of Marketing*, 74(4), 15—30.

52. Hardie, Bruce G.S., Eric J.Johnson, and Peter S. Fader(1993), "Modeling Loss Aversion and Reference Dependence Effects on Brand Choice," *Marketing Science*, 12(4), 378—394.

53. Hollebeek, Linda D., Mark S.Glynn, and Roderick J.Brodie(2014), "Consumer Brand Engagement in Social Media: Conceptualization, Scale Development and Validation," *Journal of Interactive Marketing*, 28, 149—165.

54. Holt, Douglas B.(2002), "Why Do Brands Cause Trouble? A Dialectical Theory of Consumer Culture and Branding," *Journal of Consumer Research*, 29(1), 70—90.

55. Holt, Douglas B.(2004),*How Brand Become Icons: The Principles of Cultural Branding*, Boston: Harvard Business School Publishing Corporation.

56. Hsieh, M.H.(2004), "Measuring Global Brand Equity Using Cross-National Survey Data," *Journal of International Marketing*, 12(2): 28—57.

57. Jourdan, Philippe (2002), "Measuring Brand Equity: Proposal for Conceptual and Methodological Improvements,"*Advances in Consumer Research*, 29(1), 290—298.

58. Kamakura, Wagner A. and Gary J. Russell(1993), "Measuring Brand Value with Scanner Data," *International Journal of Research in Marketing*, 10(1), 9—22.

59. Kapferer, Jean-Noël(1992), *Strategic Brand Management: New Approaches to Creating and Evaluating Brand Equity*, New York: The Free Press.

60. Kapferer, Jean-Noël(1997), *Strategic Brand Management: Creating and Sustaining Brand Equity Long Term(2nd Edition)*, London: Kogan Page.

61. Kapferer, Jean-Noël(2004), *The New Strategic Brand Management: Creating and Sustaining Brand Equity Long Term(3rd Edition)*, London: Kogan Page.

62. Kapferer, Jean-Noël(2008), *The New Strategic Brand Management: Creating and Sustaining Brand Equity Long Term(4th Edition)*, London: Kogan Page.

63. Kapferer, Jean-Noel(2012), *The New Strategic Brand Management: Advanced Insights and Strategic Thinking(5th Edition)*, London: Kogan Page.

64. Kates, Steven M.(2004), "The Dynamics of Brand Legitimacy: An Interpretive Study in the Gay Men's Community," *Journal of Consumer Research*, 31(2), 455—464.

65. Keller, Kevin L. and Donald R. Lehmann(2006), "Brands and Branding: Research Findings and Future Priorities," *Marketing Science*, 25(6), 740—759.

66. Keller, Kevin L. (2013), *Strategic Brand Management: Building, Measuring, and Managing Brand Equity(4th Edition)*, Upper Saddle River, NJ: Prentice Hall.

67. Kim, Hong-bumm, Woo Gon Kim and Jeong A. An(2003), "The Effect of Consumer-Based Brand Equity on Firms' Financial Performance," *Journal of Consumer Marketing*, 20(4), 335—351.

68. Kirmani, Amna, Sanjay Sood, and Sheri Bridges(1999), "The Ownership Effect in Consumer Responses to Brand Line Stretches," *Journal of Marketing*, 63 (1), 88—101.

69. Klein, Jill and Niraj Dawar(2004), "Corporate Social Responsibility and Consumers' Attributions and Brand Evaluations in a Product-Harm Crisis," *International Journal of Research in Marketing*, 21(3), 203—217.

70. Klink, Richard R. and Daniel C. Smith(2001), "Threats to the External Validity of Brand Extension Research," *Journal of Marketing Research*, 38(3), 326—335.

71. Kuhn, Thomas S.(1962), *The Structure of Scientific Revolutions*. Chicago: University of Chicago Press.

72. Lassar, Walfried, Banwari Mittal, and Arun Sharma(1995), "Measuring Consumer-Based Brand Equity," *Journal of Consumer Marketing*, 12(4), 11—19.

73. Lee, Angela Y. and Aparna A.Labroo(2004), "The Effect of Conceptual and Perceptual Fluency on Brand Evaluation," *Journal of Marketing Research*, 41(2), 151—165.

74. Leek, Sheena and George Christodoulides(2011), "A Literature Review and Future

Agenda for B2B Branding: Challenges of Branding in a B2B Context," *Industrial Marketing Management*, 40(6), 830—837.

75. Lehmann, Donald R., Kevin L.Keller, and John U.Farley(2008), "The Structure of Survey-Based Brand Metrics," *Journal of International Marketing*, 16(4), 29—56.

76. Leuthesser, L. (1988), "Defining, Measuring and Managing Brand Equity: A Conference Summary," Report No.88—104, Cambridge, MA: Marketing Science Insitute.

77. Leuthesser, Lance, Chiranjeev S. Kohli, and Katrin R. Harich(1995), "Brand Equity: The Halo Effect Measure," *European Journal of Marketing*, 29(4), 57—66.

78. MacInnis, Deborah J., Christine Moorman, and Bernard J.Jaworski(1991), "Enhancing and Measuring Consumers Motivation, Opportunity, and Ability to Process Brand Information from Ads," *Journal of Marketing*, 55, 32—53.

79. Madden, Thomas J., Martin S. Roth, and William R. Dillon(2012), "Global Product Quality and Corporate Social Responsibility Perceptions: A Cross-National of Halo Effects," *Journal of International Marketing*, 20(1), 42—57.

80. McAlexander, James H., John W. Schouten, and Harold F. Koenig(2002), "Building Brand Community," *Journal of Marketing*, 66(1), 38—54.

81. Mela, Carl F., Sunil Gupta, and Donald R. Lehmann(1991), "The Long-Term Impact of Promotion and Advertising on Consumer Brand Choice," *Journal of Marketing Research*, 34, 248—261.

82. Merz, Michael A., Yi He, and Stephen L. Vargo(2009), "The Evolving Brand Logic: A Service-Dominant Logic Perspective," *Journal of the Academy Marketing Science*, 37, 328—344.

83. Mitchell, Andrew A. and Jerry C. Olson(1981), "Are Product Attribute Beliefs the Only Mediator of Advertising Effects on Brand Attitude?," *Journal of Marketing Research*, 18(August), 318—332.

84. Mizik, Natalie(2014), "Assessing the Total Financial Performance Impact of Brand Equity with Limited Time-Series Data," *Journal of Marketing Research*, 51 (6), 691—706.

85. Mizik, Natalie and Robert Jacobson(2008), "The Financial Value Impact of Perceptual Brand Attributes," *Journal of Marketing Research*, 45(1), 15—32.

86. Moore, Elizabeth S., William L.Wilkie, and Richard J.Lutz(2002), "Passing the Torch: Intergenerational Influences as a Source of Brand Equity," *Journal of Marketing*, 66(2), 17—37.

87. Motameni, Reza and Manuchehr Shahrokhi(1998), "Brand Equity Valuation: A Global Perspective," *Journal of Product & Brand Management*, 7(4), 275—290.

88. Mullen, Mainz and A.Mainz(1989), "Brands, Bids and Balance Sheet: Putting a Price on Protected Products," *Acquisitions Monthly*, 24(4), 26—27.

89. Muniz Jr., Albert M. and Hope J.Schau(2005), "Religiosity in the Abandoned Apple Newton Brand Community," *Journal of Consumer Research*, 31(4), 737—747.

90. Munoz, Tim and Shailendra Kumar(2004), "Brand Metrics: Gauging and Linking Brands with Business Performance," *Brand Management*, 11(5), 381—387.

91. Nedungadi, Prakash(1990), "Recall and Consumer Consideration Sets: Influencing Choice without Altering Brand Evaluations," *Journal of Consumer Research*, 17, 263—276.

92. Özsomer, Aysegül, and Selin Altaras(2008), "Global Brand Purchase Likelihood: A Critical Synthesis and an Integrated Conceptual Framework," *Journal of International Marketing*, 16(4), 1—28.

93. Park, C.W., Bernard J.Jaworski, and Deborah J.MacInnis(1986), "Strategic Brand Concept-Image Management," *Journal of Marketing*, 50(October), 135—145.

94. Park, C.W., Deborah J.MacInnis, Priester J., et al(2010), "Brand Attachment and Brand Attitude Strength: Conceptual and Empirical Differentiation of Two Critical Brand Equity Drivers," *Journal of Marketing*, 74(6), 1—17.

95. Park, C.W. and Mark S.Young(1986), "Consumer Response to Television Commercials: The Impact of Involvement and Background Music on Brand Attitude Formation," *Journal of Marketing Research*, 23(2), 11—24.

96. Pauwels, Koen, Dominique M. Hanssens, and Sivaramakrishnan Siddarth(2002), "The Long-Term Effects of Price Promotions on Category Incidence Brand Choice, and Purchase Quantity," *Journal of Marketing Research*, 39(4), 421—439.

97. Pauwels, Koen and Shuba Srinivasan(2004), "Who Benefits from Store Brand Entry?" *Marketing Science*, 23(3), 364—290.

98. Pieters, Ric and Luk Warlop(1999), "Visual Attention during Brand Choice: The Impact of Time Pressure and Task Motivation," *International Journal of Research in Marketing*, 16(1), 1—16.

99. Pieters, Rik and Michel Wedel(2004), "Attention Capture and Transfer in Advertising: Brand, Pictorial, and Text-Size Effects," *Journal of Marketing*, 68(2), 36—50.

100. Ramaswamy, Venkat and Kerimcan Ozcan(2015), "Brand Value Co-Creation in a Digitalized World: An Integrative Framework and Research Implications," *International*

Journal of Research in Marketing. Forthcoming.

101. Rangaswamy, Arvind, Raymond R. Burke, and Terence A. Oliva(1993), "Brand Equity and Extendibility of Brand Names," *International Journal of Research in Marketing*, 10(1), 61—75.

102. Rao, Akshay R. and Kent B.Monroe(1989), "The Effect of Price, Brand Name, and Store Name on Buyers Perceptions of Product Quality: An Integrative Review," *Journal of Marketing Research*, 26, 351—357.

103. Rao, Vithala R., Manoj K.Agarwal, and Denise Dahlhoff(2004), "How Is Manifest Branding Strategy Related to the Intangible Value of a Corporation?" *Journal of Marketing*, 68(4), 126—141.

104. Russell, Cristel A.(2002), "Investigating the Effectiveness of Product Placements in Television Shows: The Role of Modality and Plot Connection Congruence on Brand Memory and Attitude," *Journal of Consumer Research*, 29(3), 306—318.

105. Sayman, Serdar, Stephen J. Hoch, and Jagmohan S. Raju(2002), "Positioning of Store Brands," *Marketing Science*, 21(4), 378—397.

106. Schau, Hope J., Albert M.Muñiz Jr., and Eric J.Arnould(2009), "How Brand Community Practices Create Value," *Journal of Marketing*, 73(5), 30—51.

107. Simonson, Itamar, Ziv Carmon, and Suzanne O'Curry (1994), "Experimental-Evidence on the Negative Effect of Product Features and Sales Promotions on Brand Choice," *Marketing Science*, 13(1), 23—40.

108. Simon, Carol J. and Mary W.Sullivan(1993), "The Measurement and Determinants of Brand Equity: A Financial Approach," *Marketing Science*, 12(1), 28—52.

109. Srinivasan, V. (1979), "Network Models for Estimating Brand-Specific Effects in Multi-Attribute Marketing Models," *Management Science*, 25(1), 11—21.

110. Srivastava, Rajendra K. and Allan D. Shocker(1991), "Brand Equity: A Perspective on its Measuring and Measurement," Report No. 91—124. Cambridge, MA: Marketing Science Institute.

111. Steenkamp, Jan-Benedict(2014), "How Global Brands Create Firm Value: The 4V Model," *International Marketing Review*, 31(1), 5—29.

112. Stobert, P.(1989), "Alternative Methods of Brand Valuation," in *Brand Valuations: Establishing a True and Fair View*, ed. J.Murphy, London: The Interbrand Group.

113. Strizhakova, Yuliya, Robin A. Coulter, and Linda L. Price(2011), "Branding in a Global Marketplace: The Mediating Effects of Quality and Self-Identity Brand Signals," *International Journal of Research in Marketing*, 28(4), 342—351.

114. Tavassoli, Nader T., Sorescu, Alina, and Chandy, Rajesh(2014), "Employee-Based Brand Equity: Why Firms with Strong Brands Pay Their Executives Less," *Journal of Marketing Research*, LI(December 2014), 676—690.

115. Tauber, Edward M.(1988), "Brand Leverage: Strategy for Growth in a Cost Control World," *Journal of Advertising Research*, 28(4), 26—30.

116. Thompson, Craig J., Aric Rindfleisch, and Zeynep Arsel(2006), "Emotional Branding and the Strategic Value of the Doppelgänger Brand Image," *Journal of Marketing*, 70 (1), 50—64.

117. Thomson, Matthew(2006), "Human Brands: Investigating Antecedents to Consumers' Strong Attachments to Celebrities," *Journal of Marketing*, 70(3), 104—119.

118. Torelli, C., A. Özsomer, S. W. Carvalho, H. T. Keh, and N. Maehle(2012), "Brand Concepts as Representations of Human Values: Do Cultural Congruity and Compatibility Between Values Matter?" *Journal of Marketing*, 76(July), 92—108.

119. Urde, Mats(1999), "Brand Orientation: A Mindset for Building Brands into Strategic Resources," *Journal of Marketing Management*, 15, 117—133.

120. Urde, Mats, Carsten Baumgarth, and Bill Merrilees(2013), "Brand Orientation and Market Orientation-From Alternatives to Synergy," *Journal of Business Research*, 66, 13—20.

121. Van Heerde, Harald J., Sachin Gupta, and Dick R. Wittink(2003), "Is 75% of the Sales Promotion Bump Due to Brand Switching? No, Only 33% Is.," *Journal of Marketing Research*, 40(4), 481—491.

122. Vargo, Stephen L. and Robert F. Lusch(2004), "Evolving to a New Dominant Logic for Marketing," *Journal of Marketing*, 68, 1—17.

123. Völckner, Franziska and Henrik Sattler (2006), "Drivers of Brand Extension Success," *Journal of Marketing*, 70(2), 18—34.

124. Wedel, Michel and Ric Pieters(2000), "Eye Fixations on Advertisements and Memory for Brands: A Model and Findings," *Marketing Science*, 19(4), 297—312.

125. Winer, Russell S.(1986), "A Reference Price Model of Brand Choice for Frequently Purchased Products," *Journal of Consumer Research*, 13, 250—256.

126. Wyner, Gordon A.(2001), "The Trouble with Brand Equity Valuation," *Marketing Research*, 13(4), 4—5.

127. Yip, George S. and G. Tomas M. Hult(2012), Total Global Strategy(3rd Edition), Upper Saddle River: Prentice Hall.

目　录

理论基础篇

实证与战略篇

工具应用篇

引言
把握长期品牌管理的精髓

长期品牌管理是战略品牌管理的基本内容(Kapferer，1992；Keller，2003a)。如果说新品牌的首要问题是如何进行品牌创建,那么老品牌的核心课题就是如何进行品牌维护。对于处于衰退之中的、经营状况每况愈下的老品牌,其管理的艰巨任务是需要研究和解决品牌如何活化(revitalization)、复兴(rejuvenation)或重建(rebranding)的问题。追溯西方品牌的渊源,全国性制造商品牌的出现至今已有一个半世纪的历史(Low和Fullerton，1994),大批幸存下来的品牌都成为名副其实的老品牌。在全球100大的最佳品牌榜(Interbrand公司评定)中,传统产业和制造业的品牌大都经历了大半个世纪,甚至一个世纪以上的发展时期。这些愈老弥坚的全球势力品牌(global power brands，GPBs),为长期品牌管理积累了丰富的经验,同时也面对着长期发展过程中不断出现的新问题。因此,即便是功成名就的强势品牌,长期管理的问题亦不可回避。

改革开放后诞生的一大批先行企业,如海尔、联想、万科等都已逾而立之年,可看作是在市场经济中成长起来的老品牌,它们都不同程度地经历了停滞和徘徊,在当前"互联网＋"的浪潮中,又面临着组织变革与战略转型的问题,长期品牌管理对这些品牌也逐渐显现出重要意义。而对于中国的老品牌或者中华老字号,它们甚至有比西方品牌更长的历史。由于受特定的历史和环境变迁以及经营条件的影响,衰退的现象甚为严重,品牌管理的问题十分突出,多年以来持续引起了各级政府和业界人士的高度关注,迫切需要进行品牌活化或复兴的一系列工作。在商务部发布的《中华老字号认定规范(试行)》中,"中华老字号"(China Time-Honored Brand)特指"历史悠久,拥有世代传承的产品、技艺或服务,具有鲜明的中华民族传统文化背景和深厚的文化底蕴,取得社会广泛认同,形成良好信誉的品牌"。考虑到"中华老字号"已是一个认证概念,我们在研究中把"中华老字号"扩大为"中国老品牌",试图把它们当作长期品牌管理的一般对象来看待,淡化它们的群体特殊性。

从诞生之日起,中国老品牌由于所处的特定经济、社会和文化背景,其品牌基因天生与西方品牌不同。我们的研究表明,面对当前的市场竞争环境,特别是全球化与"互联网+"的影响,中国老品牌迫切需要改变源自"老字号"的各种刻板印象和群体特征,以持续的、大幅度的创新,使自己真正成为具备市场竞争力的活跃个体。

中国老品牌的刻板印象

我们从消费者感知的角度,对中国老品牌开展了一系列研究,结果发现,老品牌所具有的某些刻板印象正是阻碍其发展的绊脚石。一些乍看起来是积极的特征因素,如果换一个角度思考,却并非对其发展有利。

群体共享联想

中国老品牌具有突出的群体共享联想。这些联想往往集中于家族性标签"老字号"。当你向消费者询问"提到某某品牌时,你会想到什么"时,消费者很容易首先说它是"老字号"。其正面的认知正是如商务部对"中华老字号"的内涵所界定的,但当前老字号的实际市场特征也赋予了对这个"标签"的负面认知,即蕴涵着"老一辈使用的""老样子""老模样""老态龙钟的",因而在年轻一代的消费者眼里,老品牌与自己是格格不入的。

老品牌的第二个群体共享联想是地理上的来源地。消费者对老品牌往往首先联想到是"哪个地方的货"。例如,在医药行业,天津就有乐仁堂、宏仁堂和同仁堂三家老字号。长期以来,人们似乎也习惯以"地名+

产品(品牌)品"的方式老称谓很多老品牌,如上海老饭店、山西老陈醋、天津盛锡福等。特定的环境依赖和历史传承直接影响了消费者对老品牌"属地"概念的形成,造成了对品牌认知的趋同效应。这在客观上制约了它们走出当地市场,进行全国性市场拓展。结果,大量老品牌被消费者当作旅游消费品或文化纪念品来购买。

联想的跷跷板

值得注意的是,有些联想属性之间是负相关的,就像跷跷板,一头上来了,另一头就下去了。老字号的群体共享联想很强烈,显然影响了品牌联想的独特性;"中华老字号"的背书为老品牌建立了强大的消费者信任基础,却大大削弱了它们紧跟时代脉搏的现代感。事实上,很多老字号企业扎扎实实做了很多创新工作,但我们的消费者并不"买账",还是习惯性地停留在"老字号"的群体概念认识上。对比西方的一些著名品牌,例如,提起耳熟能详的"可口可乐""IBM"或"丰田"等,我们首先联想到的往往不是"老字号"或"老品牌",尽管它们确实已穿越了上百年甚至更长的历史,乃是名副其实的"老字号"品牌。

具象联想的束缚

中国老品牌的联想内容大多是具象的,而非抽象的,表现为过硬的品质或与具体经营相关的品类。这是由于老品牌的产品线狭窄,大多从事单一产品或服务的经营,使得品牌联想紧密地与单一品类相结合。此外,老品牌的营销传播通常靠口碑和家庭代际影响,缺少现代营销工具的使用和投入,因而普遍缺乏象征价值内涵。突出的具象联想束缚了老品牌向新品类延伸、开拓新的业务领域,更无法获取品牌附加值的溢价效应。

传统价值的个性

历史的传承赋予了中国老品牌突出的传统价值,以及相应的个性印象。主要反映在儒家文化"仁"的内涵上,包括"诚"/"家"(温馨的、诚实的、家庭的)、"和"(和谐的、平和的)、"仁义"(正直的、仁慈的)、"朴"(传统的、怀旧的)、"俭"(平易近人的、友善的)等方面。在我们的一项研究中,提炼出"亲和"和"诚信"两个因子。消费者对老品牌在这两类个性上的评价很高。相反,源自西方价值的"刺激"(excitement)个性,包括"大胆"

（含时髦的、刺激的等）、"有朝气"（含酷的、年轻的等）、"富于想像"（含独特的等）、"最新"（含现代的、创新的等）等多个方面，在我们的研究中，把它称为"新潮"，在这类个性上，消费者对老品牌的评价很低（参见图 0-1）。

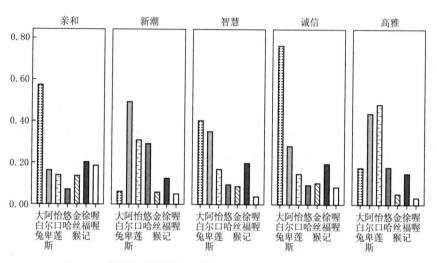

图 0-1　中国老品牌"大白兔"奶糖与其他品牌的个性评价对比

品牌关系传承的隔断

老品牌具有良好的信任度，它包含着信誉、诚实、安全、放心、可靠等内涵。其中，诚信是老品牌资产的首要构成。消费者对老字号的信任，在很多情况下是出于对"老"本身的认知结果，而非其他。这是在中国传统孝文化的大背景中尊老文化在品牌（产品）关系上的体现，"老"蕴涵了资历，意味着可靠和威望，因而更易得到人们的信赖。在年轻一代身上，传统价值观产生了分化。一部分人仍然保留着很多的传统价值观，因而与父母辈具有更多的认知相似性，"尊老"的信任机制得以传承；而另一部分人紧跟时代潮流，选择新的生活方式，表现出尝新、求变的消费动力，"尊老"的信任关系就被隔断。

受中国文化价值观中的过去时间取向（past-time orientation）和持续性（continuity）的影响，传统的年长消费者有更强的品牌忠诚倾向。从一般的角度看，下一辈对老字号的承诺度就没有父母辈那么强烈。作为年轻辈，他们进行更多的品牌尝试，这与当前的品牌竞争环境有关，反映了经济转型市场中消费者品牌经验的快速增长。但如果生活在一起,那么,源自家庭的代际影响力量就会十分容易地与来自下一辈的品牌尝试动力产生较量。经常地,后者战胜了前者,承诺无法传承。

长期品牌管理的精髓

瑞士的天梭(Tissot)表,自 1853 年成立以来一直是制表工艺与创新技术的先驱,始终秉承"创新,源于传统"的品牌理念。无独有偶,拥有百年历史的劳力士(Rolex),其品牌哲学也无法回避"传统"与"创新"的思辨——"不是'传统',虽然我们的工艺永存","'创新',只能触及其皮毛","以'传统'描述我们的创新,则过于拘泥常规"。这两个著名品牌都试图以自己独到的理念阐释对"传统"与"创新"以及两者关系的理解。的确,在品牌长期发展的过程中,如何把握"传统"与"创新"十分重要。简单地说,就是要处理好"变"与"不变"的关系。

一方面,品牌要保持不变。保持不变才能使品牌拥有独特的资本,通过一致性形成品牌的威力。越是一致,品牌的力量越聚焦,越强大。品牌不变,就是要求品牌建立清晰的识别系统,不断重复某些要素,坚持相同性。在长期发展过程中,这种不变的部分就成为品牌的传统,代代相承。试想,如果一个品牌没有恒久不变的东西,则与刚建立的新品牌无异。因此,时间越长,这种不变的资产就强大,令竞争对手无法模仿和超越。

另一方面,品牌又要求变。求变才能使品牌紧跟时代的步伐,与时俱进,符合消费者不断变化的需求,通过相关性形成品牌的吸引力。越是多变,品牌越生动、越具刺激性,越能令消费者惊喜不断。品牌求变,就是要求品牌推陈出新,不断创新,发展多样性,而不是因循守旧。这是品牌成长壮大的根本所在。站在营销的角度,品牌求变可以在营销战略(市场细分、目标市场和定位)和营销组合(产品、定价、渠道和促销)等各个要素方面不断创新变革。强大的创新力是品牌的核心竞争力,竞争对手可以模仿,但无法超越。

我们需要明白的是,"变"与"不变",或者"传统"与"创新"本身就是一对矛盾。因此,如何把握"变"与"不变"的关系,处理好"传统"与"创新"之间的联系,并非易事。很多时候,我们追求了创新,大胆突破,却丢掉了品牌的灵魂;或者,我们恪守了传统,小心翼翼,却陷入了固步自封的陷阱。其实,把握两者的关系,需要明确并界定什么可以变,什么不可以变。理想境界是,将"传统"与"创新"巧妙组合或者融合,形成合力,集于品牌一身。通常,品牌的核心价值、理念和内涵,即那些界定品牌是其自身而非其他品牌的东西不能变,或者说不能轻易变。我们称之为品牌的内核。品牌代表的价值观、传达的魅力、技术秘诀、产品属性等,都可能是品牌不能变的元素。其衡量标准是,在消费者心目中,这些元素是否真正能够代表品牌是什么。如是,则不能变。而品牌中可以变化或者说应该变化的,通常是具象的、有形的元素,比如产品设计、性能、包装、形式等。这类创新通常是为了适应技术、市场、文化等环境变化的需求。哪些元素可以改变?关键还是看它们是否已成为承担识别品牌为何的角色。如不是,则可以变或应该变。我们称这些可以变的方面为品牌的外围元素。

以持续创新打破"变与不变"的简单平衡

那么,针对中国老品牌的问题,如何进行活化或复兴?基本决策涉及长期品牌管理中的"变"与"不变"的选择问题。

所谓"变",是调整、改变和创新,具体的营销途径包括四个方面:新产品(用途)、新市场、新定位和新形象,其目的是建立消费者对品牌的新鲜感与时代感,从而不断延续、开拓和发展品牌关系。

与此相反,"不变"是怀旧、坚持和一致性,强调挖掘老的元素,利用消费者的怀旧偏好,通过相似的口号或者包装,调用品牌传统,唤起消费者对以前美好事物的回忆,建立起与消费者过去自我的情感联系,达到唤醒老品牌资产的效果。品牌的"不变"保留了品牌的核心要素,强化了品牌识别,巩固了消费者对品牌保持忠诚的关键之处。

"变"与"不变"似乎是悖论。我们的研究表明,就中国老品牌而言,"变"的战略意义重于"不变"。也就是说,在策略选择上,创新之道胜于怀旧路线。站在理论普遍性意义的角度，没有什么是绝对"不变"的，这一点多少被忽视了。

进入细分市场的层次

在我们的一项研究中，以"大白兔"为研究对象，采用焦点小组访谈（共 12 组 96 位成人女性）的方法，对访谈文本的分析和归纳表明，所有消费者对于变与不变的需求和态度都被归到"品牌""产品""目标市场""营销传播"四大营销要素的类别中（见图 0-2）。

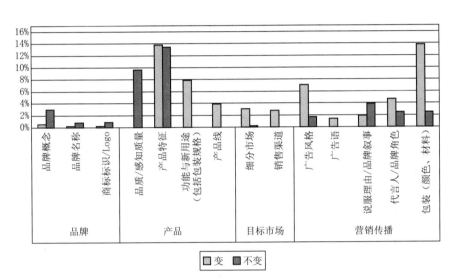

图 0-2　消费者对"大白兔"营销要素"变与不变"的需求频次

从图 0-2 中可看出，有些营销要素是倾向于需要经常变化的方面，如包装；而另一些营销要素是倾向于不需要经常变化的方面，如感知质量。此外，还有些营销要素在变与不变的需求上旗鼓相当，如产品特征。基本上，变的需求要高于不变。这表明，对于老品牌长期管理中"变与不变"的决策存在一些基本的规律和特征。

对四个年龄段被访者的结果做初步的横向比较发现，主张营销要素变化或创新的被访者多出现在 18—39 岁之间的群体中，而 40—49 岁的受访者则更多地希望营销要素不要改变或保持旧有的风格。"变与不变"的需求和态度与消费者的特征（如年龄）具有一定关系（见图 0-3）。

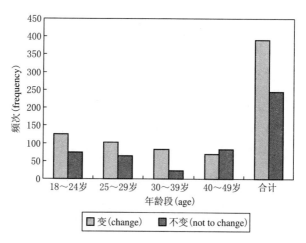

图 0-3   各年龄段的消费者对大白兔"变与不变"态度的频次对比

进一步解读和洞察访谈文本,发现在所有的被访者中,一些消费者强烈地期望老品牌进行创新,另一些消费者则希望老品牌保留原有的传统与特色。还有些消费者模棱两可,对"变与不变"抱有矛盾心态。基本上,年长世代的消费者更关注传统的保留,而年轻世代更强调创新的变化。由此可看出,从细分市场的角度探究"变与不变"的基本选择是合理而且必要的。参见案例:"基于创新特质和怀旧倾向的老品牌市场细分"(参见第三章第一节)。老品牌的复兴和发展,关键是要扭转一类具有高创新特质和低怀旧倾向的消费者的消极态度。总体上,创新是老品牌发展的普遍之道。

放弃中庸之道

中国老品牌迫切需要建立起紧跟时代潮流的新形象,以高强度的创新联想"压制"老品牌的刻板印象和群体特征联想。因此,在"变与不变"的天平上,不必刻意保持简单的平衡,而是要让"创新"的概念高高翘起。从某种程度上看,老品牌脱离"中华老字号"招牌的庇护,丢弃"老字号"家族的一般联想,未尝不是件好事。老品牌必须直面当前市场竞争环境,大胆改革,抛弃沿袭传统的思维方式和经营思路。

诚然,大力变革意味着风险。因此需要管理者谨慎研究如何有效地进行创新和变革,以真正符合细分市场的需求。大多数老字号企业还没有建立起强大有效的营销组织职能,大量的营销费用花费在"推"而非"拉"的策略上,缺乏与消费者建立亲密情感的有效沟通。老字号企业的营销决策和广告投入普遍是粗放型的,消费者行为调研十分不够。与对战术运用的重视度相比,老字号企业常常忽视战略方向的把控和动态调整。老字号企业需要大力投资消费者行为科学研究,其中包括一些基础性的、前瞻性的研究。

向新生代倾斜

新生代是市场消费的主力军,抓住了新生代意味着赢得了明天的市场。老品牌具有历经数代人的大时间跨度,覆盖新老市场群体,因此在管理上,如何兼顾新老目标市场的营销投入,始终是老品牌活化决策的基本问题。在中国市场中,新生代无疑具有更重要的价值。营销投入向新生代倾斜是非常必要和迫切的。

改革开放以来,中国社会经济的高速发展转型导致了消费观念的多元化,不同世代的消费观念差异十分明显,这种世代差别大于西方。老品牌的振兴,必须更多地考虑新世代消费群的生活方式和价值观,积极地进行品牌创新和内涵重塑。就中国的"90后"而言,他们具有不断增长的动力、期望和需求。这个世代的年轻人思想开放,观念超前,在互联网环境下成长,他们购物行乐,购买潜力巨大。如果抓不住这批新生力量,老品牌就会渐行退出未来的市场。面对新的市场竞争环境和新生代的消费需求,老品牌必须要研发新的技术,开发新的产品,开拓新的渠道,甚至开发新的子品牌。

建立起新生代的使用者形象是扭转老品牌陈旧印象的根本途径。就像麦当劳的例子。2003年9月开始,麦当劳在全球120多个国家同步推出以"我就喜欢"(i'm lovin' it)为主题的全新品牌更新活动,旨在塑造其年轻化的品牌形象,从"妈妈和小孩的地方"向"年轻人的地方"转移,以改变已显得陈旧过时的"麦当劳叔叔"形象。这项大规模的营销活动收到了显著成效,最终反映在公司销售收入的可观增长和股价的逆市上涨上。

产品创新策略

品牌的"变"与"不变",或者"传统"与"创新",本质上是要解决品牌长期发展受时间因素影响的问题。对于如何在产品策略中具体操作,笔者总结了三种做法。

第一,拓展产品线策略。这是最基本的做法,即通过规划和丰富产品线,覆盖到不同年龄群消费者的需求。例如,天梭表有三个系列产品:一是经典系列,其产品跨越不同世代的需求,不受时间因素影响;二是时尚系列,针对当前消费者的需求,侧重于创新元素;三是怀旧系列,面向年长消费者的需求,侧重于传统元素。还比如,李维斯(Levi's)也有"紧身"(Skinny Fit)、"红标"(Reb Tab)和"常规"(Regular Fit)三个系列,满足不同年龄群的偏好。20—24 岁的年轻人最喜欢紧身系列;30—39 岁左右的顾客最喜欢红标系列;而 25—29 岁的顾客对这三种类型的产品没有明显的偏好差异。

第二,开发副品牌策略。如果品牌在长期发展过程中已成某个概念的代名词,但为满足新市场需求而需要在原有品牌名称下引入新的产品概念,有可能让消费者觉得与原有的品牌概念相矛盾,不易被接受和认可。那么,其解决办法就是对新产品概念冠以一个副品牌名称,与母品牌形成主副品牌模式(即来源或背书品牌战略)。这样,母品牌代表原有的概念,新产品概念主要由副品牌来承担,不再与母品牌含义形成直接矛盾。同时,副品牌旗下的新产品概念反过来又能改善母品牌的传统形象,最终达到母品牌定位更新的目的。

第三,强化品牌资产策略。2012 年,上海冠生园推出"巨白兔",一经上市就掀起销售热潮。该产品长约 20 厘米,直径约 8 厘米,加上两边的扭结,总共长 40 厘米,是一"颗"放大版的大白兔奶糖,内装 200 克大白兔经典原味奶糖。同年,冠生园还推出"巨牛轧"。这款新产品是一只印有蓝白格纹的长方体磨砂铁盒,看上去是一"颗"放大版的花生牛轧糖,即按糖粒同比例放大的铁盒装。有着椭圆形开口的夹层还可以将铁盒"变身"为餐巾纸盒。由于大白兔奶糖和牛轧糖的产品形象鲜明独特,在消费者心目中根深蒂固,已成为其品牌核心资产。因此,冠生园通过产品包装创新,不但有效地强化了大白兔的品牌资产,维护了品牌传统,而且开发了礼品新市场,可谓把"传统"与"创新"巧妙融合。

再造品牌核心价值

我们的研究表明,作为新世代的下一辈普遍不认可老品牌所具有的象征价值。着眼于当前和未来市场,重塑老品牌需要在保留中国传统文化底蕴和纳入新鲜现代价值之间寻找结合点。从形象塑造的角度看,老品牌迫切需要转变联想优势的基础:从特殊品质联想逐步转向价值利益联想,使品牌资产发挥更大范围的杠杆力。老品牌需要建立起独特的、具有个性的鲜明形象,而非一般性的共性特征联想。这是一项艰难的、长期的工程,并非短期就能解决,但确实是老品牌振兴的基本路径,是老字号企业制定正确的复兴战略规划必须考虑的基本方面。

对于相当数量勉强度日甚至濒临破产的老品牌来说,通常的品牌活化方案还不足以拯救其危机,需要进行品牌重建(rebranding)工程,即改变品牌识别系统。品牌重建可分为三个层次进行:首先是辅助改变,主要是品牌标志、口号等外在因素的改变;其次是中度改变,对现有品牌进行重新定位,重新建立品牌形象;最后是完全改变,包括品牌名称、品牌价值、品牌形象全部发生改变。由于品牌名称改变属于品牌重建中最颠覆性的做法,因此要慎重考虑老品牌在消费者心目中的地位和形象,重建过程尽量不要破坏品牌的传承性和一致性。相对于品牌名称和品牌标志的改变,频繁的品牌口号的改变承担的风险相对较小,有时合适的口号是公司传达重新定位信息的最好工具。

以上是笔者基于中国老品牌研究的一项成果(参见第三章第一节),谈了长期品牌管理的核心问题,提出了若干关键性的策略建议。这是本书的一个引子。在整书的三篇十一章中,笔者将完整地展现各项实证研究成果,在此基础上得出结论,提出相应的战略指引。在第九至第十一章中,笔者介绍自主开发的三大工具,如何应用于长期品牌管理实践。

在接下来的理论篇中,笔者首先回顾长期品牌管理的两大核心理论:一是品牌活化原理;二是基于家庭的品牌资产来源。前者有助于我们理解如何通过品牌活化来改善和提升品牌资产,从而不断保持有利的市场地位。对此,笔者回顾了由认知心理学和社会心理学两个视角构成的西方品牌活化原理,在此基础上提出了"品牌活化矩阵"(BRM),并讨论了如何将其用于中国老品牌的复兴。后者试图让我们理解如何通过家庭成员之间的代际影响来传承品牌资产。由于老品牌横跨多个世代,因此家庭中上一辈对下一辈的影响可能成为下一辈相关品牌资产的一个重要来源。为此,笔者梳理了过去近40年间消费者行为领域有关代际影响的研究,以代际影响的表现和测量(方法)为中心,特别从品牌资产来源的角度指出代际影响研究带来的新机会,并总结相关研究成果。

理论基础篇

第一章
品牌活化原理与战略：品牌活化矩阵

每个成功的品牌都经历一个产生、发展和壮大的过程。如果管理不善，品牌将会逐步走向衰老死亡。随着时代的变迁，经济的发展以及新技术的出现，老品牌不可避免地与消费者需求之间产生种种不适。也就是说，老品牌因时间推移而逐渐疏远了消费者。如果不及时改善品牌与消费者之间的关系，消费者将会转向其他新品牌。解决这个问题的必经之路就是不断进行品牌活化（brand revitalization）。所谓品牌活化，简单地说，就是品牌为了使财产再生，通过"寻根"的方式重新捕捉失去的品牌资产（Keller，1999，p.110）。与品牌活化相似的概念还有：品牌复兴（rejuvenation，Lehu，2004）、再品牌化（rebranding，Kaikati，2003；Daly and Moloney，2003）、品牌再定位（re-positioning，Aaker，1991），但与品牌强化（brand reinforcement）不同，后者的意思是通过一系列一致性的营销活动向消费者传递品牌意义，包括品牌意识和品牌形象两个方面，进而加强品牌资产。它们可统称为长期品牌管理（Keller，1999）。

老品牌历史悠久，许多曾经在市场上占据领导地位，具有很高的知名度，虽然目前可能经营状况衰退，但是仍然拥有品牌资产。从社会心理的角度来看，在目前这个竞争激烈的市场中，当初的消费者难免对老品牌的辉煌经历怀有美好的回忆。这些既使得老品牌的活化具有了可能性，同时也是新品牌所不具备的历史优势。为此，本节聚焦于长期品牌管理的核心——品牌活化,厘清它的理论脉络和实际方法,试图对中国老品牌复苏和振兴提供有益的启迪和帮助,也为中国领先企业的长期品牌管理提供基础性的管理指引。

第一节　品牌活化原理

品牌活化原理的研究可以从两个角度来看:基于认知心理学和基于社会心理学(何佳讯,2006a)。前者的认识主要从消费者的认知心理入手,提出通过一系列的营销活动,提高品牌意识,重塑品牌形象,最终达到重建品牌资产的目的;后者主要从品牌本身的意义、内涵、本质等方面出发,通过品牌故事、品牌社群、怀旧性的广告等,唤醒消费者对该品牌的社会心理联结,最终达到建立或恢复消费者与品牌亲密关系的目的。

一、认知心理视角

认知学派的代表人物 Keller(1999)提出,品牌活化是品牌长期管理的一个重要措施,他主要是从基于顾客的品牌资产(customer-based brand equity, CBBE)角度建立了品牌活化活动的基本原理,主要包括两个方面:一是寻找失去的品牌资产来源;二是识别并建立新的品牌资产来源(见图 1-1)。

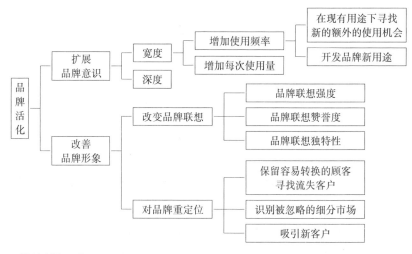

资料来源:Keller(1999)。

图 1-1　Keller 品牌活化的概念模型

（一）拓展品牌意识（expanding brand awareness）

Keller 认为许多老化的品牌,问题出在品牌意识的宽度上,因为消费者在一定的环境中仍然能够识别和回忆起该品牌,但仅仅是在很狭窄的范围内。扩展品牌意识是品牌活化的一个重要方面,可以通过增加消费者对品牌的使用来实现。具体来说,增加消费者对该品牌的使用又可以通过两种途径来实现:增加使用量和增加使用频率。相比而言,增加使用频率要比增加使用量容易,因为每个消费者心目中都有一个最合适的使用标准。增加产品的使用频率既可以在现有使用方法下增加新的使用机会,也可以开发新用途。

（二）改善品牌形象（improving brand image）

改变品牌意识是一种相对比较简单的方法,有时还需要对品牌形象做出调整,这种调整甚至是根本性的改变。重塑品牌形象,可以通过增强品牌联想的强度、赞誉度和独特性而实现,也可以通过加强积极的品牌联想、淡化消极的品牌联想,同时创造新的积极品牌联想。改善品牌形象,往往需要对品牌进行重新定位。在对品牌重新定位时,既要保留容易转换的顾客,又要找回流失的顾客,同时要识别新的细分市场,吸引新顾客。

二、 社会心理视角

从社会心理学角度来看,品牌活化强调的是品牌意义的复活（revival of brand meaning）。它的机理是唤醒消费者的怀旧情结。该理论主要由 Brown、Kozinet 和 Sherry Jr(2003)提出。

怀旧可以分为个人怀旧（personal nostalgia）和集体怀旧（communal nostalgia）两种。个人怀旧与个人的年龄、生活经历等因素有关;而集体怀旧主要与一个时代有关,例如战争、革命、外族侵略等。在营销学上,个人怀旧和集体怀旧紧密结合。一个老品牌不但能够使人们想起一个时代,而且可以想起自己在那个时代的经历。一张照片、一首歌曲、一件礼物都可以让人们想起过去的事情或者经历。

品牌活化可以充分利用消费者的怀旧偏好,通过相似的口号或者是包装,调用品牌传统,唤起消费者对以前美好日子的回忆。同时,通过怀旧来活化品牌要注意与现代标准和消费者需求相结合,把过去的样式和现代的功能技术完美融合在一起。基于品牌意义的复活主要包括四个方面的概念框架。

(一) 品牌故事(brand story)

品牌故事是指关于品牌的象征性故事,既可以是叙述性的,也可以是比喻性的,是有关品牌历史、意义、精神等的描述。品牌故事是动态的,随着流行趋势和消费者口味的变化而改变。品牌故事可以成功地转换一些说教性的信息,这些信息会被用来解决消费品味、观念上的冲突。品牌管理者可以从消费者的角度来研究品牌故事,利用消费者对活化产品的认知和评论或者通过那些新旧品质相结合的产品,来研究品牌意义、品牌传统和品牌故事之间的关系。品牌故事在消费者之间相互流传,因此改变品牌故事可以起到活化品牌的作用。

(二) 理想化的品牌社群(idealized brand community)

在品牌活化过程中,关于过去的一种理想化意义被唤醒,而这种意义在现实社会又是不存在的。品牌活化将其与现代最新的技术相结合,并进一步深化。社群成员在某些意识上具有共同性,拥有品牌才能进入社群,品牌在某种程度成了消费者的身份证和进入社群的通行证。被品牌唤醒的社群思潮,与消费者个人和时代有着强烈的联系,虽然这个时代已经过去。

(三) 品牌精髓(brand essence)

消费者对真实性(authenticity)的要求是现代营销的基石,真实性对于品牌至关重要。品牌独特性是品牌身份的一个重要方面,而品牌精髓则代表品牌的核心价值,被称作品牌的 DNA(基因)。品牌精髓是品牌独特性的主要构成要素,它与真实性高度相关。品牌管理者既可以通过宣传原来的品牌精髓,也可以通过创造新的品牌精髓来活化品牌。但最常用的方法是在宣传原有品牌精髓的同时,加入新的时尚元素。这些时尚元素包括流行文化、最新技术等。

(四) 品牌悖论(brand paradox)

现代社会的技术进步是不可阻挡的,但在技术不断进步的同时,消费者内心又向往回到简单、轻松的时代。因此,品牌在保留老元素与注入新元素之间出现了矛盾。这种"品牌悖论"是不可解决的,这已经在品牌的消费层面得到了证实。因此,对品牌内涵的研究是复杂的、无止境的,品牌悖论为研究和活化品牌内涵提供了方向和出发点。

三、 品牌活化矩阵

从上面的分析,我们可以看出品牌活化原理的两个理论视角有着诸多不同之处,明辨两者的区别是如何用好品牌活化方法的基本前提,这对于厘清中国老品牌和老字号的活化战略思路具有根本性的指导价值。它们的差别主要表现在活化目标、活化机理、活化途径和对策略的指引意义四个方面。具体见表1-1。

表1-1　品牌活化原理两个视角的比较

对　比	认知心理的视角	社会心理的视角
活化目标	提升品牌资产	提升消费者—品牌关系质量
活化机理	改变消费者认知	唤起消费者的怀旧情感
	置入新的元素	挖掘老的元素
活化途径	品牌意识、品牌形象	品牌故事、品牌精神、理想化的品牌社群
策略指引意义	新老品牌共有	老品牌独有

这两种理论最大的差别在于,认知心理视角关注品牌意识和品牌形象两个方面,强调置入新的元素,主要包括四个方面:新产品(用途)、新市场、新定位和新形象;而社会心理视角则关注新老品牌资产,强调挖掘老的元素,主要是复古策略。但它们之间也是相互联系的。例如,认知学派认为在改变品牌形象的同时,要注意保留品牌的精髓;社会心理学派认为在充分利用怀旧的同时,也要保持产品的不断更新,以满足消费者的现实需要。因此,在品牌活化的过程中,我们应该把两种理论有效地结合起来,既要不断更新产品和服务,又要引入能够引发消费者怀旧的因素。为此,笔者建立了认知心理—社会心理联合视角的品牌活化矩阵(brand revitalization matrix,BRM),它概括了品牌活化的四大根本策略,即唤醒记忆、扩展意识、复古风格和改变形象。见图1-2。

图 1-2   品牌活化矩阵

当老品牌面临新品牌的强有力竞争时,怀旧方式的利用则显得尤为必要。消费者往往对那些能够引起对过去经历回忆的东西有着强烈的感情,进而激发出强烈的购买倾向(Holbrook and Schindler,2003)。如表 1-1 中所指出的,社会心理视角的"怀旧资产"是老品牌所独特的历史价值,新品牌并不具有这样的文化沉淀。因此,从理论上看,运用怀旧联结(nostalgic bonding)是老品牌对付新产品的有效策略。

第二节   品牌活化战略决策

事实上,在品牌活化理论被提出,并形成被笔者概括为"品牌活化矩阵"(BRM)之前,实务界早就注意到了这个现实问题,纷纷从实际操作的角度提出应对品牌老化的方法。下面,笔者简述代表性的观点。

一、 品牌活化的条件

上面所述的两个视角为品牌活化提供了理论指导,但是并不是所有的老品牌都是可以活化的。Brain(2000)曾明确指出,成功活化品牌必须具备以下条件:(1)该品牌提供的产品或服务的价格,与竞争对手相比处于中间位置。如果产品或者服务的价格高于竞争对手,而又无法降低,该品牌将无法进行活化。(2)品牌的媒体宣传和促销明显少于竞争对手,或者低于行业的平均水平。(3)该品牌的价值不是很好,但是产品销量很大,而且知名度比较高。(4)该品牌具有悠久的历史,有着较大的品牌遗产,而且在某些方面能够唤起消费者的共鸣。(5)该品牌与竞争对手相比,在产品、沟通、包装、形式等方面具有差异化的竞争优势。(6)品牌的核心价值长期在市场上占据重要地位,并且通过活化能够与目前的消费者利益保持一致。Brain(2000)为我们提供了区分目标品牌的工具,避免了活化工作的盲目性。

二、 品牌活化的决策

Lehu(2004)以法国食品行业为背景,经过研究调查,提出品牌活化的原因—对策框架。他认为品牌老化的原因主要来自于三个方面:产品/服务、目标市场和沟通。品牌活化也应该从这三个方面出发,针对具体问题,采取不同的办法。Lehu 的主要方法见图 1-3。

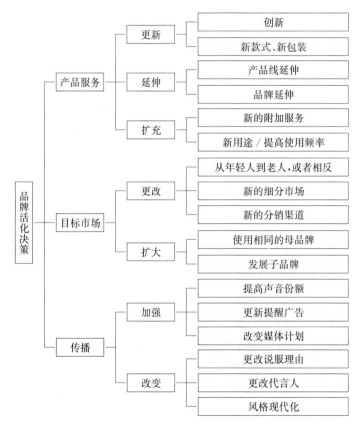

资料来源:Jean-Marc Lehu(2004)。

图 1-3　Jean-Marc Lehu 的品牌活化决策框架

图 1-3 中的若干对策,也见于 Aaker(1991)的有关论述中。他提出

的品牌活化策略有:增加使用量;开发新用途;进入新的细分市场;对品牌进行重新定位;增加产品或服务的种类;放弃已经过时的品牌;进行品牌延伸。Aaker特别强调在进行品牌重新定位时,要确保新定位与现有品牌联想的一致性。否则将会出现两种情况:现有品牌联想抑制品牌重新定位的效果;某些潜在市场由于重新定位而被忽略,而这些潜在市场也许是非常有价值的。Aaker的活化方法后来得到了其他学者(如:Brian,2000;Brian and Marie,1999)的认可和发展。

其他学者还就品牌活化提出了许多要点。例如,Berry(1988)提出七个方面:(1)检查该品牌产品或服务的质量,高质量的产品和服务是进行品牌活化的前提。(2)对于能够影响到消费者对品牌质量感知的每项因素进行认真的评估,消费者可感知的质量比品牌的实际质量更重要,因此要对这些因素进行评估,确保能够及时准确地向消费者传达品牌质量信息。(3)管理品牌和消费者之间的关系。品牌和消费者之间具有不同的关系:父子关系、夫妻关系、雇主和雇员关系、酒友关系等。应该根据品牌和消费者的特点,建立并维持相应的关系。(4)理解品牌价值,这是建立强势品牌的基础和出发点。(5)形成品牌自己独特的风格,因为消费者更容易记起风格独特的品牌。(6)妥善安排品牌活化计划。(7)对品牌进行一次有意义有价值的活化运动,包括广告、促销、包装等多种方法的综合运用。Brown(1992)也曾指出七个要点:(1)同一线的推销员和售货员座谈,向他们了解品牌老化的原因以及活化的方法。(2)及时更换广告、包装和代言人,确保品牌形象不断更新。(3)促销活动要与品牌形象保持一致,简单的价格战只会损害品牌形象。(4)小心谨慎地进行品牌延伸,一般要在与原有产品相近或者相关的领域进行延伸。(5)重新思考品牌形象。(6)成立品牌活化项目小组,公司各部门协调工作,共同为品牌活化努力。(7)改变品牌联想,同时要保留原有品牌的积极联想。

三、 战略指引:中国老品牌的振兴方略

西方品牌活化理论对中国老字号品牌的振兴具有重要的指导意义。中国在长期经济发展过程中形成众多老字号品牌,但是随着经济体制改革深入和大量外资企业的冲击,它们正经受着巨大的考验。很少一部分

老字号品牌及时进行改革创新,竞争力得到增强,重新焕发了青春;大多数在激烈的竞争中,经营状况逐步恶化,最终被兼并收购或者是倒闭,品牌也随之消失;还有一部分目前勉强维持,惨淡经营。唤醒中华老字号,不仅是保护中华民族的文化遗产,同时对于促进经济发展、增加国民经济竞争力、扩大就业具有重要意义。

大多数的中国老品牌长期在市场上占据重要地位,具有很高的市场价值,只要采取适当的措施,必将会重新焕发青春。结合上面的论述,笔者认为中国老品牌的复兴宜采用"品牌活化矩阵"(BRM)这个基本战略架构,即综合应用认知心理和社会心理的视角。这是因为中国老品牌大多面临的是新品牌的挑战,因此,既要挖掘自己的独特资产(社会心理视角),又要积极开拓新资产(认知心理视角)。在这个战略思路下,再结合本节第二部分提出的决策方法,具体可以采取以下几点措施:

首先,实施怀旧战略,以情感诉求建立消费者关系。中华民族是世界上比较怀旧的民族,对过去的东西或经历有着很深的感情。很多人在年轻的时候都曾经使用过一些老字号产品,这些品牌甚至伴随了他们成长过程;老品牌能够引起消费者对童年经历的回忆,更容易在心理上与他们产生共鸣。如果通过营销唤醒消费者的记忆,那么可以建立老品牌与特定群体之间的独特关系。怀旧战略包括广告宣传、产品包装、产品款式等多个方面。

其次,重估品牌精髓和意义,加强对品牌故事的宣传。中华老字号具有悠久的历史,几乎每一个品牌都有一个鲜为人知的故事,有着深刻的意义。老字号品牌在重建的过程中,应该重视品牌的这些核心价值,并注入新时代的元素,同时还要与现代技术相结合。以上两点是基于社会心理的品牌活化原理。

再次,老品牌应该在"新"上下功夫,要"表""里"并重。这里的"表"是指包装、外形、款式等外在的东西;"里"是产品的质量、技术含量等。"新"包括新产品、新服务、新技术、新用途、新市场、新的分销渠道、新的商业模式,等等。这一系列措施不但可以拓展品牌意识,还将大幅改善品牌形象。这是基于认知心理的品牌活化原理。

　　最后,实行联合品牌和跨界经营战略,以无形资产撬动有形资产。老品牌最大的资产是无形资产,以品牌为纽带,通过联合经营而非直接投资的方式,组建"战略联盟",允许其他企业以该品牌生产销售产品,用无形资产带动有形资产。同时要积极进行品牌延伸和产品线延伸,充分发挥无形资产的价值。此外,还可以积极探索跨界经营,开拓新业务领域以及发展新的商业模式。

　　总之,中国老字号和老品牌的振兴和复苏要遵循"品牌活化矩阵"(BRM),也就是说,要"两条腿"走路,而不是单一的途径。在这样的基本理论指导下,再根据各自企业的具体情况制定出有效的措施和策略。唯有如此,才能使得我们对于老字号和老品牌的种种改造向着明确的目标挺进,发挥出新品牌所不具有的独特优势和基础。

第二章
基于家庭的品牌资产来源：一个新视角

品牌诞生的时间越久，意味着经历的时代越多。因此品牌在长期发展过程中，拥有了跨世代的消费群体。这些群体由于经历的时代背景不同，往往在生活方式和价值观方面存在差异。例如，"60 后"与"80 后"及"90 后"相比，就存在很大的差异。但是，这并不意味着他们不能拥有相似的品牌态度。大量的研究表明，通过家庭内部上一辈对下一辈的影响，上一辈对特定品牌的积极态度可以传承给下一辈；与此同时，上一辈对特定品牌的积极态度也可以来自下一辈对上一辈的反向影响。Moore、Wilkie 和 Lutz(2002)的研究表明，在很多日常消费品上，代际影响成为品牌资产的来源。也就是说，品牌资产除了来源于个体消费者对品牌的感知和关系外，也可能来源于家庭中上下一辈之间的影响。后者为开拓品牌资产来源研究提供了一个崭新的视角。

在本章中，笔者仔细梳理过去近 40 年中消费者行为学者有关代际影响研究的成果，聚焦于上一辈对下一辈的影响上，以代际影响的表现和测量(方法)为中心，概括其前因后果的各种变量关系。同时，特别从品牌资产来源的角度指出代际影响研究带来的新的研究空间，并总结相关研究成果。最后，笔者提出建立代际品牌资产构念。

第一节　消费者行为领域代际影响研究概况

所谓"代际影响"(intergenerational influence，IGI)，从广义上讲指

在家庭中的一代人向另一代人传递信息、信念和资源（Moore，Wilkie and Alder，2001）。有关研究始于 20 世纪 60 年代后期，并一直受到社会学界的广泛关注，它的关键要素可以在社会化（socialization）理论的研究中找到根据。在 70 年代早期，代际影响研究被引入到消费者行为（消费者社会化）领域，Hill(1970)发现，一个家庭对达到他们财务目标的能力或无能似乎是从上一辈传向下一辈的。该术语被定义为：家庭中的一代人向另一代传递与市场有关的技巧、态度、偏好、价值观和行为（Heckler，Childers and Arunachalam，1989；Childers and Rao，1992；Shah and Mittal，1997）。到目前为止，大量研究已表明，代际影响表现在孩子的市场信念、价值观和行为上与他们的父母具有相似性（Heckler，Childers and Arunachalam，1989；Moore-Shay and Berchmans，1996；Moore，Wilkie and Lutz，2002）。因此，"代际传承"（intergenerational transfer）是与"代际影响"相近的概念。代际影响研究促进学者们的注意力从消费者个体分析转向研究较少的家庭消费决策（Miller，1975）。

代际影响研究直接或间接地基于这样的假设（Moschis，1988）：第一，对消费者行为上的影响从年长的父母影响到子女；第二，与消费相关的取向从一代传向下一代是相对稳定的，并且能被跟踪，一旦被传送，即为影响者（influencer）和被影响者（influencee）所持有；第三，代际影响代表了社会外部力量的作用，特别是父母，对个体消费者学习的影响。大部分学者把代际影响聚焦于上一辈对下一辈的关系上，但也有学者认为代际影响是相互的（reciprocal），不能忽视下一辈对上一辈的影响（Miller，1975），即很可能存在反向的影响，或同时发生的效应（Moschis，1988；Whitbeck and Gecas，1988）。

Ward、Wackman 和 Wartella(1977)认为，父母对孩子的社会消费行为影响存在三种主要途径，它们分别是：父母的消费行为是孩子消费行为的模范；父母直接和孩子的消费行为相关联；孩子从观察他们父母的购买模式、和父母交流以及从父母的经验中，在自己购买实践中学习如何购买。Moschis(1988)指出，这种影响过程可以通过示范（modeling）、强化

(reinforcement)和社会交互(social interaction)等机制进行解释。在家庭的影响下,孩子学习如何进行预算或讨价还价,面对各种各样不同用处的产品,逐步形成他们对产品的态度和偏好。对于如何全面地理解这种代际影响,Moore、Wilkie 和 Lutz(2002)借助定性研究归纳出了一个广义分析框架(见表 2-1)。

表 2-1　理解市场中代际影响的整体框架

构成部分	分　支	
市场表现形式	代际影响的调查维度	
	代际影响作为重复购买的影响因素	
	代际影响作为情感联结的因素	
	有关产品和品牌的其他代际影响洞察	
	除品牌之外的其他代际影响维度	
形成因素	家庭中的代际影响	
	代际影响形成的其他真实因素	
	代际影响的时间发展历程	
成年期的持续性	代际影响削弱的潜在来源	配偶、室友和同伴的新影响
		新生活带来的生活方式改变
		市场经验的变化
		其他削弱代际影响的因素
	代际影响持续的力量	支持重复购买的因素
		自我认同的保持
		作为代际影响持续动力的父母
		营销者行为有助于代际影响维持

资料来源:Moore、Wilkie 和 Lutz(2002)。

表 2-1 中的"市场表现形式"是指代际影响在消费者生活中发生作用的各种途径;"形成因素"解释代际影响的发展机理;"成年期的持续性"用来考察子女离开父母后影响代际影响的因素。从西方现有的成果看,有关研究基本上围绕这三大方面进行。

一、　代际影响的表现和测量

代际影响的表现形式和类型多种多样,诸如信息搜寻,品牌、产品和商店的选择,评价标准的使用,营销组合变量的接受度等(Shah and

Mittal，1997)。在早期,Hill(1970)的研究发现,代际之间存在价值取向的高传承性。他的调查数据表明,同一家庭的三代人在居住位置上,选择相似类型的邻居。Arndt(1972)发现,在意见领袖、创新性和商店偏好等方面,大学生和他们的父母之间存在重要的代际影响认同。总的来说,代际影响的覆盖面很广,从特定品牌偏好的一致性,到比较抽象的与消费有关的态度和价值观的共享,如物质主义、对经济命运把控的感知和对未来的乐观主义等(Moore-Shay and Berchmans,1996)。理解并测量父母辈影响的范围、情境和程度,已经成为代际影响研究的主要方面(John,1999；Viswanathan,Childers and Moore,2000)。

为测量消费行为代际影响的表现,Francis 和 Burns(1992)验证了母女在对服装的感知质量和满意度上具有较高的一致性。Mandrik、Fern和 Bao(2005)证实了母女在品牌偏好、价格—质量图式、便利性取向、价值意识、品牌名称—质量图式上具有明显的一致性。Viswanathan、Childers 和 Moore(2000)把与市场交易直接相关的代际传承概括为三个方面:消费者技巧、与消费相关的偏好和消费者态度。他们采用美国和泰国两个不同文化背景下的样本人群进行比较分析,开发了三维度代际量表(IGEN Scale),该量表共有 12 个测项,每个因子各有 4 个测项。最后使用对偶层次(dyadic-level)数据检验了该量表的收敛效度、法理效度和区分效度。

类似地,Moore-Shay 和 Lutz(1988)把消费者在态度和信任形成中的代际影响概括为品牌偏好、选择规则和市场信念三个方面,他们的研究发现母亲和女儿在品牌偏好、选择规则(促销品购买倾向、新品牌尝试意愿、品牌忠诚、预购计划、冲动性购物、他方意见的不信任)上具有显著的相似性,但在抽象的市场信念上并不一致。Moore、Wilkie 和 Lutz(2002)以消费者购买决策过程的不同阶段测量代际影响,聚焦于消费者意识、考虑集和品牌偏好。上述有关研究的表述和提法不尽相同,但从测项的实际构成看,基本上都围绕品牌偏好、消费者技能、消费者态度进行。在表 2-2 中,笔者从这三个方面进行总结。其中,品牌偏好维度得到了学者们普遍的关注。

表 2-2 代际影响的测量

维 度	研究者(年代)	测项或测量
品牌偏好 (brand preference)	Viswanathan、Childers 和 Moore (2000):消费偏好	为什么购买父母购买的产品或品牌;对不同类型商场购物的偏好;对不同风格产品的偏好;对不同公司生产的产品或品牌的偏好
	Moore-Shay 和 Lutz(1988)	同意度(两人对一个特定问题认知的一致性程度);准确性(个体正确地陈述对方认知的能力)
	Moore,Wilkie 和 Lutz(2002)	匹配的正确率
消费者技能 (consumer skills)	Viswanathan、Childers 和 Moore (2000)	储蓄、管理未来财务、经常性预算、及时还款、周期性检查账户的好处;购物中如何在品牌和产品间进行选购;如何评估产品的信息,它的价格、广告和商店;最好的购物方法是仔细比较两个或更多的品牌,在价格、质量、期望寿命等方面,购买整体价值最好的产品
消费者态度 (consumer attitudes)	Viswanathan、Childers 和 Moore (2000)	对不同类型广告提供产品信息的看法;广告在购买决策中的作用;价格是否应该被看作是产品质量指示的看法;在购买决策中是否信任促销员对你的教育
	Moore-Shay 和 Lutz(1988):选择规则	购买促销品的倾向、尝试新品牌的意愿、品牌忠诚度、购买的计划性、冲动性购买、不信赖他方的意见
	Moore-Shay 和 Lutz(1988):市场信念	价格、质量的正向关系、营销者传达信息的有用性、对营销活动的不信任、广告的正面价值、购买自有商标和促销商品的价值

二、 代际影响的决定因素和形成机理

代际影响的另一研究重点是探明决定因素和形成机理。有关研究集中在家庭环境(或家庭关系)、品类特征和竞争、社会文化等与代际影响的关系上。

首先,家庭环境是代际影响的重要作用因素,它包括父母的婚姻状况、父母和孩子的沟通情况、家庭成员的亲密程度、父母的权威性(孩子对父母的尊重程度及顺从性)等。一般来说,如果这些变量增加孩子对父母的信任程度,那么代际影响增强。在父母婚姻状况良好的家庭中,代际影响很显著(Miller,1975;Moore,Wilkie and Alder,2001);父母与孩子对消费行为及购买商品后的态度交流越多,代际影响的效应越显著。很多研究是以母女为对象,母亲和女儿的交流越多,女儿越可能受母亲消费导向和品牌偏好的影响(Moore-Shay and Lutz 1988;Moore,Wilkie and

Lutz，2002；Mandrik，Fern and Bao，2005）。家庭成员之间的关系越亲密,代际影响的作用越显著;家庭中父母的权威性越高、孩子对父母越尊重,代际影响越显著（Viswanathan，Childers and Moore，2000）。一般地认为,由于母亲的一个重要职责是养育小孩,照顾家庭,因此总体说来母亲对孩子社会化的影响起到主要作用。此外,母亲更多地负责采购家庭日用品,母亲更多地和孩子交流购物经验,评点购买物品的好坏,所以家庭中母亲比父亲更多地影响孩子的消费行为。这种影响尤其明显地表现在家庭生活用品上。

与家庭环境类似,Webster 和 Wright（1999）认为"家庭关系认知强度"（perceived strength of the family relationship，SFR）是代际影响的首要决定因素,他们使用这个操作化概念开展有关实证研究。这个概念是指父母和孩子在生活的所有领域中（不仅仅是市场背景）关系和沟通的和谐性（Moschis，1988）,也可以是父母和成人孩子之间的相互尊重和信任程度。它被定义为父母和孩子想要和对方相处以及对持续关系相互期望的情况（Shah and Mittal，1997）。它受到家庭环境、家庭内聚力、接近性和沟通取向等一系列因素的影响。

作为与家庭环境或家庭关系直接相关的因素,"家庭沟通"常被独立地作为代际影响的先行变量。家庭沟通方式被经验性地与多种社会化结果联系在一起,包括媒体使用、物质主义和市场取向。对沟通复杂性问题的研究,学者们聚焦于一般沟通方式或亲子（女）沟通频度（Moschis and Churchill，1978）,或一系列与孩子对家庭环境和沟通性质感知有关的变量。有关结论有:孩子对家里有关消费冲突的意识和反应与孩子的物质主义正相关,但与他们对乐观主义的一般感受负相关;孩子对父母财务管理技巧的感知与他们的物质主义负相关;孩子对父母总体满意度的感知与他们的乐观主义、个人满意度正相关。这意味着孩子对父母生活满意度和财务技巧的感知,非常重要地影响了他们自己对采纳父母观点的态度和意愿（Moore-Shay and Berchmans，1996）。

在产品的品类特征与代际影响关系的研究方面,Moore-Shay 和 Lutz（1988）发现,母亲和女儿在包装商品、自有商标商品和促销商品的评价上具有显著的相似性,但不同品类的相似性评价差异很大。在高可见性产品上,其品牌偏好的一致性高达49％,对于低可见性产品,一致性为31％。Heckler、Childers 和 Arunachalam(1989)研究证实,无论是中年人还是年轻人,父母的影响在便利品上的效应大于选购品;Childers 和 Rao(1992)验证了代际影响在私人用品上的效应大于公共用品。此外,购买的感知风险(性能、财务和社会心理)也影响代际影响的强度,Shah 和 Mittal(1997)提出,与低风险购买相比,代际影响在高风险情况下更强。Moore、Wilkie 和 Lutz(2002)的研究显示,如果品类中没有主导品牌,品类中的竞争品牌数量多,那么品牌偏好匹配率明显更低。

还有研究表明不同社会文化中的代际影响效应。Viswanathan、Childers 和 Moore(2000)发现,与美国文化相比,泰国文化更提倡顺从和尊重权威,因而在有关消费技巧、态度和偏好等方面具有更高的一致性。同时,家庭亲近度和代际沟通与影响之间具有更高的相关性。对此的解释是,情感联结更强的家庭具有更好的沟通以及对消费行为更强的影响力;与美国相比,泰国文化更少强调物质主义,大众媒体中的商业影响更有限,因而存在这样的可能:家庭亲近度的影响并没有被其他潜在影响所冲淡;此外,在相互依赖和紧密度更高的文化中,大家庭结构导致家庭亲近度对代际沟通和影响产生更强的累积作用。

三、 代际影响的持续或减弱

有关代际影响的研究大多数针对儿童和青少年进行。Moschis(1985)曾提出许多命题,描述青少年行为和态度发展中潜在的代际效应以及这些效应的调节因素。同时,也有很多研究表明代际影响效应存在于青少年后的阶段(Woodson,Childers and Winn,1976;Moore-Shay and Lutz,1988;Moore,Wilkie and Lutz,2002)。这就存在所谓的影响连续体(influence continuum),一端是早期幼年时代的社会化,另一端是孩子成人后不再和父母生活在一起时的代际影响(Shah and Mittal,1997)。

Woodson、Childers 和 Winn(1976)的早期研究表明,对选择汽车保险而言,年龄处于20—29岁的孩子,与父母的一致性高达62％,但样本中 50 岁的人,其一致性只有 20％。Viswanathan、Childers 和 Moore (2000)的研究确实表明年龄与代际沟通和影响成反比。社会化理论指出,代际影响效应随时间发展而削弱,尽管父母和孩子态度的相似度趋于下降,但父母影响的痕迹会保持到一个人的中年时代。最大的改变发生在年轻人离家的头几年,到 20 岁后期和 30 岁早期达到平衡,之后稳定下来。因此,代际影响效应能够持续到成人阶段(Moore,Wilkie and Alder,2001)。Heckler、Childers 和 Arunachalam(1989)的研究部分借鉴了 Moschis(1985)的概念框架,把一般以青少年为对象的研究延伸到成年人(以大学生、研究生和大学教工为样本)的消费行为研究中,聚焦于偏好的代际传承,专门研究了影响代际影响持久性(产品和商店选择)的调节变量,图 2-1 是他们建立的概念框架。

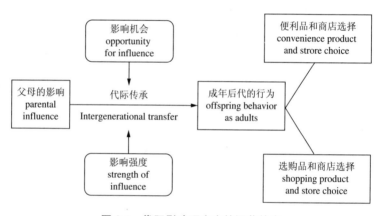

图 2-1　代际影响研究中的调节效应

　　Heckler、Childers 和 Arunachalam(1989)把调节因素分为两类:一类是影响强度因素,包括年龄、收入、教育程度和家庭取向四个变量。随着孩子购物经验的增加,这些变量在代际传承过程中的影响减弱。即随着年龄的增长、收入的增加,教育程度的提高,代际影响会减弱。但对家庭取向的重视程度增强了代际影响效应。另一类是反映父母影响机会的因素,包含孩子的婚姻状况、是否和父母住在一起以及与父母的地理接近度(geogrephic proximity to parents)。一般来说,如果这些变量是持续地增加了和父母相互作用的机会,那么将会延长和强化代际影响。即未婚、和父母住在一起以及与父母地理接近度大的孩子，父母对他们的代际影响增强。Shah 和 Mittal(1997)提出三种影响的来源，即被影响者所拥有的、从而对影响过程产生效用的特征：专门知识、资源控制和认知相似性。专门知识是指有关特定品牌和合适评价标准的产品信心和知识；资源控制是指谁提供了控制购买花费的资金；认知相似性是指世代之间有关生活方式的相似性。如果在这三者上的表现越多，则代际影响越强。Webster 和 Wright(1999)的研究表明，认知相似性和专门知识对家庭关系强度(SFR)和代际影响(IGI)的关系起到了调节作用，但对于便利品不显著。

消费者行为领域的代际影响研究大多采用大学生或研究生样本(Viswanathan，Childers and Moore，2000；Moore-Shay and Lutz，1988；Moore，Wilkie and Lutz，2002)，这个群体已经成年，他们已开始自主的消费活动。这些成果都表明代际影响延续到成人阶段的稳定性特征。但同时，配偶、室友和同伴等削弱代际影响的重要因素也得到关注和研究(Moore，Wilkie and Lutz，2002)。Mandrik、Fern 和 Bao(2005)以大学女生及其母亲为配对样本，研究了同伴对代际影响的减弱作用。他们发现，对社会比较信息关注度高(high-ATSCI)的女孩比较容易受同伴的影响，在品牌偏好和声望敏感性方面和母亲的一致性较少，代际影响不显著。

此外，随着孩子长大成人，他们反过来影响父母决策的可能性不断增大。Sorce、Loomis 和 Tyler(1989)专门以中年孩子为调查对象，发现样本中有 2/3 报告他们对父母广泛的购买决策有"大量"或"相当数量"的影响。孩子的收入和教育程度越高，这种影响越大。其性质主要是提供建议和信息(70%)，这表明影响主要存在于购买决策过程的早期阶段。由于不同世代对产品的专门知识存在差异，因此代际影响的相互作用表现在不同产品上。例如，父母影响成年孩子对寿险的选择，而成年孩子可能影响父母对音乐的选择(Shah and Mittal，1997)。

第二节　代际影响与品牌资产来源

在代际影响研究的早期，Miller(1975)就提出：在特定的产品或产品品类上,是否存在世代之间的高"品牌忠诚度"? 这实际上已提出了代际影响与品牌资产传承的关系问题。由于家庭成员会在一起消费、购物以及议论品牌,父母对孩子的品牌联想会产生直接影响。如果家庭成员对品牌满意,这种品牌联想则是积极的,并可能引发品牌共鸣。这样,孩子因受父母的正面影响而对同样的品牌产生积极的品牌态度。这就是说,品牌资产(brand equity)可以来源于代际影响。这个新视角开拓了对"基于顾客的品牌资产"(customer-based brand equity, CBBE)的认识和研究视野(Moore, Wilkie and Lutz, 2002)。

一、 代表性研究成果

Woodson、Childer 和 Winn(1976)首次把代际影响延伸到品牌领域,研究人员逐渐证实代际影响在品牌偏好、品牌忠诚等品牌资产要素上的表现。Heckler、Childers 和 Arunachalam(1989)发现,代际影响存在品牌偏好的传承性;Olsen(1993, 1995)的研究发现,当家庭中充满情感和尊重时,父母和孩子倾向于有相似的品牌忠诚度,相反,孩子对父母品牌和产品偏好的拒绝,倾向于作为缺乏家庭联结的强化手段。Moore-Shay 和 Lutz(1988)发现,母亲和女儿在品牌可见性高的产品上,其品牌偏好和品牌忠诚具有显著一致性,她们都倾向于信任高知名度的品牌。Viswanathan、Childers 和 Moore(2000)的研究指出,家庭中高效的沟通和强烈的消费体验,会使孩子和父母在品牌偏好上具有更高的一致性。

Moore、Wilkie 和 Lutz(2002)首先把代际影响和品牌资产联系起来研究,认为从基于顾客的品牌资产(Keller, 1993)概念看,代际影响实际上是品牌资产的一个重要来源。作为情感的联结,代际影响明显地表现出因长期使用带来的信任以及对家庭温馨生活的怀旧,这使得品牌具有特别的形象和资产。他们的研究发现,在一系列生活包装用品上,代际影响产生强大而持久的影响,但这种影响只对一部分品牌起作用,对另一些品牌不起作用。具体可分为四类。第一类是部分品牌具有高代际影响的品牌资产(brand with high-IG brand equity),这些品牌都显著地受到了家庭的影响,母女对它们的品牌偏好匹配率都高于该品类的平均品牌偏好匹配率。例如:纽曼面条调味汁(Newman's Own Spaghetti Sauce),来自同一个家庭中的母亲和女儿对这个品牌偏好的匹配率高达 86%；金宝汤速食汤料（Campbell's Soup）的匹配率为 84%；亨氏番茄酱（Heinz Ketchup）的匹配率为 80%。第二类是代际影响品牌的地窖效应（IG brand silo effect）。在同品类中，有多个品牌具有高代际影响分数（品牌偏好匹配率），表明在这些市场中存在"代际影响品牌地窖"，大量的忠诚家庭持续地偏好某个特定品牌，但彼此是不同的。第三类是具有代际影响潜力的品牌。这些品牌显示出适当的代际影响品牌资产，但由于各种原因还不足以归入前两类，最典型的问题是反映匹配率的样本数太少。但从管理的角度看，这些品牌也值得考虑为代际影响品牌。第四类是不受代际影响或代际影响很低的品牌。Moore、Wilkie 和 Lutz（2002）的研究指出，非常多的著名品牌和成功品牌具有高代际影响的品牌资产，但还不能把代际影响作为一项普遍的品牌资产来源。

二、测量与数据分析方法

代际影响发生于两代人之间。如何可靠地证实代际影响的真实存在，核心问题就是排除非代际影响的各种因素，测量父母和孩子在表现形式上的一致性。这对数据收集和分析提出了特定要求。尽管没有单一的最佳方法，但值得比较不同方法之间的优缺点，并理解方法的不断改良。

（一）测量方法

从现有研究看，代际影响的测量从被影响者、代理人（即影响者）和研究者三个角度进行（Moschis，1988）。如从被影响者的立场出发，则聚焦于向被试询问父母对他们消费行为影响的反应；如从代理人的观点出发，则报告在被影响者的直接环境中父母对孩子行为的影响。最后，研究者还使用基于被试与代理人相互影响频度和性质的评价，来测量代理人的影响，在具体的亲子（女）相互影响和消费者取向水平中，以统计的显著性关系推断代理人的影响。这种测量的目的，与其说是证实，还不如说是证伪。从代际影响效果测量和先行变量的角度看，前两种角度是绝对测量，第三种是相对测量。与绝对测量采用个体样本为分析单位所不同，相对测量是联合取向（co-orientations）假设，以配对、群体或集合体为样本，按照对于沟通对象的意图、态度和认知等评价，对影响者（代理人）和被影响者(学习者)的取向作对比。相对测量的理想做法是进行具体的配对和影响指向研究,如母子、母女、父子和父女。在这种具体的父母—孩子配对前提下研究家庭沟通,有助于理解特定人际过程对各种类型消费者行为的影响(Moschis,1988)。大多数研究选择某一种配对,最多见的是母女配对。Moore-Shay 和 Berchmans(1996)曾采用所有四种类型的混合配对。

(二)数据分析

一些经典研究选择被影响者的立场进行绝对测量,采用家庭中的子女辈做单方面回答的方式(例如,Woodson、Childers and Winn,1976;Heckler、Childers and Arunachalam,1989),如在一个给定的产品中指出"你是否购买了与你父母购买的相同品牌",备选答案有:"与父母相同的品牌";"与父母不同的品牌";"不知道";"我不买这种产品"。采用这种测量方法要以孩子充分地了解父母为前提。Viswanathan、Childers 和Moore(2000)在开发代际影响量表(IGEN Scale)时,也首先采用子女辈做单方面回答的方式,以 Likert7 点量表计量,但他们进行效度检验时,使用对偶层次的数据,即从父母和他们的孩子双方面收集数据。这种方法弥补了单方面收集数据的不足。主要是孩子的回答可能存在不经心的记忆或估计错误。因此,对偶层次的数据收集和分析受到了研究者的重视,即把父母和孩子进行真实配对。

为了评价代际影响的程度,需要发展出对偶之间的共同性指标。这些指标可有:因子结构的相似性、因子的相对突出性、概念判断的差别(使用 D 统计)、概念的鉴别、角色识别程度、判断的同质性和意义等。最简单的计量是让他们分别对某问题(如品牌偏好)进行回答,看一致性的百分比,一般以零为参考点进行推断。例如,Moore-Shay 和 Lutz(1988)采用 McLeod 和 Chaffee(1972)发展的联合取向模型,使用"同意"和"准确"两个测度,来衡量父母和孩子之间对特定问题认知的一致性或准确性。这种做法整合了个体水平模型(individual-level model)遗漏的变量。但这种方法也有缺点,它无法避免市场份额和当地习俗对个体偏好和价值观的影响。如某个品牌的市场份额够大,那么即便没有代际影响,两代人也可能做出一致性的选择。

针对这个问题,Moore、Wilkie 和 Lutz(2002)对对偶层次的数据分析方法做出了部分改良。他们的方法分两步走。首先,把样本中的母亲和女儿随机配对(即这时是没有家庭影响的情况),通过计算所有品牌中每个品牌偏好总和的联合概率,产生出具有品牌偏好匹配的期望参与者人数;然后,采用 Z 统计检验,与实际的母亲和女儿配对数进行比较,看有无显著差异。如实际配对参与者数显著小于期望参与者数,那么表明代际影响存在。与以前的研究相比,这种方法提供了比较的底线,因而给出了更确定性的证据。

在此基础上,Mandrik、Fern 和 Bao(2005)又指出,Moore、Wilkie 和 Lutz(2002)的改良方法局限于检验分类变量的代际影响效应,即对品牌偏好的回答只有"是"或"否"两种情况。但实际上代际影响存在程度上的差异,它是一种连续性变量。例如,孩子可能受父母关于价格/质量关系的看法影响,但他们可能不完全采纳父母的观点。由此,Mandrik、Fern 和 Bao(2005)提出了一种称为"虚拟对偶"(nominal dyad)的新方法,以消除统计检验中除父母影响之外的影响因素。具体做法是:产生父母与孩子的实际随机配对数,即虚拟对偶数,并经验性地建构出一个认同分数,然后以此为参考分数,与真正的父母/孩子配对的评价分数进行比较,使用 ANOVA 检验其是否存在显著差异。

在数据收集方法上,一般采用问卷调查法(questionnaires),但也有研究采用深度访谈法(depth interviews)。Hill(1970)的早期研究对 4 组调查对象进行访谈,持续 12 个月。Moore、Wilkie 和 Lutz(2002)的研究既采用问卷调查,也使用深度访谈。后者的目的是为了更好地解释代际影响的性质。深度访谈分三个阶段进行,每次访谈时间为 3—4 个小时。第一阶段的访谈在家里进行,目的是为了收集有关购物的过去经历、个人购物风格、品牌偏好和家庭历史等信息。然后,另选择一天(典型地是在一周内)由研究人员陪伴被访者做一次购物出行,观察其购买决策,讨论影响选择的考虑因素(包括代际影响),并获得影响购买决策的店内因素信息。第三阶段的访谈紧接在这此次购物出行后,回到被访者家中,把杂货放好,继续讨论。还把厨房柜打开,鼓励被访者说出这些品牌背后的故事,尤其是与母亲—女儿关系有关的方面。所有的访谈都录音并转换成文本形式,作为概念类别和关系识别的原始数据。遵从发现导向目的和扎根理论程序,研究者采用广泛的结构化过程,以认识和保持本质性洞察。由两位作者阅读每个访谈文本并独立编码,对前六个访谈文本(共有25位)所产生的分类进行细节上的比较和讨论。这些最初的分类作为对后面访谈文本编码的结构化基础。对少数不一致的地方,通过讨论解决。最后对每个类别有关的数据进行拣选、编辑和评价,得到概念上的匹配。

三、 建立代际品牌资产构念

有关消费者行为领域中的代际影响成果基本上都是以西方发达国家背景做出的,本章首次对此领域的研究进行回顾。站在中国文化背景的角度,代际影响研究具有重要意义和研究价值。这可以从两个方面进行分析。首先,从微观层次上看,受儒家传统文化的影响,中国的父母在养育子女时付出相当大的精力、财力和时间代价,而子女对父母则要遵从孝顺之道,使得中国人的代际关系,要比西方国家密切得多("中国代际关系研究"课题组,1999)。在宏观层次上,中国是世界上长期导向指数最高的国家,强调坚持不懈和节俭的美德,以及传统适应新的环境而非对传统的尊敬(Hofstede,2001,pp.356—360)。因此,在当前的中国社会中,代际影响在消费者决策中扮演着如何重要的角色,值得深入研究。有关成果对营销策略制定具有重要指导意义。

孝道是中国文化最突出的特色,反映了在传统中国的农耕生态环境中,个人依靠家庭和其他小团体劳作所产生的家族主义(familism)文化及相应的社会规范需要。在现代工商社会中,社会环境和人们的生活方式发生了根本变化,家族主义和集体主义式微和淡化,传统孝道蜕化为个人主义的新孝道,范围局限于家庭以内,而非以社会、国家和其他社团为对象的"泛孝主义"。其特征是强调亲子(女)双方的价值、尊严及幸福,尊重亲子(女)双方的独立、自主和自动(杨国枢,1984)。也就是说,在现代工商社会中,孝道是家庭中子女对父母的良好态度与行为。笔者认为,这种善待父母的态度与行为也体现在子女的购物消费尊重或顺从父母的意见之上,从而亲子(女)之间具有消费取向或品牌偏好的一致性。

权力距离是指一个社会成员所接受的制度和组织的权力分配不公平的程度。在权力距离大的社会中,人们接受各有其位的等级次序,而无需正当理由。在权力距离小的社会中,人们为权力的平等而努力,对权力不平等要求合理化。这个文化价值观所表现的基本点是,一个社会如何处理在人们中间出现的不平等。这对于人们建立他们的制度和组织的方式具有明显的影响(Hofstede,2001,p.83)。在这种文化中,人们倾向于表达对垂直等级的强烈感受;一般不会公开挑战权威;也不会滥用职责,因为这会削弱他们自己的权威,从而破坏在这种上下级关系序列中下级对自己的忠诚(Wong and Leung,2001,pp.43—44)。中国传统文化强调泛孝主义(杨国枢,1984),不可避免地导致较大权力距离的文化。按Hofstede(2001,p.87)的测算结果,泰国的权力距离指数是64,中国的香港和台湾地区分别是68和58,而美国是40。中国文化与泰国相似,都是中等高的权力距离。Viswanathan、Childers 和 Moore(2000)的结果表明,与美国相比,泰国文化中的代际影响效应更大。由此可认为,在中国的家庭中,个体的权力距离越高,越倾向于接受家长权威,从而增强了代际影响效应。相反,个体的权力距离越低,越倾向于挑战家长权威,从而削弱了代际影响效应。对此问题,笔者将在第七章第三节进行实证研究。

从西方现有研究看,代际之间的品牌资产传承主要聚焦于品牌偏好(Moore-Shay and Lutz,1988;Heckler,Childers and Arunachalam,1989;Moore,Wilkie and Lutz,2002;Mandrik,Fern and Bao,2005),以及品牌忠诚(Olsen,1993,1995;Moore-Shay and Lutz,1988)。但目前尚无研究全面地探究代际品牌资产传承的成分和维度。本书要做的工作就是提出代际品牌资产构念并对此进行验证,包括正向代际品牌资产和反向代际品牌资产两个方面。在本书的第八章中,笔者首先对代际影响如何对品牌资产产生作用的机制进行研究;在第十章中,则进一步开发代际品牌资产量表,并对其实际应用效力进行检验。

实证与战略篇

第三章
老品牌市场细分及战略指引

消费者个体的文化价值观取向与消费者行为之间存在着密切关系。鉴于老品牌的悠久历史及其与消费者特殊的情感联结,作为中国文化价值观中集中反映"过去时间取向"的"怀旧倾向"成为老品牌复兴和长期品牌管理中的关键价值观变量。与此相对应的,"创新特质"和代表西方价值观的"物质主义"亦对消费者的品牌态度起到重要的影响作用。对此,笔者通过研究发现,创新特质和怀旧倾向这两个心理变量可以很好地对老品牌市场进行细分,据此便可以有针对性地对各个细分市场制定营销策略。另一方面,笔者也证明了物质主义与怀旧倾向存在负相关关系,高物质主义者相比高怀旧倾向者具有更积极的品牌态度;物质主义对国外品牌态度的正向影响作用大于国产品牌;对于国外品牌,物质主义对于象征价值对品牌承诺的关系具有调节作用,但对于本土品牌不存在。这些结论对在中国市场中创建品牌象征或重塑品牌意义具有重要的战略指引。

第一节　创新特质与怀旧倾向:探究老品牌的"变与不变"

本节试图进行一项基础性研究,站在品牌资产的角度,结合定性研究和定量研究的方法,以国内的老品牌为研究对象,探究长期品牌管理的基本决策"变与不变"的选择以及关系问题。在理论上,引入与"变与不变"

相对应的两个视角"创新"与"怀旧"。具体地说,创新就是面向未来,通过求变来更新陈旧的品牌资产来源,或创建新的品牌资产来源(Keller,1999),最终达到品牌活化的目的。相反,怀旧是面向过去,利用消费者的怀旧偏好,通过维护老品牌的某些经典的、不变的东西来勾起消费者对老品牌与自己关系的正面回忆和情感,激发老品牌独有的品牌资产,从而达到品牌活化的效果(参见第一章第一节)。那么,这两个看起来似乎是相悖的视角以及做法到底是什么样的关系?如何理解?笔者在本节中试图通过定性研究(研究一)给出初步答案,然后进一步借助定量研究(研究二)从市场细分取向的角度给予更完善的回答,最后提出针对性的营销管理含义。

一、 理论背景

按照 Keller(1999,2003a)的理论架构,长期品牌管理主要有两大方面的内容:一是品牌强化(brand reinforcement);二是品牌活化(brand revitalization)。前者是通过向消费者传达一致的品牌意义来实现,强调维护品牌的一致性(不变)。后者是通过改变品牌知识来提升品牌资产。与品牌活化相近或相似的概念还有:品牌复兴(rejuvenation)(Lehu,2004)、品牌重建(rebranding)(Kaikati and Kaikati,2003;Daly and Moloney,2004)、品牌再定位(re-positioning)(Aaker,1991)等。这些概念的共同实质是强调创新和改变。另一方面,品牌关系理论的开创者Fournier(1994)在有关品牌关系质量测量的博士论文研究中,得到怀旧联结(nostalgic connection)的构面。从老品牌的基本特征看,怀旧可能成为一项独特的品牌资产。如果说创新论者关注如何更新或置入新的品牌资产元素,那么,怀旧论者强调如何挖掘老的品牌资产元素。这就引出了长期品牌管理的基本决策问题:变还是不变?哪些可以或应该改变?哪些又不可以或不应该改变?

(一)理论一:以创新和变化来活化老品牌

通过创新进行品牌活化的原理在于消费者头脑中的品牌知识得到改变,包括拓展品牌意识以及改善品牌形象(Keller,1999,2003a)。从营销要素的角度看,变化的做法主要围绕三方面进行:产品/服务、目标市场和营销沟通(Kapferer，1992；Lehu，2004)。

　　产品创新一直是企业保持品牌年轻的重要手段。创新有时不必是颠覆性的,通过增添新元素有时就能实现变革(Ewing，Fowlds and Shepherd，1995；Merrilees，2005)。然而不是所有公司都有能力和财力投入实质性的创新。因此,营销创新还包括增加消费者对品牌的使用量和使用频率(Keller，1999；Aaker，1991)。也许最快的提高使用频率的方法就是把原有品牌产品定位成其他品类产品的替代品,即开发产品的新功能。这可以使品牌进入新的市场(Wansink and Gilmore，1999)。事实上,在一个成熟的市场环境中,开发原有产品的新用途或增加原有用户使用频次所需投入的成本通常远低于转向新用户所需的成本(Wansink and Ray，1996)。

　　改变或扩大目标市场,是应对原有目标市场萎缩这一品牌老化症状的有效方法。当决定"改变目标市场"的战略时,品牌既可以选择转向更年轻的消费者,也可以选择转向更年长的消费者。因为所谓"年轻"的品牌并不一定是以年轻人为购买主体的品牌,而是能够保持甚至提升销售业绩的品牌(Lehu，2004；Aaker，1991)。Ewing、Fowlds 和 Shepherd(1995)曾举出马自达品牌通过引入新技术和时尚设计成功转战高档车市场的案例。Aaker(1991)特别强调在进行品牌重新定位时,要确保新定位与现有品牌联想的一致性。否则将会出现两种情况:现有品牌联想抑制品牌重新定位的效果;某些潜在市场由于重新定位而被忽略,而这些潜在市场也许是非常有价值的。

　　此外,扩大目标市场,还能通过开发子品牌或老品牌延伸至新产品的做法加以实现。老化的品牌从另一个角度而言也是成熟的品牌,这类品牌已积累了相当的品牌资产,因此品牌延伸可以成为品牌活化的又一选择(Aaker，1991；Lehu，2004)。除了品牌延伸,开发子品牌以及以伞状品牌结构为基础发展新产品,也是在避免品牌经典形象受损的同时又能发展新形象的有效方案(Gordon，Calantone and Benedetto，1999)。

　　营销传播对品牌活化也十分重要。当品牌在人们心中形成陈旧、衰老的形象后,我们需要用更集中有力的传播攻势打破旧印象、树立新形象

(Lehu，2004)。无论产品创新、产品线延伸还是开发新用途，都必须将这些新讯息及时向消费者传递。可以说营销传播是品牌活化中不可或缺的环节（Ewing，Fowlds and Shepherd，1995；Wansink and Gilmore，1999；Merrilees，2005)。Wansink 和 Gilmore(1999)更强调了原品牌产品发展新功能(替代功能)的传播要点：如果原品牌产品和其所要替代的产品之间的差异较大，那么它们的相似点应当加以宣传；反之，如果原品牌产品和其所要替代的产品之间过于相似，那么两种产品或品牌间的不同之处应被明确指出。

与品牌活化概念有所不同的是，品牌重建(rebranding)强调了品牌识别和品牌价值层面的改变，包括品牌名称、品牌标志、口号和品牌定位的改变（Lambkin，Muzellec and Doogan，2003)。Daly 和 Moloney (2004)把品牌重建分为辅助改变(主要是品牌标志、口号等外在因素的改变)、中度改变(对现有品牌进行重新定位，重新建立品牌形象)、完全改变(品牌名称、品牌价值、品牌形象全部发生改变)。由于品牌名称改变属于品牌重建中最颠覆性的做法，因此要慎重考虑老品牌在消费者心目中的地位和形象，重建过程尽量不要破坏品牌的传承性和一致性（Kaikati and Kaikati，2003；Stuart and Muzellec，2004)；还要注意代言人的改变，选择新的代言人必须将老品牌和新品牌结合起来考虑（Kaikati and Kaikati，2003)。相对于品牌名称和品牌标志的改变，频繁的品牌口号的改变承担的风险相对较小，有时合适的口号是公司传达重新定位信息的最好工具(Stuart and Muzellec，2004)。

(二)理论二：以怀旧和不变来唤醒老品牌

近十几年来，怀旧在消费市场中的研究逐渐增多（Holak and Havlena，1992；Holbrook，1993；Holbrook and Schindler，1994，1996)。Holbrook 和 Schindler(1991)把怀旧定义为：一个人年轻的时候(在成年期早期、青少年期、幼年时期，甚至出生之前)，对经常出现的事物(人、地方或者事件)的一种偏好(喜欢、积极的态度或者美好的情感)。他们强调了偏好是指消费者对消费的各种物品的喜欢程度，这些物品是指任何一种产品，包括服务、唱片、电影或者其他娱乐产品。

与通过创新活化老品牌相对应的是,老品牌本身所具有的独特历史文化资源和忠实消费群体等"旧资产"同样不容忽视,值得加以开发利用。从长期品牌管理的角度看,可以充分利用消费者的怀旧偏好,通过相似的口号或者是包装,调用品牌传统,唤起消费者对以前美好事物的回忆,达到唤醒老品牌资产的效果(何佳讯和李耀,2006)。当老品牌面临新品牌的强有力竞争时,怀旧方式的利用则显得尤为必要。消费者往往对那些能够引起对过去经历回忆的东西有着强烈的感情,进而激发出强烈的购买倾向(Holbrook and Schindler,2003)。因此,从理论上看,运用怀旧联结(nostalgic bonding)是老品牌对付新产品的一种有效策略。

怀旧加强了消费者与品牌之间的情感联结,如果决策者选择走怀旧路线,那么加强并有效传递产品的某些固有特征,将能有效激起消费者对原有品牌的怀旧情感。Holbrook 和 Schindler(2003)曾归纳了 10 种能够激起汽车消费怀旧情结的元素,包括感官体验、家乡、友谊和所爱的人等。从营销要素的角度看,品牌名称、标志、产品特征,包括特定的形状、颜色、气味等,这些容易在消费者心目中留下历史印迹的要素是不容改变的。如可口可乐的红色、IBM 的蓝色、宝马的双肾格栅等。Holak 和 Havlena(1992)把引发怀旧的元素简洁地归结为:人(people)、物(objectives)、事件(events)。因此,设定怀旧为主题的品牌叙事、采用怀旧的场景、选择时代感较强的品牌代言人等,将会使高怀旧倾向的消费者产生对品牌的强烈怀旧情感(Reisenwitz,Iyer and Cutler,2004)。

消费者怀旧通常表现为对现实生活的不满,试图通过对旧有事物的怀念寻找安慰。怀旧的消费者总是将旧时的产品与高品质、美好相联系,他们通常对过去的产品品质给予较高的评价,认为过去的产品就是质量的象征;对于老式的产品他们表现出更高的支付溢价的意愿(Lyon and Colquhoun,1999)。因此,保证产品的感知质量,通过广告强调产品不变的品质,将给消费者带来信任感。而在定价的操作上,为了扩大目标市场盲目削价,只会使消费者产生品质下降的负面联想(Gordon,Calantone and Benedetto,1999)。

Rindfleisch、Freeman 和 Burroughs(2000)开展了一项实证研究,探

讨了"怀旧倾向"和"物质主义"(materialism)的关系,以及这两个构念对汽车消费偏好和选择所起的作用。物质主义倡导通过获取或拥有实物对象满足现有需求,高物质主义倾向的人十分注重公众象征价值(Richins,1994),也就我们通常所说的面子感;而怀旧通常以一种特有的、个性经历为基础,由某一对象(甚至大规模营销的产品)激发的怀旧情感往往是非常私人的情感体验(Holak and Halena,1992),因而无需呈现在公众面前。Rindfleisch、Freeman 和 Burroughs(2000)的研究部分证实了怀旧倾向和物质主义之间的负相关关系。如果更进一步证明这种关系的存在,那么意味着,对那些代表奢侈高档或充满地位象征意义的产品开展大规模的怀旧营销是无济于事的。这就提醒管理者,准确识别不同怀旧倾向的目标市场,对有关产品开展针对性的营销是十分重要的。事实上,使用怀旧倾向进行市场细分研究已得到了很多研究成果。Holbrook(1993)研究表明怀旧倾向与年龄之间不存在任何关系,它们是相互独立的变量。同时证实,怀旧倾向会影响消费者的购物偏好模式;Reisenwitz、Iyer 和 Cutler(2004)通过研究得出结论:女性比男性的怀旧倾向更大。Holbrook 和 Schindler(1996)的研究得到消费者对于电影出现偏好高峰的年龄,怀旧倾向程度影响不同的偏好高值出现时间。Schindler 和 Holbrook(2003)研究了怀旧倾向在汽车的购买上可能存在的影响。与低怀旧倾向的汽车消费者相比,高怀旧倾向者在更早期的年龄阶段就产生一个偏好高峰。这与电影的研究结果相似。可见,在很多产品上,怀旧倾向是区分消费者态度的有效变量。

(三)综合的视角:创新还是怀旧?

当我们单独地看待上述两大理论路线的时候,会认为它们对长期品牌管理都是有益的依据和指导。而当把它们放在一起考虑的时候,它们之间的关系似乎是矛盾和相反的。创新还是怀旧,直接影响到营销要素的"变与不变"决策的问题。

那么,变与不变的问题如何取舍和调和? Kapferer(1992)曾提出一个三层结构的金字塔模型,认为:在金字塔的顶端为永恒的品牌核心价值与灵魂,是不应该变化的;在金字塔的中层为品牌的调性、准则和风格,是不能随意变动的;而在金字塔的底层为产品、(传播)主题和细分市场,是应该变化的。也就是说,从时间管理的意义上看,变与不变都是相对的,但变的幅度和频率视营销要素的不同而存在区别。Keller(2003a)又指出,品牌一致性并不意味着市场营销人员应该避免在营销方案中做任何变动。恰恰相反,作为管理品牌资产中的一致性,也许需要多种战术转换和变化,以保持战略目标和品牌方向。因此,在长期品牌管理过程中,我们应该把两种理论有效地结合起来,既要不断更新产品和服务,同时又要引入能够引发消费者怀旧的因素,但要注意与现代标准和消费者需求相结合,把过去的元素和现代的功能技术完美融合在一起。在表 3-1 中,我们从品牌、产品、细分市场和传播四个方面归纳了有关学者在理论上对于"变与不变"的观点和主张。我们发现,绝大部分的营销要素既可以变,也可以不变。因此,深入研究"变与不变"的影响机制十分必要。

表 3-1　长期品牌管理中的"变与不变"

大类	子类目	不变	改变	作者及年代
品牌	品牌名称	☆		Merrilees(2005);Holak and Havlena(1992);Holbrook 和 Schindler(1994,1996);Stuart and Muzellec(2004);Lehu(2004)
			☆	Lehu(2004)
	品牌概念/品牌联想	☆		Kapferer(1992);Holak 和 Havlena(1992);Holbrook 和 Schindler(1994,1996)
			☆	Merrilees(2005);Keller(1999)
	商标标识/Logo	☆		Stuart 和 Muzellec(2004)
			☆	Kaikati 和 Kaikati(2003)
产品	品质/感知质量	☆		Lyon 和 Colquhoun(1999);Holbrook 和 Schindler(1994,1996)
	产品特征	☆		Holak 和 Havlena(1992);Holbrook 和 Schindler(1994,1996)
			☆	Lehu(2004);Ewing、Fowlds 和 Shepherd(1995)
	功能与新用途		☆	Kapferer(1992);Lehu(2004);Wansink 和 Gilmore(1999);Keller(1999)
	产品线		☆	Kapferer(1992);Lehu(2004)

（续表）

大类	子类目	不变	改变	作者及年代
目标市场	细分市场	☆ （保留老顾客）		Gordon、Calantone 和 Benedetto（1999）；Keller(1999)
			☆ （吸引新顾客）	Kapferer（1992）；Lehu（2004）；Ewing、Fowlds 和 Shepherd(1995)；Keller(1999)
	销售渠道		☆	Lehu(2004)；Keller(1999)
传播	广告风格	☆		Holbrook 和 Schindler(1994，1996)
			☆	Lehu（2004）；Ewing、Fowlds 和 Shepherd（1995）
	广告语		☆	Stuart 和 Muzellec(2004)
	说服理由/品牌叙事	☆		Holak 和 Havlena（1992）；Holbrook 和 Schindler(1994，1996)；Reisenwitz、Iyer 和 Cutler(2004)
			☆	Kapferer(1992)；Lehu(2004)
	代言人	☆		Holak 和 Havlena（1992）；Holbrook 和 Schindler(1994，1996)
			☆	Lehu(2004)
	包装	☆		Holak 和 Havlena(1992)；Holbrook 和 Schindler(1994，1996)
			☆	Lehu(2004)

资料来源：作者整理。

那么，在现实中，消费者对于老品牌"变与不变"的需求和态度究竟如何呢？在变与不变之间是存在清晰的分界线，抑或呈现模棱两可的状态？是否表现出一定的规律和特征，从而在老品牌的长期管理过程中指导营销者如何选择或者兼顾创新之道和怀旧路线？基于这样的研究目的，我们首先通过一项探索性研究给出初步答案。

二、研究一：焦点小组访谈：消费者对老品牌"变与不变"的态度

第一个研究我们采用焦点小组访谈的方法，探究消费者对于老品牌的"变与不变"究竟体现在哪些具体的营销要素上面。为了使访谈的结果更能聚焦，我们选择冠生园（集团）有限公司的"大白兔"品牌为讨论对象。冠生园为商务部认定的第一批"中华老字号"(2006)，创立于1915年。大

白兔是冠生园 1959 年开始出产的牛奶糖,是上海唯一获得国家原产地标记注册的糖果(产品),在全球 46 个国家和地区有销售。可以说,"大白兔"奶糖拥有跨越数个世代的广泛的消费群体。作为快速消费品的优秀民族老品牌,具有代表性。

(一)访谈样本

焦点小组访谈选择上海、成都、武汉三个城市,共分 12 个小组进行。三地的被访者按照 18—24 岁、25—29 岁、30—39 岁、40—49 岁四个年龄段分成 4 组,每组 8 人,共 96 名被访者。考虑到国际上有关消费者访谈的方法通常以女性为对象(何佳讯,2006c),另外,成人女性通常是奶糖消费的购买决策者,因此被访者均为女性。通过甄别问卷,确保被访对象在近期内对大白兔及其他品牌奶糖有较多的购买经历。她们从事的职业包括公司职员、公务员、个体职业和学生,家庭月平均收入均在 3 000 元人民币以上。上海的三场座谈会在华东师范大学心理学实验室进行,武汉和成都的座谈会均借专业市场研究公司的场地进行。

(二)访谈过程

笔者主持每场讨论,现场录音录像,有专业人员担任场记,另有专人负责现场管理,负责屏幕提示和分发资料。在每场焦点小组讨论开始时,由主持人进行自我介绍,交代讨论主题,并引导被访者进行一轮自我介绍后开始进入正式的访谈。整个访谈涉及三大部分的问题。有关询问被访者对大白兔"变与不变"看法的问题主要有:

(1)你们吃过/或买过哪些口味的大白兔糖,它们是什么样的包装?你们对之有何看法和感受?最喜欢其中的什么口味和包装?(特别提示对新口味和新包装的看法。)

(2)跟以前的大白兔相比,你们有没有感觉到它的变化?是否感到它比以前年轻化了?具体表现在哪些方面?

(3)大白兔的变化是否符合你的愿望?你对大白兔有何不满意的地方?你心目中理想的大白兔应该是怎样的?

(4)你们看到过哪些大白兔的广告?影响最深的是什么?最近一两个月来,有没有看到过大白兔的新广告?你喜欢这个广告吗?说说自己的看法。

提问按照一定的顺序进行,提问过程中主持人视情况会进一步追问。被访者通常被鼓励举出具体的事例。每场座谈会的持续时间为 120 分钟,事后由专人将影音资料转录为文本,共计 20 万字。

(三)数据编码结果

12 组访谈的全部内容被全部转录成文本后,按地区和年龄分组进行 1—12 的编号,并按随机数表分为两套子样本(各 50%),每套包含任意六组的讨论内容。由笔者的研究助理同时分别先对子样本 1 的内容进行识别编码;编码规则依据事先讨论列出的理论框架进行统一。每位编码者通过对文本的解读,分别独立计算对大白兔"变"与"不变"的看法在各项营销要素上出现的频次和百分比。子样本 1 的编码一致率为 72%。紧接着进行集体讨论,进一步明确类别归属的约定,对于无法达成一致的陈述,被视为模棱两可的说法,予以剔除。然后进行子样本 2 的编码,两人的一致率上升为 91%。表 3-2 为两子样本的具体分布情况。最后由第三名研究者对两个子样本的编码结果进行综合,得到有关被访者反映"变与不变"看法的陈述 636 条。表 3-3 呈现了全部样本的编码结果,并按照四个年龄段区分统计。

表 3-2　两个子样本的数据编码结果在子类别上出现的频次和百分比

主要类别	子　类　别	分类	子样本 1		子样本 2	
			总频次	百分比	总频次	百分比
品牌	品牌概念	变	3	0.9%	1	0.3%
		不变	8	2.3%	11	3.8%
	品牌名称	变	0	0	1	0.3%
		不变	3	0.9%	2	0.7%
	商标标识/Logo	变	1	0.3%	0	0
		不变	6	1.7%	0	0
产品	品质/感知质量	不变	30	8.6%	31	10.8%
	产品特征	变	49	14.0%	39	13.6%
		不变	45	12.9%	40	13.9%
	功能与新用途(包括包装规格)	变	28	8.0%	22	7.7%
	产品线	变	20	5.7%	5	1.7%

（续表）

主要类别	子 类 别	分类	子样本 1		子样本 2	
			总频次	百分比	总频次	百分比
目标市场	细分市场	变	14	4.0%	6	2.1%
		不变	1	0.3%	0	0
	销售渠道	变	8	2.3%	10	3.5%
营销传播	广告风格	变	28	8.0%	17	5.9%
		不变	1	0.3%	10	3.5%
	广告语	变	7	2.0%	2	0.7%
	说服理由/品牌叙事	变	3	0.9%	9	3.1%
		不变	7	2.0%	18	6.3%
	代言人/品牌角色	变	16	4.6%	14	4.9%
		不变	8	2.3%	8	2.8%
	包装(颜色、材料)	变	57	16.3%	31	10.8%
		不变	6	1.7%	10	3.5%
总　　　计			349	100%	287	100%
一致程度			72%		91%	

表 3-3　全部样本及四个年龄组的编码结果在子类别上的详细情况

总类别	子类别	频次	百分比	年龄组(频次)			
				18—24 岁	25—29 岁	30—39 岁	40—49 岁
长期品牌管理中的"变"							
品　牌	品牌概念	4	0.6%	1	1	2	0
	品牌名称	1	0.2%	1	0	0	0
	商标标识/Logo	1	0.2%	0	1	0	0
产　品	产品特征	88	13.8%	22	18	18	20
	功能与新用途(包括包装规格)	50	7.9%	18	15	8	9
	产品线	25	3.9%	8	7	6	4
目标市场	细分市场	20	3.1%	4	5	7	4
	销售渠道	18	2.8%	10	4	1	3

总类别	子类别	频次	百分比	年龄组（频次）			
				18—24 岁	25—29 岁	30—39 岁	40—49 岁
传播	广告风格	45	7.1%	12	13	12	8
	广告语	9	1.4%	2	4	0	3
	说服理由/品牌叙事	12	1.9%	7	2	1	2
	代言人/品牌角色	30	4.7%	10	8	9	3
	包装（颜色、材料）	88	13.8%	31	24	19	14
累　　计		391	61.4%	126	102	83	70
长期品牌管理中的"不变"							
品牌	品牌概念	19	3.0%	6	3	7	3
	品牌名称	5	0.8%	1	1	0	3
	商标标识/Logo	6	0.9%	0	6	0	0
产品	品质/感知质量	61	9.6%	19	17	4	21
	产品特征	85	13.4%	24	20	4	37
目标市场	细分市场	1	0.2%	0	1	0	0
传播	广告风格	11	1.7%	5	1	1	4
	说服理由/品牌叙事	25	3.9%	12	6	2	5
	代言人/品牌角色	16	2.5%	4	7	4	1
	包装（颜色、材料）	16	2.5%	3	3	1	9
累　　计		245	38.5%	74	65	23	83
"变与不变"的总频次		636	100%	200	167	106	153

　　表 3-2 和表 3-3 的结果很好地印证了表 3-1 关于变与不变的基本理论框架。所有消费者对于变与不变的需求和态度都被归到"品牌""产品""目标市场""营销传播"四大营销要素的类别中。这表明，对于老品牌长期管理中"变与不变"的决策存在一些基本的规律和特征。有些营销要素是倾向于需要经常变化的方面，如包装；而另一些营销要素是倾向于不需要经常变化的方面，如感知质量。此外，还有些营销要素在变与不变的需求上旗鼓相当，如产品特征、品牌代言人。将四个年龄段被访者的结果做初步的横向比较发现，主张营销要素变化或创新的被访者多出现在 18—39 岁之间的群体中，而 40—49 岁的受访者则更多地希望营销要素不要

改变或保持旧有的风格。这给了我们启发:对"变与不变"的需求和态度是否受消费者特征(如年龄)的影响?

(四)结果的分析

对上述编码结果的解读,我们发现消费者对老品牌的"变与不变"存在多种态度。一些消费者表达出对老品牌创新求变的强烈需求,另一些消费者留恋于与老品牌过去建立的关系中,他们更关注老字号不变的、特有的方面。即便是这两种决然不同的状态,在某群消费者身上,也成了模棱两可的矛盾体:对"变与不变"莫衷一是。

1. 创新、改变与拓展

创新、改变与拓展是老品牌保持年轻态的基本生存之道,是提高老品牌市场竞争力的重要举措。很多消费者认为这种变化是合情合理的,并表现出对新产品的积极尝试态度。被访者翟颖十分关注大白兔的新口味产品,以及其他方面的变化。新产品开拓了新的消费场合,改变了她原来只在过年购买大白兔的行为。

> 我还是蛮喜欢它现在这种改变,口味越来越多。之前的话只有一种口味。过年会买,跟家人一起。但是现在口味多了,会多关注它一些。最近有没有新的口味啊,可以去试一下。我还是蛮喜欢它这种年轻化的状态的。还有包装的话,我没有特别仔细的注意,但是感觉好像跟以前不一样了,好像没有以前那么单调了……还有糖纸能不能也更新一下……(翟颖,上海,18—24岁组)

在很多情况下,消费者对老品牌改变的需求蕴涵在对品牌现有状况不满的态度中。这种不满态度如果得不到有效改善,那么很可能流失这批消费者。

> 我觉得大白兔好像太单一了,没什么的,都是白色的。我觉得它的包装最好能搞小一点,现在这个太大了,小包装不太看得到的……相比较传统的这种包装,都是半斤以上的。还有这个包装上面有问题的嘛,很容易粘掉的,那么多一下子肯定吃不掉的。如果是小包装的,几颗一袋,小朋友去春游时尝尝,这样做比较好。(陆培兰,上海,30—39岁组)

这种不满意受比较水平的影响。对年轻辈而言,他们有着丰富的品牌选择和使用体验,这就提高了他们的比较水平(何佳讯,2007a)。例如,被访者楮俊以外资品牌阿尔卑斯为基准,对比大白兔存在的不足之处。

> (大白兔)应该让我们任意地方都可以买到,比如说超市里边前台收银的地方,任何地方都可以拿到……而且任何时候、任何地方我都可以看到它,随时可以买。你像阿尔卑斯,任何地方、任何小摊子我都可以买到。(楮俊,武汉,25—29岁组)

被访者对大白兔如何进行创新,哪些方面可以或者应该改进和变化,意见并不一致。有些消费者对大白兔的产品创新提出了很多富有创见的看法,例如做成棒棒糖的形式。

> 我觉得从吃的方便角度来讲,(大白兔)可以做成棒棒糖的……有时候说话可以拿出来,我觉得这个比较方便……还可以做成条装的,这样方便携带。(梅汉芬,武汉,18—24岁组)

> 比如说你做棒棒糖,如果你加一些新的东西,我们就比较容易去尝试一下。试探着做吧,其他口味的不要做,如果要做其他口味的话先做棒棒糖了。(陈崎,武汉,25—29岁组)

2. 不变、怀旧与坚持

在上面的有关陈述里,被访者比较集中地表达出对大白兔改变包装的看法。与此相反,还有很多被访者认为不应该改变包装。看来,"变与不变"的确因消费者差异而持有不同态度。之所以产生这样的分歧,我们认为,是因为消费者头脑中对大白兔的品牌知识存在差异。如果把包装看作是大白兔的品牌资产,那么基本上认为不应该变化。这符合Kapferer(1992)的金字塔模型理论。在不同世代的消费者头脑中,大白兔的品牌知识是存在差异的。

> ……但是我要说,要是这个大白兔是同样的产品,如果把它换一个包装,也可能大家就不会去买它了……还有它这么多年也没有出什么问题。它的质量还是好的,在同档次的奶糖里它还是佼佼者。(舒代容,成都,40—49岁组)

包装换了肯定不是正宗的大白兔。就是不要换包装,否则让人觉得不正宗。(朱国珍,上海,40—49岁)

　　……那种卷装的? 这种感觉好像就变掉了,大白兔不应该这样的。(潘慧静,上海,25—29岁)

与新兴品牌相比,老品牌的独特品牌资产就是怀旧情结(何佳讯和李耀,2006),它能够引发消费者与个人生活或整个时代有关的回忆和情感,从而建立与品牌之间的独有关系。由于奶糖适合年龄较小的群体消费,因此,大多数人都能藉此勾起小时候的某些回忆。

　　我觉得大白兔……吃起来有一种回忆那种小时候的感觉……那个香浓的奶味,回忆起了小时候的一些事,童年的记忆在心里面就是忘不掉。(王玉洁,成都,18—24岁组)

　　小时候我们那里是小县城,没有牛奶,我妈妈就去买这个(大白兔)给我泡。当时知道三颗糖泡一杯牛奶。可能我现在是因为一个人在外面,跟妈妈离得远,会比较想她的时候就泡一杯这个,就是有一个念家的情结。(王书菲,成都,25—29岁组)

一旦消费者把品牌的某些元素看成是与自己建立独特关系的纽带,那么,消费者倾向于这些元素不要改变。否则,这种独有关系就遭到破坏。在被访者的心目中,这些元素可能是不同的。例如,对被访者康激而言是香醇的口味,对于被访者张卉则是原柱形的糖体,而对于被访者李琴又是标志的形象。

　　……吃了后觉得有点失望,跟小的时候感觉不一样。我觉得小的时候吃大白兔,奶香味很浓,然后是很有弹性的……不粘牙,奶味很浓。现在我觉得是不是食品添加剂太发达了,用的原料不像以前那么地道了,感觉是加了很多添加剂。(康激,上海,30—39岁组)

　　……(如果)那个大白兔变成方形的,我就不能接受了。因为在中国有很多品牌,很难做到那种一贯性的、很传统的那种感觉……最早很小的时候吃的那种圆柱形的糖,吃得太多,我觉得这个是真正的东西。我不希望它变化,不希望它变成方形的。(张卉,武汉,25—29岁组)

……我觉得特别明显的是和以前的"兔子"不一样,因为当时我正在吃大白兔,把它拿过来看,对比了一下,我觉得大白兔的那个"兔子"不好看了。(李琴,成都,25—29岁组)

3. 变与不变的矛盾、兼顾与协调

很多情况下,消费者对老品牌的"变与不变"并非泾渭分明,而是一种矛盾的心态。一方面,现代社会的技术进步是不可阻挡的,它必然推进产品不断创新。但在技术不断进步的同时,消费者的内心又向往回到简单、轻松的时代。因此,品牌在保留老元素与注入新元素之间出现了矛盾(Brown, Kozinets and Sherry, 2003)。

我觉得(糖体)可以稍微小一点,我希望它变,但是不要变得太多……很矛盾,如果它丢掉传统的话,我也许不会吃大白兔。我看到大白兔也许就是因为它是传统的,就是老字号的关系。(陈崎,武汉,25—29岁组)

(大白兔)口味变化了,以前只有原味……但是不能有比较,因为觉得原来的大白兔太好了,原味太经典了,印象太深刻了,大家现在还是在寻找那种感觉……所以现在大白兔推出了多种口味的时候,大家可能是有点不接受,觉得总归是没有最初的东西好。(潘慧静,上海,25—29岁)

这种"变与不变"的矛盾成为老品牌长期管理决策的风险所在。一旦掌握不好分寸,就会把老品牌引向尴尬的境地,反而影响了原有的品牌资产。

从新口味的开发上,感觉到大白兔形象年轻化了。但是我就是吃过酸奶口味后,感觉有一点不伦不类的,就是感觉,没有(原味)软糖好吃,也没有酸牛奶好吃。(刘雪,成都,18—24岁组)

尽管"变与不变"并非容易拿捏,是矛盾的对立面,但被访者明确表达出了这样的意愿:在保留传统的同时希望积极进行创新。这也是老品牌管理的一个独特之处。

> ……应该在宣传上教育消费者,大白兔是在走传统路线,但是另一方面也在创新,因为这个世界是在不断创新的,有这么多牌子进来了。(潘慧静,上海,25—29岁组)

> 我自己觉得大白兔是一个很经典的口味,但是经典的东西不可能是一成不变的……因为我们的环境是在不断变化的,就是说你自己在变化的过程当中要保持住自己经典的东西。此外还得去不断提炼,适应当前社会环境的需要……(包装)袋子的这种颜色方面或者袋子的这种花样,我们也可以换一个……我觉得大白兔从(我)很小就是,还是那样的包装……(张卉,武汉,25—29岁组)

如果从细分市场的角度看,这种"变与不变"似乎是可以被管理的。被访者李薇非常"专业地"讲出了自己的看法:针对老顾客以保留原有的传统为主;而要吸引新生代顾客,则要进行创新和变化。

> 我觉得我们这代人对大白兔也许还有一点(怀旧)情结,但是随着年龄的增长,这个比重肯定是占得不大的。一个(原因)是消费量肯定是很少的……所以说大白兔要占领市场,主要是吸引小孩……它原来的东西还是要坚持,比如说它的原味给几代人都留下了深刻的印象,那么它把原来的东西再做好,坚守这块阵地,它还有一群忠诚消费者……然后,它可以开发其他的口味,其他的品种,做点什么水果糖啊。(李薇,上海,30—39岁组)

4. 小结

上述的分析表明:一些消费者强烈地期望老品牌进行创新;另一些消费者则希望老品牌保留原有的传统与特色;还有些消费者模棱两可,对"变与不变"抱有矛盾心态。但基本上,年长世代的消费者更关注传统的保留,而年轻世代更强调创新的变化。与此同时,消费者大都肯定了对老品牌"变与不变"的协调和兼顾。那么,在老品牌长期管理的基本策略选择中,高举创新的旗子,以及续走怀旧的路线,究竟应该如何协调或兼顾? 或者说,在创新和怀旧之间是否存在不同侧重的可能性和必要性? 合理的解释或许应该转向不同的细分市场进行深入研究。

三、 研究二:基于创新特质和怀旧倾向的老品牌市场细分

定性研究初步表明,消费者对于老品牌的"变与不变"具有不同的态度。这激发我们进一步思考:这些对老字号长期发展的差别态度是否受不同的消费者特征影响和决定? 或者说,老品牌的某些细分市场特征是否可以很好地识别和解释对"变与不变"的态度,从而为制定老品牌细分顾客群体的相应营销策略提供切实指导?

基于这样的研究动机,我们接下来采用定量分析的方法做进一步研究。为了保持定性和定量研究的连贯性,我们仍然把冠生园的"大白兔"作为测试品牌,引入与"变与不变"态度相关的两个心理变量"创新特质"(innovativeness)和"怀旧倾向"(nostalgia proneness),探究对老品牌进行市场细分的有效性。如果细分有效,则可能蕴涵着对不同细分市场的明确的策略要求和管理指引,对上述的定性结果给予更简练和可靠的解释。

(一)调研设计与样本分布

数据收集采用入户的方式对上海、武汉、成都三城市的消费者进行问卷调查。总计有效样本 462 份,其中上海 154 份(33.3%),武汉 196 份(42.4%),成都 112 份(24.2%)。由于大白兔的成年消费者以女性为主,我们事先对被访者的男女性别进行了 3:7 的配额控制,实际结果为男性占 35.3%,女性占 64.7%。由于老品牌具有很长的时间跨度和宽泛的消费群体,我们划分四个年龄段,进行等比例的配额控制,实际结果为 18—24 岁组占 27.7%,25—29 岁组占 22.9%,30—39 岁组占 24.5%,40—49 岁组占为 24.9%。总样本中除了 20.6% 为学生、4.5% 为全职家庭主妇外,其余均为在职人员。总样本的 40.7% 为未婚/单身,59.3% 为已婚。

(二)研究工具与测量

在测试中,我们把创新特质和怀旧倾向作为心理细分变量,品牌态度作为联合细分变量。同时,本研究还使用常见的人口统计特征变量,包括年龄、性别、收入、职业、教育、婚姻状况等。

怀旧倾向的测量采用 Holbrook(1993)开发的怀旧量表,共 20 句测项(其中 10 句为反向)。首先通过项目分析和信度分析,表明总量表的 Cronbach α 系数为 0.664,很多测项与总体的相关性太低,我们进行了删除处理,最后保留 8 个测项,Cronbach α 系数提高到 0.845。对这 8 个测项进行巴特利特球体检验,χ^2 值为 1 252.456(df=28),显著性水平 sig.=0.000,KMO 测度值为 0.870。探索性因子分析得到一个因子,方差贡献为 48.553%。我们把 8 个测项的平均分作为怀旧态度的变量值。

创新特质的测量采用 Leavitt 和 Walton(1975)开发的量表,它包含相关性很高的两个量表形式。本研究采用它的第一个量表,共 24 个测项(其中 12 句为反向)。我们同样进行了项目分析和信度分析,总量表的 Cronbach α 系数为 0.652,很多测项与总体的相关性太低,我们进行了删除处理,最后保留 9 个测项,Cronbach α 系数提高到 0.784。对这 9 个测项进行巴特利特球体检验,χ^2 值为 867.705(df=28),显著性水平 sig.=0.000,KMO 测度值为 0.828。探索性因子分析得到一个因子,方差贡献为 37.282%。我们把 9 个测项的平均分作为创新特质的变量值。

对于品牌态度的测量,本研究采用中国消费者—品牌关系质量(CBRQ)量表(何佳讯,2006d),共包括"社会价值表达""信任""相互依赖""真有与应有之情""承诺"和"自我概念联结"六个构面 25 个测项(Cronbach α 系数为 0.922)。本研究采用全部测项的总平均分作为品牌态度变量值。我们用 Yoo 和 Donthu(2001)开发的总体品牌资产(OBE)量表、多维品牌资产量表,Netemeyer 等人(2004)的溢价支付意愿和重复购买意向量表,以及自己开发的投资意愿量表来分别验证收敛效度、同时效度和预测效度。均值相关分析表明 CBRQ 量表具有很好的收敛效度($r = 0.495$,$p < 0.01$),同时效度($r = 0.557$,$p < 0.01$)和预测效度($r_{溢价支付意愿} = 0.521$,$p < 0.01$;$r_{重复购买意向} = 0.195$,$p < 0.01$;$r_{投资意愿} = 0.520$,$p < 0.01$)。

(三)数据分析与结果

1. 创新特质、怀旧倾向和品牌态度的世代差异

首先我们从世代差异的角度对数据进行了初步分析,以探究不同世代的消费者对老品牌的态度是否具有差异,从而说明世代差异视角对于

老字号的营销实践是否具有一般指导意义。

　　描述性统计数据表明,基本上年龄越大,对老品牌的态度越积极。但 ANOVA 分析表明,总体品牌态度以及品牌关系质量的两个构面"相互依赖"和"承诺"在 0.1 的显著性水平上存在差异(见表 3-4)。同样,我们还检验了四个年龄组在总体品牌资产($F = 2.59$, $p < 0.1$)、多维品牌资产($F = 1.85$, $p > 0.1$)、溢价支付意愿($F = 1.50$, $p > 0.1$)、重复购买意向($F = 0.68$, $p > 0.1$)、投资意愿等($F = 0.82$, $p > 0.1$)指标(用均值计算)上的情况,基本上都不存在显著差异。这表明,对于老品牌的态度,作为消费者基本特征的年龄并非一定是有效的细分变量。

表 3-4　CBRQ 评价的年龄特征差异(ANOVA)

变　　量	F 值	18—24 岁		25—29 岁		30—39 岁		40—49 岁	
		均值	标准差	均值	标准差	均值	标准差	均值	标准差
品牌态度									
总　　体	2.25*	4.16	0.94	4.27	0.97	4.32	0.92	4.46	0.82
F1:社会价值表达	1.95	3.48	1.30	3.70	1.20	3.54	1.33	3.82	1.07
F2:信任	1.21	5.07	1.06	5.11	1.04	5.13	1.03	5.30	0.94
F3:相互依赖	2.20*	3.58	1.32	3.73	1.40	3.87	1.35	3.98	1.18
F4:真有与应有之情	1.34	4.19	1.09	4.28	1.19	4.39	1.09	4.44	0.93
F5:承诺	2.22*	4.47	1.20	4.61	1.18	4.79	1.17	4.78	1.06
F6:自我概念联结	0.77	4.09	1.40	3.99	1.38	4.04	1.39	4.22	1.09
心理细分变量									
创新特质	13.88***	4.59	0.75	4.53	0.91	4.35	0.81	3.94	0.93
怀旧倾向	2.73**	2.70	0.93	2.54	0.92	2.40	0.94	2.43	0.85

注:*,**,*** 分别表示显著性水平为 0.1、0.05、0.01。

　　与此同时,我们发现不同年龄的消费者在创新特质($F = 13.88$, $p < 0.01$)和怀旧倾向($F = 2.73$, $p < 0.05$)上具有显著差异(见表 3-4)。这表明,与人口统计变量相比,消费者的创新特质与怀旧倾向这两个心理变量更为灵敏,因而更容易把看似同质的消费群体区分开来。那么,这两个心理变量能否有效地区分出消费者对老品牌不同的品牌态度? 从而直接指导老品牌的不同细分市场的营销策略? 这正是本节的关键工作。

相关分析表明,创新特质与怀旧倾向为显著负相关($r = -0.165$, $p < 0.01$),说明这两个变量具有对应性,也表明把这两个变量放在一起研究的合理性。

2. 基于创新特质、怀旧倾向和品牌态度的老品牌市场细分

接下来,我们分别把创新特质和怀旧倾向作为消费者的特征(心理)变量,品牌态度作为消费者的行为变量,联合作为聚类变量,采用 K 均值聚类法(K-means Clustering),选定三个类别群体,对样本数据进行聚类分析。

首先,探究创新特质和品牌态度作为细分变量,能否有效地区分出三类群体。结果表明,这两个变量在三类间差异的 ANOVA 检验显著性均为 0.000,表明消费者的创新特质和品牌态度能够有效细分老字号市场。对三个群体在人口统计特征变量上的卡方检验表明,年龄、教育和婚姻状况具有显著差异性(p 值分别小于 0.001、0.05 和 0.001)。

其次,探究怀旧倾向和品牌态度作为细分变量,能否有效地区分出三类群体。这两个变量在三类间差异的 ANOVA 检验显著性均为 0.000,表明消费者的怀旧倾向特征和品牌态度也能够有效细分老字号市场。对三个群体在人口统计特征变量上的卡方检验表明,婚姻状况具有显著差异性(p 值小于 0.05)。

最后,为了更集中和简练地反映出上述细分取向的有效性,我们联合创新特质、怀旧倾向这两个心理变量以及品牌态度对样本进行聚类分析。得到的结果与上述两步分开聚类是一致的。

表 3-5 显示了每类的最终类中心位置值。表 3-6 的 ANOVA 结果则表明,所有变量在类间均有显著差异。

表 3-5　基于创新特质、怀旧倾向和品牌态度的聚类:最终的聚类中心变量值

变　　量	聚类 (Cluster)		
	1	2	3
创新特质	4.58	3.82	4.68
怀旧倾向	2.14	3.37	2.04
品牌态度	3.41	4.04	5.09
类的观察量	118	159	185

表 3-6 　创新特质、怀旧倾向和品牌态度变量在类间差异的 ANOVA 检验

变　　量	聚类（Cluster）		误差（Error）		F 值	显著性（Sig.）
	均方（Mean Square）	自由度（df）	均方（Mean Square）	自由度（df）		
创新特质	35.902	2	0.631	459	56.888	0.000
怀旧倾向	87.516	2	0.464	459	188.654	0.000
品牌态度	109.414	2	0.370	459	295.630	0.000

那么，这三类群体到底是由哪些消费者构成的？他们的行为特征如何？在表 3-7 中，通过重新计算，给出了他们的基本描述性特征。

表 3-7 　基于创新特质、怀旧倾向和品牌态度的老品牌细分市场特征[a]

细分变量	细分市场			ANOVA 检验[e]
	群体 1：创新—不满族	群体 2：守旧—中庸族	群体 3：创新—积极族	
创新特质[b]	4.58	3.82	4.68	56.888 ***
怀旧倾向[c]	2.14	3.37	2.04	188.654 ***
品牌态度[d]	3.41	4.04	5.09	295.630 ***
人口统计特征分布[f]				卡方检验[g]
性　　别	女 65.3% 男 34.7%	女 63.5% 男 36.5%	女 65.4% 男 34.6%	0.153
年　　龄	40—49 岁 29.6% 18—24 岁 27.0%	40—49 岁 40.9% 18—24 岁 33.6%	40—49 岁 27.6% 30—39 岁 25.5%	10.783 *
教　　育	本科 51.7% 大专 16.9%	本科 44.7% 大专 16.4%	本科 39.5% 大专 20.5%	14.098
收　　入（家庭月收入）	三档 31.4% 一档 20.3%	三档 36.5% 一档 24.5%	三档 33.0% 一档 14.1%	13.165
婚姻状况	单身/未婚 49.2% 结婚有 4—12 岁的小孩 16.9%	单身/未婚 39.6% 结婚有 18 岁以上的小孩 22.0%	单身/未婚 36.2% 结婚有 18 岁以上的小孩 19.5%	15.669
职　　业	在校学生 24.6% 一般职员 21.2%	一般职员 28.9% 在校学生 22.0%	一般职员 24.3% 在校学生 16.8%	15.534
细分市场规模	25.6%	34.4%	40.0%	

注：a. 有效观察样本为 462，缺失值为 0。
b. 创新特质分值介于 1—7 之间，均值为 4.36。
c. 怀旧倾向分值介于 1—7 之间，均值为 2.52。
d. 品牌态度分值介于 1—7 之间，均值为 4.27。
e. *** 表示显著性水平为 0.001。
f. 限于篇幅，人口统计变量只列出百分比最高的两类。收入档次为：一档 2 500—2 999 元，二档 3 000—3 499 元，三档 3 500—3 999 元，四档 4 000—4 999 元，五档 5 000—5 999 元，六档 6 000—7 999 元，七档 8 000—11 999 元，八档 12 000—19 999 元，九档为 20 000 元或以上。
g. * 表示显著性水平为 0.1。

从上表中的结果中我们看出,除了年龄在 0.1 的显著性水平上存在差异,三类群体在常用的人口统计变量上都没有显著差异,但在心理特征以及对老品牌的态度上存在显著差异。也就是说,心理特征的差异是区分老品牌消费群体的关键,这对指导老品牌的长期管理是基础性的理论指引。那么,这三类细分市场究竟是具有哪些差异性特征的群体呢?下面我们分别描述和解释。

3. 老品牌的三类基本消费群体

根据表 3-7 的描述性数据,群体 1 具有较高的创新特质(高于总体平均)和较低的怀旧倾向(低于总体平均),对老品牌的态度为三个群体中的最低,大大低于总体平均值。这类群体出于对老品牌求变的创新性需求,而表现出对老品牌的不满。我们把这个细分市场命名为"创新—不满族"。显然,这类市场是老品牌复兴和长期发展的努力对象,对如何扭转老品牌的衰退局面至关重要。老品牌的"变"和创新,以及如何保持"变与不变"的平衡是赢取这类顾客的关键。

群体 2 具有最低的创新特质(低于总体平均)和最大的怀旧倾向(高于总体平均),对老品牌的态度处于中立状态(低于总体平均)。这类群体往往观念落伍、行为保守,安逸于老品牌的现状,对老品牌的"变与不变"没有明确的倾向和需求。我们把这个细分市场命名为"守旧—中庸族"。这类市场是老品牌的稳定消费群体,对老品牌的长期管理而言,是最容易管理的对象。老品牌的怀旧营销策略对这类顾客更为重要。

群体 3 具有最高的创新特质(高于总体平均)和最低的怀旧倾向(低于总体平均),对老品牌的态度最为积极(高于总体平均)。这类群体往往行为大胆、观念超前,敢冒一定风险。对于新事物的接受抱以积极态度。我们把这类群体命名为"创新—积极族"。这类顾客会率先试用老品牌的新产品,对老品牌发展持肯定乐观态度。这类顾客相当于 Rogers(1983)定义的创新者和早期采用者。他们的年龄相对较轻,有较高的社会地位和更好的财务状况(Ram and Jung,1994)。这类市场是老品牌求变创新的重要研究对象,对扩散老品牌的新影响力至关重要。

四、 结论与战略指引

本节首次运用定性方法探究了老品牌长期管理中"变与不变"的营销要素,以及消费者对两者的态度,再进一步采用创新特质和怀旧倾向这两个心理变量有效地细分了老品牌市场,得到了具有显著差异的三类群体,较好地回答了消费者对老品牌"变与不变"需求背后的特征。本研究既丰富了长期品牌管理的理论成果,也对国内老品牌建设提供了直接的实践指引。

在理论上,本节对维持品牌一致性和进行品牌变革的关系进行了新的探究,另辟蹊径地从细分市场的角度回答和解释"变与不变"的关系问题。本节的研究发现,创新特质和怀旧倾向呈负相关关系,创新特质和怀旧倾向的不同显著影响了消费者对于老品牌态度的差异,它们可以有效地对老品牌市场进行细分,弥补了通常仅以世代差异(年龄)区分老品牌态度的不足。本节的研究表明,在一系列人口统计特征上,老品牌的消费群体没有显著差异。然而在心理特征上,高创新特质、低怀旧倾向的消费者既可能对老品牌有很高的积极评价,也可能做出截然相反的负面评价。也就是说,老品牌如何创新与变革的风险主要存在于高创新特质和低怀旧倾向的消费群体中。老品牌的变化既可能迎合了部分具有高创新性的消费者需求,但同时也导致另一部分高创新性消费者的不满。而低创新特质、高怀旧倾向的消费者对老品牌抱有中立态度。他们可能对老品牌的创新与变化并不敏感,因而做出不偏不倚的评价;也可能不满意于现有的创新与变化,但同时又看重与老品牌过去的关系,因而给予折中的评价。不管怎样,这类群体对营销刺激的反应最不明显。

在实践上,本节的结果可以直接指导老品牌的营销决策和投资。本节的研究表明,老字号的复兴和发展,关键是要扭转一类具有高创新特质和低怀旧倾向的消费者的消极态度。这需要管理者谨慎研究如何有效地进行创新和变革,以真正符合他们的需求。而对于另一类具有低创新特质和高怀旧倾向的消费者来说,他们对老品牌既没有明显的积极态度,也不会拖后腿。老品牌对这类群体营销的价值并不大。因此,总体上看,创新是老字号发展的普遍之道,而怀旧策略的使用可能在部分情况和条件下起作用,对老品牌复兴并不具有重要意义。在老品牌的营销传播战术实践中,人们往往会想到采用怀旧煽情的策略。对照本节的结果,这可能并不是明智的做法。稳妥的做法或许应该是把过往的情感线索与现代的创新元素很好地融合在一起,而并非单纯采用怀旧的做法。

第二节　物质主义、怀旧倾向与中外品牌态度

改革开放 30 多年来,中国社会发生了翻天覆地的变化,经济的高速增长和文化的频繁交流,使得中国人的精神世界和物质世界都受到了前所未有的双重冲击与震撼。处于高速发展和转型期的中国社会不断吐故纳新,广大民众以及作为消费者都经历着中西价值观的碰撞。例如,来自西方核心文化价值中的"物质主义"与中国传统文化追求精神和心灵享受形成了较大差异(刘世雄,2005)。在中国的现代化进程中,个人的现代性与传统性之间的关系是复杂的,并非是简单的取代关系,中国人的各种传统性心理与行为仍会以或大或小的强度继续长久存在于现代工商社会(杨国枢,1993a)。有研究表明,在中国大陆社会转型时期,青年人对现代人格喜欢程度愈高,对优良传统人格特质的喜欢程度也越高(吴鲁平,1996),中国青年在大多数方面的价值结构具有传统性与现代性并存的二重结构特点(吴鲁平,2001)。因此,同时结合中西方的价值观,联合代表中西价值观的不同变量,探究它们对消费者品牌态度的影响关系及可能差异,就成为一个十分有趣的现实课题,也是在当前中国社会背景中研究消费者品牌态度的新视角。

实际上,一直以来有关文化价值与消费行为之间关系的研究成果堪称呈几何级数增长(Ogden, Ogden and Schau, 2004)。相关研究大致可分为两大类,一类是从跨文化角度出发,研究不同地区、不同文化背景下的消费者行为差异,他们多以 Hofstede(2001)的五维模型作为文化价值观区分的理论依据(Soares, Farhangmehr and Shoham, 2007);另一些学者则聚焦于五维度价值指标以外的某些特定价值观,研究它们对消费行为的影响关系。例如,有些学者研究代表西方工业文明和资本主义价

值倾向的"物质主义"(Belk, 1985; Richins and Dawson, 1992; Kilbourne, Grunhagen and Foley, 2005),也有些学者感兴趣于似乎与"物质主义"对立的精神层面上的"怀旧倾向",探究它对消费者偏好和行为的影响作用(Holbrook and Schindler, 1991)。

从现有成果看,文化价值观在消费行为领域中的研究已是成果颇丰,而聚焦于消费者品牌态度的相关研究则处于增长之中。消费在现代社会中已被证明是个人进行自我身份认同(self-identity)以及社会阶层区分的一种手段(Holt, 1997),而品牌本身具有丰富联想内涵及社会符号性功能(Zinkhan and Martin, 1987; Friedman, 1991),因此,消费者对品牌的态度和选择可以密切地反映其所受文化价值观的影响(Moore, 1993; Roth, 1995; Erdem, Swait and Valenzuela, 2006)。中国发生的巨大社会变革,使得源于儒家和道家思想的传统信念系统正在与西方意识形态相融合(Davis, 2000),对品牌消费态度和行为产生根本性影响。这要求中国市场中的营销者密切关注品牌的西方价值象征与中国文化价值互动的途径(Eckhardt and Houston, 2001)。

基于上述考虑,本节重点研究个体的文化价值观与品牌消费态度之间的关系,特别选择代表中西方文化价值观的"物质主义"和"怀旧倾向",检测二者的相关性,探究两者对于本国消费者品牌态度的影响作用,并存在于中外品牌类别上的可能差异。有关结果对于在中国市场中创建品牌象征或重塑品牌意义具有重要的现实指引作用。

一、 理论背景与假设

物质性舒适(material comfort)是美国人核心的价值观。对大多数美国人来说,这意味着达到了"美好生活"的状态(Schiffman and Kanuk, 1995)。中国的改革开放和经济的持续增长,使得中国人的物质水平得到了极大提升,受西方的物质主义观念影响甚大。另一方面,历史上的中国被认为是一个首先倾向于"过去时间取向"(past-time orientation)的社会,祖先崇拜和强烈的家庭传统都表明了这一倾向(Klukholn and Strodbeck, 1961),有学者甚至指出,"如果世界上有人怀旧(history-minded),那肯定是中国人"(Van Oort, 1970)。那么,这两种代表中西方的价值观究竟是什么样的关系？物质主义是否更重要地影响消费者对承载西方象征价值的国外品牌的态度,而怀旧倾向是否对植根于本土文化中的国产品牌特别是老品牌的态度产生显著影响作用?

（一）作为西方价值观的物质主义与品牌态度

按《牛津英语词典》的解释,"物质主义"是"专注于物质的需要和欲望,忽视精神问题;一种完全基于物质兴趣的生活方式、观点或趋势"。这种价值观念对于西方社会并非与生俱来。三次成功的工业革命造就了生产力的高度发达,加上市场经济这只"看不见的手"不断为西方商业文明的演进推波助澜,掀起以消费满足物欲的狂潮。物质主义进而逐渐成为西方社会的主流价值观。在宏观社会层面上,物质主义往往被与低福利、低家庭和睦联系在一起（Richins and Dawson,1992;Rindfleisch,Burroughs and Denton,1997）;在微观消费层面上,物质主义作为一种价值观因素,在消费行为传达文化信号的现代社会,对消费者的行为产生十分重要的影响作用（Holt,1998;Mowen and Minor,1998）,因而得到了营销学者的广泛关注和越来越多的研究。Richins 和 Dawson(1992)最先把"物质主义"作为价值观进行测量。他们强调物质主义是"个人通过获取或占有某些物质对象来满足当下的欲望和需求的一种价值观倾向",认为物质主义倾向者有三个特点:以财物的获得为他们的生活中心;以追求物质的享受为快乐的源泉;以及以财富和物质的占有为成功的象征。

以消费作为追求成功、快乐及更好生活的手段成为 20 世纪消费行为的一大趋势（Burroughs and Rindfleisch,2002）。Fitzmaurice 和 Comegys(2006)证明了个人的物质主义倾向与其社会性消费的动机存在显著的正相关关系。事实上,物质主义者并不满足于单纯的产品消费,对拥有附加值的品牌的消费是物质主义者满足特定物质追求的重要途径,品牌消费能够为消费者带来物质和精神上的多重价值满足和愉悦。有些学者认为,相比于发达经济国家,在消费主义经历欠少、正在进行工业化的市场中,消费者对各种营销活动持更赞成的态度（Ho,2001）。由此做出推论,在中国市场中,消费者的物质主义倾向与品牌态度评价之间存在正向影响关系。我们提出本研究的第一个基本假设:

H1:消费者的物质主义倾向与品牌态度之间存在显著的正相关关系。

有关物质主义与消费者品牌态度之间关系的研究往往涉及高外显或高价格品类(时尚服饰、奢侈品、汽车),这不仅是由于这些产品具有较高的经济价值(Dubois and Duquesne,1993),符合物质主义者追求物质财富的需要,还因为这些产品或品牌具有代表某种地位和社会身份的象征价值,满足了物质主义者对自我身份认同的需要(Richins,1994;Micken and Roberts,1999)。针对汽车品牌态度的研究,Rindfleisch、Freeman和Burroughs(2000)发现,物质主义倾向较高的消费者更倾向于选择购买更高级的"雷克萨斯"牌轿车,而非经典的"大众甲壳虫";在澳大利亚背景中,Kamineni(2005)的研究表明,高物质主义者将拥有阿玛尼(Armani)品牌的产品视为在社会上取得成功的象征。此外,高物质主义的消费者更倾向于通过使用某些品牌产品进行自我形象塑造,如在服饰上,他们借助某些特定品牌表现自我风格,这种信息传递往往是持久且一致的(Browne and Kaldenberg,1997),由此消费者与某些特定品牌结成伙伴关系(Fournier,1998)。

在转型经济市场中,西方品牌对于消费者具有多重的意义。如代表购买力上升后对高质量产品的追求(Shama,1992),代表对发达国家生活方式的羡慕而蕴涵社会象征的价值(Batra et al.,2000)。Clarke Ⅲ、Micken和Hart(2002)认为,消费者对西方产品的象征性消费随着经济发展阶段的变化而变化,在快速成长阶段,对西方象征的需求能达到顶峰,步入稳定的成熟阶段后,象征作用就下降。按此概念框架,我们可以认为当前中国消费者对于西方品牌的象征性消费需求处于高涨阶段。这正如 Zhou 和 Hui(2003)的研究所表明的,中国消费者购买国外产品的一个主要动机是其象征利益(如现代性、声望、外国生活方式的联想),即便是在私人性的、不引人注目的产品(如加拿大香肠)上。总体上,就中国城市消费者而言,对本土品牌的"社会价值表达"度评价显著不及国外品牌(何佳讯,2006b)。

还有研究表明,在中国现代化水平较高的区域,象征性和体验性价值对品牌忠诚起到主要促进作用,而在现代化水平较低的区域,功能性价值成为品牌忠诚的主要驱动因素(于春玲等,2005)。与低物质主义者相比,高物质主义者更看重品牌的象征价值这一因素,因而对品牌承诺产生更大的影响作用。也就是说,物质主义价值观对于象征价值与品牌承诺的影响关系具有正向调节作用。因此可推断,源自西方价值观的物质主义的调节作用主要发生在具有更明显象征意义的国外品牌而非本土品牌上。在中国文化背景中,品牌的象征价值可具体化为"自我概念联结"和"社会价值表达"这两种品牌关系(何佳讯,2006d)。由此,我们进一步提出以下假设:

H2:对于国外品牌,物质主义对于品牌的象征价值对品牌承诺的正效应有增强的调节作用;对国产品牌则不存在此调节作用。具体地:

H2a:对于国外品牌,物质主义对于"自我概念联结"对品牌承诺的正效应有增强的调节作用;对国产品牌则不存在此调节作用。

H2b:对于国外品牌,物质主义对于"社会价值表达"对品牌承诺的正效应有增强的调节作用;对国产品牌则不存在此调节作用。

(二)作为东方价值观的怀旧倾向与品牌态度

相对于物质主义价值观在中国社会的方兴未艾,一些源自中华民族儒家文化的价值观念始终根植于中国消费者心中。其中,反映消费者过去时间取向的"怀旧倾向"与品牌态度也存在一定的关系。Yau(1988)曾分析指出,中国文化中的"过去时间取向"和"持续性"意味着中国人具有很高的品牌忠诚度,除非产品或品牌在使用中让消费者感到十分不满,否则他们不太可能转换至其他品牌或产品。

在营销领域,Holbrook 和 Schindler(1991)给出的"怀旧"定义被较为广泛的接受。他们提出,怀旧是对某种经历的偏好(喜欢、积极的态度或者美好的情感),这种经历与个人年轻时候(成年早期、青少年期、童年甚至出生之前)经常出现的(流行的、时髦的或广为流传的)对象(人、地方或事物)密切相关。在本节中,我们把"怀旧倾向"看作是一种个人心理倾向和个体特征,作为中国文化价值观中对"过去时间取向"的一种测量。与西方的游牧民族所不同,中国文化建立在农业的基础上,为了保证有稳定的食物供应,似乎沿用数千年传统证明了的方法更为安全,因而中国人倾向于不愿冒风险以及更少的创新(Yau,1988)。这种对过往传统和文化的强烈崇敬,使得中国人具有"怀旧"的国民性格,这也成为中国文化中"持续性"(continuity)的有力保证,即存在不轻易打破已经建立起来的事物间关系的观念,如中国谚语"一日为师,终身为父"所表达的。还有谚语"不孝有三,无后为大",它所描绘的正是大多数中国人所认同的:对父辈和祖先生物链延续的责任;父母必须尽可能给孩子提供最好的教育;完成父辈和祖先未竟的事业(杨国枢,1965)。总体来看,中国人在"时间取向"的价值观上,具有更突出的对过去、现在和将来的延续性取向。

从品牌的角度看,消费者的"怀旧倾向"与老品牌复兴和长期品牌管理关系密切。Brown、Kozinets 和 Sherry(2003)认为,老品牌与个人怀旧和集体怀旧都有很丰富的联系,前者可以唤起消费者的"过去自我"认同,后者则增进相同兴趣群体成员之间的亲密感。通过对此类资源的充分发掘,实施复兴品牌战略,能使老品牌拥有长期吸引力。这种建立在消费者"怀旧倾向"基础上的品牌关系,构成了老品牌独特的品牌资产。对于同一个中国老品牌,消费者"怀旧倾向"的高低,影响了该品牌在顾客头脑中的品牌资产强弱。为此,我们提出以下假设:

H3:消费者的怀旧倾向与中国老品牌的态度之间存在显著的正相关关系。

长期以来,中国的老品牌在消费者心目中建立了可信、可靠的形象(何佳讯,2007a)。消费者总是将老品牌与高品质、高水准联系起来。当提到传统品牌产品时,他们总会联想到手工制作的精巧,对他们来说老品牌就是质量的象征(Lyon and Colquhoun, 1999)。高信任感建立起了消费者对老品牌的承诺。尤其对于高怀旧倾向的消费者来说,他们更加珍视在过去使用中得到的可靠性体验,更不愿意承担如果转换品牌而带来的可能风险,因而更加忠诚于长期使用中建立起来的稳定关系。同样,对老品牌的情感也是驱动品牌承诺的重要因素,老品牌可以成为消费者与过往岁月相联系的媒介,把消费者带入对往昔生活的回忆中,这样就建立了消费者"过去自我"与老品牌关系之间的一致性,从而形成品牌承诺。对于高怀旧倾向的消费者来说,他们对"过去自我"的认同需要更为强烈,最终通过对老品牌更强的承诺度来实现。由此,我们可以认为,消费者的怀旧倾向对于老品牌的信任与情感对品牌承诺的影响关系具有正向调节作用。由于大批的国外品牌在中国改革开放后才进入中国市场,在中国消费者心目中并非把它们当作"老品牌"看待,因而这种调节作用在国外品牌上并不存在。由此,我们进一步提出如下假设:

H3:对于国产老品牌,怀旧倾向对于品牌的信任和情感对品牌承诺的正效应有增强的调节作用;对国外品牌则不存在此调节作用。具体地:

H3a:对于国产老品牌,怀旧倾向对于品牌信任对品牌承诺的正效应有增强的调节作用,对国外品牌则不存在此调节作用。

H3b:对于国产老品牌,怀旧倾向对于品牌情感对品牌承诺的正效应有增强的调节作用,对国外品牌则不存在此调节作用。

(三)物质主义与怀旧倾向的关系及其对中外品牌态度的差异

在以往营销学的文献中,物质主义和怀旧倾向常常被学者们独立地加以研究,很少将两者放在同一课题下探讨。直到 Rindfleisch、Freeman 和 Burroughs(2000)开展有关不同价值观倾向对消费者车型偏好影响的研究时,这两种价值倾向的相关性才首次得以检验。然而,他们只验证了物质主义分别与产品怀旧及个人生活怀旧的负相关,并未得到物质主义与整个怀旧构念负相关的结论。尽管如此,他们的研究对进一步探究物质主义与怀旧倾向两者关系及其对品牌态度的联合影响作用提供了重要基础。

Rindfleisch、Freeman 和 Burroughs(2000)之所以将这两种价值观放在同一环境下研究,是考虑到了物质主义和怀旧倾向对消费的影响存在着某种关联性和可比性。这种可比性体现在两个方面:一是两者都可从时间角度影响消费,物质主义倾向者关注的是当下欲望和渴求的及时满足,他们不愿推迟占有财产或实物的时间(Richins and Dawson,1992;Rindfleisch,Burroughs and Denton,1997)。由于这种对现时欲望的关切,物质主义者表现出对当代消费信息、规则和生活方式的广泛接受,而对所谓的美好过去并不在意。与之相反,怀旧者指向过去,他们沉浸于忆苦思甜的过程,对于产品尤其是文化产品(如电影、音乐)的偏好会显著受到过去经历的影响(Holbrook and Schindler,1989),他们对过去生活的怀念也往往体现在对现状的不满中。另一方面,物质主义和怀旧倾向分别通过消费产品或品牌彰显了不同的象征意义,前者以拥有某种实物财产来体现社会象征价值,强调了一种公开性和外显性(Richins, 1994; O'Cass and Thomas Muller, 1999),而怀旧则是一种具有鲜明个人特征、强调个人主观经历的情感,尽管它也可以通过某一具体对象(甚至大规模营销的产品)得以激发,但绝对是具有私人性质的情感体验,不会呈现在公众面前(Daniels, 1985; Holak and Havlena, 1992)。由此可以看到,物质主义和怀旧倾向在价值着眼点上存在明显的对立性:物质主义强调当下和未来、注重公开的社会价值表达;怀旧则强调过去的、私密的个人情感诉求与"过去自我"认同。因此我们得出以下假设:

H4:物质主义倾向与怀旧倾向之间存在负相关关系。

事实上,在社会急剧转型、多元文化碰撞交融的当代中国,联合"物质主义"与"怀旧倾向"这两种代表中西方文化的价值观倾向,研究它们对消费者品牌态度的影响显得更具实际意义。在当前中国的消费市场上,中外品牌各放异彩,消费者对它们的选择实际上也是其价值观倾向的某种投射。国外品牌产品往往包装精美、引人注目,广告代言不乏代表财富与成功的名流人士,强调时尚、潮流和创新的个性;而国产品牌朴实低调、注重内在和质量,外表始终如故,强调亲切、和谐和温馨的个性。前者是西方物质价值观的化身;后者则是中国社会仁和、本分的价值观的产物。对于经历东西方价值双重洗礼的当代中国消费者,在面对中外品牌的选择时,势必受到内在价值观倾向的影响和驱使。如果与品牌的象征价值一致,这种影响力显然变得更强。因此,对于国外品牌的顾客,其物质主义价值观对品牌态度的正面影响高于本土品牌的顾客;对于本土品牌的顾客,其怀旧倾向对品牌态度的正面作用高于国外品牌的顾客。由此,我们提出本节最后两个假设:

H5:相对于国产品牌的顾客,消费者的物质主义倾向对于国外品牌顾客的品牌态度产生更积极的影响。

H6:相对于国外品牌的顾客,消费者的怀旧倾向对于国产品牌顾客的品牌态度产生更积极的影响。

二、 研究与调研设计

根据上述假设,本节设定的主要研究目的可归纳为两大部分。第一部分,检验价值观与品牌态度之间的直接关系,首先检验物质主义、怀旧倾向分别与品牌态度之间的直接关系,其次检验这两种价值观自身之间的关系,再考察两者对品牌态度的联合作用;第二部分,检验一系列调节作用,首先验证两种价值观对于特定品牌态度与品牌承诺之间关系的调节作用;其次验证两种价值观对品牌态度的联合作用在中外品牌顾客群中的表现差异,调节变量视为品牌来源地(国产品牌和国外品牌)。

(一) 调研样本和测试品类

数据收集采用入户问卷的方式,对上海、武汉、成都三城市的消费者进行调查。累计发放问卷 1 300 份,回收有效问卷 1 044 份,有效率为 80.3%。其中上海 300 份(28.7%),武汉 432 份(41.4%),成都 312 份(29.9%)。由于糖果的实际消费者以女性为主,我们事先对被试的男女性别进行了 3∶7 的配额控制,实际结果为男性占 34%,女性占 66%。对被试的年龄段分布,我们进行等比例的配额控制,实际结果为 18—24 岁为 353 位(33.8%),25—29 岁为 231 位(22.1%),30—39 岁为 238 位(22.8%),40—49 岁为 222 位(21.3%)。在职业分布上,除 26.6% 为学生、4.2% 为全职家庭主妇外,其余均为各类行业和岗位性质的在职人员(69.2%)。在婚姻状况上,总样本的 48.9% 为未婚/单身,51.1% 为已婚。对于被调查者的家庭月收入要求,武汉、成都两地在 2 500 元以上,上海在 3 500 元以上。数据收集时间开展于 2007 年 5—6 月。

本研究以快速消费品奶糖为测试品类。与很多消费品行业一样,在我国的糖果工业中同样存在着中外品牌竞争的普遍问题。本研究选择确定这个品类中市场份额名列前茅的大白兔(国产品牌)、喔喔(国产品牌)、金丝猴(国产品牌)、阿尔卑斯(国外品牌)、悠哈(国外品牌)等五个中外品牌为测试品牌。对被试的要求是近 6 个月以来最经常购买的奶糖品牌属于这五个品牌之列,然后选择其中的一个品牌进行答题。从数据收集结果看,大白兔为 462 份(44.3%)、阿尔卑斯 364 份(34.9%)、悠哈 97 份

(9.3%)、金丝猴 66 份(6.3%)和喔喔 55 份(5.3%),与这些品牌的实际市场份额地位大致相当,国产的大白兔和外资的阿尔卑斯是国内市场上最强大的两大奶糖品牌。从中外品牌样本数看,国产品牌(大白兔、金丝猴和喔喔)的样本为 583 份(55.8%),国外品牌(阿尔卑斯和悠哈)的样本为 461 份(44.2%),两者比例大致相当。

(二) 研究变量与测量

本研究将“物质主义”作为西方文化价值观的典型,主要依据 Richins 和 Dawson(1992)的构念,采用其开发的量表测量本国消费者的“物质主义”倾向,以 Likert7 点尺度计量。该量表共包含 18 个测项(其中 8 句为反向)分别归属于三个维度:物质成功、物质中心、物质幸福。我们首先通过项目分析和信度分析,得到总量表的 Cronbach α 系数为 0.725,很多测项与总体的相关性太低,我们进行了删除处理,最后保留 10 个测项,总量表 Cronbach α 系数提高到 0.757。对这 10 个测项进行巴特利特球体检验,χ^2 值为 1 859.540($df=45$),显著性水平 $p=0.000$,KMO 测度值为 0.794,探索性因子分析得到三个因子,因子结构与原量表的三维度结构基本相符,三因子的 Cronbach α 系数依次为:0.701、0.614 和 0.584。累计方差贡献为 54.897%。详细本章附录一。

怀旧倾向的测量采用 Holbrook(1993)开发的量表,共 20 句测项(其中 10 句为反向),以 Likert7 点尺度计量。我们同样进行了上述步骤的处理,得到总量表的 Cronbach α 系数为 0.664。很多测项与总体的相关性太低,我们同样进行了删除处理,最后保留 8 个测项,总体的 Cronbach α 系数提高到 0.840。对这 8 个测项进行巴特利特球体检验,χ^2 值为 1 252.456($df=28$),显著性水平 $p=0.000$,KMO 测度值为 0.870。探索性因子分析得到一个因子,方差贡献为 48.553%。我们把 8 个测项的总平均分作为怀旧倾向的变量值。详细本章附录二。

对于品牌态度的测量,本研究采用本土化的中国消费者—品牌关系质量(CBRQ)量表(参见第九章),原量表包括“社会价值表达”、“信任”、“相互依赖”、“真有与应有之情”、“承诺”和“自我概念联结”六个构面 25 个测项,本研究增加了 3 个与“自我概念联结”构面相关的测项,采用 Likert7 点尺度计量。新量表获得的 Cronbach α 系数为 0.922。六个构面的 Cronbach α 系数介于 0.744—0.844 之间。详细本章附录三。我们把六个构面测项的平均分作为各个品牌态度的变量值,把全部 28 个测项的总平均分作为总体品牌态度的变量值。

三、 数据分析与结果

（一）物质主义与品牌态度的关系及调节作用

1. 物质主义与品牌态度的相关关系

由于物质主义价值观包含"物质中心""物质幸福"和"物质成功"三维变量,消费者品牌关系质量包含"信任""承诺""相互依赖""真有之情和应有之情""自我概念联结"和"社会价值表达"六维变量,本研究采用求取典型相关(canonical correlation)系数(Manova 过程)的方法,获得物质主义价值观与消费者品牌态度之间的相关关系。表 3-8 显示了最终获得的两组典型因素,两组的典型相关系数分别为 0.304 和 0.296。可知物质主义与品牌态度之间存在显著正相关关系。假设 H1 被证实成立。

表 3-8　物质主义与品牌态度的典型相关分析

控制变量 (X)变量		物质成功	物质中心	物质幸福	抽出变异数百分比	重 叠
典型因素 M1	相关系数	0.679	0.582	−0.377	0.417	0.039
	加权系数	0.789	0.793	−0.008		
典型因素 M2	相关系数	0.508	−0.497	0.764	0.354	0.031
	加权系数	0.576	−0.123	0.847		

控制变量 (Y)变量		信任	承诺	相互依赖	真有之情应有之情	自我概念联结	社会价值表达	抽出变异数百分比	重 叠
典型因素 B1	相关系数	−0.177	0.668	0.201	0.540	0.760	0.471	0.268	0.025
	加权系数	−0.599	0.577	−0.148	−0.140	0.749	0.094		
典型因素 B2	相关系数	0.891	0.387	0.618	0.443	0.523	0.766	0.397	0.035
	加权系数	0.690	−0.410	0.002	−0.278	0.311	0.658		

	M1 与 B1	M2 与 B2
典型相关系数	0.304 ***	0.296 ***
典型相关系数平方	0.092	0.088

注：*** 表示显著性水平小于 0.01。

2. 物质主义的调节作用

分别对中外品牌两样本以自我概念联结作为自变量、承诺为因变量、物质主义作为调节变量进行回归分析,回归前对自变量和调节变量进行中心化处理(温忠麟、侯杰泰和张雷,2005)。经检验,发现物质主义对于自我概念联结对品牌承诺的影响在国产品牌样本中不显著,但在国外品牌样本中,其调节作用的 p 值为 0.052,达到边际显著。假设 H2a 基本得到证实。

接着,我们再以社会价值表达作为自变量,在中外品牌两组样本中进行同样的回归操作,物质主义的调节作用在两组样本中都不显著。假设 H2b 没有得到证实。但考虑到国外品牌样本中的悠哈为日资品牌,且样本数量较小,我们将其剔除,在单独对样本量为 364 的阿尔卑斯品牌样本进行调节作用检验,发现物质主义对于两种象征价值对品牌承诺的调节作用都显著(详见表 3-9),对以自我概念联结为自变量的调节作用为 0.120(p = 0.007);对以社会价值表达为自变量的调节作用为 0.111(p = 0.014)。总体看来,假设 H2 部分得到证实。

(二) 怀旧倾向与品牌态度的关系及调节作用

1. 怀旧倾向与品牌态度的相关关系

我们首先检验消费者怀旧倾向与一般品牌态度之间的相关性,即采用所有 1 044 个样本。由于怀旧倾向量表最后为单维度,我们直接用简单相关分析方法(Pearson 相关),检测被测者的怀旧倾向水平与品牌态度之间的关系,结果为负相关关系(r = -0.23, p < 0.01)。再将怀旧倾向与品牌态度各维度进行简单相关分析,被测的怀旧倾向与品牌态度所包含的六个维度之间均呈现显著的负相关关系(见表 3-10)。我们随后采用剔除多重共线性影响的偏相关分析(Partial 过程),发现与怀旧倾向存在显著负相关的因素减至三个(详见表 3-10)。接着我们检验了怀旧倾向与本土老品牌大白兔态度之间的关系,偏相关系数检验显示,怀旧倾向与对大白兔品牌的信任呈显著负相关,但与自我概念联结为显著正相关。总体上,假设 H3 没有得到证实。对此结果我们将在本节的"讨论"部分中给予解释。

第三章　老品牌市场细分及战略指引　79

表 3-9　物质主义调节作用的回归分析结果

	国产品牌样本				国外品牌样本				阿尔卑斯样本			
	模型 1		模型 2		模型 1		模型 2		模型 1		模型 2	
	调整后的 β 值	T 值	调整后的 β 值	T 值	调整后的 β 值	T 值	调整后的 β 值	T 值	调整后的 β 值	T 值	调整后的 β 值	T 值
自我概念联结—品牌承诺												
物质主义	0.039	1.072	0.039	1.060	0.063	1.611	0.061	1.563	0.063	1.375	0.068	1.493
自我概念联结	0.494	13.493***	0.495	13.440***	0.568	14.596***	0.571	14.693***	0.512	11.198***	0.519	11.437***
物质主义自我概念联结			0.009	0.257			0.074	1.952**			0.120	2.697***
F 值	98.067***		65.295***		119.957***		81.731***		69.895***		49.830***	
调整后的 R^2	0.250		0.249		0.341		0.345		0.275		0.288	
R^2 变化值	0.000				0.005*				0.014***			
社会价值表达—品牌承诺												
物质主义	0.038	0.976	0.038	0.975	0.017	0.422	0.016	0.411	0.021	0.452	0.029	0.633
社会价值表达	0.396	10.132***	0.396	10.079***	0.576	14.412***	0.577	14.448***	0.519	11.110***	0.525	11.295***
物质主义社会价值表达			−0.001	−0.033			0.059	1.545			0.111	2.477**
F 值	57.633***		38.356***		117.174***		79.148***		68.889***		48.625***	
调整后的 R^2	0.163		0.161		0.336		0.338		0.272		0.282	
R^2 变化值	0.001				0.003				0.012**			

注：* 表示显著性水平小于 0.1；** 表示显著性水平小于 0.05；*** 表示显著性水平小于 0.01。

表 3-10　怀旧倾向与品牌态度的相关关系

	总样本品牌		国产品牌大白兔	
	简单相关系数	偏相关系数	简单相关系数	偏相关系数
信　任	−0.316 ***	−0.226 ***	−0.340 ***	−0.254 ***
承　诺	−0.216 ***	−0.042	−0.230 ***	−0.058
相互依赖	−0.127 ***	0.044	−0.121 ***	0.041
真有与应有之情	−0.196 ***	−0.012	−0.190 ***	−0.11
自我概念联结	−0.122 ***	0.077 **	−0.078	0.108 **
社会价值表达	−0.160 ***	−0.093 ***	−0.107 **	−0.083

注：** 表示显著性水平小于 0.05；*** 表示显著水平小于 0.01。

2. 怀旧倾向的调节作用

接下来，我们以大白兔作为"国产老品牌样本"，分别检验怀旧倾向对于信任和情感对品牌承诺关系的调节作用，并检验调节作用在"国产品牌样本""国产老品牌样本"和"国外品牌样本"中的差异，其中情感变量为品牌关系质量中的"真有之情和应有之情"。在国产品牌样本中，怀旧倾向对于品牌信任对品牌承诺关系有显著减弱的作用；在国产老品牌样本中，怀旧倾向对于信任对品牌承诺关系的调节作用亦是负向的，p 值为 0.079，处于边际显著；在国外品牌样本中，怀旧倾向产生显著的负向调节作用。假设 H3a 没有得到验证。同样，在国产品牌样本及国产老品牌样本中，怀旧倾向对于品牌情感对品牌承诺关系的调节作用均不显著，但在国外品牌样本中，怀旧倾向产生显著的负向调节作用。假设 H3b 没有得到验证。总体上假设 H3 没有得到证实（详见表 3-11）。

（三）物质主义与怀旧倾向的关系及对品牌态度的联合作用

1. 物质主义与怀旧倾向的相关关系

对怀旧倾向和总体物质主义（总量表值）及物质主义的三个因子进行相关分析（Pearson 相关），得到怀旧倾向与总体物质主义之间存在显著的负相关关系（$r = -0.164$，$p < 0.01$）；怀旧倾向与"物质幸福"维度之间的负相关程度最大（$r = -0.341$，$p < 0.01$），表明怀旧者更多的是通过非物质途径获得内心的满足与幸福感；同时物质成功与怀旧倾向之间也存在显著负相关关系（$r = -0.156$，$p < 0.01$）。但物质中心这一维度与怀旧倾向之间呈现出显著的正相关关系（$r = 0.109$，$p < 0.01$）。为了

表3-11　怀旧倾向调节作用的回归分析结果

	国产品牌样本				国外品牌样本				国产老品牌样本（大白兔）			
	模型1		模型2		模型1		模型2		模型1		模型2	
	调整后的β值	T值	调整后的β值	T值	调整后的β值	T值	调整后的β值	T值	调整后的β值	T值	调整后的β值	T值
信任—品牌承诺												
怀旧倾向	-0.019	-0.555	-0.023	-0.696	-0.026	-0.658	-0.051	-1.267	-0.020	-0.516	-0.022	-0.556
信任	0.630	18.707***	0.631	18.805***	0.584	14.72***	0.568	14.375***	0.617	15.916***	0.618	15.977***
怀旧倾向×信任			-0.081	-2.530**			-0.128	-3.379***			-0.064	-1.759*
F值	197.457***		134.997***		124.092***		88.415***		146.497		99.141	
调整后的R²	0.403		0.409		0.349		0.363		0.387		0.390	
R²变化值			0.007**				0.016***				0.004*	
情感—品牌承诺												
怀旧倾向	-0.107***	-3.481***	-0.101***	-3.236***	-0.048	-1.472	-0.067	-2.079	-0.109	-3.069***	-0.101	-2.775***
信任	0.658***	21.421***	0.651***	20.854***	0.726	22.464***	0.718	22.428***	0.633	17.757***	0.623	17.082***
怀旧倾向×信任			-0.039	-1.249			-0.111	-3.517***			-0.048	-1.299
F值	254.540		170.377		274.846***		191.90***		179.217		120.219	
调整后的R²	0.466		0.466		0.544		0.555		0.436		0.437	
R²变化值			0.001				0.012***				0.002	

注：* 表示显著性水平小于 0.1；** 表示显著性水平小于 0.05；*** 表示显著性水平小于 0.01。

得到怀旧倾向与物质主义三因子之间确切的关系,我们再采用偏相关分析(Partial 过程),即控制三因子中其他两个因子对怀旧的影响后进行分析,结果见表 3-12,总体上,假设 H4 获得部分支持。

表 3-12　怀旧倾向与物质主义的相关关系

	怀 旧 倾 向	
	简单相关系数	偏相关系数
物质主义	−0.164***	
物质成功	−0.156***	−0.123***
物质中心	0.109***	0.227***
物质幸福	−0.341***	−0.327***

注:*** 表示显著水平小于 0.01。

2. 两类不同价值观倾向的消费者对品牌态度的评价差异

将所有 1 044 个样本采用物质主义与怀旧倾向两个变量进行聚类分析,设定为两个聚类群体。第一个群体,其怀旧倾向聚类中心值为 1.958,物质主义的聚类中心值为 4.275,样本个数 583,为低怀旧倾向高物质主义群体;第二个群体,其怀旧倾向聚类中心值为 3.360,物质主义的聚类中心值为 3.718,样本个数 461,为高怀旧倾向低物质主义群体。表 3-13 给出了两个独立子样本的品牌态度评价的均值比较。结果表明,在消费者品牌态度各个维度上,低怀旧倾向高物质主义群体对所选的糖果品牌做出的评价都显著高于高怀旧倾向低物质主义群体的评价。

表 3-13　不同价值倾向消费者的品牌态度评价对比

	高怀旧倾向低物质主义者($n=461$)	低怀旧倾向高物质主义者($n=583$)	独立样本 T 检验
总体品牌态度(Mean)	3.841	4.322	8.313***
信任	4.676	5.256	9.598***
承诺	4.023	4.533	5.595***
相互依赖	3.316	3.766	6.831***
真有与应有之情	3.843	4.341	7.185***
自我概念联结	3.699	4.078	6.086***
社会价值表达	3.423	3.890	5.255***

注:*** 表示显著水平小于 0.01。

3. 联合观察两种价值观变量对中外品牌态度的差异

联合物质主义与怀旧倾向作为自变量对品牌态度进行多元线性回归分析,得到物质主义的 β 值为 0.226（$p < 0.01$）,怀旧倾向的 β 值为 -0.193（$p < 0.01$）,方程的 F 值为 59.480（$p < 0.01$）。进一步地,以品牌来源国为调节变量,将整个样本按消费者的中、外品牌选择分为国产品牌顾客（即选择国产品牌的 583 人）和国外品牌顾客（选择国外品牌的461 人）,先对两大群体进行分组回归（见表 3-14）。然后再检验两组的回归系数是否存在显著差异。

表 3-14　物质主义、怀旧倾向对品牌态度的多元回归（以中外品牌顾客为组别）

	国产品牌顾客（$R^2 = 0.089$）				国外品牌顾客（$R^2 = 0.118$）			
	未调整的 β	标准误	调整后的 β	T 值	未调整的 β	标准误	调整后的 β	T 值
截　距	3.647	0.224		16.276 ***	3.480	0.272		12.770 ***
物质主义	0.255	0.046	0.219	5.516 ***	0.268	0.051	0.237	5.219 ***
怀旧倾向	−0.190	0.041	−0.184	−4.628 ***	−0.211	0.049	−0.196	−4.327 ***

注：*** 表示显著水平小于 0.01。

我们采用验证模型结构稳定性的 Chow 检验,分析两组样本回归系数差异的显著性是否存在。通过构造 F 统计量,得到 Chow 检验 F 值为3.171,$p = 0.02$。说明两组回归的系数存在显著差异。进一步来看两组回归的系数,两组样本中物质主义对品牌态度都产生正面的影响,国外品牌顾客的这种正效应更大。假设 H5 得到证实。怀旧倾向对品牌态度都产生负向影响,虽然国产品牌顾客群中这一负效应较国外品牌顾客群来得小,但因为都是负向作用,因此 H6 没有得到支持。

四、　结论与战略指引

本节立足当前中国社会快速转型的大背景,探究并验证了分别代表中西方价值观的"物质主义"和"怀旧倾向"对于品牌态度的影响关系,及其在中外品牌态度上存在的差异。研究结果部分支持了先前提出的理论假设,即消费者的物质主义价值观显著正面影响品牌态度,并对国外品牌的象征价值对品牌承诺的关系产生调节作用。消费者的物质主义与怀旧倾向存在负向关系。与高怀旧倾向低物质主义者相比，低怀旧倾向高物质主义者对品牌具有更积极的态度评价。相对于国产品牌的顾客，消费者的物质主义倾向对于国外品牌顾客的品牌态度产生更积极的影响。另一方面，先前提出的部分假设没有得到支持，这主要存在于消费者的怀旧倾向与中国老品牌态度的关系方面，预示着未来对之进一步研究的必要性。

（一）物质主义价值观与中国市场品牌创建

本节研究结果的重要启示在于，在中国市场创建品牌需要重视西方价值观的作用，例如物质主义价值观。西方品牌在中国市场中之所以存在某些认知优势，与它们承载和传达象征西方价值观的品牌意义有着直接的关系。当前中国的城市消费者，特别是年轻一代消费群体，他们的价值观念与老一代相比，产生了很大变化，主要表现为更广泛地对西方现代价值观的认同与接受。这正是中国消费者对西方品牌产生更强承诺的原因所在。尽管西方价值观的接受并不一定以削弱或放弃中国传统价值观为前提，但确实意味着在消费态度与行为方面，西方价值观扮演着活跃的角色。本节的研究证实，西方的物质主义价值观对本土品牌的象征意义与品牌承诺的关系并不存在正向调节作用。这意味着，在遭遇国外品牌激烈竞争的环境中，中国本土品牌必须慎重研究如何赋予本土品牌恰当的象征意义，找到与当前消费者的价值观与生活方式产生积极互动的正确路径。根据本节对假设 H2a 的部分证实以及假设 H5 的证实，可以得出这样的推论：如果消费者的价值观与品牌建立的象征价值具有某方面的一致性，可以有效增强他们对品牌的承诺度。这也意味着，对于中国本土品牌来说，其象征意义的创建，又不必简单模仿西方品牌的做法。这是因为，尽管中国社会价值观发生了显著的变化，但传统核心文化价值观仍被很好地传承下来，并和现代价值观产生正向互动，如传统价值观"孝亲敬祖"与现代价值观"乐观进取"具有正相关关系（杨国枢，1993a），也就是说，中国本土品牌创建并强化与现代价值观相融的中国传统价值观象征，同样也可能激发拥有相应价值观倾向的消费者对之产生高度承诺。

·（二）怀旧倾向与中国老品牌复兴的影响机制

本节有关怀旧倾向与老品牌态度关系的假设没有得到验证，甚至出现相反的结果。究其原因,可能是国外的怀旧量表并不适合国内消费者的缘故。与"物质主义"价值观本身就来源于西方所不同,"怀旧"与个人的过去经历密切相关,而个人的经历又往往是特定社会环境与时代背景影响的产物。众所周知,中国的政治制度、经济体制和社会发展历程与西方世界存在根本性差异,这导致中西方民众社会心理的差异。从这个角度看,中国人的怀旧"对象"与西方人存在很大的区别。难怪乎,本节使用Holbrook(1993)开发的怀旧量表,其大部分测项因项目—总体相关度太低而被删除处理,而且留下的测项都是反向句,都是着眼于未来而非过去的角度,一些句子测量的是人们有关经济和技术问题的看法和态度(参见本章附录二)。而在中国的"过去"年代中,这些并不能成为引发中国人积极情感的"怀旧"对象。因此可以说,本节所用"怀旧"量表并没有真正测量到中国人的"怀旧倾向"。

尽管有关假设因为测量工具的局限性没有验证,但并不影响本节提出的有关理论假设的合理性,即怀旧倾向与老品牌态度之间存在正相关关系,同时怀旧倾向能够增大品牌信任或情感对品牌承诺的影响效果。因此对于中国老品牌普遍面临的复兴问题,从消费者行为的角度看,以怀旧倾向为特征变量细分市场,恰当地利用消费者的怀旧情结,激活老品牌独有的历史文化资产,未尝不是一种可行的办法。但在另一方面,需要注意中国人的怀旧倾向与消费者其他特征(例如年龄)之间可能存在的关系,究竟是年龄与怀旧倾向是相互独立的变量(Holbrook,1993),还是年龄、性别和产品类别等是影响消费者形成怀旧偏好的先行因素(Holbrook and Schindler,2003)? 这有助于营销者准确地界定目标市场开展怀旧营销。但无论属于那种情况,都表明怀旧策略并非具有广泛的应用性。老字号的复兴必须以新生代消费群体为重点目标,在此基础上平衡新老顾客的需要,对品牌象征恰当重塑。

(三)找寻中西价值观平衡协调之道创建本土品牌象征

由于初步判定西方的怀旧量表并不适合中国消费者,因此本节得到"物质主义"与"怀旧倾向"之间存在负相关的结论,虽然基本上符合本节假设,但其可靠性还有待于进一步检验。另外,本研究发现"物质中心"维度与"怀旧倾向"存在较弱的正相关关系,其原因及可靠性也值得进一步研究。不过这正是暗示了中西方的某些价值观并非绝对对立,传统价值观与现代价值观也并非一定呈负相关关系。以中国台湾地区为背景的研究表明,个人的现代性价值观"乐观进取"与五种中国儒家传统观之间都存在正相关关系(杨国枢、郑伯埙,1987);对于年轻一代,"现代价值观"和"传统价值观"能够糅合在同一个"社会价值观"维度中(黄光国,1995)。这些研究都表明在当代中国,以儒家思想为代表的传统价值观产生了现代转化。在这样的基本前提下,我们必须着力研究正向交融的中西价值观及其表现内涵,找寻中西价值观平衡协调的实现路径,为创建本土品牌的独特性象征价值提供丰富资源。按照 Keller(2003a)的品牌定位理论,本土品牌象征价值的建立只有很好地融合中西价值观,而非简单跟随西方价值观或固守本土价值观,才能在建立起自身差异性(本土价值观象征)的同时,抵消竞争对手(国外品牌)的差异点联想(西方价值观象征),真正获得竞争优势。

附　　录

附录一　物质主义量表有效测项及因子分析结果

维度	有　效　测　项	因子负荷			共同度
		1	2	3	
物质成功	我喜欢拥有财产以给人们留下深刻印象	0.666			0.613
	如果我拥有我不曾拥有的某种财产,我的生活变得更好	0.661			0.484
	我买不起所有我喜欢的东西,有时带给我颇多烦恼	0.630			0.439
	我羡慕那些拥有昂贵的房子、汽车和服装的人	0.579			0.424
	生命中最重要的一些成就包括获取物质财产	0.575			0.545
	我生活得如何好,我拥有的财产则表明了很多	0.476			0.293
物质中心	我喜欢花钱买不实用的东西		0.819		0.704
	在我的生活中,我喜欢很多奢侈品		0.728		0.651
物质幸福	买东西给我带来很多愉快			0.798	0.679
	如果我能够买得起更多的东西,我会更高兴			0.754	0.652
Cronbach α 系数		0.757			

注:原量表包含 18 个测项,详见 Richins 和 Dawson(1992)。

附录二　怀旧倾向量表有效测项及因子分析结果

	有　效　测　项	因子负荷	共同度
单维度结构	将来人们生活得更好(反向)	0.775	0.747
	技术的变革定会带来更美好的明天(反向)	0.762	0.626
	从历史看,人类的生活总是在不断地改善(反向)	0.680	0.489
	和父母相比,我们的生活好得多(反向)	0.659	0.756
	国民生产总值的持续增长使人类更为幸福(反向)	0.658	0.662
	现代商业正创造着一个更美好的明天(反向)	0.651	0.587
	我必须承认,一切正变得、也总变得越来越好(反向)	0.650	0.665
	我相信前进的步伐永不停止(反向)	0.636	0.645
Cronbach α 系数		0.840	

注:原量表含 20 个测项,详见 Holbrook(1993)。

附录三　品牌态度(中国消费者—品牌关系质量)量表

维　度	测　　项	测项与总体相关系数	各构面信度系数
信　任	这个品牌的实际表现正如我的期望	0.560	0.744
	我感觉这个品牌是诚实的	0.456	
	我知道这个品牌会对它的行为负责的	0.443	
	我觉得这个品牌是值得信赖的	0.388	
	这个品牌让我感到安全和放心	0.331	
承　诺	我对这品牌感到很忠诚	0.676	0.747
	即使我的生活发生了变化,我还是吃这个品牌	0.581	
	这个品牌能指望我一直吃它	0.549	
	我不会因为潮流变化而更换这个品牌	0.464	
自我概念联结	吃这个品牌,是与我自己的身份相符的	0.666	0.807
	这个品牌和我有很多共同之处	0.623	
	这个品牌与我的个人气质相似	0.616	
	这个品牌表达了与我相似的或我想成为的那类人的很多东西	0.560	
	这个品牌的形象与我自己追求的形象在很多方面是一致的	0.493	
社会价值表达	这个品牌折射了我对成功的渴望和追求	0.671	0.844
	这个品牌带来了他人对我的赞许	0.641	
	吃这个品牌,让我有了某种优越感	0.632	
	这个品牌既适合自己,也迎合了他人对我的看法	0.568	
	吃这个品牌,让我显得有品位	0.513	

（续表）

维　度	测　　　项	测项与总体相关系数	各构面信度系数
真有与应有之情	我觉得自己应该吃这个品牌的产品 为了一直吃这个品牌,我愿意做出小小的牺牲 这个品牌对我有很大的吸引力 我常常情不自禁地关心这个品牌的新情况 我一看到这个品牌,就有种亲切的感觉	0.657 0.642 0.615 0.586 0.528	0.751
相　互依　赖	我对这个品牌有很强的依赖性 当我不再吃这个品牌时,我心里感觉好像失去了什么 我宁愿费些周折,也要买到这个品牌 如果这个品牌的产品缺货,我愿意暂缓购买	0.662 0.612 0.575 0.548	0.771
Cronbach α 系数		0.936	

注:此量表为改良后的中国消费者—品牌关系质量量表,原量表详见第九章。

第四章
品牌个性与品牌延伸及其战略指引

　　品牌个性是商业品牌的象征意义所在,承载着文化价值观和信念。笔者在中国市场背景下,选用本土化品牌个性量表的基本维度及词汇,通过研究表明,与外资品牌相比,中国国产品牌具有突出的"仁和"个性评价,但"时新"个性评价低下;与年长世代相比,年轻世代对理想品牌个性的"时新"需求显著更高(第一节)。在此基础上,笔者探究了品牌个性认知强弱对品牌延伸评价的影响关系。研究表明,突出的"仁和"个性认知对向下延伸有显著正向影响,但对向上延伸、远延伸和近延伸都无显著影响;而突出的"时新"或"高雅"个性认知对向上延伸和远延伸有显著正向影响,但对向下延伸和近延伸无显著影响(第二节)。进一步的研究还表明,品牌个性认知与延伸产品感知质量在影响品牌延伸评价中存在交互作用,即突出的"仁和"个性认知加强了延伸产品感知质量对母品牌信念反馈评价的影响作用;突出的"时新"个性加强了延伸产品感知质量对品牌延伸典型性评价的影响作用(第三节)。这些发现对中国本土品牌形象塑造及老品牌形象重塑具有重要的管理启示。老品牌亟需提升消费者对其"时新"个性的评价以满足年轻消费者的需求,开展有效的品牌延伸策略。

第一节　"仁和"与"时新":老品牌个性评价的关键特征

　　品牌个性维度及评价是品牌科学理论研究的核心基础领域,在国际上受到东西方学者的广泛关注(例如:Aaker,1997;Bosnjak,Bochmann and Hufschmidt,2007;黄胜兵和卢泰宏,2003;Sung and Tinkham,2005)。与人格的"大五"模型类似,以美国为背景的开创性研究为代表,品牌个性亦被证实具有五大基本维度评价(例如:Aaker,1997;Aaker,Benet-Martinez and Garolera,2001;黄胜兵和卢泰宏,2003)。同时有关研究也表明,在不同国家文化背景中,品牌个性维度存在重要的跨文化异同,即部分维度是普遍存在的,部分维度则因个别国家文化而存在(Aaker,Benet-Martinez and Garolera,2001;黄胜兵和卢泰宏,2003;Sung and Tinkham,2005)。这意味着,不同的品牌个性承载着独特的文化象征,存在具体的、独特的性质,可能具有不同的重要性,同时蕴涵了与品牌态度相关的解释力。在基本维度评价的基础上研究具体的品牌个性,使得这个领域的研究不断走向深入。例如,"真诚"与"刺激"这两个重要维度常被对应在一起,研究它们对于品牌态度和关系的不同影响机制(Aaker,Fournier and Brasel,2004;Fennis,Pruyn and Maasland,2005)。

在中国市场中,立足于具体品牌个性的相关研究还十分有限。品牌个性是商业品牌的象征意义所在,承载着文化价值观和信念(McCracken,1986)。中国的国产品牌尤其是历史悠久的老字号品牌,蕴涵着中国社会独特的文化价值,而改革开放以来不断进入中国市场的国外品牌带来了西方文化价值,对中国社会文化变迁和消费观念更新影响甚大。按此推论,国产品牌和国外(外资)品牌在某些个性维度上存在重要差异;同时,不同消费世代由于观念和信念差异,可能对同样的品牌做出不同的个性评价,尤其对于中国本土的老品牌而言。这是因为品牌的出生不可避免地蕴涵了时代的烙印,成为品牌意义(联想)的组成要素。而中国发生的社会变革和转型促发了消费价值的分化和多元化,造成对历史悠久的老品牌态度评价出现差异。那么,这些差异究竟体现在哪些品牌个性维度上?是否印证了东西方的重要文化差异?揭示和分析反映中外品牌差异和消费世代差异的品牌个性,在理论上对今后在中国市场中深入研究关键品牌个性的作用机理是一项前提性的基础工作,在实践上对中国国产品牌定位战略和老字号品牌形象重塑和复兴提供重要的基本参考。这正是本节的研究动机和目标。

一、理论背景

(一)品牌个性维度结构的跨文化异同

品牌个性定义为"与品牌相连的一系列人格化特征"(Aaker，1997)。从功能上来说，与产品相连的属性倾向于向消费者提供实用性功能，而品牌个性则倾向于向消费者提供象征性或自我表达功能(Keller，1993)。这个概念把品牌的本身意义赋予给了消费者(Levy，1959)，开发了品牌的情感性价值(Landon，1974)，被认为最能代表品牌之间的持续性差异点(Plummer，1985)。它为发展品牌识别和营销传播计划提供了有力的工具(Aaker，1996)。

Aaker(1997)开创性地借鉴西方人格理论的"大五"模型，建立并验证了一个基于美国文化背景的品牌个性维度量表，五大维度分别是："真诚"(sincerity)、"刺激"(excitement)、"称职"(competence)、"高级"(sophistication)和"粗犷"(ruggedness)。从跨文化的角度看，这个量表并不具备完全的普适性。量表中的一些典型形容词，如"酷"(cool)、"西部"(western)、"小城镇"(small town)、"原创"(original)以及"美国文化内"(within the American culture)等都暗含了美国文化特征(Davies et al.，2003)。这意味着，不同的文化背景会呈现出一些特定的品牌个性维度。时隔数年，Aaker与日本、西班牙的学者合作研究证实了品牌个性维度的跨文化差异，相对于美国品牌个性的独特性维度"粗犷"，日本是"平和"(peacefulness)，西班牙则是"热情"(passion)(Aaker，Benet-Martinez and Garolera，2001)。此外，以德国为背景，Bosnjak、Bochmann和Hufschmidt(2007)的研究得到了新的品牌个性四维度："认真"(conscientiousness)、"情感"(emotion)、"肤浅"(superficiality)和"动力"(drive)。"动力"又细分为两个构面"刺激"(excitement)和"厌烦"(boredom)。与以往研究不同的是，该研究引入了负面品牌个性。

在东方文化背景中，Sung和Tinkham(2005)的研究证实，与美国消费者相比，韩国的消费者在感知品牌时更可能把重点放在儒家主义和儒家资本主义价值观上,因而出现两个特别的品牌个性因子"被动喜爱"(passive likeableness)和"支配地位"(ascendancy)。前者主要包括有趣、小城镇、安逸、平静、家庭取向、温暖、嬉笑和感伤。在中国,黄胜兵和卢泰宏(2003)以儒家文化渊源发展出包含"仁""智""勇""乐""雅"五个维度的中国品牌个性量表。他们发现,与美国和日本的品牌个性维度进行相关分析,"仁"(sincerity)、"智"(competence)、"雅"(sophistication)这三个维度具有较强的跨文化一致性。

　　在美国背景的五大品牌个性维度中,"真诚"和"刺激"具有突出性而受到格外关注(Aaker, Fournier and Brasel, 2004)。这两大维度解释了品牌个性变异的大部分(Aaker, 1997),同时也具备跨文化和跨品类的强韧性(Aaker, Benet-Martinez and Garolera, 2001)。通常,世界性的经典品牌如贺曼(Hallmark)、福特和可口可乐等具有突出的"真诚"个性,而像雅虎、维珍和MTV等试图通过独特甚至唐突的广告、反常的品牌标识和时新的语言进行差异化的品牌,具有明显的"刺激"个性。这类个性的品牌着力创建活力和年轻化的品质(Aaker, Fournier and Brasel, 2004)。实际上,这两类个性往往是老牌和新牌的个性差异所在,因而蕴涵了对比的合理性。在中国文化背景中,与"真诚"对应的"仁"也具有最大的方差解释度(16.2%),但与"刺激"对应的"乐"却并不突出,方差解释度为7.2%(黄胜兵和卢泰宏,2003)。

　　进一步探究"仁"的二级构面,包括"诚/家"(含温馨的、诚实的、家庭的)、"和"(含和谐的、平和的)、"仁义"(含正直的、仁慈的)、"朴"(含传统的、怀旧的)、"俭"(含平易近人的、友善的)等方面,这些特质都源自儒家传统价值观,与韩国品牌个性维度中的"被动喜爱"极为相似(Sung and Tinkham, 2005)。在本节中,笔者把它统称为"仁和"。根据黄胜兵和卢泰宏(2003)的研究,中国的"仁"与"乐"正相关($r = 0.33$, $p < 0.05$),这是由于中国的"乐"除了含"独乐"(含乐观的、自信的、时尚的)外,还包括"群乐"(含吉祥的、欢乐的、健康的)。但中国的"仁"与美国的"刺激"呈负相关($r = -0.23$, $p < 0.05$)。"刺激"的二级构面,包括"大胆"(含时髦的、刺激的等)、"有朝气"(含酷的、年轻的等)、"富于想象"(含独特的等)、

"最新"(含现代的、创新的等)等多个方面,它们源自西方价值观。这就不难理解为什么"仁"与"刺激"呈现负相关的情况。这个"刺激"维度类似于Sung和Tinkham(2005)在韩国和美国样本的对比研究中共同得到的"时新"(trendiness)因子。

从上可看出,在品牌个性基本维度评价中,"真诚"和"刺激"具有重要地位。结合中国和韩国的品牌个性研究成果(黄胜兵和卢泰宏,2003;Sung and Tinkham,2005)进一步表明,与这两个维度内涵类似的"仁和"和"时新"具有对应研究的必要性。那么,在中国市场中,"仁和"和"时新"是否成为评价品牌个性的核心因素,成为反映中外品牌差异和消费世代评价差异的关键维度? 这正是本节研究希望得到的答案。

(二)品牌个性维度评价:中外品牌差异与消费世代差异

改革开放30年来,中国市场已形成中外品牌竞争的基本格局。以国外品牌为参照,进行中外品牌资产对比研究,是揭示国产品牌竞争力薄弱以及可能存在问题的重要途径。已有研究表明,在品牌联想上,同类别的中外品牌差异很大(范秀成,2000;范秀成和陈洁,2002),国产品牌的原产地评价总体上为负面(王海忠和赵平,2004);在感知质量上,跨国公司品牌优于国内名牌(李小华、何存道和董军,1999;宋永高和水常青,2004);跨国公司品牌占领高端消费市场,而本土品牌面向大众化低端市场(Doctoroff,2004)。在品牌关系质量上,国产品牌的社会价值表达度显著低于国外品牌(何佳讯,2006b)。总体上,从基于顾客的品牌资产角度评价,国产品牌的劣势相当明显已成共识。那么,从基于顾客的品牌资产角度,中外品牌是否还存在品牌个性方面的关键差异? 选择品牌个性(即消费者"品牌知识"性质)差异的比较视角,可以弥补以往研究中大多仅比较品牌(资产)强度的不足。

以往的研究表明,品牌个性维度可能以不同的方式发生作用,或者以不同的原因影响消费者偏好(Aaker,1997)。就"真诚"与"刺激"两个重要维度而言,Fennis、Pruyn和Maasland(2005)研究发现,具有高"真诚"个性的品牌更能使消费者产生"宜人性"(agreeableness)的评价,并且这种作用不受品牌暴露强度(exposure intensity)的影响;而当"刺激"个性被人们高度感知时,会对自我概念层面的享乐主义(hedonism)产生影响,受品牌暴露强度的调节。Aaker、Fournier 和 Brasel(2004)研究结果表明,在不出现过失的一般情况下,"真诚"个性比"刺激"个性更容易形成长期品牌关系;但如果发生了品牌过失的情况(实验为网络照片丢失事件),基于"真诚"个性的品牌关系会受到更大的影响,而"刺激"个性却使品牌关系具有惊人的恢复迹象。按此推论,揭示中外品牌在品牌个性维度上的关键差异可以为进一步探究国产品牌竞争力薄弱的根源性问题提供参考依据。

另一方面,中国经济快速发展和社会转型导致中国不同消费世代存在基本差异。这方面的研究是揭示中国消费趋势和消费价值观变迁的基本途径。很多学者对不同世代的态度和行为差异进行了多方位研究。有关研究涉及广告认知、购买行为和消费偏好(Wei,1997),消费者民族中心主义倾向(王海忠,2002,pp.150—168),媒体消费方式(Dou,Wang and Zhou,2006;McEwen,2005)等。Gallup 公司的调研表明,中国更年轻的 Y 世代(18—24 岁)在媒体消费和购买上不同于本国的 X 世代(25—29 岁)(McEwen,2005),在价值观上不同于西方的 Y 世代(McEwen et al.,2006)。在很多用于比较差异的方面,品牌态度研究正受到重视。Yang、Zhou 和 Chen(2005)的实证研究表明,在品牌选择行为上,中国老年消费者与 X 世代存在重要差异的同时,也存在很多相似的地方。Gallup 公司的调研发现(McEwen,2005),尽管 Y 世代有品牌的偏好,但并不忠诚于某一个品牌。笔者的研究表明(何佳讯,2006e,pp.219—233),对中国城市消费者而言,年龄是区分品牌态度的显著性特征变量。

本节认为,不同消费世代因生活的时代背景不同造成的价值观和信念差异,对理想品牌个性寄予不同期望,他们对同样的品牌在个性感知上存在差异。就中国老字号而言,上一辈的积极品牌关系几乎无法传承给下一辈(参见第六章第一节),两代人的品牌态度差异明显存在。那么,对理想品牌个性的需求,不同消费世代是否存在某些维度上的显著差异?对实际品牌个性维度评价,不同消费世代是否也存在显著差异?揭示并分析这种差异,将能够对拥有跨越数个世代的广泛消费群体的老字号品牌如何平衡新老目标市场的需求,进行品牌形象重塑提供决策参考。

基于上述考虑,本节以一个低涉入品牌(糖果)为例开展实证研究,立足于中外品牌和消费世代对比角度,试图发现品牌个性维度评价的关键差异,进而探讨蕴涵的管理启示。

二、研究方法

(一)测试样本

本研究以低涉入消费品糖果为测试品类,选择确定这个品类中市场份额名列前茅的国产品牌大白兔、金丝猴、喔喔和徐福记,以及外资品牌阿尔卑斯、悠哈和怡口莲七个中外品牌为测试品牌,采用入户的方式对上海、武汉、成都三城市的消费者进行问卷调查,时间开展于 2007 年 5—6月。共收集得到有效问卷 1 003 份,其中上海 300 份(29.9%)、成都 314份(31.3%)、武汉 389 份(38.8%)。根据糖果消费群体特征,入户访问控制男女比例 3∶7,最终男性比例为 35.3%,女性比例为 64.7%。为了很好地进行消费世代差异分析,我们对年龄段进行配额控制,最终结果为18—24 岁为 321 位(32.0%),25—29 岁为 252 位(25.1%),30—39 岁为220 位(21.9%),40—49 岁为 210 位(20.9%),四个年龄段样本分布比较均衡。在职业分布上,除 21.1% 为学生、4.7% 为全职家庭主妇外,其余均为各类行业和岗位性质的在职人员(74.2%)。在婚姻状况上,总样本的48.4% 为未婚/单身,51.6% 为已婚。

(二)研究工具与测量

品牌个性测量采用黄胜兵和卢泰宏(2003)开发的本土化量表,结合中国糖果品牌的特点,选择 26 个形容词覆盖"仁""智""勇""乐""雅"五大品牌个性维度,同时测试消费者对糖果的理想品牌个性需求,以及对中外七大品牌的实际个性评价。为了减少被访者的负荷,问卷使用复选题的方式,让被试针对每个形容词对应选择 0—3 个合适的品牌,以测试实际品牌个性;此外,让被试选择 1 个或多个合适的形容词,以测试理想品牌个性需求,最终都转化为 0—1 二分尺度变量。首先对理想品牌个性进行因子分析,得到品牌个性基本维度,然后根据这个维度结构进行中外品牌差异和消费世代差异的比较分析。

在开始进行因子分析前,先按被选比率对测项进行筛选,删除被选低于10%的形容词,并结合项目分析,最终删除6项,最后得到量表的Cronbach α 系数为0.725。对问卷进行巴特莱特球型检验,结果 χ^2 值为2 299.251($df=190$),显著性水平 sig = 0.000,KMO 值为0.812。量表适合做因子分析,采用主成分分析法,对初始矩阵进行方差极大正交旋转,并根据特征值大于1的原则选取因子。探索性因子分析最终得到五个因子,累计方差贡献率为44.58%(见表4-1)。

表4-1 理想品牌个性因子分析结果

测 项	因 子				
	仁和	时新	高雅	诚信	智慧
温馨的	**0.629**	−0.110	0.080	0.214	−0.112
和谐的	**0.619**	0.098	0.093	0.113	0.005
友善的	**0.599**	−0.027	−0.055	−0.005	0.096
亲切的	**0.590**	−0.142	0.029	0.106	0.073
真诚的	**0.578**	0.118	0.069	0.134	0.149
吉祥的	**0.556**	0.084	0.052	−0.142	0.057
平和的	**0.546**	0.146	−0.022	−0.210	0.284
欢乐的	**0.453**	0.354	−0.293	0.202	−0.042
新颖的	0.051	**0.643**	0.096	−0.024	0.060
创新的	−0.018	**0.619**	0.045	0.337	0.021
现代的	0.051	**0.558**	0.260	−0.193	0.084
时尚的	−0.042	**0.501**	0.454	−0.100	−0.010
有品位的	−0.064	0.122	**0.667**	0.266	0.108
体面的	0.111	0.123	**0.557**	−0.122	0.288
有魅力的	0.294	0.201	**0.500**	0.185	−0.200
健康的	0.105	0.039	0.048	**0.689**	−0.056
可信赖的	0.102	−0.085	0.057	**0.563**	0.368
权威的	0.130	−0.070	0.253	−0.092	**0.671**
专业的	0.079	0.095	0.096	0.352	**0.519**
进取的	0.125	0.353	−0.192	0.087	**0.512**
特征值	2.80	1.79	1.52	1.41	1.40
方差贡献率(%)	14.01	8.93	7.60	7.03	7.01
累计方差贡献率(%)	14.01	22.94	30.54	37.57	44.58
测项数	8	4	3	2	3
平均值	0.28	0.24	0.28	0.71	0.24
标准差	0.25	0.27	0.30	0.35	0.28

注:抽取方法:主成分方法;转轴法:Kaiser 正规化最大变异法;转轴收敛于10次迭代。因素负荷量大于0.4者标以黑粗体。

（三）品牌个性维度

根据原量表对五大因子的命名,结合本结果中形容词的实际归属情况,把五个因子分别命名为:仁和、时新、智慧、诚信、高雅。每个因子中所包含的形容词均在两个以上,五个维度中最重要的两个因子是"仁和"和"时新",累计方差贡献率为22.94%,共包含12个形容词。

与原量表(黄胜兵和卢泰宏,2003)构成的五大个性维度对比,在糖果品类测试中得到的五大品牌个性维度存在异同。新量表的"仁和"包含了原量表"仁"和"乐"的形容词,这是可以理解的,因为"仁"和"群乐"(吉祥的、欢乐的)在内涵上高度相关。这个新维度与美国量表(Aaker,1997)的"真诚"维度更一致,因后者含有两级构面"欢乐"(cheerful)。新量表"时新"维度的形容词分别来自原量表的"智"(创新的)、"勇"(新颖的)、"乐"(时尚的),以及本研究新增的一个形容词"现代的"。从其实际构成看,这个新维度与美国量表(Aaker,1997)的"刺激"维度十分相似。此外,新量表"高雅"与原量表"雅"一致,"诚信"为新出现的维度,"智慧"源自原量表的"智"。原量表的"勇"维度消失了,这概与糖果品类个性的特殊性有关。

从上可看出,品牌个性评价维度的确存在跨文化异同。与原本土化量表维度研究结果(黄胜兵和卢泰宏,2003)不同的是,本研究新得到的两个维度"仁和"和"时新"与美国量表的"真诚"和"刺激"维度更为接近和一致,同样表现出最大的解释变异的能力。但根据中国的文化和实际结果,在本节中对这两个维度命名为"仁和"和"时新"更为妥切并易于理解。

三、 数据分析与结果

下面从中外品牌差异和消费世代差异两大方面,对品牌个性评价进行分析对比。根据上面得到的理想品牌个性五大维度,把各维度的形容词(测项)进行加总平均(介于0—1之间),成为各维度评价的原始分值。由于本研究采用0—1二分尺度计量,为非连续性变量,因此采用非参数统计分析方法,具体使用Wilcoxon符号秩检验和Kruskal-Wallis检验方法,进行显著性差异检验。

(一)中国老品牌、新兴品牌与外资品牌的个性差异

表 4-2 给出了老品牌与外资品牌在品牌个性差异上的 Wilcoxon 符号秩检验。以大白兔为代表的中国老品牌与外资品牌相比,在五大品牌个性上均存在显著差异($Z < 0.05$)。根据非参数检验的计算顺序,中国老品牌与外资品牌相比,在"仁和""诚信""智慧"三个因子上,其正阶平均秩次基本高于负阶平均秩次;但在"时新""高雅"上,其正阶平均秩次均低于负阶平均秩次。也就是说,以"仁和"和"时新"两大关键维度为例,中国老品牌在"仁和"评价上显著高于外资品牌,但在"时新"评价上又显著落后于外资品牌。

表 4-2　老品牌与外资品牌的个性差异的 Wilcoxon 符号秩检验

个性维度	品牌比较		原始差值	正/负秩阶	平均秩	Z 值
	比较品牌	被比较品牌				
仁　和	大白兔	阿尔卑斯	0.413	负秩阶	207.770	−24.464 **
				正秩阶	483.642	
		悠　哈	0.503	负秩阶	138.119	−26.207 **
				正秩阶	495.659	
		怡口莲	0.435	负秩阶	153.698	−25.376 **
				正秩阶	490.708	
时　新	大白兔	阿尔卑斯	−0.432	负秩阶	416.127	−22.558 **
				正秩阶	236.525	
		悠　哈	−0.229	负秩阶	282.737	−15.711 **
				正秩阶	150.780	
		怡口莲	−0.248	负秩阶	342.430	−17.895 **
				正秩阶	280.112	
高　雅	大白兔	阿尔卑斯	−0.260	负秩阶	383.574	−14.910 **
				正秩阶	277.968	
		悠　哈	−0.001	负秩阶	285.968	−0.162
				正秩阶	236.351	
		怡口莲	−0.305	负秩阶	397.221	−16.163 **
				正秩阶	291.883	

（续表）

个性维度	品牌比较		原始差值	正/负秩阶	平均秩	Z 值
	比较品牌	被比较品牌				
诚信	大白兔	阿尔卑斯	0.672	负秩阶	358.145	−3.496**
				正秩阶	373.899	
		悠　哈	0.672	负秩阶	260.942	−19.334**
				正秩阶	366.887	
		怡口莲	0.620	负秩阶	277.223	−15.481**
				正秩阶	377.121	
智慧	大白兔	阿尔卑斯	0.054	负秩阶	211.974	−25.315**
				正秩阶	436.515	
		悠　哈	0.310	负秩阶	211.974	−25.315**
				正秩阶	436.515	
		怡口莲	0.236	负秩阶	217.721	−24.613**
				正秩阶	430.414	

注：** 表示显著性水平为 0.05。

　　接下来,再分别对三个国产新兴品牌与三个外资品牌的个性进行两两对比,表 4-3 的结果显示,中外品牌在五大品牌个性上几乎都存在显著差异($Z < 0.05$)。结合上述的结果分析,与老品牌大白兔与外资品牌个性差异存在相似的方面是,国产新兴品牌在“仁和”评价上显著高于外资品牌,但在“时新”评价上显著低于外资品牌。此外,国产新兴品牌的“高雅”个性评价显著低于外资品牌,这也与老品牌的情况一致;但“诚信”与“智慧”因具体品牌情况不同,并未显现与老品牌一样的差异化特征。因此可认为,“仁和”和“时新”这两大品牌个性是揭示中外品牌形象差异的核心特质所在。

（二）理想品牌个性需求的世代差异

　　将四个年龄段在五大个性维度上对平均秩次进行 Kruskal-Wallis 检验分析,结果见表 4-4。这表明不同消费世代对理想品牌个性中的“时新”需求不甚相同,其平均秩次按照年龄由小到大反向排列,卡方检验显著。也就是说,18—24 岁的消费者最看重“时新”个性,而 40—49 岁的消费者则最不看重。对其余四个维度,不同世代的消费者有着一致的需求,

表 4-3　国产新兴品牌与外资品牌的个性差异的 Wilcoxon 符号秩检验

维度	被比较品牌	正/负秩阶	金丝猴 平均秩	金丝猴 Z值	金丝猴 原始差值	喔喔 品牌 平均秩	喔喔 品牌 Z值	喔喔 品牌 原始差值	徐福记 平均秩	徐福记 Z值	徐福记 原始差值
仁和	阿尔卑斯	负秩阶	352.63	-2.64**	-0.02	353.83	-2.90**	0.02	386.5	-5.27**	0.04
		正秩阶	340.17			361.32			389.81		
	悠哈	负秩阶	282.99	-8.82**	0.07	266.9	-13.54**	0.11	338.54	-15.80**	0.13
		正秩阶	308.49			350.57			381.58		
	恰口连	负秩阶	334.48	-0.24	0.00	320.35	-5.12**	0.05	352.43	-7.78**	0.07
		正秩阶	356.45			377.61			381.22		
时新	阿尔卑斯	负秩阶	419.92	-22.94**	-0.44	418.92	-23.19**	-0.45	405.04	-20.53**	-0.37
		正秩阶	218.53			206.42			269.21		
	悠哈	负秩阶	305.28	-15.99**	-0.24	282.11	-16.56**	-0.24	361.59	-10.85**	-0.17
		正秩阶	147.53			140.47			219.44		
	恰口连	负秩阶	351.25	-18.55**	-0.26	340.83	-19.16**	-0.26	347.84	-13.89**	-0.19
		正秩阶	236.27			241.99			294.88		
高雅	阿尔卑斯	负秩阶	360.93	-21.28**	-0.39	347.65	-21.85**	-0.41	367.92	-16.31**	-0.29
		正秩阶	173.36			169.48			283.13		
	悠哈	负秩阶	194.69	-10.78**	-0.13	175.49	-12.91**	-0.15	278.79	-2.16**	-0.03
		正秩阶	130.3			101.81			226.9		
	恰口连	负秩阶	375.77	-21.47**	-0.44	365.82	-22.47**	-0.45	384.59	-17.72**	-0.33
		正秩阶	213.32			133.63			279.75		

（续表）

维度	被比较品牌	正/负秩阶	金丝猴 平均秩	金丝猴 Z值	金丝猴 原始差值	比较品牌 喔喔 平均秩	比较品牌 喔喔 Z值	比较品牌 喔喔 原始差值	徐福记 平均秩	徐福记 Z值	徐福记 原始差值
诚信	阿尔卑斯	负秩阶	145.95	-0.86	0.01	125.07	-1.03	-0.01	200.62	-7.38**	0.10
		正秩阶	138.64			117.62			202.59		
	悠哈	负秩阶	145.95	-0.86	0.01	125.07	-1.03	-0.01	200.62	-7.38**	0.10
		正秩阶	138.64			117.62			202.59		
	恰口莲	负秩阶	169.86	-3.31**	-0.04	155.6	-5.45**	-0.06	209.14	-3.76**	0.05
		正秩阶	181.82			158.32			218.25		
智慧	阿尔卑斯	负秩阶	333.63	-17.47**	-0.26	324.05	-20.64**	-0.32	350.76	-9.89**	-0.15
		正秩阶	240.98			203.51			318.95		
	悠哈	负秩阶	186.95	-0.43**	-0.01	141.89	-7.68**	-0.06	252.28	-8.82**	0.11
		正秩阶	181.01			119.2			269.02		
	恰口莲	负秩阶	244.3	-7.47**	-0.08	209.79	-13.42**	-0.13	275.72	-2.62**	0.03
		正秩阶	220.84			176.08			283.44		

注：** 表示显著性水平为 0.05。

并不存在显著差异。这个结果说明，与其他品牌个性相比，"时新"具有活跃性，易受世代差异影响。对于年轻世代，品牌是否具有突出的"时新"个性显得更为重要。这也意味着，中国老品牌针对年轻世代的营销面临更大的挑战性。

表 4-4　不同消费世代对理想品牌个性需求的 Kruskal-Wallis 检验

	18—24 岁		25—29 岁		30—39 岁		40—49 岁		χ^2
	原始值	平均秩	原始值	平均秩	原始值	平均秩	原始值	平均秩	
仁和	0.306	529.628	0.254	474.147	0.272	485.609	0.284	510.364	6.328
时新	0.284	546.857	0.278	537.524	0.214	482.059	0.156	411.695	37.226**
高雅	0.306	523.128	0.279	499.242	0.279	502.493	0.257	472.498	4.473
诚信	0.737	521.963	0.671	474.577	0.714	500.020	0.712	506.467	4.794
智慧	0.251	517.427	0.230	502.615	0.233	493.770	0.227	486.302	2.033

注：** 表示显著性水平为 0.05。

（三）中国老品牌个性评价的消费世代差异

从表 4-5 所显示的结果可知，不同世代的消费者对老品牌"大白兔"品牌个性的评价，除"时新"之外的其他个性评价均具有显著差异（$p < 0.05$）。从平均秩次看出，消费者年龄越大对老品牌的评价越趋向于正面。结合表 4-5，不同年龄段的消费者对理想品牌个性中"时新"的需求具有显著差异（$\chi_{理想个性—时新} = 37.226$，$p < 0.05$），但与此对应的对大白兔"时新"个性的评价却没有世代差异情况产生（$\chi_{大白兔—时新} = 2.962$，$p > 0.1$），说明消费者对老品牌缺乏时新的评价是一致的。结合前面的结果表明，对于年轻世代，重塑老字号的时新个性显得更为迫切和重要。

表 4-5　不同消费世代对大白兔品牌个性评价的 Kruskal-Wallis 检验

	18—24 岁		25—29 岁		30—39 岁		40—49 岁		χ^2
	原始值	平均秩	原始值	平均秩	原始值	平均秩	原始值	平均秩	
仁和	0.589	518.854	0.547	474.274	0.544	469.089	0.615	543.988	10.831**
时新	0.058	496.882	0.054	498.107	0.057	495.239	0.086	521.579	2.962
高雅	0.164	484.171	0.144	464.429	0.192	517.961	0.233	557.617	19.123**
诚信	0.752	494.949	0.732	474.500	0.759	499.498	0.829	548.400	11.086**
智慧	0.405	501.441	0.378	481.308	0.367	470.341	0.476	560.852	13.660**

注：** 表示显著性水平为 0.05。

（四）外资品牌和国产新兴品牌个性评价的消费世代差异

与中国老品牌个性评价情况不同的是，对于外资品牌，不同世代的消费者在所有五大个性上的评价都没有显著差异存在。同样，对于国产新兴品牌，不同世代的消费者对其个性评价也几乎都不存在显著差异（见表4-6）。这个结果反映了从消费世代的角度看，本土老品牌具有与外资品牌和国产新兴品牌截然不同的个性评价机制。这从另一个侧面表明，对于中国老品牌而言，研究消费世代评价的差异是十分基本和重要的，同时也表明对中国老品牌进行形象更新的必要性和复杂性。

表4-6 不同消费世代对外资品牌和国产新兴品牌个性评价的 Kruskal-Wallis Test 检验

因子		18—24 岁		25—29 岁		30—39 岁		40—49 岁		χ^2
		原始值	平均秩	原始值	平均秩	原始值	平均秩	原始值	平均秩	
外资品牌										
阿尔卑斯	仁和	0.168	522.034	0.164	504.018	0.161	488.886	0.146	482.693	3.217
	时新	0.505	509.646	0.518	520.274	0.488	495.664	0.461	475.021	3.286
	高雅	0.447	507.475	0.459	516.948	0.432	496.795	0.413	481.145	2.09
	诚信	0.112	514.093	0.083	494.661	0.098	510.114	0.069	483.821	4.589
	智慧	0.352	502.528	0.368	514.815	0.333	487.036	0.349	501.490	1.191
悠哈	仁和	0.084	509.176	0.078	520.036	0.064	505.014	0.052	466.231	6.657
	时新	0.320	515.489	0.305	516.266	0.265	488.541	0.262	478.362	3.771
	高雅	0.219	518.718	0.175	502.825	0.174	493.543	0.137	484.314	3.173
	诚信	0.112	514.093	0.083	494.661	0.098	510.114	0.069	483.821	4.589
	智慧	0.106	503.880	0.102	517.056	0.085	497.936	0.079	485.317	2.856
怡口莲	仁和	0.126	488.107	0.137	491.137	0.155	527.098	0.143	509.979	3.259
	时新	0.329	522.835	0.289	474.032	0.311	509.336	0.306	496.029	4.589
	高雅	0.518	525.271	0.462	485.466	0.468	489.234	0.481	499.643	3.572
	诚信	0.118	482.463	0.139	493.361	0.164	517.355	0.174	526.145	6.747
	智慧	0.181	510.534	0.152	479.847	0.174	511.268	0.167	505.829	2.754
国产新兴品牌										
金丝猴	仁和	0.141	498.799	0.146	514.347	0.139	500.316	0.126	493.840	0.780
	时新	0.044	482.615	0.051	496.575	0.064	520.259	0.068	519.012	7.639
	高雅	0.033	484.360	0.065	524.573	0.039	493.214	0.063	511.081	10.405 **
	诚信	0.089	494.827	0.121	515.185	0.123	515.636	0.086	482.857	5.118
	智慧	0.085	499.171	0.098	512.966	0.097	508.386	0.078	486.474	2.212

	因子	18—24 岁		25—29 岁		30—39 岁		40—49 岁		χ^2
		原始值	平均秩	原始值	平均秩	原始值	平均秩	原始值	平均秩	
徐福记	仁和	0.199	497.107	0.191	487.438	0.220	519.686	0.213	508.424	1.743
	时新	0.128	495.548	0.121	503.319	0.120	502.048	0.132	510.229	0.504
	高雅	0.154	501.769	0.140	490.732	0.164	509.084	0.148	508.452	0.939
	诚信	0.195	501.726	0.175	488.635	0.227	524.400	0.195	494.990	3.011
	智慧	0.218	512.095	0.177	487.228	0.227	525.520	0.178	479.655	4.841
喔喔	仁和	0.202	518.620	0.198	522.119	0.170	484.220	0.160	471.079	5.938
	时新	0.044	488.355	0.059	513.363	0.044	500.980	0.054	510.290	3.500
	高雅	0.030	500.520	0.037	512.992	0.026	493.609	0.030	499.862	2.545
	诚信	0.104	519.107	0.089	505.107	0.064	491.241	0.062	483.393	6.490
	智慧	0.038	504.601	0.045	512.825	0.027	493.582	0.032	493.852	2.756

注：** 表示显著性水平为 0.05。

四、 结论与战略指引

本节以糖果行业为例，验证了品牌个性五维结构的合理性以及跨文化异同特征。研究发现，中国背景的品牌个性评价存在最关键的两个维度"仁和"和"时新"，这对应于美国背景的品牌个性量表（Aaker，1997）中的"真诚"与"刺激"。站在中外品牌和消费世代比较的角度，本节深入分析了中国消费者对品牌个性在具体维度评价上的差异。研究发现，与外资品牌相比，无论是国产老品牌还是新兴品牌，都具有显著更高的"仁和"评价和显著更低的"时新"评价。这与范秀成和陈洁（2002）以"蓝天"和"佳洁士"两个中外品牌为例进行个性对比的研究结果一致。在"高雅"维度上，中国的老品牌和新兴品牌都显著低于外资品牌。此外，在"诚信"和"智慧"维度上，中国老品牌显著高于外资品牌，但对于国产新兴品牌而言，并非显现一定高于或低于外资品牌的差异化特征。同时本节研究发现，不同世代的消费者对理想品牌个性在个别维度上存在需求差异。与年老世代相比，年轻世代对"时新"个性的需求显著更高，但在其他维度上并不存在需求差异。结合中外品牌和消费世代两个方面，对于中国老品牌的个性评价，不同消费世代在"仁和""高雅""诚信"和"智慧"这四大个性维度上均存在评价差异,但在"时新"维度上不存在差异。基本上,年长世代与年轻世代相比,对老品牌具有更积极的个性评价。而对于外资品牌和国产新兴品牌,不同消费世代在五大品牌个性的评价上几乎都不存在显著差异。上述结果显示了中国消费者对中国老品牌、国产新兴品牌与外资品牌截然不同的个性评价特征,从而从新的角度揭示了中外品牌形象差异的来源。

在学术上,本节的贡献在于提出了品牌个性评价的两个关键维度"仁和"和"时新",并对品牌个性维度的跨文化异同提供了新的证据。在中国文化背景中,与"真诚"对应的"仁和"同样具有最大的方差解释度(14.01%),与"刺激"对应的"时新"具有第二位的方差解释度(8.93%)。这个结果与黄胜兵和卢泰宏(2003)的结果有所不同。在后者的研究中,与"刺激"对应的维度是"乐",并认为是存在跨文化差异的维度。而本节得到的"时新"维度聚合了"智""勇""乐"维度中的相关测项,集中地表现出与"刺激"维度更接近的内涵。这个结果与 Sung 和 Tinkham(2005)的研究一致。后者的研究表明,"时新"(trendiness)是韩美两国样本中共同存在的第二大个性因子。也就是说,"时新"可能是并不存在跨文化差异的品牌个性维度。这意味着,中国背景中的品牌个性维度存在进一步研究的空间。

在管理上,本节的研究揭示了中外品牌个性的根本差异、不同消费世代对于"时新"个性需求的差异,以及对于中国老品牌个性评价的差异。这对老字号企业如何从细分市场的角度重塑形象,如何从竞争的角度重新定位提供了关键启示。老字号的生命延续,关键在于紧跟市场潮流,牢牢抓住新生代顾客的需求。依据本节的结果,即需要提升老品牌在"时新"个性上的评价。然而,"时新"与"老字号"存在负相关的联想。通常,"中华老字号"的背书为老品牌建立了强大的消费者信任基础,却大大削弱了它们紧跟时代脉搏的现代感。如果管理者对之有清楚的认识,在营销实践中也并非不能解决这对矛盾。Keller(2003a,p.145)为此提出了三种基本方法:分离属性、利用其他实体的杠杆力,以及重新定义关系。从竞争的角度看,"仁和"和"时新"分别是中国老品牌与外资品牌的差异点联想。中国老品牌形象重塑的关键,需要在保持"仁和"这个差异点联想的同时,创建"时新"个性联想,从而把"时新"转变为竞争共同点联想,这样才能抵消竞争对手(外资品牌)有关"时新"的差异点联想(Keller, 2003, pp.134—135)。中国老品牌重新定位的关键,与其说是要强化原本的差异点联想优势("仁和"),还不如说是创建必要的竞争共同点联想("时新")。这是中国老品牌振兴无法回避的基本出路问题。此外,本节表4-2的结果还显示,中国老品牌"大白兔"在"高雅"维度上也显著不及外资品牌"阿尔卑斯"和"怡口莲"。"高雅"对应于美国的"高级"(sophistication)维度,参考 Ramaseshan 和 Tsao(2007)的研究结果,在品牌个性五大维度中,"刺激"和"高级"最强烈地与感知质量联系在一起。由此可认为,中国老品牌要提高感知质量,还必须同时提高"时新"和"高雅"的品牌联想评价。

第二节　品牌个性认知对品牌延伸评价的影响

品牌个性是品牌资产的重要构成要素(Aaker, 1996; Aaker, 1997; Keller, 1993)。根据长期品牌管理理论,品牌活化的基本路径是拓展品牌意识,改善品牌形象(Keller, 1999)。产品创新和品牌延伸则是常用营销策略(Lehu, 2004),其结果不仅可以恢复品牌的知名度,而且可以促进其形象的改善,最终实现企业的战略性成长(Keller and Aaker, 1992)。诚然,品牌延伸可以改善品牌形象和个性,为母品牌提供反馈效应(Gürhan-Canli and Maheswaran, 1998; Keller and Aaker, 1992),但反过来,对品牌个性的认知前提又会对品牌延伸产生什么样的影响作用呢?这是本节的基本研究动机。

从品牌延伸的具体策略看,由于近延伸往往导致产品之间不可避免地存在一定替代性,很少能使产品大类的总需求得到扩展(Quelch and Kenny, 1994),因此要发挥品牌资产的杠杆效应,使用现有品牌名称进入新品类成为品牌延伸的重要选择。另一方面,长期以来,本土品牌通常实施的是低价薄利的经营战略,在面临消费不断升级的新市场形势下,如何通过开发中高端产品以提高品牌利润率,又成为中国广大企业共同关注的新课题。从长期发展战略看,中国本土品牌还必须思考如何通过品牌的远延伸和向上延伸,不断提升企业经营绩效,实现基业长青。那么,品牌在长期发展过程中积累的独特资产和品牌个性是否为其远延伸和向上延伸提供了积极有利的条件,抑或正好相反? 具体探究这两者之间的关系为品牌形象创新重塑以及品牌延伸决策提供了整合性视角。在营销学术研究领域,有关品牌个性或品牌延伸的研究积累了大量成果,但涉及品牌个性认知如何影响品牌延伸评价的研究还极其有限(例如:Lau and Phau,2007;陈卓浩和鲁直,2008)。因此,本节的研究试图为丰富品牌个性和品牌延伸关系的理论解释提供新的证据。

此外,从中国老品牌的特别状况看,与改革开放后创立的历史较短的品牌相比,本土老字号品牌往往具有鲜明的传统文化背景和深厚的文化底蕴,亦拥有大批忠诚度较高的老顾客(参见第六章第一节)。其独特的品牌资产为开展品牌延伸提供了扎实的基础。然而,中国老品牌由于产品线狭窄,大多从事单一产品或服务的经营,使得品牌联想紧密地与单一品类相结合(何佳讯,2008a)。本章第一节的研究表明,中国老品牌具有突出的"仁和"个性,但"时新"和"高雅"个性评价低下,而外资品牌个性的评价恰好与之相反。那么,老品牌的个性在其必然要面对的品牌延伸的过程中是否存在障碍? 不同品牌个性成分的认知强弱与品牌延伸评价的基本关系是什么? 这些问题的回答对品牌活化决策具有重要指引价值。为兼顾回答这个特殊问题,本节拟选用老字号为测试对象。

一、 理论背景与研究假设

(一)品牌延伸评价的形成机制

品牌延伸主要分为水平延伸和垂直延伸两大类(Smith,1992;Pitta and Katsanis,1995)。水平延伸是指将公司既有品牌运用到与原产品类别相似或无关的新产品上,包括产品线延伸(line extension)和特权延伸(franchise extension)。产品线延伸指将母品牌运用到与原产品同类但针对新细分市场开发的新产品上;特权延伸指将母品牌运用到与原产品类别完全不同的产品上(Tauber,1981)。前者与原产品相似度高,延伸距离较近,因而又被称为近延伸,后者则由于延伸距离较远,又被称为远延伸。当然,这里的"远"和"近"只是相对概念。对于远延伸,实际存在"非常远"的远延伸和"中等远"的远延伸等不同情形,本节研究的是后者。垂直延伸是指把既有品牌引入到与原产品同类的新产品,但价格或质量与原产品差别较大(Keller and Aaker,1992)。本节根据延伸产品档次的高低分为向上延伸和向下延伸。由于向上延伸和向下延伸是品牌在同一产品类别中的扩展,因此又可认为它们是近延伸的不同类型。

现有关于品牌延伸评价机制的解释大致可归为两种路径:品牌情感迁移(Boush et al.,1987)和品牌知识迁移(Aaker and Keller,1990)。无论哪种评价路径,都涉及消费者对母品牌的态度,以及延伸产品和母品牌进行"匹配"的过程(Czellar,2003)。母品牌态度是品牌延伸的前提和起点。消费者对母品牌的态度通过对品牌的整体评估而形成,涉及消费者如何将不同的品牌表现与形象联想结合起来以产生不同的看法,实质包括理性和感性两个部分(Keller and Lehamann,2003)。而母品牌态度转移到延伸产品上的过程并非是一个全部或全无(all-or-nothing)的过程(Boush and Loken,1991),感知匹配度决定了消费者对母品牌的态度能够在多大程度上转移到延伸产品上,这是形成最终品牌延伸评价态度的关键(Aaker and Keller,1990)。品牌延伸的感知匹配度有两种固有的研究视角:品类层次的匹配和品牌层次的匹配(Sheinin,1998)。

基于品类层面的匹配是根据类别化(categorization)理论对客观的表面特征进行归类的加工过程,即产品品类特征匹配的过程(Boush and Loken,1991;Aaker and Keller,1990;Cohen and Basu,1987;Fiske and Pavelchak,1986)。品类匹配的观点认为,与产品相关的具象属性在延伸产品与母品牌品类之间的相似度越高,则消费者对母品牌的整体态度越容易迁移到延伸产品上(Boush and Loken,1991;Aaker and Keller,1990)。Aaker和Keller(1990)从需求和供给两方面提出了品类匹配的三个维度:互补性、替代性和技术可转移性。Boush和Loken(1991)则提出品类匹配的典型性维度。但是这些维度显然未考虑人们对于客观信息的主观加工过程,忽略了品牌概念中的抽象部分,并且无法解释为什么很多不相关的延伸也能够获得巨大的成功。因而,一些学者提出了基于品牌层面的匹配观点。

基于品牌层面的匹配观点认为,除了产品类别匹配的维度,感知匹配度还应包括品牌特定联想(Broniarczyk and Alba,1994)、品牌概念(Park,Milberg and Lawson,1991)和品牌形象(Bhat and Reddy,2001)等抽象意义之上的匹配。这方面观点的建立主要来源于概念一致性理论和目标驱动理论(Loken and Ward,1990;Ratneshwar and Shocker,1991)。概念一致性理论认为,两个看似不相关的客体可以根据概念上的一致性联系被归类和匹配(Murphy and Medin,1985)。目标驱动理论认为,当消费者在两个客体上寻求到相似的利益时,匹配和归类判断也会形成(Loken and Ward,1990;Ratneshwar and Shocker,1991)。这就意味着延伸产品可以通过激发与品牌抽象意义相关的联系来提升品牌延伸评价。并且,品牌的非产品相关属性会对延伸产品相关属性产生一种晕轮作用(Park and Srinivasan,1994),因而在进行品牌延伸评价时,品牌的抽象特性可能比品类特征具有更大的影响力(Park,Milberg and Lawson,1991;Aaker and Keller,1990)。品牌个性实际上是品牌抽象属性的一个重要方面,但目前它与品牌延伸评价之间的关系还鲜有研究。

(二)品牌个性认知与品牌延伸评价的关系

品牌个性指"与品牌相连的一系列人格化特征"(Aaker,1997)。对消费者而言,品牌个性赋予品牌象征意义,使之成为消费者自我概念表达的工具(Keller,1993)。自我一致性动机和自我提升动机促使消费者偏爱那些品牌个性与其自我概念相吻合,或者能够提升自我概念的产品或品牌(Sirgy,1985)。与人格的形成不同,品牌个性并不是品牌本身所具有的,而是在与消费者直接或间接接触的基础上形成的(Plummer,1985)。品牌个性的来源可分为产品相关特性和非产品相关特性。前者包括产品类别、包装、价格、属性等,后者包括使用者形象、赞助、标识、年龄、广告风格、来源国、公司形象、企业家以及明星代言人等(Aaker,1996)。我们可以发现,这些来源涵盖了匹配度的品类层面和品牌层面的诸多因素,即包括了具象面和抽象面。因此,将品牌个性作为一个独立的匹配维度既与以往的研究存在关联，又是一种新的综合和角度。

在类别化理论中，Fiske 和 Pavelchak（1986）提出态度评价的两阶段模型。该模型认为，第一阶段是消费者将评价客体与类别匹配，类别特征与客体特征之间很明显的匹配或很明显的不匹配都将导致判断或评价过程结束。因此该阶段是个快速的过程。但如果客体特征与类别特征之间只是存在部分的匹配时，精细加工比较过程就被唤醒，消费者将从各属性层面仔细比较，评价就进入缓慢的第二阶段。Park、Milberg 和 Lawson（1991）的研究显示，当产品类别匹配度较低的时候，只要品牌概念较为一致，则象征性品牌较之功能性品牌更能延伸到不相似的品类中。这是因为，强势的、受欢迎的品牌个性能提供情感实现，并可以令人们更愿意继续使用某一品牌，更积极地尝试新的子品牌或延伸产品（Freling and Forbes，2005）。因此，我们可以推断：当母品牌和延伸产品之间相似度高时（近延伸），产品类别匹配对品牌延伸评价起主要作用，消费者对品牌延伸的评价并不会进入第二阶段，母品牌的个性如何不会发生作用；而当母品牌和延伸产品之间相似度较低时（远延伸），则品牌层面的更多属性判断比较和匹配机制被启动，品牌个性作为评价对象将发生作用。由此本节首先提出如下基本假设：

H1：对于水平延伸中的近延伸，品牌个性认知无论是强还是弱，对延伸评价的高低不会产生显著差异影响。

在美国背景中，Aaker（1997）的开创性研究表明，品牌个性具有"真诚""刺激""称职""高级"和"粗犷"五大基本维度。这是一般意义上对品牌个性维度的分类。后续的一系列研究表明，在不同国家中，品牌个性维度具有跨文化异同特征。在美国、日本、西班牙背景下，Aaker、Benet-Martinez 和 Garolera（2001）发现三个具有跨文化稳健性的品牌个性维度——"真诚""刺激"和"高级"。在中国背景下，黄胜兵和卢泰宏（2003）以儒家文化渊源发展出包含"仁""智""勇""乐""雅"五个维度的中国品牌个性量表，其中"仁""乐""雅"除表现出一些特殊的文化相关的词汇构成外，与美国背景中的"真诚""刺激"和"高级"有着较为一致的对应关系。

何佳讯和丛俊滋(2008)的研究发现,在中国市场中,与"真诚""刺激"和"高级"对应的维度分别是"仁和""时新"和"高雅",它们对解释中外品牌差异和消费世代差异具有重要作用。在本节中,笔者把这三个维度称为品牌个性的关键维度。它们对品牌延伸评价具有什么样的影响机制正是本节要进一步研究的问题。现有的研究已表明,"真诚"/"仁和""刺激"/"时新"和"高级"/"高雅"等品牌个性对消费行为具有各自独特的影响作用。

在美国背景中,"真诚"和"刺激"这两大维度解释了品牌个性变异的大部分(Aaker,1997)。这两类个性往往是老品牌和新品牌的个性差异所在。一般而言,经典品牌具有突出的"真诚"个性,而娱乐、互联网等新生品牌往往具有突出的"刺激"个性。在中国文化背景中,与"真诚"对应的"仁"具有最大的方差解释度(16.2%),但与"刺激"对应的"乐"却并不突出,方差解释度为 7.2%(黄胜兵和卢泰宏,2003)。Aaker、Fournier 和 Brasel(2004)以互联网环境的研究表明,在正常情况下,品牌的"真诚"个性比"刺激"个性更易于建立长久的消费者—品牌关系,但在发生服务失败的情况下,"刺激"比"真诚"更易于恢复消费者—品牌关系。本章第一节的研究表明,与外资品牌相比,中国国产品牌具有突出的"仁和"个性评价,但"时新""高雅"个性评价低下;与年长世代相比,年轻世代对理想品牌个性的"时新"需求显著更高。Ramaseshan 和 Tsao(2007)的研究发现,"刺激"和"高级"与品牌感知质量正向相关。上述研究给我们的启示在于,将品牌个性的具体维度作为品牌延伸评价的母品牌属性,可能会挖掘出更深层次的品牌延伸作用机制。

(三)品牌个性关键维度认知强弱对品牌延伸评价的影响关系

下面,笔者探究"仁和""时新"和"高雅"等关键品牌个性维度对两类品牌延伸评价的不同影响关系,即在水平延伸中区分远延伸与近延伸两种情形,而在垂直延伸中区分向上延伸与向下延伸两种情形。

1."仁和"个性认知与品牌延伸评价的关系

与"真诚"相对应的"仁和"是最具能体现中国文化渊源的品牌个性维

度,在测试中包括的形容词有"真诚的""亲切的""平和的""友善的""温馨的""和谐的"等(黄胜兵和卢泰宏,2003;何佳讯和丛俊滋,2008)。同样基于儒家文化背景,Sung 和 Tinkham(2005)发现,注重传统、和谐以及家庭主义的儒家文化深刻影响了韩国消费者对于品牌个性的建构,因而出现与中国的"仁"和十分相似的维度,他们将之命名为"被动喜爱"(passive likeableness)。

由于"仁和"个性所蕴涵的意义与中国传统文化一致,因此,我们很容易理解为什么本土老品牌拥有突出的"仁和"个性(何佳讯和丛俊滋,2008)。与其说这种个性为某个老品牌所拥有,还不是说是老品牌群体所共同具有的特征。消费者与品牌的关系越长,就越可能形成对品牌的信任感,获得对品牌的真诚、亲切的感受。因而,与年轻品牌相比,老品牌往往更可能具有"仁和"个性。那么,对于品牌的远延伸而言,这种个性的认知强弱是否会产生不同的延伸评价结果呢?

上面我们已经提到 Fiske 和 Pavelchak(1986)的两阶段模型。根据该模型,当进入远延伸时,消费者对品牌延伸的评价将会进入精细加工阶段,品牌层面的更多属性判断比较和匹配机制被启动,品牌个性作为评价对象将发生作用。基于类别化的原理,我们可知,远延伸的新品类所激发的联想与品牌的"仁和"个性是不一致的;或者,按照 Broniarczyk 和 Alba(1994)的研究发现,母品牌的特定联想在延伸产品领域被需要的程度会影响消费者对延伸的评价,这种影响要远远大于品牌好感度和类别相似性对延伸的影响。而"仁和"作为母品牌的特定品牌联想对品牌的远延伸而言,并非是其所必需的特质或利益点。因此,"仁和"个性认知的高低将不影响远延伸评价的态度。由此,本节提出如下假设:

H2:对于水平延伸中的远延伸,"仁和"个性认知无论是强还是弱,对延伸评价的高低不会产生显著差异影响。

对于品牌的向下延伸或向上延伸而言,由于延伸产品的质量和档次与原产品较不相似,也会激发品牌属性层面的比较和判断。对于向下延伸,品牌的"仁和"个性评价能够为其提供可信赖的、可靠的保证;而对于

向上延伸,"仁和"的个性与延伸产品的高档次或高质量联想需求并不一致。因此,本节提出如下假设:

H3a:对于垂直延伸中的向上延伸,"仁和"个性认知无论是强还是弱,对延伸评价的高低不会产生显著影响。

H3b:对于垂直延伸中的向下延伸,"仁和"个性认知的强弱,对延伸评价的高低产生显著影响。"仁和"个性认知越强,越产生积极的延伸评价。

2."时新"和"高雅"个性认知与品牌延伸评价的关系

在品牌个性量表中,中国的"仁"与美国的"刺激"呈负相关关系(黄胜兵和卢泰宏,2003)。有关研究也表明,越是与老字号文化一致、强调集体主义观念的延伸产品,越容易导致对品牌"时新"个性维度评价的降低(周懿瑾和卢泰宏,2007)。按此推论,对于与母品牌产品不一致的远延伸,越可能增强对母品牌"时新"个性的评价。另有研究表明,在"时新"和"高雅"个性的感知上,中国本土老品牌显著低于外资品牌(何佳讯和丛俊滋,2008)。根据目标驱动理论(Loken and Ward,1990;Ratneshwar and Shocker,1991),"时新"和"高雅"个性与品牌的远延伸需要之间存在更多的目标驱动的一致性,进而形成更大的匹配性可能。根据类别化态度评价两阶段模型(Fiske and Pavelchak,1986),只有类别特征与客体特征之间既不是很明显的匹配,又不是很明显的不匹配,才会让消费者进入对各属性进行精细加工比较的阶段,否则,这个评价过程不会被唤醒。由于本节研究设定的是"中等远"的远延伸,因此,品牌个性与延伸品类需要之间的评价机制将被激发。故本节提出如下假设:

H4a:对于水平延伸中的远延伸,"时新"个性认知的强弱,对延伸评价的高低产生显著影响。"时新"个性认知越强,越产生积极的延伸评价。

H4b:对于水平延伸中的远延伸,"高雅"个性认知的强弱,对延伸评价的高低产生显著影响。"时新"个性认知越强,越产生积极的延伸评价。

　　先前的研究表明,品牌个性对品牌感知质量存在不同的关系。Ramaseshan 和 Tsao(2007)的研究发现,"刺激"(对应为本节的"时新")和"高级"(对应为本节的"高雅")与品牌感知质量正向相关,而"真诚"对品牌感知质量没有显著的影响。Hayes 等人(2006)的研究则发现,"真诚"个性感知和"刺激"个性感知虽然都对感知伙伴质量产生积极影响,但如果人们认为某一品牌的吸引力较低,则"刺激"个性的感知可导致更高的伙伴质量评价。由此可推断,对于传统的老品牌而言,其"刺激"/"时新"个性的加强比"真诚"更有利于提高品牌感知质量。

　　对于"高雅"个性,其内涵包括"有品位的""体面的""有魅力的""气派的"等,与美国量表中的"高级"维度类似,这一维度既能表达消费者的个性,又能暗示个体的社会地位(Lau and Phau, 2007),这种能力来自于具有"高雅"个性的品牌所带来的档次和等级方面的联想。由此可见,"时新"或"高雅"个性的突出性都有利于品牌感知质量的增强。而品牌感知质量恰恰是形成品牌延伸评价的重要因素(Aaker and Keller, 1990),因而我们可以推断,"时新"或"高雅"个性的感知与母品牌向上延伸所需要的较高感知质量或较高档次定位之间可以形成更大的匹配性。而对于向下延伸则倾向于形成更小的匹配性。由此,本节提出下面假设:

　　H5a:对于垂直延伸中的向上延伸,"时新"个性认知的强弱,对延伸评价的高低产生显著差异影响。"时新"个性认知越强,越产生积极的延伸评价。

　　H5b:对于垂直延伸中的向上延伸,"高雅"个性认知的强弱,对延伸评价的高低产生显著差异影响。"高雅"个性认知越强,越产生积极的延伸评价。

　　H6a:对于垂直延伸中的向下延伸,对于"时新"个性认知无论是强还是弱,对延伸评价的高低不会产生显著影响。

　　H6b:对于垂直延伸中的向下延伸,对于"高雅"个性认知无论是强还是弱,对延伸评价的高低不会产生显著影响。

二、 研究方法

(一)测试样本

本研究以国产老品牌"大白兔"为测试品牌,采用入户的方式对上海、武汉、成都三城市的消费者进行问卷调查,时间开展于 2007 年 5—6 月。共收集得到有效问卷 1 003 份,其中上海 300 份(29.9%)、成都 314 份(31.3%)、武汉 389 份(38.8%)。根据糖果消费群体特征,入户访问控制男女比例 3∶7,最终男性比例为 35.3%,女性比例为 64.7%。有效样本的年龄分布情况是:18—24 岁为 321 位(32.0%),25—29 岁为 252 位(25.1%),30—39 岁为 220 位(21.9%),40—49 岁为 210 位(20.9%),四个年龄段样本分布比较均衡。在职业分布上,除 21.1% 为学生、4.7% 为全职家庭主妇外,其余均为各类行业和岗位性质的在职人员(74.2%)。在婚姻状况上,总样本的 48.4% 为未婚/单身,51.6% 为已婚。

(二)研究工具与测量

品牌个性的测量采用黄胜兵和卢泰宏(2003)开发的本土化量表,结合中国糖果品牌的特点,选择 26 个形容词覆盖"仁""智""勇""乐""雅"五大品牌个性维度。为了减少被访者的负荷,问卷使用复选题的方式,让被试针对"大白兔"的品牌个性选定合适的形容词,最终转化为 0—1 二分尺度变量。

对评价结果进行探索性因子分析,先按被选比率对测项进行筛选,删除被选低于 10% 的形容词,并结合项目分析,最终删除 12 项,最后得到量表的 Cronbach α 系数为 0.702。对问卷进行巴特莱特球型检验,结果 χ^2 值为 1 773.174($df = 91$),显著性水平 sig = 0.000,KMO 值为 0.805。量表适合做因子分析,采用主成分分析法,对初始矩阵进行方差极大正交旋转,并根据特征值大于 1 的原则选取因子。探索性因子分析最终得到三个因子,累计方差贡献率为 43.32%。根据原量表对五大因子的命名,结合本结果中形容词的实际归属情况,把三个因子分别命名为:"仁和""高雅"和"时新"。每个因子中所包含的形容词均在三个及以上,共包含 14 个形容词(详见表 4-7)。

表 4-7　品牌个性维度的探索性因子分析结果

	因　　子		
	仁　和	高　雅	时　新
真诚的	**0.672**	0.119	0.104
亲切的	**0.643**	−0.088	−0.039
平和的	**0.636**	0.080	−0.092
友善的	**0.628**	−0.111	0.073
温馨的	**0.592**	0.198	−0.022
和谐的	**0.584**	0.214	0.028
有品位的	0.021	**0.688**	0.073
体面的	0.039	**0.684**	0.090
有魅力的	0.297	**0.545**	0.085
独特的	0.090	**0.531**	0.034
气派的	−0.040	**0.515**	0.230
现代的	0.000	0.145	**0.731**
动感的	0.037	0.004	**0.707**
时尚的	−0.010	0.334	**0.621**
特征值	2.46	2.04	1.52
方差贡献率(%)	17.55	14.60	10.87
累计方差贡献率(%)	17.55	32.15	43.02
测项数	6	5	3
平均值	0.64	0.06	0.26
标准差	0.29	0.16	0.23

注:抽取方法:主成分方法;转轴法:Kaiser 正规化最大变异法;转轴收敛于 5 次迭代。因素负荷量大于 0.4 者标以黑粗体。

　　笔者分别把各个维度中归属形容词的评价结果进行累加再平均,作为各个维度的分值。再分别以各个维度的平均分为基准,区分出高低分组。即平均分及以上为高分组,平均分以下为低分组。具体平均值的区分基准见表 4-1。笔者对"仁和""时新"和"高雅"评价高低两个组的人口统计特征(性别、年龄、婚姻状况、收入、教育程度和职业)进行卡方检验,发现除了"时新"两个组的"性别"($p = 0.03$)和"教育程度"($p = 0.04$),以及"高雅"两个组的"婚姻状况"($p = 0.04$)存在显著差异外,其他都不存在显著差异,因此可认为这些背景变量的分布是比较均衡的。

　　品牌延伸态度的测量通过陈述句的方式列出了各种情况,采用 Likert 5 点量表,即 1 分表示"完全不同意",5 分表示"完全同意"。近延伸的测量句为大白兔是否"适合用于各种口味的牛奶硬糖";远延伸的测量有四个句子,分别为大白兔是否"适合用于巧克力""适合用于太妃糖""适合用于口香糖""适用用于水果糖",信度值为0.68,采用它们的平均值。这些产品不同于大白兔原来所在的奶糖品类,但都属于糖果大家族,因此,相对于"牛奶硬糖"和"牛奶软糖"之分,这可看作是"中等远"的远延伸。向下延伸的测量句为大白兔是否"适合用于大众化产品",向上延伸的测量句为大白兔是否"适合用于高档产品"。

三、 数据分析与结果

采用独立样本T检验的方式,分别检验对三种品牌个性认知的强弱是否对四种品牌延伸评价的态度产生显著的影响,以验证上述提出的理论假设。

(一)品牌个性认知与近延伸评价的结果

就近延伸而言,"仁和"个性认知的高分组与低分组不存在显著差异($t = -1.39$,$p > 0.05$)(参见表3-8)。此外,"时新"和"高雅"个性认知的高分组与低分组也不存在显著差异($t = -1.59$,$p > 0.05$;$t = -1.19$,$p > 0.05$)(见表4-8)。假设H1得到验证,即对于水平延伸中的近延伸,品牌个性认知无论是强还是弱,对延伸评价的高低不会产生显著差异影响。

表 4-8　品牌个性认知与品牌近延伸评价

	高 分 组		低 分 组		T 检验值
	均值	标准差	均值	标准差	
仁和	3.25	1.25	3.13	1.27	−1.39
时新	3.28	1.25	3.15	1.26	−1.59
高雅	3.33	1.17	3.18	1.27	−1.19

(二)"仁和"个性认知与品牌延伸评价的结果

对于"仁和"品牌个性,在远延伸情况下,无论对"仁和"个性的认知是强还是弱,其延伸态度评价不存在显著差异($t = 0.19$,$p > 0.05$)(见表4-9)。假设H2得到验证,即对于水平延伸中的远延伸,"仁和"个性的认知无论是强还是弱,其对延伸评价的高低不会产生显著影响。

对于向上延伸的情况,我们看到,无论对"仁和"个性的认知是强还是弱,其延伸态度评价也不存在显著差异($t = -1.87$,$p > 0.05$)(见

表4-9）。假设H3a得到验证，即对于垂直延伸中的向上延伸，"仁和"个性认知无论是强还是弱，对延伸评价的高低不会产生显著影响。而对于向下延伸的情况，"仁和"个性认知高分组对延伸态度的评价显著高于低分组的情况（$t=-3.56$，$p<0.001$）（见表4-9）。假设H3b得到验证，即对于垂直延伸中的向下延伸，"仁和"个性认知的强弱对延伸评价的高低产生显著影响。由表4-9的描述性结果可知，"仁和"个性认知越强，越产生积极的向下延伸评价。

表4-9　"仁和"个性认知与品牌延伸评价

| | 高分组（$N=587$） | | 低分组（$N=416$） | | T 检验值 |
	均值	标准差	均值	标准差	
远延伸	2.66	0.87	2.67	0.86	0.19
向上延伸	2.81	1.09	2.68	1.13	−1.87
向下延伸	4.32	0.93	4.09	1.04	−3.56 ***

注：*** 表示显著性水平为 0.001。

（三）"时新"和"高雅"个性认知与品牌延伸评价的结果

对于"时新"品牌个性，在远延伸情况下，其个性认知的强弱对延伸态度评价存在显著差异（$t=-2.45$，$p<0.05$）（见表4-10）。假设H4a得到了验证，即对于水平延伸中的远延伸，"时新"个性认知的强弱，对延伸评价的高低产生显著影响。由表4-10的描述性结果可知，"时新"个性认知越强，越产生积极的远延伸评价。

表4-10　"时新"个性认知与品牌延伸评价

| | 高分组（$N=385$） | | 低分组（$N=618$） | | T 检验值 |
	均值	标准差	均值	标准差	
远延伸	2.75	0.87	2.61	0.86	−2.45 *
向上延伸	2.89	1.10	2.67	1.11	−3.07 **
向下延伸	4.23	0.97	4.22	0.99	−0.22

注：*，** 分别表示显著性水平为 0.05，0.01。

对于"高雅"品牌个性，在远延伸情况下，其个性认知的强弱对延伸态度评价也存在显著差异（$t=-2.47$，$p<0.05$）（见表4-11）。假设H4b

同样得到了验证,即对于水平延伸中的远延伸,"高雅"个性认知的强弱,对延伸评价的高低产生显著差异影响。由表 4-11 的描述性结果可知,"高雅"个性认知越强,越产生积极的远延伸评价。

表 4-11　"高雅"个性认知与品牌延伸评价

	高分组($N = 126$)		低分组($N = 877$)		T 检验值
	均值	标准差	均值	标准差	
远延伸	2.85	0.93	2.64	0.85	$-2.47*$
向上延伸	3.06	1.27	2.71	1.08	$-2.89**$
向下延伸	4.13	1.00	4.24	0.98	1.16

注:$*$,$**$ 分别表示显著性水平为 0.05,0.01。

对于向上延伸的情况,我们看到,"时新"个性认知的强弱,其延伸态度评价存在显著差异($t = -3.07$,$p < 0.01$)(见表 4-10)。假设 H5a 得到验证,即对于垂直延伸中的向上延伸,"时新"个性认知的强弱,对延伸评价的高低产生显著影响。由表 4-10 的描述性结果可知,"时新"个性认知越强,越产生积极的向上延伸评价。同样我们看到,"高雅"个性认知的强弱,其延伸态度评价也存在显著差异($t = -2.89$,$p < 0.01$)(见表 4-11)。假设 H5b 也得到验证,即对于垂直延伸中的向上延伸,"高雅"个性认知的强弱,对延伸评价的高低产生显著差异影响。由表 4-11 的描述性结果可知,"高雅"个性认知越强,越产生积极的延伸评价。

对于向下延伸的情况,我们看到,无论对"时新"个性的认知是强还是弱,其延伸态度评价不存在显著差异($t = -0.22$,$p > 0.05$)(见表 4-10)。假设 H6a 得到验证,即对于垂直延伸中的向下延伸,"时新"个性认知无论是强还是弱,对延伸评价的高低不会产生显著影响。同样我们看到,无论对"高雅"个性的认知是强还是弱,其延伸态度评价也不存在显著差异($t = 1.66$,$p > 0.05$)(见表 4-11)。假设 H6b 也得到验证,即对于垂直延伸中的向下延伸,"高雅"个性认知无论是强还是弱,对延伸评价的高低不会产生显著影响。

至此,本节提出的所有假设都得到了实证数据的支持。

四、 结论与战略指引

本节以中国本土著名老品牌为测试对象,通过全国三城市的样本调研数据验证了品牌个性认知强弱对品牌延伸评价态度的影响关系。研究发现,不同的品牌个性对品牌延伸的正面作用是不同的。"仁和"个性有利于向下延伸,而"时新"和"高雅"个性有利于向上延伸和远延伸。本研究成果的理论贡献在于,不但丰富了品牌个性特质问题的研究,也开拓了在品牌延伸影响机制研究中有关母品牌评价因素的研究。长期以来,我们对品牌个性的研究着重于个性本身的测量和评价,对不同个性的性质及其作用机制关注不多。而本节结论的启示在于,在创建品牌和塑造品牌个性的过程中,我们不仅要追求品牌个性的突出性,以建立品牌定位和价值,还要考虑到底塑造什么样的品牌个性,以便为实现其他长远营销目标提供积极支持。另一方面,本节研究结论对认识品牌延伸评价中母品牌的作用机制提供了新的参考和启发。长期以来,学者们对母品牌作用的认识围绕感知质量(Aaker and Keller,1990)、品牌联想(Broniarczk and Alba,1994)、品牌概念(Park,Milberg and Lawson,1991)等进行,极少考虑到品牌个性的问题。本节研究结论推进了陈卓浩和鲁直(2007)有关品牌个性对品牌延伸态度关系的研究。也就是说,我们不仅可以认识到,鲜明的品牌个性如果与延伸品类具有"匹配性",将有利于消费者对延伸做出积极评价;而且我们还可以相信,某些品牌个性如"时新"和"高雅"对向上延伸具有普遍的积极影响作用。此外,本节研究成果还丰富了长期品牌管理理论,特别是在中国背景中,为如何深刻认识老品牌独有的品牌资产及重振方略的问题提供了新的证据。

从管理应用上,本节对中国本土品牌特别是老品牌的长期管理提供了针对性的策略思考方向。按第一节的研究,中国老品牌具有突出的"仁和"个性,但"时新"和"高雅"个性评价低下,这恰恰与外资品牌的特征相反(何佳讯,2008a;何佳讯和丛俊滋,2008)。在激烈的市场竞争中,中国老品牌面临着生存、变革和发展的重要决策选择。为了适合当前市场日趋细分以及全球化环境的需要,老品牌营销的基本出路是要扩大和丰富产品线,以营销创新实现产品的升级换代。这就涉及所谓的水平延伸和垂直延伸问题。然而,根据本节的研究结论,老品牌拥有的突出的"仁和"个性认知并不有利于其远延伸和向上延伸,而其市场开拓和发展所要进行的远延伸和向上延伸,又缺乏与之对应的突出的"时新"和"高雅"个性认知。于是,摆在老字号企业决策者面前的决策难题就是:到底是先进行品牌延伸,大力开发和推广新产品,通过延伸产品对母品牌的反馈效应实现品牌个性的改善,比如提升对老品牌的"时新"或"高雅"个性的评价;还是先重塑品牌个性,为老品牌的延伸创造积极、合理的品牌个性条件。前者的风险在于,新产品的推出可能遭受较大的风险,品牌延伸可能会失败;后者的障碍在于,品牌个性的形成是长期营销的结果,要重塑个性并非易事。对于老品牌来说,改善"时新"或"高雅"个性要比强化"仁和"个性困难得多。这就存在所谓的老品牌发展"悖论"。但是,营销的魅力在于"平衡"。或许,我们可以寻找上述两大决策的折中方案:推出老品牌新的子品牌,采用主副品牌战略,这样既可以借用老品牌资产,又解决了老品牌个性与新品类延伸之间的不匹配性,实现老品牌必须面对的产品开发问题;另一方面,通过新的子品牌和母子品牌的联合使用,实现逐步改善母品牌形象的长期目标问题。这一折中方案是否有效可行,还有待实践的具体检验。

第三节　品牌个性认知对品牌延伸评价影响的再研究

品牌延伸是发挥品牌资产杠杆力的核心路径。从长期品牌管理角度看,它又是品牌活化、保持品牌年轻化和创新性的重要策略(Loken,Joiner and Houston,2010)。因此,近20年来这方面的研究始终得到学界的高度关注,成为品牌科学理论研究的核心领域(何佳讯和胡颖琳,2010)。有关研究集中于影响品牌延伸评价的因素及原理、营销策略如何提高品牌延伸评价(符国群,2003;Loken,Joiner and Houston,2010;李颖、王高和赵平,2009),以及通过创新性延伸对母品牌产生反馈效应等方面(Loken,Joiner and Houston,2010;周懿瑾和卢泰宏,2008)。

品牌延伸策略在当前中国市场中具有越来越重要的作用。一方面,经过改革开放和市场经济30多年的发展,中国很多企业的品牌资产日益强大,进行品牌延伸的条件越来越充分。例如联想从电脑延伸到手机,网易从门户网站延伸到"网易猪",比亚迪从电池延伸到汽车;另一方面,一些老字号企业通过跨类延伸迅速扩大市场范围，企业绩效随之大幅提升。例如，云南白药于 1999 年开始实施全方位改革，进入气雾剂、创可贴、牙膏等产品领域，到 2009 年岁末公司市值高达 323 亿元，是 1993 年上市之初的 120 倍。如果说对于前者而言，品牌延伸评价主要强调的是母品牌与延伸产品之间的一致性和合适性，那么对于后者，企业往往试图通过引入差异化的创新属性来改变母品牌联想，不一致性反而可能成为积极的评价依据。目前大量的品牌延伸研究聚焦于前者，对后者的研究相对较少(Aaker，2007)。面对快速变化的市场新环境，中国的老字号老品牌尤其需要以创新性延伸来改造母品牌形象，但还未见有相关研究。本研究的基本目的就是要探索这种延伸策略是否发挥真实作用。

无论是什么样的延伸策略，都涉及母品牌(产品)与延伸产品这两个最基本的评价对象，其中有关母品牌的属性始终是首为关注的研究问题。目前的成果主要围绕感知质量(Aaker and Keller，1990)、品牌联想(Broniarczk and Alba，1994)、品牌概念(Park，Milberg and Lawson，1991)、品牌宽度(Boush and Loken，1991)、品牌态度、声望和价值(Kirmani，Sood and Bridges，1999)、母品牌的品类信息(Joiner，2006)等方面，但极少考虑到品牌个性的作用问题。实际上，品牌个性与品牌联想和品牌概念有着紧密的联系，都是反映品牌的抽象属性。笔者第二节的研究已表明，"仁和""时新"和"高雅"这三种关键的品牌个性对近延伸和远延伸、向上延伸和向下延伸具有不同的影响作用关系(何佳讯，2010)。在创新性延伸策略中，消费者对母品牌的个性认知不可避免地与延伸产品评价交互在一起对母品牌发生反馈作用，那么对于"仁和""时新"和"高雅"这三种不同的个性，在这种反馈效应评价过程中是否也存在各自独特的作用特征呢？这正是本研究的核心目的。

一、理论背景与研究假设

(一)创新性品牌延伸对母品牌的反馈效应

Loken、Joiner 和 Houston(2010)曾总结，在如下几种情形下，营销者将适合引入与母品牌不一致的延伸：老品牌需要改变定位进行活化；消费者偏好新颖和风险；提高品牌宽度；在新产品市场建立先发优势。在这些情形下，与母品牌不一致的延伸被认为是有利的。我们把企业试图增加不同的创新性属性，并引发消费者注意这些差异性的策略称为创新性品牌延伸。

当营销者决定进行这创新性延伸时，最通常的做法是采用副品牌策略（Aaker，2007；何佳讯，2010）。这种策略不仅对与延伸产品不一致的母品牌起到保护作用，同时也能够提高对延伸产品的接受度（Milberg，Park and McCarthy，1997）。而中国的老字号品牌普遍存在这样的问题：品牌形象老化，被年轻世代消费者认为是父母辈使用的品牌（何佳讯，2007a）；产品线狭窄，使得品牌联想紧密地与单一品类相结合（何佳讯，2008b），也就是说品牌缺乏宽度。与此同时，我们第一节的研究已表明，与年长世代相比，年轻世代对理想品牌个性的"时新"需求显著更高（何佳讯和丛俊滋，2008）。因此总体上看，采取与母品牌并不一致的创新性延伸是振兴中国老品牌的良策，其目标是改变并提升消费者对母品牌态度的评价。

Loken 和 John（1993）在探究品牌延伸对母品牌的影响方面做出了开创性的研究。他们提出"簿记模型"（bookeeping model）和"基于典型性模型"（typicality-based model）对品牌延伸如何对母品牌信念产生影响进行预测。"簿记模型"认为认知一种是累积的过程，新的认知不断地对原有的认知产生影响。按此模型，如果延伸产品的某些属性与母品牌的某些信念相互抵触，延伸对母品牌信念的淡化作用就会发生。而对于品牌形象需要重塑的中国老品牌而言，这种淡化恰恰是为母品牌有效地输入了新的元素。而按照"基于典型性模型"，更具品类典型性的成员比不具典型性的成员共享更多的属性，因此不一致的信息对母品牌信念到底产生多大的影响取决于延伸产品对于母品牌的典型性如何，延伸产品越具有典型性，则不一致性信息越是对母品牌产生更大影响。按此模型，如果中国老品牌实施近延伸而非远延伸，则创新性延伸产品的独特属性越是会对母品牌信念产生"淡化"作用。与上述情况相似，这种淡化作用其实是为母品牌建立起新的信念，达到品牌创新的目的。也就是说，在近延伸情况下，"簿记模型"和"基于典型性模型"并非具有明显的区别性。

在 Loken 和 John（1993）的研究中，他们把"品牌延伸典型性"和"母品牌信念"作为因变量，结果发现，当先测母品牌信念，后测典型性时，"簿记模型"得到支持;反之,"基于典型性模型"得到支持。在本研究中,笔者考察的是中国老品牌进行"近延伸"的情况,并不在于检验"簿记模型"和"基于典型性模型"的差异性,把"品牌延伸典型性"和"母品牌信念"同时作为因变量,把它们看作是进行创新性延伸后消费者对母品牌态度产生改变的测量变量。由于创新性延伸的产品与母品牌形象并不一致,因此,消费者越是认为其具有典型性,则表明越是接受这样的延伸,母品牌信念被改造的可能性越大,品牌活化的效果也就越明显。在"母品牌信念"的测量上,笔者直接让消费者与延伸之前的情况进行比较后评价。

(二) 延伸产品、品牌个性认知与母品牌反馈效应

母品牌、延伸产品以及两者之间的一致性或不一致性始终是品牌延伸评价的基本考虑因素(Loken,Joiner and Houston,2010)。对于创新性品牌延伸而言,延伸产品是对母品牌产生反馈效应的主要动力。此外,还受到母品牌认知图式强度和情境因素的调节作用(周懿瑾和卢泰宏,2008)。在母品牌认知图式强度方面,先前的研究主要围绕消费者知识(Grime,Diamantopoulos and Smith,2002)、对母品牌的熟悉度(Sheinin,2000)等进行。如果消费者对母品牌具有丰富的使用经验,以及很高的熟悉度,就更易形成刻板印象,那么创新性延伸所传递的不一致信息对母品牌的反馈效应就较弱。

在对母品牌属性的研究方面,品牌联想对消费者的品牌延伸评价起到决定性作用。Broniarczyk 和 Alba(1994)在 Park、Milberg 和 Lawson(1991)研究的基础上,进一步证明了品牌特定联想比品牌情感和品类相似性更为重要地影响品牌延伸评价。他们发现,品牌特定联想在品牌情感和品类相似性对品牌延伸评价影响中起到调节作用。从现有的研究看,对母品牌的个性如何影响品牌延伸评价的研究还相当缺乏。品牌个性与品牌联想具有相似之处,它们都是形成品牌形象的核心要素,品牌个性可视为品牌联想的一种特殊形式,即具有"人格化"的联想特征。品牌联想可以是具体的,因不同品牌各异,而品牌个性可归为抽象的有限类型(Aaker,1997)。品牌联想具有强度、赞誉度和独特性三个评价要素(Keller,1993),同样,它们也适用于品牌个性。

　　笔者第二节的研究表明(何佳讯,2010),"仁和""时新"和"高雅"个性认知强弱对品牌延伸评价产生不同作用。突出的"仁和"个性认知对向下延伸有显著正向影响,但对向上延伸、远延伸和近延伸都无显著影响;而突出的"时新"或"高雅"个性认知对向上延伸和远延伸有显著正向影响,但对向下延伸和近延伸无显著影响。那么,类似 Broniarczyk 和 Alba (1994)的研究,品牌个性是否在延伸产品对母品牌反馈效应的评价中起到调节作用呢? 根据 Loken 和 John(1993)的"簿记模型",如果消费者对反映母品牌信念方面的认知越强,那么延伸产品所传递的不一致信息对母品牌信念产生改变的作用就越小,也就是说其反馈效应就越小。反之,如果传达的是一致性信息,那么延伸产品评价对母品牌信念的反馈作用就越强。由于在本研究中母品牌信念主要测量的是感知质量,因此延伸产品感知质量和母品牌信念属于一致性信息。就中国老品牌而言,"仁和"是典型地反映消费者对其信念认知的个性特征(何佳讯和丛俊滋,2008)。因此,突出的"仁和"个性认知应该对延伸产品感知质量评价更高的消费者带来更积极的母品牌信念反馈。本研究提出如下假设:

　　H1:消费者对老品牌的"仁和"个性感知调节了延伸产品感知质量对母品牌信念的影响效用。对"仁和"个性感知越强,延伸产品质量感知对母品牌信念的正向反馈效应越强。

　　与"仁和"个性相反,"时新"和"高雅"个性并非是消费者对中国老品牌所拥有的突出信念(何佳讯和丛俊滋,2008)。因此,如果消费者对老品牌的"时新"或"高雅"认知越强,越容易接受延伸产品所产生的与母品牌形象并不一致的信息,越认为延伸产品能够代表母品牌形象,即更高的品牌延伸典型性评价。具体地说,就是突出的"时新"或"高雅"个性认知应该对延伸产品感知质量评价更高的消费者带来更积极的品牌延伸典型性评价。本研究提出如下假设:

　　H2:消费者对老品牌的"时新"个性感知调节了延伸产品感知质量对品牌延伸典型性的影响效用。对"时新"个性感知越强,延伸产品质量感知对品牌延伸典型性的正向反馈效应越强。

　　H3:消费者对老品牌的"高雅"个性感知调节了延伸产品感知质量对品牌延伸典型性的影响效用。对"高雅"个性感知越强,延伸产品质量感知对品牌延伸典型性的正向反馈效应越强。

　　除上面提到的影响因素外,本研究还考虑母品牌感知质量和品牌宽度这两个基本的变量。综上,本研究提出如下的概念模型(见图4-1)。接下来,笔者以一个中国老品牌为测试对象,采用大样本问卷调查数据来检验上述的假设。

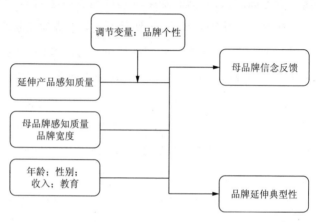

图 4-1　本研究的概念模型

二、　研究方法

（一）测试样本

　　本研究以 2010 年上海世博会糖果行业项目赞助商冠生园集团的"大白兔"为研究对象。冠生园创立于 1915 年,为商务部认定的第一批"中华老字号"(2006)。大白兔是冠生园 1959 年开始出产的牛奶糖品牌,1993年起被认定为中国驰名商标,2003 年荣获上海首批原产地标记注册认证,是最早走出国门的优秀民族品牌,目前在 50 多个国家和地区销售。可以说,长期以来在消费者心目中"大白兔"是原味奶糖的代名词。随着消费者口味和市场竞争的变化,近些年来大白兔不断推出新口味的牛奶糖。2007 年,大白兔以新品牌"优浓"推出系列硬糖产品,目标市场定位于 22—28 岁年轻白领群体,广告口号是"优浓时分,随心如我"。总体上,

"优浓"的形象与母品牌"大白兔"的形象有明显差异,笔者把它界定为"创新性品牌延伸"。就具体品牌策略而言,它采用的是背书品牌(endorsing brand)策略,而非来源品牌(source brand)策略(Kapferer,2004)。按 Loken、Joiner 和 Houston(2010)的界定,这属于副品牌延伸范畴(sub-brand extension)的策略。2010 年上海世博会期间,大白兔以原品牌名称直接进行品牌延伸,推出新产品"晶彩糖"。由于延伸"晶彩糖"的形象也与母品牌形象差异甚大,因此也属于创新性品牌延伸策略。

　　本研究开展于 2009 年 4—5 月,因此针对的是大白兔及其"优浓"延伸产品。采用入户的方式对上海、武汉和无锡三城市的消费者进行问卷调查,共收集得到有效问卷 1 039 份,其中上海 392 份(37.7%)、武汉 417 份(40.1%)、无锡 230 份(22.1%)。根据糖果消费群体特征,入户访问控制男女比例 3:7,最终男性比例为 29.6%,女性比例为 70.4%。有效样本的年龄分布情况是:18—24 岁为 360 位(34.6%),25—29 岁为 230 位(22.1%),30—39 岁为 192 位(18.5%),40—49 岁为 257 位(24.7%),四个年龄段样本分布比较均衡。在职业分布上,除 34.4%为学生、4.4%为全职家庭主妇外,其余均为各类行业和岗位性质的在职人员(61.2%)。在婚姻状况上,总样本的51.2%为未婚/单身,49.8%为已婚。对被访者的收入情况以"家庭月收入"进行提回,从"2 500—2 999 元"到"20 000 元以上"共分为 9 档,51.6%的被访者家庭月收入高于 4 000 元。被访者的受教育情况从"没有受过正规教育"到"研究生或更高学历"共分为 7 档,其中大专及大专以上的学历占74.7%。在本研究中,笔者把年龄、性别、收入水平和教育程度作为控制变量。

　　由于大白兔采用的是背书品牌策略而非来源品牌策略,本研究结果显示有 33.2%的被访者知道"优浓"来自"大白兔",其他均表示"不知道"(59.9%)或误以为来自其他糖果品牌(6.9%)。因此在本研究的问卷设计中,给出专门的材料对"优浓"进行具体介绍和说明,再让被访者以其作为品牌延伸进行相关评价。

　　(二)研究工具与测量

　　本研究把品牌个性作为重要的自变量,其测量方式与笔者第二节的研究相同(何佳讯,2010),即采用黄胜兵和卢泰宏(2003)开发的本土化量表,结合中国糖果品牌的特点,选择 26 个形容词覆盖"仁""智""勇""乐""雅"五大品牌个性维度。为了减少被访者的负荷,问卷使用复选题的方式,让被试针对"大白兔"的品牌个性选定合适的形容词,最终转化为 0—1 二分尺度变量。

对评价结果进行探索性因子分析,先按被选比率对测项进行筛选,删除被选低于 10% 的形容词,并结合项目分析,最终删除 9 项,最终得到量表的 Cronbach α 系数为 0.804。对问卷进行巴特莱特球型检验,结果 χ^2 值为 3 210.289($df = 136$),显著性水平为 0.000,KMO 值为 0.871,表明量表适合做因子分析。采用主成分分析法,对初始矩阵进行方差极大正交旋转,并根据特征值大于 1 的原则选取因子。探索性因子分析最终得到三个因子,累计方差贡献率为 43.43%。根据原量表对五大因子的界定,结合本结果中形容词的实际归属情况,把三个因子分别命名为"仁和""时新"和"高雅"。每个因子中所包含的形容词均在三个及以上,共包含 17 个形容词。详见表 4-12。这个结果与笔者第二节研究的结果十分相似(何佳讯,2010),进一步表明了糖果品牌个性的基本特征规律。

表 4-12　品牌个性维度的探索性因子分析结果

	因　子		
	仁　和	高　雅	时　新
真诚的	**0.653**	−0.002	0.247
亲切的	**0.640**	−0.129	0.031
温馨的	**0.604**	0.030	0.153
欢乐的	**0.596**	0.224	−0.048
健康的	**0.573**	0.085	0.234
平和的	**0.557**	−0.045	0.155
和谐的	**0.525**	0.052	0.324
吉祥的	**0.443**	0.282	0.053
时尚的	0.083	**0.729**	0.059
新颖的	−0.048	**0.691**	0.110
动感的	0.254	**0.656**	−0.184
气派的	−0.002	**0.570**	0.334
现代的	−0.035	**0.566**	0.207
权威的	0.299	0.018	**0.705**
体面的	0.009	0.336	**0.608**

（续表）

	因　　子		
	仁　和	高　雅	时　新
专业的	0.347	0.018	**0.591**
有魅力的	0.288	0.291	**0.461**
特征值	3.03	2.44	1.91
方差贡献率(%)	17.84	14.37	11.22
累计方差贡献率(%)	17.84	32.21	43.43
测项数	8	5	4
平均值	0.54	0.10	0.35
标准差	0.29	0.20	0.32

注:抽取方法:主成分方法;转轴法:Kaiser 正规化最大变异法;转轴收敛于 6 次迭代。因素负荷量大于 0.4 者标以黑粗体。

笔者分别把归属各个维度的形容词评价结果进行累加平均,作为各个维度的分值。再分别以各个维度的平均分为基准,区分出高低分组。即平均分及以上为高分组,平均分以下为低分组。本研究把它设为哑变量(高分组为 1,低分组为 0)进行处理。具体平均值的区分基准见表 4-12。

对于品牌延伸评价的测量涉及五个变量,分别是母品牌感知质量、品牌宽度、延伸产品感知质量、品牌延伸典型性和母品牌信念反馈。在本研究中,把延伸产品感知质量作为自变量,前两个变量作为协变量,后两个变量作为因变量。它们均采用 Likert7 点量表进行测量,即 1 分表示"完全不同意",7 分表示"完全同意"。对于"母品牌信念"的测量,笔者让被试与延伸之前的情况相比做出评价。

采用验证性因子分析的方法评价其建构效度。结果表明,这五个潜变量的组合信度介于 0.76—0.91 之间,均大于 0.7 的更优标准(Fornell 和 Larcker,1981);15 个测项的标准化系数介于 0.60—0.91 之间,除个别测项外,它们的信度(平均复相关系数)都高于 Fornell 和 Larcker(1981)以及 Bagozzi 和 Yi(1988)推荐的高于 0.50 的要求;五个潜变量的 AVE 介于 0.52—0.78 之间,符合 Fornell 和 Larcker(1981)以及 Bagozzi 和 Yi(1988)推荐的大于 0.50 的要求;五个潜变量相关系数的平方在 0.10—0.47之间,因此每个变量的 AVE 值都大于该变量与其他变量之间的方差,表明变量具有良好的区分效度(详见表 4-13)。

表 4-13 品牌延伸评价相关变量的测量操作与量表信度

测　　项	标准化路径系数	T 值	来　　源
母品牌感知质量 $Pc = 0.89$；$AVE = 0.74$；$Cronbach\,\alpha = 0.87$；$M = 5.13$；$SD = 1.09$			
我认为大白兔品牌的糖果整体质量都很高。	0.89	35.50	Aaker 和 Keller(1990)；
我认为大白兔品牌能够提供高质量的糖果。	0.91	36.82	Sheinin 和 Schmitt(1994)
我认为大白兔品牌糖果的质量高于市场平均水平。	0.76	28.16	
品牌宽度 $Pc = 0.76$；$AVE = 0.52$；$Cronbach\,\alpha = 0.73$；$M = 4.57$；$SD = 1.14$			
我认为大白兔品牌旗下有很多种糖果。	0.71	24.05	Dacin 和 Smith(1994)；
我认为大白兔品牌旗下的所有糖果都很成功。	0.80	27.90	Keller 和 Aaker(1992)；Sheinin 和 Sehmitt(1994)
我认为大白兔品牌旗下的不同种糖果之间有差异。	0.60	19.54	
延伸产品感知质量 $Pc = 0.88$；$AVE = 0.70$；$Cronbach\,\alpha = 0.86$；$M = 4.14$；$SD = 1.19$			
我认为优浓硬糖的质量很高。	0.79	29.67	Aaker 和 Keller(1990)；
我认为优浓是所有的硬糖中最好的糖果之一。	0.87	34.21	Broniarczyk 和 Alba(1994)
我认为优浓的质量高于市场上的竞争对手。	0.85	32.85	
品牌延伸典型性 $Pc = 0.91$；$AVE = 0.72$；$Cronbach\,\alpha = 0.90$；$M = 4.11$；$SD = 1.27$			
我认为优浓的形象和大白兔品牌的形象是相似的。	0.81	30.88	
我认为优浓的形象和大白兔品牌的形象是一致的。	0.83	32.21	Loken 和 John(1993)
我认为优浓的形象是典型的大白兔品牌的形象。	0.90	36.62	
我认为优浓的形象更能代表大白兔品牌的形象。	0.86	34.08	
母品牌信念反馈 $Pc = 0.88$；$AVE = 0.78$；$Cronbach\,\alpha = 0.90$；$M = 4.34$；$SD = 1.41$			
我认为优浓使大白兔品牌显得更高档了。	0.88	34.22	Loken 和 John(1993)
我认为优浓使大白兔品牌的产品品质更高了。	0.89	35.00	

注:测量模型的拟合优度指标如下: $\chi^2_{(80)} = 695.57$; $\chi^2/df = 8.69$; $RMSEA = 0.09$; $GFI = 0.91$; $NNFI = 0.93$; $CFI = 0.94$; $PNFI = 0.71$; $PGFI = 0.61$。

三、 数据分析与结果

笔者采用分层多元回归方法对数据进行统计分析,检验在控制了人口统计变量的基本影响外,延伸产品感知质量、品牌个性认知强弱以及加上原有的母品牌态度如何影响母品牌信念反馈以及品牌延伸典型性的评价。分别采用三个模型对比控制变量、自变量、调节变量以及交互项对因变量的作用情况以及解释程度。第一个模型检验控制变量(人口统计变量)的作用,第二个模型增加自变量(延伸产品感知质量)、调节变量(品牌个性认知强度)以及协变量(母品牌感知质量与品牌宽度),第三个模型在此基础上再增加自变量与调节变量的交互项的作用。下面分别给出有关统计结果。

(一)对母品牌信念反馈的影响分析

表 4-14 结果显示,在模型 1 中,年龄和收入水平对延伸后的母品牌

表 4-14 有关母品牌信念反馈评价的分层多元回归结果

	模型 1		模型 2		模型 3	
	B	**β**	**B**	**β**	**B**	**β**
控制变量						
年 龄	0.098*	0.083	0.056	0.048	0.057	0.048
性 别	−0.082	−0.027	−0.091	−0.030	−0.107	−0.035
收入水平	0.044*	0.064	0.037*	0.054	0.039*	0.056
教育程度	−0.043	−0.040	−0.019	−0.017	−0.020	−0.018
自变量						
延伸产品感知质量			0.701***	0.497	0.624***	0.443
仁 和			−0.099	−0.035	−0.095	−0.034
时 新			−0.027	−0.009	−0.044	−0.014
高 雅			0.041	0.014	0.041	0.014
母品牌感知质量(协变量)			−0.062	−0.044	−0.062	−0.044
品牌宽度(协变量)			0.288***	0.204	0.291***	0.206
交互项						
延伸产品感知质量×仁和					0.231**	0.114
延伸产品感知质量×时新					0.057	0.024
延伸产品感知质量×高雅					−0.137	−0.062
(常数项 a_0)	4.244***		4.296***		4.307***	
R^2	0.017		0.385		0.392	
调整 R^2	0.013		0.379		0.384	
F 值	4.339**		61.396***		48.334***	
ΔR^2	0.017		0.368		0.006	
F 值变化	4.339**		97.731***		3.331*	

注: * $p < 0.05$, ** $p < 0.01$, *** $p < 0.001$。

信念反馈评价产生微弱影响。在模型 2 中,延伸产品感知质量和品牌宽度对母品牌信念反馈产生显著影响,品牌个性认知强弱和母品牌感知质量并不直接对之产生显著影响。而在模型 3 中,当加入延伸产品质量感知和品牌个性认知的交互项后,结果显示"仁和"个性与延伸产品质量感知产生显著的交互作用,并提高了对母品牌信念反馈评价的解释程度。假设 H1 得到支持。具体地说,就是与对大白兔品牌"仁和"个性认知较弱的消费者相比,对"仁和"个性认知较强的消费者,其对延伸产品感知质量的评价更强地对母品牌信念反馈产生作用。也就是说,在通过品牌延伸策略以提高对母品牌形象评价的过程中,"仁和"个性起到了积极的促进作用。结果同时显示,"时新"和"高雅"个性并不产生类似的显著调节作用。

(二)对品牌延伸典型性的影响分析

表 4-15 结果显示,在模型 1 中,年龄对品牌延伸典型性评价产生显著影响。在模型 2 中,延伸产品感知质量和品牌宽度对品牌延伸典型性评价产生显著影响,品牌个性认知强弱和母品牌感知质量并不直接对之产生显著影响。而在模型 3 中,当加入延伸产品质量感知和品牌个性认知的交互项后,尽管并没有提高对母品牌信念反馈评价的解释程度,但"时新"个性与延伸产品质量感知产生显著的交互作用。假设 H2 得到支持。具体地说,就是与对大白兔品牌"时新"个性认知较弱的消费者相比,对"时新"个性认知较强的消费者,其对延伸产品感知质量的评价更强地对品牌延伸典型性评价产生作用。结果同时显示,"仁和"和"高雅"个性并不产生类似的显著调节作用。假设 H3 没有得到支持。

表 4-15　有关品牌延伸典型评价的分层多元回归结果

	模型 1		模型 2		模型 3	
	B	β	B	β	B	β
控制变量						
年　龄	0.105 **	0.099	0.060 *	0.056	0.060 *	0.056
性　别	0.087	0.031	0.086	0.031	0.082	0.030
收入水平	−0.002	−0.004	−0.011	−0.017	−0.009	−0.015
教育程度	−0.053	−0.055	−0.030	−0.030	−0.029	−0.030

（续表）

	模型 1		模型 2		模型 3	
	B	**β**	**B**	**β**	**B**	**β**
自变量						
延伸产品感知质量			0.669 ***	0.527	0.657 ***	0.517
仁　　和			−0.033	−0.013	−0.034	−0.013
时　　新			−0.007	−0.003	−0.024	−0.008
高　　雅			−0.059	−0.023	−0.051	−0.020
母品牌感知质量(协变量)			0.000	0.000	0.000	0.000
品牌宽度(协变量)			0.306 ***	0.241	0.303 ***	0.239
交互项						
延伸产品感知质量×仁和					0.041	0.023
延伸产品感知质量×时新					0.130 *	0.060
延伸产品感知质量×高雅					−0.120	−0.060
（常数项 a_0）	4.044 ***		4.110 ***		4.106 ***	
R^2	0.018		0.485		0.488	
调整 R^2	0.014		0.479		0.481	
F 值	4.486 ***		92.091 ***		71.586 ***	
ΔR^2	0.018		0.467		0.003	
F 值变化	4.486 **		147.819 ***		2.154	

注：* $p<0.05$，** $p<0.01$，*** $p<0.001$。

四、 结论与战略指引

本研究在笔者第二节研究的基础上(何佳讯,2010)进一步探究了品牌个性如何影响品牌延伸评价的规律,把品牌个性与品牌延伸评价的基本影响因素结合起来考虑,再次显示了在中国文化背景下三种重要的品牌个性"仁和""时新"和"高雅"在品牌延伸评价过程中所扮演的不同角色。本研究扩展了第二节研究(何佳讯,2010)的成果,得到了新的发现及管理启示。

（一）结论及贡献

本研究的研究表明,"仁和"与"时新"个性在延伸产品感知质量对品牌延伸态度评价产生影响的过程中起到了不同的作用。"仁和""时新"和"高雅"并不直接影响品牌延伸过程中对母品牌信念反馈和品牌延伸典型性的评价。但是,"仁和"个性显著促进延伸产品感知质量对母品牌信念反馈评价的影响关系,而"时新"个性显著促进延伸产品感知质量对品牌延伸典型性评价的影响关系。此外,"高雅"个性并不发生相应的调节作用。这是本研究的新发现。本研究不但推进了品牌个性与品牌延伸评价关系的研究,也对进一步理解品牌个性对品牌态度的影响机制(例如:Aaker, Fournier and Brasel, 2004;Hayes et al., 2006;Ramaseshan and Tsao, 2007)提供了新的证据。

前面已经介绍,本研究的测试品牌"大白兔"是通过定位于都市年轻白领的新品牌"优浓"实施品牌延伸策略的,"优浓"的形象不同于传统的"大白兔"形象。而对于品牌延伸典型性概念而言,越是认为"优浓"与"大白兔"形象一致,所谓的典型性评价就越高。这就解释了为什么消费者对母品牌大白兔的"时新"个性评价越高,其对"优浓"的评价更强地传递到认为"优浓"可以代表"大白兔"(典型性)的评价上。也就是说,我们通过与母品牌形象并不一致的新品牌(产品)进行延伸以实现对母品牌的形象创新,这提高了消费者对母品牌"时新"个性的评价,而这种评价进而又可以提高新延伸产品影响品牌延伸典型性评价的程度。由于这里的延伸策略是采用与母品牌形象并不一致的新品牌产品,因此,越是高的典型性评价,其实是增强了对与大白兔原有形象不一致的策略的接受程度。长此以往,"大白兔"的品牌宽度就会提高,这样为其进行可能的远延伸提供了更加有利的条件。因此,"时新"个性的这种调节作用与笔者第二节的研究结果(何佳讯,2010)具有呼应之处,即"时新"个性有利于品牌进行远延伸。

(二)品牌延伸策略及评价

在管理应用上,本研究对中国本土品牌特别是老品牌的长期管理提供了新的策略性指引和启示。笔者先前的研究表明,中国老品牌具有突出的"仁和"个性,但其"时新"和"高雅"个性的评价总体较低,这与外资品牌的个性特征正好相反(何佳讯,2008a;何佳讯和丛俊滋,2008)。与此同时,基于笔者第二节的研究结果(何佳讯,2010),即老品牌拥有的突出的"仁和"个性认知并不直接有利于其进行远延伸和向上延伸,而其长远的市场开拓和基本发展战略规律所要进行的远延伸和向上延伸,又缺乏与之对应的突出的"时新"和"高雅"个性认知,于是就存在这样一个决策难题:到底是先进行品牌延伸,大力开发和推广新产品,通过延伸产品对母品牌的反馈效应实现品牌个性的改善,以提升对其"时新"或"高雅"个性的评价,还是先重塑品牌个性,为老品牌的延伸创造积极、合理的品牌个性条件。笔者曾提出两大决策的折中方案:推出老品牌新的子品牌,采用主副品牌战略,这样既解决了原有母品牌个性与新品类延伸之间可能存在的并不匹配的问题,又可以通过母子品牌的联合使用达到逐步改善母品牌形象的长期目标(何佳讯,2010)。本研究以大白兔推出的新品牌"优浓"为研究背景,这种延伸策略的确在一定程度上起到了对母品牌形象改善的反馈效用。但由于采用的是背书品牌策略而非来源品牌策略,故其母品牌资产对新品牌产品推广的积极促进作用被大大减弱了。在当前竞争激烈的市场上,这在很大程度上对新产品的生存和发展产生不利影响。

目前我们看到,在2010上海世博会期间冠生园以"大白兔"品牌直接进行品牌延伸,推出新产品晶彩糖。这是笔者先前提出的两大基本决策方案之一。先进行品牌延伸,尽管面临延伸并不成功的风险,但由于是同档次定位的近延伸,这种风险被大大减弱了。也就是说,这种延伸并不需要大白兔所并不具备的突出的"时新"或"高雅"个性作为支撑。因而与先重塑品牌个性,再进行品牌延伸的策略相比,花费的时间和营销投入相对更少,在实施上更为可行。根据本研究的新发现,大白兔所具有的突出的"仁和"个性,有利于让消费者把对延伸产品感知质量的评价更强地联系到其对母品牌信念的反馈评价上。对大白兔晶彩糖的营销策略进行分析,我们不难看到其采用了全方位的老品牌振兴策略(Lehu,2004;何佳讯和李耀,2006):新产品、新目标市场以及新传播策略。就产品而言,大白兔推出的是硬质糖果,采用双色浇注工艺,有别于其经典的牛奶软糖,其糖体又是双层圆体,不同于其原来的条形,而且以"晶彩糖"命名,确立独特的产品概念;就目标市场而言,大白兔晶彩糖主打都市年轻白领,有别于大白兔一贯以儿童及家庭为目标群体的策略；至于传播策略，新产品诉求于"宠爱"和"浪漫"，不同于其原来的"快乐分享"概念。这些策略的整合使用，让我们对"大白兔"不禁产生了焕然一新的感觉和看法，有效地促进了其"时新"形象元素的输入。根据本研究的新发现以及上文已经做出的解释，如果大白兔有效提高了"时新"个性评价，那么这种评价又会促进新延伸产品影响品牌延伸典型性评价的关系程度，其实质是加大了大白兔的品牌宽度，这又终将为其进行可能的向上延伸以及远延伸提供有利的品牌个性条件支撑和准备。由此看来，对于像"大白兔"这样的中国老品牌，既要保持原来突出的"仁和"个性评价优势，又要在提高"时新"个性评价上寻求突破，创建以这两大品牌个性为核心成分要素的新形象。

对于中国本土品牌，向上延伸和远延伸具有十分重要的意义。因为其成功与否，是检验品牌资产杠杆力、衡量品牌附加价值的重要方面。而中国本土品牌存在的普遍问题正是品牌资产薄弱、附加价值低下。中国本土品牌要真正走向世界，迈向世界级品牌，就必须突破这个重大瓶颈问题。本研究的结果蕴涵了与笔者第二节研究(何佳讯，2010)相似的管理含义：中国企业需要认识到，本土品牌的个性迫切要在突出的"仁和"评价的基础上，有效引入"时新"个性元素，以逐步改善甚至重塑原来的品牌形象。大白兔晶彩糖带给我们的启示正是在于：通过有效实施品牌近延伸而快速改善母品牌形象，即为母品牌着力输入"时新"元素，其关键做法由三方面组成：开发创新性产品、重新定义目标市场并设计新的传播策略。

第五章
品牌情感的结构及战略指引

　　过去 30 年来,大批学者研究消费行为中情感或情绪的问题,显现了其对于市场营销的重要性不断提升(Hirschman and Holbrook, 1982; Erevelles, 1998; Agarwal and Malhotra, 2005)。就品牌而言,消费者对之的情感正是形成品牌附加值的源泉,这就不难理解为什么情感品牌化成为当今深具影响力的品牌管理范式(Thompson, Rindfleisch and Arsel, 2006)。但从有关研究看,不同学者针对品牌情感的测量存在较大差异(Fournier, 1994, 1998; Chaudhuri and Holbrook, 2001, 2002; Thomson, MacInnis and Park, 2005),对这一构念的内涵并未形成一致看法。事实上,营销学界确实为情感/情绪的结构和内容这两个相关问题所困扰(Bagozzi, Gopinath and Nyer, 1999)。有关品牌情感的内涵和构成,将影响到在实证研究中对这一构念的使用,以及是否能够得到充足的、合理的解释。

　　本章试图以中国人的人际情感理论建立品牌情感构念及维度。同时为了客观地表明新的情感框架的有效性以及新的情感类型的作用,本章从品牌情感构念对品牌资产驱动关系的角度检验其实际效度。如果新的构念能够在揭示和解释消费者对国产品牌与国外品牌关系的差异上提供切实帮助,并因此而得到新的管理含义,那么确实表明了本土化理论建构的现实价值,从而为本土品牌的长期管理提供更有效的战略指引。

第一节　中国文化背景下品牌情感的结构

在消费者行为领域,有关情感/情绪的类型(分类与量表)及效度问题的探究似乎伴随着整个研究的历程(例如:Mehrabian and Russell,1974;Izard,1977;Plutchik,1980;Havlena and Holbrook,1986;Holbrook and Batra,1987;Richins,1997),学界对有关情感的测量评价取得了重要的共识。现有的情感/情绪量表和分类框架并未显现跨文化使用上的明显障碍。然而,尽管很多情绪的体验和认识在不同文化间是稳固的,但也同样存在着显著的差别(Aaker and Williams,1998)。这往往是由于截然不同的自我解构(self-construal)方式所致,产生对个体关注点的系统性文化差别(Triandis,1993)。这种差异经常性体现在东西方的文化对比中。以中国文化为背景,有关情感研究可以或者应该体现出与西方的差异,从而为更深入地认识情感及其作用提供更多证据。

中国文化“重情感”。所谓“重情”,是表明中国人在人际交往中,存在着“人情规范”的特色(杨中芳,2001a),这反映了社会取向的人际关系模式和处世原则,与西方存在着根本区别。相对于美国人所重视的“情爱”,中国人更重视伦理中所隐含的义务之“情”及维系一般生活运作所需的“人情”(Hsu,1971)。那么,对中国文化背景而言,这种带有普遍性的义务之情,即所谓的“应有之情”是否也体现在消费者与品牌的关系之中,从而为推进和完善品牌情感构念的理解和界定,也为跨文化视角的情绪/情感测量研究提供新的见解? 这正是本节的基本研究目的。

一、理论背景、构念建立与假设

(一)西方消费行为领域对情感/情绪测量的研究

情感和情绪在消费者行为领域得到了广泛的研究。情感(affect)通常定义为“有效价的(valenced)感觉状态”(Cohen and Aerni,1991;Erevelles,1998)。心情(mood)和情绪(emotion)为这种状态的形式。通常,消费情绪(consumption emotion)被定义为对现象的直接认识获取的主观体验,提供了对产品或服务的整体性的、体验性的信息(Chaudhuri,

1997)。对于品牌情感(brand affect)，Chaudhuri 和 Holbrook(2001)把它定义为普通消费者对品牌使用后产生正面情绪(emotional)反应的潜能。站在心理活动的角度，两者的区别是：消费情绪更多地与生理需要相联系，而品牌情感则是与社会性需要相关联。

大批学者对情绪的分类进行了广泛的、持续的研究(Laros and Steenkamp，2005)。生物学领域代表性的有 Izard(1977)提出差异化情绪量表(DES)，包括 10 种基本情绪，3 种为正面情绪，7 种为负面情绪；Plutchik(1980)从心理进化角度提出 8 种基本情绪，其中有 6 种与 Izard(1977)的一致，分别是害怕、愤怒、欢乐、悲伤、厌恶和惊奇。此外，Mehrabian 和 Russell(1974)从环境心理学背景提出基本情绪三维度，包括愉快(pleasure)、唤起(arousal)和支配(dominance)，简称 PAD 范式。

在消费行为领域，研究者们使用这些不同的情绪分类框架，讨论它们的合适性，并引发探究新的、更全面的消费情绪分类。Havlena 和 Holbrook(1986)通过消费体验真实材料的内容分析和统计，对比了 Mehrabian 和 Russell(1974)与 Plutchik(1980)的框架，结果表明前者比后者具有更好的外部收敛效度。Richins(1997)指出，当研究者感兴趣于测量潜在的情绪状态的维度而不需要了解具体的情绪类型时，PAD 量表更适合。这意味着不同的框架适用于不同的研究场合和目的。总的来说，对来源于生物学视角的情绪评价是否适合消费领域存在两种不同意见。一派观点倾向于有差别，其结果往往是发展出更多的、具体的消费情绪类型。如 Richins(1997)识别出了消费情绪项目(consumption emotion descriptors，CES)集合，包括 20 种类型。另一种情况倾向于相似，其结果表现为简约的维度。例如，Holbrook 和 Batra(1987)通过使用各种来源的情绪词库，识别出广告反应的三个基本情绪维度，与 PAD 范式一致。在有关消费体验的研究中，通常使用"愉快"和"唤起"维度(例如：Yüksel and Yüksel，2007)。

事实上，从具体的情绪状态到高等级的情绪维度，存在着从属、相关和层级关系。Laros 和 Steenkamp(2005)由此提出并验证消费情绪的三层结构框架。其最高或最抽象的层面仍为正面/负面情感的基本分类

(Watson, Clark and Tellegen，1988)。从现有研究看,正负基本维度经常性地被消费行为研究者所使用(例如,Chaudhuri，1997；Chebat and Slusarczyk，2005；Lee et al.，2008);也有把多种正面或负面的具体情绪类型(如高兴,有活力,兴奋和放松)联合成为正面或负面情绪维度进行研究(例如:Bagozzi and Dholakia，2006；Lee et al.，2008)。另一方面,也有学者研究具体的情绪与态度的关系,如 Aaker 和 Williams(1998)在跨文化背景中对比移情(empathy)和骄傲(pride)对于广告说服效果的影响。

从上可看出,西方学者对情绪/情感的基本类型和维度研究已相当成熟,尤其对于高等级的基本维度的确定尤为稳定。要对此现状有所突破,只有找出新的情绪/情感类型,最好归属于新的维度,并能为揭示和解释特定的消费态度提供新的帮助。跨文化的视角或许为我们提供了这样的机会和可能。

(二)中国人的情感特征、构成成分及现代演变

遵循消费情绪来源于人类基本情绪研究的传统(Izard，1977；Plutchik，1980),本文探究中国文化背景下消费者品牌情感的构成,试图借助本土社会心理学中有关中国人情感的理论。大批主张本土化研究的学者指出,中西方的情感构念存在根本差异(李美枝,1993;翟学伟,1993;杨中芳,2001a)。这为情感的跨文化研究视角奠定了坚实基础。

以儒家思想为精髓的中国文化追求建立和谐的社会秩序。体现在人际关系和交往中,人们在真实情感之外还普遍受到"人情规范"特色的作用(杨中芳,2001a)。这里的"人情"指人之"应有"的情感,是人们在日常生活中一种难以用语言直接表达清楚的,却又很有约束力的"义务感"(金耀基,1988)。正是出于本土文化对这一规范的重视,我们对界定中国人的情感内涵问题就不能像西方学者那样,只考虑由经验所产生的自发的感情,而必须要考虑到应该的、义务的这一层面的情感(杨中芳,2001a)。较早对中国人的"情"进行概念分析的学者胡先缙(Hu，1949,转引自杨中芳,2001a;何友晖等人,2007)就提出,中国人的"情"有两种:一是应有之情;二是真有之情。前者是根据社会人伦规范而应该具有或表现出的

情,是义务的、规范的情感,也称人情;后者是发自内心的情感,是真正的、自发的情感,也称感情。"应有之情"的存在,使得人们在现实生活中表达情感时,受情境和关系决定的因素影响,"情"与"礼"(规范)之间产生间隙和分离。有时我们知道按"礼"应该给某人"情",但心中并无这种"情"的存在。由此可看出,"应有之情"和"真有之情"具有分离的状态特征。另一方面,我们又要注意到,人情规范的普遍性又具有自由度与自主性(金耀基,1988)。生活在当今社会中的个体,并非都完全受到传统儒家伦理的影响,不可能同样程度地理解、赞同或遵循人情规范。"应有之情"的状态恰恰可以测量出个人与社会规范之间对应程度关系的实际差异。

通常,情(emotion)和理(reason)被看作是认识世界的两种独立的、又常常是互补的手段。在中国文化中,人情规范基于情感,却又超越了情感,含有与"情"对应的"理"的成分(何友晖等人,2007)。因此,中国文化中的情感内涵不仅是西方观念中局限于心理学认识角度的"情感",视为本能的生理反应,而延伸到了社会学的范畴(翟学伟,2005)。这表明中国人的情感构成中,在"真有之情"之外,普遍同时带有"应有之情"的成分。两者具有密切的关联性和运作的同时性。正如刘嘉庆等人(2005)的实证研究所表明的,华人人际关系中普遍存在的情感成分具有义务性质。杨中芳(Yang,1990)从学理上指出,真有之情和应有之情在人际交往中扮演不同的角色,但它们是同等的重要。针对同一个人,人们同时可以存有这两种情感,而且它们的关系不一定是互斥的或是互补的。运用真有之情和应有之情的双层结构,杨中芳(2001b)合理而完善地阐释了中国人的情感世界。

长期以来,中国传统文化中的人情规范起到了类似制度化的作用,"情理合一"或"情理兼顾"的处世原则具有普遍性,发挥了很强的社会功能。但是,随着经济和社会的发展和变革,情理合一的宗法血源根基已经逐渐瓦解。中国的现代性进程促使"情"和"理"呈现分离的趋势(彭泗清,1997;何友晖等人,2007)。作为社会规范的"理"不可避免地发生变化,即法理和事理逐步从伦理中分离出来,并日渐强大的过程。从这个趋势看,当前背景中的"应有之情"概念更清晰地反映了与西方世界中的"理"所对应的情感性质。

（三）品牌情感与中国文化背景中的品牌情感构念

品牌情感是研究品牌态度的核心构念。对于品牌情感的测量，Batra
和 Ahtola（1990）提出了品牌态度的双维度"享乐"（hedonic）和"实用"
（utilitarian），验证了量表的效度。这个基本分类成为研究者对控制变量
的常用设定。"享乐"其实就是反映与"理"对应的"情"。从有关研究对品
牌情感测量的实际操作看，大多体现为"享乐"的范畴，实质接近于"愉快"
这个基本维度。例如，在 Chaudhuri 和 Holbrook（2001，2002）的研究
中，品牌情感的测项有"当我使用这个品牌时，我感觉真好"，"这个品牌让
我高兴"，"这个品牌给我愉快"；还比如，在 Tsai（2005）的研究中，对品牌
的情感性价值的各个测项中含有"得到乐趣的""好心情""像朋友""快乐
感觉"等核心词汇。

从消费者与品牌关系的理论角度看，品牌情感构念又分化为很多新
概念，实际上对应于具体的、不同状态的情绪概念。Fournier（1994，
1998）首先在品牌关系质量的测量中引入人际关系概念中的"爱与激情"
构面，定义为"从热烈、喜爱到激情、迷恋、自私和强迫性依赖等范围里变
动的爱的感觉"。她指出，在支持品牌关系的持久性和深度上，"情感"要
比品牌偏好这个概念重要得多。十年后，Roberts（2004）提出"爱标"
（lovemark）之说，认为这个概念包括高度的尊重和高度的爱，超越了仅以
高尊重度为考量的传统品牌境界。Carroll 和 Ahuvia（2006）提出品牌之爱
（brand love），包含了对品牌的积极评价、依恋和激情。Thomson、MacInnis
和 Park（2005）则专门使用情绪性依恋（emotional attachments）构念，开发的
相应量表包括三个基本维度：喜爱（affection）、激情（passion）和联结
（connection）。这些新概念表达了品牌情感的高境界状态，也是品牌管
理者追求的至高目标。

然而，根据前述的有关中国人情感的双层结构理论，以及消费情绪来
源于人类情绪的基本研究，并与之通常一致的传统，加上人际关系理论在
中国已被证实适用于消费者与品牌关系情境中的基本前提（何佳讯，
2006d；何佳讯和卢泰宏，2007），本文认为，中国消费者对品牌的情感具

有与之类似的构成和结构特征,这与西方仅聚焦于内在自发的正面情感有所不同。笔者主张采用"真有与应有之情"构念来反映消费者与品牌的情感关系,它包含两个维度,即"真有之情"和"应有之情"。前者定义为在对品牌使用中,消费者由对品牌喜爱产生的难以控制的正面情绪反应,如吸引、高兴、愉快和乐趣等;后者定义为受文化规范影响(如爱国主义、家庭和传统、场合和礼节)而产生的义务上的感情。基于情感本土化的理论视角,我们有理由认为,揭示中国消费者的品牌情感,应该考虑纯粹亲密情感之外的"应有之情"才显得合理和完整。

依据个体对于情绪的知识和类别化加工(Shaver et al.,1987;Ruth,2001),情绪可以分为从具体到抽象的层级结构。高层次为正面和负面两类情绪/情感(Watson,Clark and Tellegen,1988);中间层为基本情绪,如 Izard(1977)和 Plutchik(1980)提出的分类。此外,还有从属的更多数量的特定情绪,如得意洋洋、爱、狂喜等。本文提出的真有之情与应有之情属于情绪的基本层面。它既非像正面和负面之分那样过于抽象,因而可以提供有关对象的更多信息(Laros and Steenkamp,2005),也非如爱、激情等特定情绪那样过于具体,因而具有适中的概括力和普遍性。根据 Ruth(2001)的研究,如果与品牌建立起这种基本层级的情绪联系,对品牌偏好态度将具有更大的协调效用(congruity effects)。

(四)品牌情感与品牌资产的基本关系及在中国背景中的理论假设

情感已被确认为消费行为的基本驱动因素(Hirschman and Holbrook,1982)。在品牌资产的形成和整体构成图景中,与更为传统的利益驱动相对应,品牌情感被看作是两条基本路线之一(Keller,2003a,2003b),这得到了许多实证研究的有力支持。

很多学者提出并验证了品牌情感对于品牌忠诚的正面作用关系。Chaudhuri 和 Holbrook(2001,2002)通过多阶段的数据收集和集合水平的统计分析表明,在品牌忠诚(承诺)及其结果的驱动过程中,品牌情感和品牌信任同时起到正面作用。这证实了建立品牌忠诚的两条基本路径。Thomson、MacInnis 和 Park(2005)验证了品牌情绪性依恋量表的三个基本维度"喜爱""激情"和"联结",对品牌忠诚和溢价支付意愿具有出色的预测效度。这表明,有关情绪的一些具体测度比一般态度或高层级的情绪构念具有更好的预测能力。Lee 等人(2008)验证了在节庆营销活动中正面情绪对忠诚的显著影响路径。Tsai(2005)在整体理解品牌购买价值的结构模型中,把情感性价值作为与象征性价值和交易价值并列的三种价值之一,结果表明都对重复购买意向产生显著正面作用。在中国市场中,于春玲等(2005)分析了与之类似的功能性价值、象征性价值和体验性价值对品牌忠诚的驱动作用。结果显示,在中国现代性水平较高的区域,象征性和体验性价值对品牌忠诚起到主要促进作用,而在现代性水平较低的区域,功能性价值成为品牌忠诚的主要驱动因素。这基本上肯定了在中国城市市场中,品牌情感对于品牌忠诚的显著正面作用。

品牌情感是品牌价值链的重要构成元素。从品牌价值的产生过程看(Keller and Lehmann,2003),首先开始于公司的营销活动,它影响顾客的知识,转而影响市场上的品牌表现,最终被金融市场确定价值。以情感为主线,营销活动塑造消费者对品牌的情感,品牌情感又影响消费者的品牌知识,表现为对品牌资产的驱动作用,并最终在产品市场和金融市场中体现出品牌的价值所在。在本文中,品牌情感界定为真有之情和应有之情,品牌资产重点研究品牌忠诚,而对于产品市场和金融市场中的绩效,以溢价支付意愿和品牌投资意愿这两个指标为代表。由此,本文提出这样的理论假设:

H1:在中国市场中,真有之情显著正面影响品牌忠诚,进而显著正面影响溢价支付意愿和品牌投资意愿。

H2:在中国市场中,应有之情显著正面影响品牌忠诚,进而显著正面影响溢价支付意愿和品牌投资意愿。

笔者通过实证研究曾提出,国产品牌在与本土消费者建立和保持长期关系上,存在着某种潜在优势和独特的本土化驱动因素,值得进一步研究(何佳讯,2006b)。第六章第一节对老字号的定性研究则表明,消费者对中国的老品牌怀有很强的"应有之情"(何佳讯,2007a)。这给了我们这样的启发,"应有之情"可能就是消费者保持对国产品牌忠诚的独特作用因素。对此笔者借用中国文化中人际关系的"差序格局"(费孝通,1985)

进行解释。对于不同的交往对象,人们根据亲疏远近,采用与关系类别相对应的交往法则与之互动(黄光国,2006a)。在消费者与品牌关系情形中,人们对国产品牌和国外品牌的关系类似于"家人"和"外人"的既定关系。对于关系愈为亲近的对象,受规范影响的强度越大,亦即"应有之情"愈高(杨宜音,2001,p.139;杨中芳,2001a,p.349)。这就是为什么在通常情况下,国产品牌比国外品牌具有更常有的应有之情。

另一方面,中国本土企业在品牌管理方面存在很多常见错误或误区。主要有:市场份额的成长依赖于低价渗透(Doctoroff,2004),而价格战正是破坏消费者与品牌情感联系的重要原因;习惯于从"制造商角度"而非"消费者角度"进行传播,因而无法切合消费者的动机和偏好引发情感共鸣(Doctoroff,2004);常常采取以产品为焦点而非价值导向的品牌管理思维(陆定光,2002);不知道如何从消费者情感反应的抽象层面衡量品牌的成功(唐锐涛,2003),等等。这些误区的存在表明中国本土品牌还普遍缺乏以真有之情建立品牌忠诚度的有效手段。于春玲等人(2007)的研究表明,在多个品类中,国产品牌在"品牌喜爱"维度上的评价基本上都低于国外品牌。由此可以做出推断,与真有之情相比,应有之情对维系消费者与国产品牌的长期关系发挥了更重要的作用。本文提出如下假设:

H3:在中国市场中,对于国产品牌而言,应有之情比真有之情更重要地对品牌忠诚产生显著正面作用,进而正面显著影响溢价支付意愿和品牌投资意愿。

笔者的探索性研究曾表明,国外品牌与国产品牌相比,前者更多地与消费者建立真有之情高和应有之情低的关系类型(何佳讯和卢泰宏,2007)。这概与国外品牌更频繁和熟练地通过情感营销的方式在中国市场建立品牌有关。FCB Worldwide(2002)的调查数据表明,内地的消费者认为国际品牌比许多本地品牌更能切合他们的要求,对这些国际品牌的选择是出于情感的联系而非因为他们是市场主导的品牌。对中国消费者而言,国外品牌并没有通过应有之情维系品牌忠诚的既定基础。因此,可以做出这样的推断:在消费者对国外品牌的品牌忠诚度上,真有之情发挥了比应有之情更重要的作用,进而影响品牌资产的两个重要结果溢价

支付意愿和品牌投资意愿。由此,本文提出的这样的假设:

H4:在中国市场中,对于国外品牌而言,真有之情比应有之情更重要地对品牌忠诚产生显著正面作用,进而正面显著影响溢价支付意愿和品牌投资意愿。

上述的理论假设正是用于检验本土化视角对于品牌情感构念界定的合理性,以及在应用上的独特性和有效性。下面,我们即开展两项研究。首先是发展品牌情感的测量以及评价双维度结构的拟合优度;其次是检验双维度情感结构对于品牌资产的预测效力,以及在中外品牌态度上的作用差异。

二、 中国消费者品牌情感结构的实证

在本研究中,笔者以品牌情感构念的双维结构发展量表及相应测项,通过在消费品类中的实际测试,评估量表的信度和效度。特别通过验证性因子分析,比较中国文化背景中品牌情感的单维与双维结构的拟合优度。

（一）测项产生及内容效度

本研究的品牌情感测项以中国消费者—品牌关系质量(CBRQ)量表(何佳讯,2006d,参见第九章)中的"真有之情"与"应有之情"为基础。该量表中的"真有"与"应有之情"维度共有五个测项,其中,"这个品牌对我有很大的吸引力","我常常情不自禁地关心这个品牌的新情况","我一看到这个品牌,就有种亲切的感觉"为"真有之情"的测项,它们相应地反映了正面情绪中的吸引(attraction)、激情(passion)与欲望(desire)(Shaver et al.,1987;Storm and Storm,1987),以及亲密(intimacy)(Sternberg,1986,1987),这些情感与品牌之爱的成分十分接近(Carroll and Ahuvia,2006);"为了一直使用这个品牌,我愿意做出小小的牺牲"以及"我觉得自己应该使用这个品牌"为"应有之情"的测项。前者表达的是消费者出于伦理规范的考虑和义务感的动机而愿意牺牲个人利益的态度,自我牺牲是义务性情感的表达途径之一(杨中芳,2001a,p.349),后者则从总体上测量"应有之情"。

在本研究中,为了进一步提高这两种情感的内容效度,拟在"真有之情"中增加测项"当我不再使用这个品牌时,我心里感觉好像失去了什

么",它反映情感依赖的主要特征"与依恋对象的分离会产生焦虑"(Thomson，MacInnis and Park，2005)。早在 Fournier(1994，p.215)的品牌关系质量量表中,它是"热烈依恋"(passionate attachment)构面的一个测项。这样,本研究的"真有之情"更全面地反映与品牌钟爱有关的基本情绪。在"应有之情"构面中,笔者拟增加两个测项"这个品牌既适合自己,也迎合了他人对我的看法"以及"使用这个品牌,是与我自己的身份相符的"。前者反映在"社会取向"的文化中,消费者出于"关系自我"表达的需要(何友晖等,1991)而与品牌建立的情感关系。后者反映在中国这样的高权力距离文化中(Hofstede，2001),消费者把品牌的档次与自己所处的社会等级联系起来,试图保持两者之间对应性的情感特征(何佳讯,2007a),从而让合适的品牌使用行为表达和强化自我概念。这样,本研究的四个测项更全面地体现中国文化中"应有之情"的实际内涵。由此,中国消费者的品牌情感量表(Chinese Brand Affect Scale，CBAS)由"真有之情"和"应有之情"两个维度共八个测项构成。

(二)样本和数据收集

本研究以快速消费品奶糖为测试品类。与很多消费品行业一样,在我国的糖果工业中同样存在着中外品牌竞争的普遍问题。本研究选择确定这个品类中市场份额名列前茅的大白兔、阿尔卑斯、悠哈、金丝猴和喔喔五个中外品牌为测试品牌,采用入户的方式对上海、武汉、成都三城市的消费者进行问卷调查,对被试的要求是近 6 个月以来最经常购买的奶糖品牌属于这五个品牌之列,然后选择其中的一个品牌进行答题。对于被调查者的家庭月收入要求武汉、成都两地在 2 500 元以上,上海在 3 500元以上。数据收集时间开展于 2007 年 5—6 月。

累计发放问卷 1 300 份,回收有效问卷 1 044 份,有效率为 80.3%。其中上海 300 份(28.7%),武汉 432 份(41.4%),成都 312 份(29.9%)。从年龄分布看,18—24 岁为 353 位(33.8%),25—29 岁为 231 位(22.1%),30—39 岁为 238 位(22.8%),40—49 岁为 222 位(21.3%)。由于奶糖的成年消费者以女性为主,我们事先对被访者的男女性别进行了 3：7 的配额控制,实际结果为男性占 34%,女性占 66%。在职业分布上,除 26.6% 为学生、

4.2%为全职家庭主妇外,其余均为各类行业和岗位性质的在职人员(69.2%)。在婚姻状况上,总样本的48.9%为未婚/单身,51.1%为已婚。

从测试品牌分布看,大白兔为462份(44.3%)、阿尔卑斯364份(34.9%)、悠哈97份(9.3%)、金丝猴66份(6.3%)和喔喔55份(5.3%),这与这些品牌的实际市场份额地位大致相当,国产的大白兔和外资的阿尔卑斯是国内市场上最强大的两大奶糖品牌。从中外品牌样本数看,国产品牌(大白兔、金丝猴和喔喔)的样本为583份(55.8%),国外品牌(阿尔卑斯和悠哈)的样本为461份(44.2%),两者比例大致相当。

为更好地检验有关构念的稳定性,本研究中的所有统计都把总样本随机分为两个50%的子样本进行计量和对比。

(三)项目分析与信度评估

所有测项都采用Likert7点尺度计量。首先,笔者把全部样本随机分为两个子样本进行项目分析。在两个子样本中,所有项目与总体的相关系数都大于0.4,并且删除后的Cronbach α值并不能提高,因此,所有8个测项全部保留。总量表和分两表的Cronbach α系数在两个子样本中都高于Nunnally(1978)认为的可接受的最小信度值的边界0.70,显示量表具有可接受的内部一致性信度(见表5-1)。

表5-1　两个子样本中CBAS量表的信度和相关统计量

成分	量表测项		随机50% 子样本($n=519$)			余下50% 子样本($n=525$)		
			该题与总分相关	删除该题后内部一致性系数	内部一致性系数 α	该题与总分相关	删除该题后内部一致性系数	内部一致性系数 α
真有之情	RE1	当我不再使用(吃)这个品牌时,我心里感觉好像失去了什么。	0.481	0.657	0.711	0.543	0.624	0.713
	RE2	这个品牌对我有很大的吸引力。	0.500	0.647		0.506	0.648	
	RE3	我常常情不自禁地关心这个品牌的新情况。	0.536	0.621		0.511	0.644	
	RE4	我一看到这个品牌,就有种亲切的感觉。	0.473	0.660		0.443	0.684	

（续表）

成分	量 表 测 项		随机 50% 子样本($n=519$)			余下 50% 子样本($n=525$)		
			该题与总分相关	删除该题后内部一致性系数	内部一致性系数 α	该题与总分相关	删除该题后内部一致性系数	内部一致性系数 α
应有之情	AE1	这个品牌既适合自己,也迎合了他人对我的看法。	0.479	0.743	0.758	0.513	0.737	0.765
	AE2	使用(吃)这个品牌,是与我自己的身份相符的。	0.637	0.657		0.597	0.692	
	AE3	为了一直使用(吃)这个品牌,我愿意做出小小的牺牲。	0.569	0.696		0.552	0.716	
	AE4	我觉得自己应该使用(吃)这个品牌的产品。	0.545	0.709		0.598	0.692	
总量表 Cronbach α 值			0.836			0.846		

（四）因子结构与效度

为探明量表的因子结构,笔者首先对第一个随机子样本采用正交主成分法进行探索性因子分析[$\chi^2 = 1\,257.63(df = 28)$, sig. $= 0.000$, $KMO = 0.878$],得到一个因子,方差贡献为 46.954%。这表明"真有之情"与"应有之情"同属一个因子。为更好地对此进行验证,并与根据本文理论假设提出的双维度结构进行优劣比较,笔者设定单维度结构(同源模型)与双维度结构两个模型,对第二个子样本采用最大似然法,通过 LISERL8.51 软件进行验证性因子分析。同时,为表明模型结构的稳定性,笔者也对第一个子样本也进行类似的模型对比分析。表 5-2 给出了有关的拟合指标。

表 5-2 CBAS 测量模型的拟合指标

	绝对指数				相对指数		简约指数	
	$\chi^2(df)$	χ^2/df	RMSEA	GFI	NNFI	CFI	PNFI	PGFI
第一个子样本($n=519$)								
单维度结构	113.95(20)	5.69	0.094	0.95	0.91	0.93	0.66	0.53
双维度结构	105.45(19)	5.55	0.093	0.95	0.91	0.94	0.63	0.50
第二个子样本($n=525$)								
单维度结构	83.46(20)	4.17	0.076	0.96	0.94	0.96	0.67	0.53
双维度结构	79.97(19)	4.21	0.078	0.96	0.94	0.96	0.64	0.51

对双维度结构与单维度结构作比较,从表 5-2 各项指标可看出,对于第二个子样本而言,χ^2 的减少($\Delta\chi^2_{(1)}=3.49$)达到 $p < 0.1$,但未达到 $p < 0.05$ 的显著水平,绝对拟合指数 χ^2/df 值略大;近似误差均方根 RMSEA、拟合优度指数 GFI、非规范拟合指数 NNFI、比较拟合指数 CFI 几乎完全相同,而简约规范拟合指数 PNFI 和简约拟合优度指数 PGFI 略差,但没有达到 0.06—0.09 的实质性差异的程度(黄铭芳,2005,p.157)。对于第一个子样本,χ^2 的减少($\Delta\chi^2_{(1)}=8.5$)达到 $p < 0.005$ 的显著水平,χ^2/df 值略小,其他各项指标几乎相同,并无重要差异。综上可认为,在中国文化背景中,品牌情感的双维度结构与单维度结构有差异,在模型拟合优度上旗鼓相当,双维度比单维度略优。这个结果既表明笔者在以前的研究中,以"真有之情"与"应有之情"单维度结构(何佳讯,2006a)作为品牌情感测量的合理性,也表明在本文研究中,进一步把"真有与应有之情"区分为两维结构的建设性意义。

接下来检验 CBAS 的建构效度。对照 Bagozzi 和 Yi(1988)的提议,表 5-3 显示大多数观察变量在它们设定的潜变量上的载荷系数接近或超

表 5-3　CBAS 的验证性因子分析结果:变量载荷、组合信度和平均方差析出量

	第一个子样本				第二个子样本			
	标准化载荷(T 值)	标准误差	ρ_c	ρ_V	标准化载荷(T 值)	标准误差	ρ_c	ρ_V
真有之情								
RE1($\lambda_{1,1}$)	0.70(16.71)	0.08			0.71(17.48)	0.07		
RE2($\lambda_{2,1}$)	0.60(13.81)	0.07	0.73	0.41	0.65(15.55)	0.11	0.74	0.42
RE3($\lambda_{3,1}$)	0.71(17.14)	0.08			0.66(15.76)	0.08		
RE4($\lambda_{4,1}$)	0.54(12.08)	0.09			0.55(12.68)	0.10		
应有之情								
AE1($\lambda_{5,2}$)	0.54(12.30)	0.08			0.62(14.71)	0.10		
AE2($\lambda_{6,2}$)	0.76(18.82)	0.09	0.77	0.45	0.73(18.03)	0.08	0.79	0.48
AE3($\lambda_{7,2}$)	0.74(18.44)	0.08			0.71(17.42)	0.09		
AE4($\lambda_{8,2}$)	0.69(16.69)	0.08			0.72(17.78)	0.09		
Φ_{21}	0.94(39.43)	0.02	—	—	0.96(43.54)	0.02	—	—

过 0.71，t 值在 12.08—18.82 之间，表明各变量具有良好的收敛效度（convergent validity）。此外，两个因子的组合信度（ρ_c）都超过 0.60，也为收敛效度提供了良好证据。但平均方差析出量（AVE）略低于 0.50 的要求。

在两个随机子样本中，真有之情和应有之情这两个潜变量（Φ_{21}）的相关度很高，我们通过多种方法来检验它们的区分效度（discriminant validity）。首先按 Anderson 和 Gerbing(1988)的建议，在 95％置信水平下，潜变量之间相关性数值的置信区间都不能包括 1。经计算，第一个子样本为（Φ_{21}）=[0.90；0.98]，第二个子样本为（Φ_{21}）=[0.92；0.99]，这说明量表具有区分效度。再进一步按照 Fornell 和 Larcker(1981)的方法，要求每个潜变量的平均方差析出量（AVE）都超过潜变量之间的相关系数的平方。经计算，在两个子样本中，两个潜变量的 AVE（ρ_v）都小于（Φ_{21}）^{2}，表明区分效度并非理想。这印证了上述有关单维度结构与双维度结构的拟合优度相似的结果，即"真有之情"与"应有之情"处于"可分"与"不可分"之间的状态。这个性质对理解中国文化背景中的品牌情感结构是非常重要的。

此外，再用 CBAS 对中外品牌态度的差异进行评价，以检验量表在应用上的区分效度。结果见表 5-4。在两个子样本中，两种情感在国产

表 5-4 CBAS 量表的区分效度

分量表	随机 50％子样本（n=519）						余下 50％子样本（n=525）					
	国产品牌（n=288）		国外品牌（n=231）		T 检验		国产品牌（n=295）		国外品牌（n=230）		T 检验	
	M	S.D.	M	S.D.			M	S.D.	M	S.D.		
真有之情	4.28	1.12	3.86	1.12	4.16 ***		4.14	1.13	3.89	1.21	2.50 *	
应有之情	4.02	1.18	3.65	1.22	3.49 ***		3.81	1.15	3.85	1.29	−0.32	
配对 T 检验	4.59 ***		3.15 **		—		6.52 ***		0.69		—	
分量表	大白兔（n=239）		阿尔卑斯（n=182）		T 检验		大白兔（n=223）		阿尔卑斯（n=182）		T 检验	
	M	S.D.	M	S.D.			M	S.D.	M	S.D.		
真有之情	4.36	1.12	3.74	1.20	5.42 ***		4.23	1.12	3.87	1.16	3.16 **	
应有之情	4.08	1.20	3.53	1.20	4.65 ***		3.81	1.16	3.80	1.21	0.07	
配对 T 检验	4.38 ***		2.73 **		—		6.78 ***		0.99		—	

注：*，**，*** 分别表示显著性水平为 0.05，0.01 和 0.001（双尾）。

品牌和国外品牌之间基本上都存在显著差异。对于同一类或同一个品牌，消费者在两种情感上的评价也大多存在显著差异。

最后对量表进行法理效度（nomological validity）的检验，即根据先前的研究所识别的理论上的支持关系，对研究构念进行评价，确定量表是否得到相应的结果。本研究采用两种情感类型与品牌关系类型之间的相关性进行验证。品牌关系存在"家人关系""好朋友关系""合作伙伴关系"和"熟人关系"四种基本类型。依据理论的建构，"家人关系"为"真有与应有之情"均高的类型；"好朋友关系"为"真有之情"高、"应有之情"低的类型，反之为"合作伙伴关系"的类型；而"熟人关系"为"真有与应有之情"均低的类型（何佳讯和卢泰宏，2007）。本研究测量了两种构念之间的关系，结果表明，两个子样本中的相关性高低情况与理论建构完全一致（见表5-5）。也就是说，"真有之情"与"应有之情"这两种品牌情感的确能够预测不同的品牌关系。

表 5-5　CBAS 与品牌关系类型的相关性

	家人关系	好朋友关系	合作伙伴关系	熟人关系
随机 50%子样本（$n=519$）				
真有之情	0.492 **	0.444 **	0.185 **	0.048
应有之情	0.458 **	0.376 **	0.230 **	−0.036
余下 50%子样本（$n=525$）				
真有之情	0.459 **	0.389 **	0.259 **	0.069
应有之情	0.467 **	0.340 **	0.293 **	0.105 *

注：*，** 分别表示显著性水平 0.05 和 0.01（双尾）。

综上，中国消费者的品牌情感可以由"真有之情"和"应有之情"构成，对此进行测量的量表（CBAS）信度和效度基本都达到有关要求，但区分效度略差，这正是表明在中国文化背景中两种情感的特殊密切关系。通过拟合优度的比较，指标显示 CBAS 双维度结构的合理性和有效性。

第二节　品牌情感对品牌资产的作用及中外品牌差异

接下来的研究拟进一步检验两种品牌情感类型对品牌资产的预测作用,并特别区分国产品牌和国外品牌,以揭示两者在品牌情感驱动方式上的不同之处,试图从新的角度论证中外品牌资产存在差异的重要原因。

一、数据分析与结果

(一)测量设计与操纵程序

本研究采用的调查样本和数据来源与第一节相同,这里交代有关因变量的设定和操纵,以及结构方程模型的构成。

由于第一节的结果已表明核心构念的稳定性,因此本研究不再以两个 50%随机的子样本进行统计,而是主要以总样本以及反映中外品牌对比的两个子样本进行。后者从两个角度进行,一是总体对比,选择总样本中全部的国产品牌样本(三个品牌,共 583 个样本)和国外品牌样本(两个品牌,共 461 个样本);二是个别品牌对比,选择总样本中的大白兔品牌(462 个样本)和阿尔卑斯品牌(364 个样本)。

根据本文的理论假设,本研究确定"品牌忠诚"作为衡量品牌资产的变量,选择常用的"溢价支付意愿"作为品牌资产结果的变量,并自行开发"品牌投资意愿"构念作为新的品牌资产结果变量。根据 Keller 和 Lehmann(2003)的"品牌价值链"(BVC)模型,品牌情感作为品牌资产的来源,为外生变量;品牌忠诚、溢价支付意愿、品牌投资意愿为内生变量,它们形成三层因素的价值链关系结构。所有变量的测项都采用 Likert7 点尺度计量。

品牌忠诚的测量采用 Yoo 和 Donthu(2001)开发的多维品牌资产量表中的有关测项,共三句"我认为自己对该品牌是忠诚的""这个品牌是我的首选"以及"如果商店里有这个品牌,我不会购买其他品牌"。经过项目分析后全部保留,在总样本中的 Cronbach α 值为 0.741。"溢价支付意愿"采用 Netemeyer 等人(2004)研究中的测项和计量方法,原有四个测项,在总样本中的 Cronbach α 值为 0.596,经过项目分析后保留两句用于本研究计量,它们分别是"我愿意购买这个品牌的产品,即使它的价格要比其他品牌高一些"以及"在奶糖中,与其他品牌相比,我愿意为这个品牌花费更多",Cronbach α 值提高到 0.750。自行开发的"品牌投资意愿"量表共有四个测项,在总样本中的 Cronbach α 值为 0.770,经过项目分析后保留两句"如果这个品牌上市,我打算长期持有它的股票"和"如果这个品牌上市,我会购买它的股票",Cronbach α 值提高到 0.820。图 5-1 为本研究设定的结构模型与路径关系。

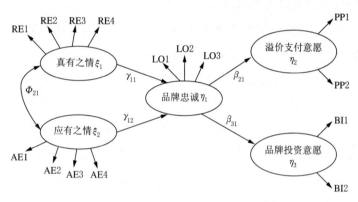

图 5-1   基于品牌情感的品牌资产驱动模型

(二)变量测量的信度和效度

首先采用验证性因子分析衡量结构方程中所有变量的信度和效度。使用 LISREL8.51 软件的最大似然法,其生成的完全标准化结果显示,大部分测项在相应的潜变量上都具有超过 0.71 的载荷,T 值的范围在 18.62—28.18 之间,表明各变量具有足够的收敛效度(见表 5-6)。整个测量模型的拟合优度除了 χ^2/df 为 5.49,略高于 2.0—5.0 的范围(侯杰泰等人,2004,p.156)外,其他指标都达到"好"模型的接受要求。在总体拟合度上,拟合优度指数 GFI 为 0.94,调整后的拟合优度指数 $AGFI$ 为 0.91;在相对拟合度上,非规范拟合指数 $NNFI$、规范拟合指数 NFI 和比较拟合指数 CFI 分别为 0.93、0.93 和 0.94;简约规范拟合指数 $PNFI$ 和简约拟合优度指数 $PGFI$ 分别为 0.71 和 0.63。与此同时,近似误差均方根 $RMSEA$ 为 0.069。

表 5-6　结构模型的 CFA 结果:变量载荷、组合信度和平均方差析出量

潜变量	观察变量	标准化载荷	T 值	测量误差	ρ_c	ρ_v
真有之情	RE1	0.69	23.77	0.52	0.74	0.41
	RE2	0.64	21.61	0.59		
	RE3	0.66	22.44	0.56		
	RE4	0.58	19.00	0.67		
应有之情	AE1	0.56	18.62	0.68	0.78	0.47
	AE2	0.71	24.78	0.50		
	AE3	0.72	25.51	0.48		
	AE4	0.74	26.46	0.45		
品牌忠诚	LO1	0.74	25.76	0.45	0.76	0.52
	LO2	0.73	24.99	0.47		
	LO3	0.69	23.54	0.52		
溢价支付意愿	PP1	0.77	24.91	0.41	0.78	0.64
	PP2	0.83	27.08	0.31		
品牌投资意愿	BI1	0.87	28.18	0.24	0.84	0.73
	BI2	0.84	27.06	0.30		

注:测量模型(5 个构念 15 个指标)的拟合优度为:$\chi^2_{(80)} = 439.22$, $RMSEA = 0.069$, $GFI = 0.94$, $AGFI = 0.91$, $NNFI = 0.93$, $NFI = 0.93$, $CFI = 0.94$, $PNFI = 0.71$, $PGFI = 0.63$。

此外,表 5-6 还报告了各个潜变量的组合信度(ρ_c)和平均方差析出量(ρ_v)。作为内部一致性的可靠度测量,5 个潜变量的 ρ_c 在 0.74—0.84 之间,都大于 Bagozzi 和 Yi(1988)提出的 0.60 以上的要求。对于平均方差析出量(ρ_v),真有之情和应有之情这两个潜变量略低于 0.50,其他三个潜变量都大于 0.50 的要求(Fornell and Larcker, 1981)。基本上,所有 15 个测项对于设定模型中的 5 个研究构念是可靠和有效的。

(三) 结构模型的拟合度、恒定性及路径分析

接下来为本研究的核心内容。首先对总样本进行结构模型的拟合优度评价。除了 χ^2/df 为 5.65,略高于 2.0—5.0 的范围(侯杰泰等人,2004,p.156)外,其他指标都达到"好"模型的要求(见表 5-7)。为检验模型的恒定性,笔者按地区(三个子样本)、中外品牌类别(两组,共四个子样本)分别进行拟合度的评价。结果表明,除了武汉样本的 RMSEA、GFI

和 NNFI,成都样本的 RMSEA 和 NNFI 指标略差于良好模型的要求外,其他所有子样本的各项指标都达到了良好模型的理想要求。综上可认为,理论假设模型具有整体建构效度,并且模型具有稳定性和强韧性。

表 5-7　结构模型的拟合度及恒定性

	绝对指数				相对指数		简约指数	
	$\chi^2(df)$	χ^2/df	RMSEA	GFI	NNFI	CFI	PNFI	PGFI
全部样本($n=1\,044$)	480.06(85)	5.65	0.071	0.94	0.92	0.94	0.75	0.66
上海市场($n=300$)	183.83(85)	2.16	0.069	0.92	0.93	0.94	0.73	0.65
武汉市场($n=432$)	348.23(85)	4.10	0.092	0.89	0.87	0.90	0.70	0.63
成都市场($n=312$)	264.83(85)	3.12	0.082	0.90	0.88	0.90	0.70	0.64
中资品牌($n=583$)	365.61(85)	4.30	0.080	0.92	0.90	0.92	0.73	0.65
国外品牌($n=461$)	247.10(85)	2.91	0.067	0.93	0.93	0.94	0.74	0.66
大白兔($n=462$)	293.97(85)	3.46	0.079	0.91	0.90	0.92	0.72	0.65
阿尔卑斯($n=364$)	207.98(85)	2.45	0.066	0.93	0.93	0.94	0.73	0.66

图 5-2 呈现了模型在总样本中各个潜变量之间的标准化路径系数结果。结果显示,除了应有之情→品牌忠诚的标准化路径系数没有通过显著性检验($\gamma_{12}=0.32$,$T=1.52$)外,其他路径关系均通过显著性检验。真有之情不但直接作用于品牌忠诚,影响系数为 $0.51(T=2.37)$,也通过品牌忠诚间接影响溢价支付意愿,影响系数为 $0.36(T=2.36)$。品牌情感解释了品牌忠诚变异的 67%,品牌忠诚又分别解释了溢价支付意愿和品牌投资意愿的 49% 和 31%。这个结果表明,从总体上看,真有之情是驱动品牌忠诚及其结果的实质性因素,而相比之下应有之情不起显著作用。总体上,本文的假设 H1 得到验证,而假设 H2 没有得到支持。

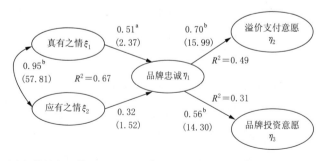

注:括号内的数据为 T 值。[a] $p<0.05$;[b] $p<0.001$。

图 5-2　基于品牌情感的品牌资产驱动模型路径分析结果

（四）基于中外品牌子样本的品牌情感影响作用比较

最后,笔者以中外品牌子样本的数据,分别对模型的路径系数进行对比分析。结果表明,在国产品牌样本中,应有之情显著影响品牌忠诚($\gamma_{12}=0.71$, $T=2.11$, $p<0.05$),而真有之情对品牌忠诚的影响不显著($\gamma_{11}=0.09$, $T=0.25$);与此相反,在国外品牌样本中,真有之情显著影响品牌忠诚($\gamma_{11}=0.98$, $T=3.03$, $p<0.01$),而应有之情对品牌忠诚的影响不显著($\gamma_{12}=-0.13$, $T=-0.40$)。从个别中外品牌对比看,对于国产品牌大白兔样本,应有之情对品牌忠诚的影响达到边际显著($\gamma_{12}=0.43$, $T=1.64$, $p=0.1$),真有之情对品牌忠诚的影响不显著($\gamma_{11}=0.34$, $T=1.27$, $p>0.1$);对于国外品牌阿尔卑斯样本,真有之情显著影响品牌忠诚($\gamma_{11}=0.73$, $T=2.60$, $p<0.01$),但应有之情对品牌忠诚的影响不显著($\gamma_{12}=0.09$, $T=0.33$, $p>0.1$)。有关统计量详见表 5-8。

表 5-8　基于中外品牌样本对比的模型路径分析结果

路径关系	参数	中资品牌 ($n=583$)		国外品牌 ($n=461$)		大白兔 ($n=462$)		阿尔卑斯 ($n=364$)	
		系数	T 值	系数	T 值	系数	T 值	系数	T 值
真有之情→品牌忠诚	γ_{11}	0.09	0.25	0.98[c]	3.03	0.34	1.27	0.73[c]	2.60
应有之情→品牌忠诚	γ_{12}	0.71[b]	2.11	-0.13	-0.40	0.43[a]	1.64	0.09	0.33
品牌忠诚→溢价支付意愿	β_{21}	0.73[d]	12.28	0.67[d]	9.76	0.76[d]	11.53	0.66[d]	8.51
品牌忠诚→品牌投资意愿	β_{31}	0.59[d]	11.35	0.51[d]	8.07	0.56[d]	9.31	0.50[d]	7.94

注:[a] $p<0.1$; [b] $p<0.05$; [c] $p<0.01$; [d] $p<0.001$。

由此可看出,不同品牌情感对于品牌资产的驱动作用在中外品牌上具有差异。对于国产品牌,应有之情比真有之情更重要地对品牌忠诚及结果产生影响,假设 H3 得到支持。相反,对于国外品牌,真有之情比应有之情更重要地对品牌忠诚及结果产生影响,假设 H4 得到支持。这个结果正是表明了中外品牌在建立品牌资产路径上的根本差异。

二、结论与战略指引

本章发展了中国文化背景中消费者品牌情感的测量量表(CBAS),对其单维结构和双维结构进行了验证和对比,确认了双维结构的建设性意义,并以此探究了其对品牌资产的驱动作用,同时以奶糖品类为例证实了中外品牌建立品牌资产的情感方式差异。这项研究扩展了消费者行为研究领域对正面情感的性质和类型的认识,为营销者如何理解以可选择的差异化营销方式建立消费者与品牌的关系提供了新的视角。特别地,在以国外品牌为竞争参照体系下,对本土企业提升品牌竞争力提供了关键性的管理启示。

（一）中国消费者的品牌情感构成及特征

本章的研究表明,中国消费者的品牌情感由"真有之情"和"应有之情"这两种性质的情感方式构成,它们密切相关,处于"可分"和"不可分"的中间状态。这呼应了中国人的人际情感的普遍性特征,即情感中含有的义务性质(刘嘉庆等人,2005)。这个结论也为人际情感构念和理论适用于消费者—品牌关系领域提供了新的证据。

"真有之情"是消费者为品牌的表现而吸引,与品牌产生没有距离的亲密感和不可分离的依恋感,对品牌抱有介于"喜爱"(liking)至"爱"(love)之间的热烈情感。这种情感的产生是出于消费者内心的真正需要,也是良好的持续性品牌塑造活动的结果。而"应有之情"是消费者受到无形的外在力量的驱使,对品牌形成的义务和应该层面上的情感。这种外在的无形因素可以是多方面的。一是出于社会规范的考虑,如送礼、婚礼等特定场合的需要,广义上是从社会关系中他人评价的角度考虑,对选择品牌的情感状态;二是受既定关系和环境的影响,如家庭使用和代际传承,表现出对某个品牌习惯性使用中形成的情感状态,这种品牌关系类似于Fournier(1994,1998)概括的亲戚关系(kinships);三是遵循关系交往中的"差序格局"和亲疏远近规则(费孝通,1985;黄光国,2006a),对本国或本地品牌给予更多的信任和正面评价。这可称之为既有情感的关系形态(周志民,2007),也可理解为民族中心主义的因素,表现出对国货偏好的积极影响(王海忠,2003)。以上这些应有之情都可以对消费者与品牌(尤其是国产品牌)形成长期的甚至是排他性的承诺关系产生正面影响。

通常情况下,"真有之情"和"应有之情"两者也不是非此即彼的关系,而是呈高度关联的状态。也就是说,尽管两者的确存在着性质上的差异(内容效度和表面效度),但实际上消费者在评价品牌的时候把两者交织在一起。这与中国消费者普遍的情感方式有关。在中国文化背景中,关系质量最理想的情形是"真有之情"和"应有之情"的融合,中间没有间隙(何佳讯和卢泰宏,2007)。但同时,两者的不同性质又为塑造特定的消费者—品牌关系提供了可能。例如,通过营销活动强化真有之情,弱化应有之情,恰当地分离两者的联系,可以为塑造"刺激"的品牌个性提供有力支持。因此,通过营销设计和投入,调节两者情感的不同比重,可以与消费者建立相应的情感关系类型,实现确定性的营销目标。

(二)品牌情感作为品牌资产的重要驱动因素

本章的研究初步揭示了两种情感对品牌资产的作用角色。尽管"真有之情"和"应有之情"都是客观存在,但有证据和理由相信,与应有之情相比,真有之情是更为本源性的驱动品牌资产的先行因素。在本研究中,应有之情在整个结构模型中对品牌忠诚的作用并不显著($\gamma_{12}=0.32$, $T=1.52$)。但在中国消费者与国产品牌的关系中,有证据表明应有之情仍显得比真有之情更为重要,成为驱动品牌资产的主导力量。因此可认为,真有之情是一项具有普适性的品牌资产驱动因素,类似或接近于西方背景中"爱与激情"(Fournier,1994,1998),"品牌之爱"(Roberts,2004;Carroll and Ahuvia,2006)或"品牌依恋"(Thomson,MacInnis and Park,2005)的概念。而应有之情是具有中国本土意义的情感成分概念,它具有文化上的特殊性和发生作用的条件性。从建立品牌资产的一般角度看,管理者要重视与消费者建立真正的品牌情感,理解真有之情的本质,掌握建立真有之情的营销方式和工具。另一方面,站在中国本土化营销的角度,也值得发挥应有之情的作用,使之与真有之情融合,共同缔造和巩固品牌情感的真实内涵。

品牌情感是建立品牌资产的重要力量,本章为之提供了新的证据。事实上,品牌情感对于品牌资产的作用机制还在不断挖掘之中。如果说,高度的真有之情和应有之情构成了共有关系(communal relationship)的状态(何佳讯和卢泰宏,2007),那么,依据 Aggarwal 和 Law(2005)的研究结论,它引导消费者在更高的抽象层面上评价品牌属性,因而在竞争性比较中,可能做出更有利于本品牌的评价。Aggarwal 和 Zhang(2006)的研究还表明,与交换关系(exchange relationship)相比,共有关系导致更大程度的损失规避,因而可能促使消费者与品牌缔结更牢固的持久关系。今后的研究需要探究两者情感方式对品牌态度和行为的不同作用机制,这远比测量品牌在这两种情感上的评价高低来得重要。把握了其中的规律,将为中国市场中的品牌情感化决策提供重要依据。

(三)品牌情感驱动品牌资产的中外差异及管理启示

基于消费者的角度,中国文化背景中的品牌情感双维度构念清楚地区分出了中外品牌资产建立的差异。国产品牌更重要地依赖应有之情驱动品牌资产及其结果,而国外品牌更突出地凭借真有之情建立和维护消费者的积极品牌态度。尽管本文以奶糖品类为例,表明国产品牌的两类情感评价基本上都高于国外品牌(参见表 5-4),但仍有必要提醒管理者注意两类情感驱动品牌资产方式的差异带来的营销启示。

改革开放以来,大量跨国公司和国外品牌进入中国市场。它们通过明确的营销战略,加上高强度营销投入的支持,不断引领和开拓细分市场。这些国外品牌常用"消费者与品牌的情感联结"作为创建品牌的基础(何佳讯和卢泰宏,2004,p.192),营销沟通策略常以消费者的"生活形态和价值观"作为沟通基点,呼应了处于中国社会转型过程中大量西方价值观念引入、传统价值观念变迁的趋势,因而广泛赢得目标顾客的共鸣。在这样的市场竞争环境中,中国的本土企业也不断改善和提升营销策略,经历了从简单定位(档次)到精确定位(细分市场),产品导向到品牌导向,理性诉求到情感诉求,浅层沟通(基于事实)到深度沟通(基于购买动机)等的各项转变(何佳讯和卢泰宏,2004,p.184)。然而,与国外品牌相比,国产品牌的营销水平和营销投入强度仍有相当差距,特别在情感品牌化策略上普遍缺乏经验。从品牌管理的国际趋势看,情感品牌化是重要战略路径和工具。这里的"情感"与本文的"真有之情"构念一致。中国国产品牌要在与国外品牌的竞争中赢得优势,必须寻找持续有效的"真有之情"的品牌化之道。

从营销活动与品牌情感建立的关系看,"真有之情"与"应有之情"的营销方式和策略存在诸多区别。"真有之情"的品牌化是一种以消费者为中心的,关系导向和故事驱动的营销方式,在消费者与品牌之间缔造深入持久的情感联结。它极少能以有形利益的理性主张或者象征利益的诉求来培育。这种有力的消费者—品牌关系典型地通过叙事和战术表明对顾客的灵感、渴望和生活环境的同感和理解,并在有关品牌用户之间建立热烈的社区感觉(Thompson,Rindfleisch and Arsel,2006)。相反,"应有之情"的品牌化通常是理性诉求或象征主义的策略,这种方式建立的情感也可能是持久的,但与高度的消费者激情有着本质的区别。在很多情况下,对品牌的应有之情关系依赖消费者所处的外部因素(如家庭、使用场合、地缘)就可产生,而品牌的真有之情诉求于消费者的内在感觉和情绪,需要杰出的创意和营销智慧,完全是产品之外的附加价值创造。中国不少本土品牌已开始进入情感化战略阶段,例如啤酒行业,有力波啤酒的"喜欢上海的理由"(2001)、雪花啤酒的"畅享成长"(2004),以及青岛啤酒的"激情成就梦想"(2005)等。但很多品牌存在一些共性问题,比如以直抒胸臆的口号诉求简化情节演绎和感觉营造,缺乏情感化故事的创作力和持续性,与品牌核心价值的真实性脱节,等等。因此,中国国产品牌还需要在如何塑造和传达"真有之情"上猛下功夫。在理论上,则需要深入研究营销要素和行为与两种品牌情感建立之间的相应关系,为营销实践提供依据和指引。

第六章
品牌关系质量及战略指引

  本章从老字号的基本特征出发,借助笔者开发的中国消费者—品牌关系质量(CBRQ)维度及分量表(见第九章),选择代际影响和品牌资产相结合,以及世代差异和代际影响相结合的视角,考察老字号品牌资产在上一辈和下一辈之间的传承现象,解释老字号品牌资产衰弱成因。第一节采用定性方法,研究结果表明,除了信任之外,来自上一辈的老字号品牌资产基本上无法传承给下一辈。更有甚者,上一辈受下一辈的反向影响破坏了上一辈与老字号的积极品牌关系。第二节是在第一节的基础上,进一步采用定量方法,研究结果表明,从世代差异的角度看,消费者对老字号品牌的态度存在差异,表现为年轻世代的评价不如年长世代,从代际影响的角度看,下一辈对上一辈的影响对信任与承诺的关系起到负向调节作用。这些结果对老字号品牌复兴具有重要的战略指引,同时也对长期品牌管理理论研究提供了来自中国市场的证据和有益启迪。

第一节　定性研究:传承与隔断

  长期以来,中华老字号问题得到了学界和业界的持续关注。相关研究集中于探讨老字号衰弱的因素,将其归咎于历史和环境变迁(王兆峰,2005;魏拴成,2006),以及自身管理不善和缺乏创新(冷志明,2004;王成荣,2005;贺爱忠和彭星闾,2005)等方面,但尚无研究聚焦于消费者行为。后者对于从品牌资产来源层面研究老字号品牌是十分基本而又异常重要的。根据商务部 2006 年《中华老字号认定规范(试行)》,"中华老字号"(China Time-Honored Brand)是指"历史悠久,拥有世代传承的产品、技艺或服务,具有鲜明的中华民族传统文化背景和深厚的文化底蕴,取得社会广泛认同,形成良好信誉的品牌"。传统上,老字号借助口碑传播建立声誉(冷志明,2004;王成荣,2005),可以认为家庭消费中的代际影响(intergenerational influence,IGI)是其生命延续的重要纽带。因此,本节试图通过一项探索性调查,结合"代际影响"和"品牌资产"两个视角,借助笔者开发的中国消费者—品牌关系质量(CBRQ)模型(何佳讯,2006d),探究基于代际影响的老字号品牌资产来源特征——家庭中的上下一辈对于老字号的品牌关系如何? 上一辈对于老字号的积极品牌关系是否有效地传承给了下一辈? 抑或产生了隔断?

一、 研究动机与理论背景

(一)中国消费者—品牌关系质量(CBRQ)

中国消费者—品牌关系质量(CBRQ)量表由六个构面组成,分别是"社会价值表达"(social value expression)、"信任"(trust)、"相互依赖"(interdependence)、"真有与应有之情"(real and assumed emotions)、"承诺"(commitment)和"自我概念联结"(self-concept connection)(何佳讯,2006d)(见表6-1)。与国际上受到广泛关注的 Fournier(1994,1998)的 BRQ 模型相比,

表 6-1 中国消费者—品牌关系质量的六个构面

构 面	定 义
社会价值表达	消费者对品牌给自己带来面子感大小和关系自我认同程度的评价。
信 任	消费者对品牌行为按照自己期望发生的认知和感觉程度。
相互依赖	消费者基于成本和价值回报的比较,与品牌积极互动的心理期待和行为表现。
真有与应有之情	消费者由对品牌喜爱产生的难以控制的正面情绪反应(真有之情),如高兴、愉快和乐趣等;以及受文化规范影响(如爱国主义,家庭和传统,场合和礼节)而产生的义务上的感情(应有之情)。
承 诺	不管环境是可预见还是不可预见,与品牌保持长久关系的行为意图。
自我概念联结	反映品牌传达重要的身份关注、任务或主题,从而表达了自我的一个重要方面的程度。

资料来源:何佳讯(2006d),详见第九章。

存在两个独特的构面："社会价值表达"和"真有与应有之情"。这揭示了在中国社会文化背景中,消费者与品牌关系的特别之处,反映了品牌资产评价的跨文化差异。这两个构面借用本土社会心理的理论成果而构建,在"品牌作为关系伙伴"的隐喻下适用于消费者—品牌关系情境。

中国的老字号具有鲜明的民族传统文化背景和深厚的文化底蕴,是在传统社会文化价值体系中建立的品牌群。那么,它们是否在反映本土化的品牌关系质量方面具有很好的代表性? 是否为具有跨文化差异的消费者—品牌关系提供了丰富的解释例证,从而反过来加强对 CBRQ 构面基本内涵的理解? 这正是本节的基本研究目的之一。

(二) 代际影响与代际品牌资产

在 20 世纪 70 年代早期,代际影响研究被引入到消费者行为(消费者社会化)领域,该术语被定义为:家庭中的一代向另一代传递与市场有关的技巧、态度、偏好、价值观和行为(Heckler, Childers and Arunachalam, 1989; Childers and Rao, 1992; Shah and Mittal, 1997)。Woodson、Childer and Winn(1976)首次把代际影响延伸到品牌领域,证实代际影响效应在品牌偏好、品牌忠诚等方面上的表现。Heckler、Childers 和 Arunachalam(1989)发现,在代际影响中存在品牌偏好的传承性;Olsen(1993,1995)的研究发现,当家庭中充满情感和尊重时,父母和孩子倾向于有相似的品牌忠诚度。Moore-Shay 和 Lutz(1988)发现,母亲和女儿在品牌可见性高的产品上,其品牌偏好和品牌忠诚具有显著一致性,她们都倾向于信任知名度高的品牌。Viswanathan、Childers 和 Moore(2000)的研究指出,家庭中高效的沟通和强烈的消费体验,会使孩子和父母在品牌偏好上具有更高的一致性。从传统的意义上看,老字号的品牌建立主要依赖于家庭使用经验,因此,代际影响是分析老字号消费行为的一个基本视角。

大部分学者把代际影响聚焦于上一辈对下一辈的关系上,但另有学者指出,代际影响是相互的(reciprocal),因而不能忽视下一辈对上一辈的影响(Miller, 1975),即很可能存在反向的影响,或同时发生的效应(Moschis, 1988; Whitbeck and Gecas, 1988)。随着孩子长大成人,他们反过来影响父母决策的可能性不断增大。Sorce、Loomis 和 Tyler(1989)专门以中年子女为调查对象,发现样本中有 2/3 报告他们对父母广泛的购买决策有"大量"或"相当数量"的影响。孩子的收入和教育程度越高,这种影响越大。其性质主要是提供建议和信息(70%),这表明在购买决策过程的早期阶段影响最大。由于不同世代对产品的专门知识存在差异,因此代际影响的相互作用表现在不同产品上。例如,父母影响成年子女对寿险的选择,而成年子女可能影响父母对音乐的选择(Shah and Mittal,1997)。

Moore、Wilkie 和 Lutz(2002)首先把代际影响和品牌资产联系起来研究,提出了代际品牌资产(IG brand equity)的构念,认为从基于顾客的品牌资产(Keller,1993)概念看,代际影响实际上是品牌资产的一个重要来源。他们的研究发现,在一系列日用品上,代际影响产生强大而持久的影响,但这种影响只对一部分品牌起作用,而对另一些品牌不起作用。具体可分为四类。第一类是部分品牌具有高代际影响的品牌资产(brand with high IG brand equity),这些品牌都显著地受到了家庭的影响,母女对它们的品牌偏好匹配率都高于该品类的平均品牌偏好匹配率。第二类是代际影响品牌的地窖效应(IG brand silo effect)。在同品类中,有多个品牌具有高代际影响分数(品牌偏好匹配率),表明这些市场中存在"代际影响品牌地窖",大量的忠诚家庭持续地偏好某个特定品牌,但彼此是独立的。第三类是具有代际影响潜力的品牌。这些品牌显示出合理的代际影响品牌资产,但由于各种原因还不足于归入前二类。第四类是不受代际影响或代际影响很低的品牌。那么,对于中国老字号来说,它们属于上述的哪一类品牌? 抑或不能归于上述的任何一类? 代际影响是否成为其品牌资产的基本来源? 具体地看,借助 CBRQ 模型,老字号的哪些品牌关系质量易被传承,哪些又不易被传承,甚至因反向影响而加速品牌关系质量的隔断? 这是本节希望做出定性解释的。

二、 研究方法

(一)研究设计与样本

本节的研究采用焦点小组访谈(focus group interviewing)方法。该方法是最重要的定性研究方法(Malhotra,2002,中译本,p.106),其突出优点在于通过群体动力激发小组成员"分享与比较"各自的体验,从而表达出对某一主题更为全面和深入的看法(McDaniel and Gates,2000,中译本,p.74)。

在消费者行为领域的代际影响方法上,有关测量可以从被影响者、代理人(即影响者)和研究者三个角度进行(Moschis,1988)。如从被影响者的立场出发,则聚焦于向被试询问父母对他们消费行为影响的反应。本研究选择被影响者的视角,从他们的角度考察上下一辈之间的影响与互动。由于中国社会转型发生在改革开放之后,因此选择20世纪70年代和80年代出生的年轻辈作为访谈对象。共采用四个小组,分别为70年代出生的男性(编号FG1,在职,27—36岁,平均年龄32.75岁,8人)和女性(编号FG2,在职,28—36岁,平均年龄31.70岁,10人)各一组,80年代出生的女性两组(编号FG3,在职组,21—24岁,平均年龄22.50岁,6人;编号FG4,学生组,21—25岁,平均年龄23.25岁,12人)。总计36人,婚姻状况为已婚13人(占36.1%),未婚23人(占63.9%);教育程度为大专10人(占27.8%),本科15人(占41.7%),研究生11人(占30.6%)。

由于历史的原因,中国老字号企业具有非常明显的区域特色,有些研究以地域为特点展开,主要集中在北京("北京老字号发展研究"课题组,2004)、上海(魏拴成,2006)、广州(蔡国田和陈忠暖,2004)等地。本研究聚焦于上海市,访谈中讨论的老字号从上海市商标协会和上海市著名商标认定委员会主办的"上海老商标重塑辉煌推展活动"评选结果中选取,通过预调查确定被访者是否对它们足够熟悉,从而便于展开深入讨论。最后选定22个老字号,涵盖非耐用品、耐用品和服务三大类产品七大行业,其中8个老字号属商务部认定的第一批"中华老字号"。总体平均年龄为87岁(详见表6-2)。

表6-2   访谈老字号的基本情况

产品类别		老字号(创立年代)	平均年龄
非耐用品	食品及烟草制品	光明(1956),冠生园*(1915),杏花楼*(1927),正广和(1864),梅林(1930),中华香烟(1951)	83岁
	日化品	白猫*(1949),蜂花(1981),美加净*(1950)	47岁
耐用品	服装	三枪(1936),恒源祥*(1927),春竹(1979)	60岁
	家电及自行车	海鸥(1964),华生(1916),永久(1951)	63岁
	饰品	老凤祥*(1848),老庙*(1896)	135岁
服务	住宿餐饮	锦江(1935),湖心亭(1855),绿波廊(1979)	84岁
	眼镜行服务	吴良材(1719),茂昌*(1923)	186岁

注:带*为商务部认定的第一批"中华老字号"(2006年)。

（二）访谈程序

每次焦点小组访谈由一位主持人（笔者）主持，三个研究助理协助现场管理。在访谈正式开始前，由主持人介绍访谈目的，明确讨论中被访者要遵循的基本规范，然后让被访者做自我介绍，最后向他们分发老字号提示清单，以限定讨论范围。讨论的问题分三大部分。首先是自己对老字号品牌的态度和经验，其次是父母对老字号品牌的态度和经验，最后是老字号消费中的代际影响。这些问题的回答都要求参与者以提示清单中的老字号为具体例子加以陈述，避免抽象性的概括介绍。在回答过程中，主持人和研究助理根据具体情况适时进行追问，以鼓励被访者深入地说出内心感受。

每组座谈持续 120—150 分钟，现场进行录音，事后由研究助理转换成文本形式，篇幅共约计 6.2 万字。整项工作于 2006 年 5 月—6 月开展，分四次执行。

（三）数据处理与解释

对四组访谈文本分为两个样本，20 世纪 70 年代出生的男性和 80 年代出生的女性（在职组）为第一个样本，70 年代出生的女性和 80 年代出生的女性（学生组）为第二个样本。第一步，根据对总体理论框架的理解和指引，由两位研究助理分别独立对第一个样本进行数据编码和主题识别，一致率为 85%，对于存在差异的陈述，经过集体讨论后，一致率上升至 95%。对于无法达成一致的陈述，被视为模棱两可的说法，予以剔除。所有的主题都被很好地被归入品牌关系质量的六个构面中，未发现属于其他新构面的明确主题。第二步，以被确认的六个品牌关系质量构面对第二个样本进行编码，重复第一步的工作，得到了非常类似的结果。最后对前面两个步骤中得到的陈述进行合并。这些对原始文本处理后的数据用于本节的研究。笔者对每个构面中的有关陈述进行解读、拣选和编辑，确定品牌关系质量在代际影响中的表现。

在所有六个品牌关系质量构面的陈述数据中，有关内容可分为两大部分。第一部分是从老字号品牌角度对品牌关系质量构面的基本解释，无论是上一辈还是下一辈，有关陈述为源自本土的品牌关系质量模型提供了丰富的证据。第二部分是从代际影响的角度反映老字号的品牌关系质量是否得以传承的问题,有关陈述表明,除"信任"构面外,其他构面很难传承给下一辈。

三、老字号品牌关系质量:基本构面的解释

首先,我们从子女的角度考察他们自己以及他们的父母对老字号的品牌态度,使用品牌关系质量(CBRQ)模型揭示老字号品牌资产的基本构成。研究发现,老字号品牌资产很清晰地反映在 CBRQ 模型的六个构面上。从跨文化的角度看,CBRQ 所具有的两个独特构面"社会价值表达"与"应有与真有之情",本项研究对其内涵提供了丰富而明确的佐证。

(一) 构面一:信任

老字号品牌具有良好的信任度,它包含着信誉、诚实、安全、放心、可靠等内涵。其中,诚信是老字号品牌资产的首要构成。从中国传统儒家思想看,"信"的本意是指诚实不欺。在中国的文化背景中,可以认为"诚信"是首要的,无条件的,而"信任"是派生的,有条件的(杨中芳和彭泗清,1999)。从被访者崔小姐对冠生园蜂蜜的态度中,可看出"诚信"比"可靠"更重要。这反映了中国人的信任成分的实际情况。

现在市场上蜂蜜有比较多的假货,冠生园的信誉就比较好,比较可靠,所以人们会选择它。我们家就是一直喝冠生园蜂蜜,因为怕喝到假货……我会买冠生园,而且我觉得冠生园的蜂蜜价格比较合理,它的品质还信得过。就是说最主要的是考虑到它不会是假货,因为这个市场的特殊情况。(崔小姐,28 岁,FG2)

消费者对老字号的信任,在很多情况下是出于对"老"本身的认知结果,而非其他。在本研究中,很多被访者对父母如何信任老字号感受颇深。佛小姐就是一例。这是在中国传统孝文化的大背景中尊老文化在品牌(产品)关系上的体现,"老"蕴涵了资历,意味着可靠和威望,因而更易得到人们的信赖。但到了年轻一代身上,这种由尊老文化带来的信任基础开始松动和瓦解。如罗小姐并非看重牌子的"老",而是对其实质(技术含量)提出了明确的要求。

我爸爸非常相信老字号的东西……一般就是那些大件的东西,像家

电产品之类的,特别是买彩电、买冰箱,他就会比较认老品牌。(佛小姐,24岁,FG4)

　　……我觉得中国人不是光靠老牌子就可以撑下去的,我觉得技术含量太低了……我就觉得你要保持你的老字号,在我们年轻人心里有一定地位的话,你的技术含量一定要提高。否则对我母亲有可能它是老字号,对我不是呀。(罗小姐,23岁,FG3)

　　在被访者庄小姐的心目中,老字号对于母亲的关系如同"自己人",而国外品牌则是"外人",由于父母辈对"自己人"有可靠的经验,因而对其可以给予更多的信任。这如著名社会学家韦伯(Weber,1951)曾论述的两类信任:普遍信任(universalistic trust)和特殊信任(particularistic trust),中国人的信任方式多属后者,只信任"自己人",而不信任"外人"。

　　要是我妈哪天给我推荐(某些品牌产品)了,我觉得一个就是她们那个圈子里面一块上班的那群人,就是小姐妹啊,这种讨论出来的"哎呀,我最近用什么什么不错";另外一个就是我估计她们当中哪个人做什么安利(直销)啦,我肯定第一个反应就是:谁在向她推销。我第一感觉就是:我妈别被骗了。我就觉得我妈要是哪天给我推荐老字号,我倒觉得很可能是出于她本身的经验,她要是给我推荐国外的(品牌),我就开始担心,担心她被骗,很容易有这样的感觉。(庄小姐,21岁,FG4)

(二) 构面二:相互依赖

相互依赖产生于关系体中一方对另一方的有价值的回报。回报减去成本得到关系交往中的综合净收益或净损失,即结果(outcome)(Brehm等人,2005中文版)。如果消费者对老字号的长期使用经验带来的满足感,大于使用新品牌可能带来的不确定性成本,就产生相互依赖。很显然,被访者邱小姐对光明牛奶是"从小喝到大",这种使用体验回报是巨大的,在很多情况下,它大大高于品牌转换的心理成本。

　　光明是我一直喝的一个品牌,不管是冷饮还是牛奶。其实我选择的话都是光明。然后不管其他的蒙牛或者其他的国外品牌。因为我从小就是一直在上海长大嘛,我喝的吃的都是光明的东西,所以我一定会选光明的牛奶,特别是牛奶。(主持人:就是从小喝到大的?)对的,不会选择别的。(主持人:那你有没有尝试过别的?)有尝试过酸奶,我有喝达能呀什么的,但是牛奶我一定会选择光明的。(邱小姐,24岁,FG3)

借用社会心理学中的相互依赖理论(Brehm等人,2005中文版),基于过去的经验,每个人都有一个认为在他/她与品牌关系互动中应得结果的价值,称为"比较水平"(comparison level,CL)。结果与CL的对比,得到满意或不满意的评价。由于父母辈受过去物质环境的影响,CL比一辈来得低,因而,对同样的老字号品牌产品,上一辈比下一辈倾向于得到更高的满意度。除此外,替代选择的比较水平(comparison level for alternatives,CLalt)非常重要地决定了对关系的依赖度。CLalt是指如果脱离目前关系,转用其他更好的品牌带来的结果。当出现更好的替代选择(如达能酸奶)时,依赖度就会降低。根据相互依赖理论,消费者同时考虑CL、CLalt以及结果三个因素时,产生不同的关系类型。在被访者王小姐父亲配镜的个案中,我们看到,结果质量高于CL和CLalt(这里指使用"巴黎三城"带来的可能结果),因此,他与"吴良才"的关系是"幸福而稳定"的。对王小姐的陈述做进一步的分析,这里的CL要高于CLalt,因此他与"吴良才"的关系是更依赖而不是更满意。如果CLalt高于CL,那么,消费者对之更满意而非更依赖。

我们家就是我爸比较偏好老字号的⋯⋯他就觉得老字号的质量比较好。他价钱不管,他就觉得贵就是好。就像吴良才也好,还有中华香烟,他就是觉得这种好。然后我跟他说,譬如巴黎三城的这个眼镜呀还有什么东西,他说,哎哟,这个外国的东西质量是一样的,价钱嘛贵得要命,不合算呢!⋯⋯他觉得吴良才虽然说贵一点,但是它的质量就是比巴黎三城之类的好。(王小姐,22岁,FG3)

(三)构面三:承诺

父母辈普遍表现出对老字号品牌的承诺。这种承诺是老字号发展过程中长期积累的品牌资产,很好地反映了"承诺"定义中的限定语"不管环境是可预见还是不可预见"(Fournier，1998)。这种承诺表现出强大的营销优势:抵抗竞争,降低营销成本,以及把产品质量危机后果降到最低。被访者张先生对光明牛奶的经历为我们提供了佐证。他的母亲出于对光明的信任,很快消除了对产品质量事件的疑虑,并持续购买。

> 我父母对光明(牛奶)有独特的情结,我记得有一次她(指母亲)买了鲜奶,标的时间是当天的,我打开之后发现实际上里面变质了。我说这光明(牛奶)为什么刚刚买回来就变质了呢,我就冲她说,怀疑这产品的质量。头几天她觉得可能这个是有问题,就不买了,但是过了没几天她还是继续去买。我说这个可能是有问题的,怎么还去买它呢? 她就回答说:"这可能是偶尔的情况吧,我想它整个质量是放心的。"(张先生,36岁,FG1)

受中国文化价值观中的过去时间取向和持续性的影响,传统的年长消费者有更强的品牌忠诚倾向(Yau,1994)。从一般的角度看,下一辈对老字号的承诺度就没有父母辈那么强烈。作为年轻辈,他们进行更多的品牌尝试,这与当前的品牌竞争环境有关,反映了经济转型市场中消费者品牌经验的快速增长(Coulter, Price and Feick,2003)。但如果生活在一起,那么,源自家庭的代际影响力量就会十分容易地与自来下一辈的品牌尝试动力产生较量。在被访者张先生的个案中,前者战胜了后者,承诺就得到了传承。

> 光明嘛喝了好多年了。(主持人:现在你是一直喝光明吧? 你刚刚讲它质量出现过问题)现在还是一直喝。(主持人:你自己喝吗?)全家都喝光明的,不管酸奶还是鲜奶。(主持人:那你曾经换过品牌没有?)对,我想换一下也是可以的,就是刚刚发现有那个问题的时候,我们就换了一段时间,喝那个蒙牛,喝下之后感觉蒙牛这个味道还是可以的,但是也就过了一个礼拜。(主持人:那还是你母亲去买的?)我也去买了。(主持人:你自己选的还是光明?)是的,现在我也是选的光明。(张先生,36岁,FG1)

(四)构面四:自我概念联结

在年轻一代的感知体验中,老字号被深深刻上了"父母辈使用"或"适合父母辈"的烙印。也就是说,在年轻辈的心目中,老字号的品牌形象与上一辈的自我形象比较一致。被访者诸小姐和卢小姐分别说出了"上海防酸牙膏"是"我妈妈那种人用的","老凤祥""老庙"是"适合我父母辈使用的"。事实上,这里的"自我概念"仅仅是代表一代人的整体形象,是由社会环境因素影响造成的一般性的世代差异,而非基于特定细分群体的自我形象。

> ……我爸妈如果买的话,他们肯定会买上海防酸牙膏的。我回去用的话,我也没有觉得它好或不好,也没有不习惯或是怎样。但是如果让我去买的话,我肯定是不会买防酸牙膏的,我也不知道为什么。(主持人:你觉得上海防酸牙膏和佳洁士牙膏在品牌上有什么不同?)如果是使用的话,我觉得没什么不同。但是要我选择的话,我就是不会。我好像就是感觉这个(上海)防酸牙膏就是我妈妈那种人用的,感觉是我妈妈那种年纪,她们比较偏爱的牌子。像我们比较年青,就感觉比较喜欢佳洁士、高露洁这种牌子。(诸小姐,23岁,FG4)

> 老凤祥跟老庙嘛,买过的。怎么说呢,就是国内的这个黄金,款式上我觉得,这么长时间了,变化不大。我感觉就是适合我父母那辈使用的,好像这个款式上的更新没有像周生生啊……那种款式变化多,而且它基本上以黄金为主,像人家的话有彩金、K金,各种各样的都有。(卢小姐,24岁,FG2)

(五)构面五:社会价值表达

被访者李女士提到:"三枪内衣是大家提起来都觉得很有'品牌'的东西"。在这里,"品牌"这个词本身就表达了"面子感"(或"档次")的意味。但这种"面子感"是基于品牌原产地的地区落差(上海到武汉)带来的。这种情况类似于外国(发达国家)品牌与本土品牌相比,由于原产地等差别因素导致在"社会价值表达"评价上的显著性差异(何佳讯,2006d)。面子感的获得需要参考群体的普遍性认同,来自"大家的看法"左右了面子感的多少和大小。当被访者来到这个品牌的原产地"上海"后,地区差异消失,面子感便"荡然无存"。

> ……我 2004 年以前都在武汉嘛,我说那些老字号在武汉的反应就很能代表上海产品在全国其他地方的那种地位,就是在(20世纪)90 年代的时候,哪怕在 21 世纪初的时候,上海的一些产品在武汉都是很有市场的,包括三枪内衣。我觉得三枪内衣是大家提起来都觉得很有"品牌"的东西,质量也很好……选择三枪内衣都是觉得它有品质保证的,但是我到上海来以后发现上海人都不穿三枪了,我有这种感觉。然后我自己现在也感觉三枪不好了,那种内衣嘛样子也不好,又不时尚了。我也觉得三枪不好了……(李女士,36 岁,FG2)

从上可看出,社会价值表达是基于社会心理活动所获得的象征意义。对于李女士,三枪内衣也许还是原来的三枪内衣,但她所处的社会群体变了,因而三枪内衣对她的象征意义也随之而变。此外,老字号所具有的特定的"面子感"并不以优良的产品/服务质量为前提,因而它确实反映了品牌名称所带来的附加价值。再譬如,被访者张先生对上海的绿波廊具有的看法。

> 绿波廊我们经常去,因为我们都会在那边招待一些比较高端的客户。但是总体感觉就是它的服务,还有它那个整体的餐饮水平好像不是很好,但是在招待一些比较重要的客户的时候我们会选择……毕竟来说,档次比较高,我如果说是邀请客户的话,客户一听是在湖心亭或者绿波廊,觉得你很看重他,很看重(他所在的)公司。公司之间或者私人之间的这些交往,(消费的)这个品牌实际上是被大家都认可的。我们可能也是从众,或者是出于这样一种心理。如果光从它里面提供的服务或者提供的东西来说,我可能选择面还要更加广一些,但是好像到最后还是觉得受这种观念影响比较多,最终还是选择这个地方。(张先生,31 岁,FG1)

在中国文化环境中,社会价值表达的另一个重要内涵是"关系自我联结"。在中国传统的社会取向文化中,"关系自我联结"很重要地反映了个人因互动对象不同,通过选择使用合适的品牌来表达自我的态度。它对送礼和社交性的消费动机是重要的,来自与交往对象的关系性质,影响了个人的品牌选择。被访者毛先生"与人打交道"抽中华香烟，被访者袁女士的父母送同辈贺礼选用"老凤祥"和"老庙"。但在私下里，他们未必抽中华香烟，或佩带老凤祥和老庙首饰。这表明某些老字号品牌具有明显的"关系自我联结"度，其前提与"面子感"一样，是老字号品牌所具有的群体认同度，从而给消费者带来社会性交往过程中的象征价值。

> 你比如说，每个地方，每个省市都有高价香烟，比如说50块钱一包的，就是跟中华香烟差不多档次的，价格上差不多档次的，但是你的知名度就是，从全国来讲，随便走到什么地方，你中华拿出来人家知道"哦，这是中华香烟"。那么它可能是一个历史沉淀的问题，不是说一天两天……我的感觉就是这样，因为你跟人家打交道不可能就是光在一个地区，你还有别的地区的。心知肚明，大家都知道，我就是这个意思。（毛先生，34岁，FG1）

> 那个老凤祥、老庙，他们（指被访者的父母）可能是想到要买一些黄金（佩件）送人，比如说哪家亲戚有小宝宝了，就想到去那边买个黄金（佩件）送人。他们自己如果要买，都不买老凤祥、老庙的……这个可能是我爸妈送出去也是送到跟他们同年龄的，他们就觉得老凤祥、老庙可能都是（大家）知道的品牌，觉得还是拿得出手的。（袁女士，31岁，FG2）

这种群体认同度来自老字号在长期发展过程中所积累的品牌知识（知名度和联想），因而拥有新品牌所并不具备的品牌资产。被访者毛先生和张先生（31岁，FG1）都用了"档次"这个词，这是人们在日常生活中对品牌面子感的最通俗用语，其实表露了在中国文化中品牌所承担的社会等级的象征作用。与西方国家的个人主义文化相比，中国社会的权力距离指数更高，也就是说人们接受权力是垂直排序和不均匀分布的事实（Wong and Leung，2001）。这样，品牌的使用就被赋予了表达群体间差异或群体内相似的功能，人们把品牌的档次与消费对象的社会等级联系起来，试图保持两者之间的对应性，并且通过高档次的品牌使用来提高社会自我的评价。被访者支女士提供的事实，非常典型地反映了中国文化中品牌消费的等级需要与个人的身份地位相匹配的社会规范,从而使得个体在关系脉络(relational context)(Ho,1998)中(这里是指单位里的上下级关系)很好地体现出品牌使用的"关系自我联结"度。

> 我观察过我们机关里,一般的副处以上的干部平时抽的都是中华,但是处级以下的到一般的干部,基本都是红双喜。(主持人:你说这个差别在什么地方?)这个怎么讲,第一个就是它是一种身份的象征,表明一下自己的身份,同时他也有这个经济能力去消费。第二个就是一般的干部他可能也抽得起中华烟,但是他不想那么显眼,可能是这样。(支女士,35岁,FG2)

（六）构面六:真有与应有之情

消费者对老字号的情感包含了真有之情和应有之情。这两种成分可能融合,也可能分离。在融合的高关系质量情况下,类似于杨国枢(1993b)提出的家人关系类型,其情感是"亲爱之情",而非熟人关系的"喜好之情",或生人关系的"投好之情"。被访者庄小姐表达了她对过去一段生活的怀念和美好情感,这种"亲爱之情"自然而然地被转移到了老字号"杏花楼"上。我们一般把这种特定的情感联结称为"怀旧"(何佳讯和李耀,2006),它通常与代际影响有关。

> 一说到杏花楼(月饼)就让我想起我奶奶,就是因为我(小时候)和奶奶住的嘛,每到过这个节,我姑妈呀什么张三李四的就提了很多杏花楼(月饼)来。然后那时候我奶奶就说,吃不掉了呀,俊俊你快来帮我呀。所以一提到杏花楼就会想到我奶奶。(庄小姐,21岁,FG4)

被访者姜小姐把老字号与中国传统联系了起来,对其发展抱有"理所当然"的看法。同时,这位被访者明确感到了"杏花楼"蕴涵的"亲情",并用了"亲戚"的比喻。对老字号来说,这种情感方式具有很强的代表性。

> 杏花楼这个月饼有点特殊性就是和中国的传统节日联系在一起的。只要中国这个节一直过下去,那杏花楼这个月饼就不可能断掉的……而且杏花楼除了传统,感觉上在强调亲情上比别的品牌……就是这种亲和力、这种亲情的感觉更强烈一些,就像亲戚之间,就是

感觉上很有温情的那种了。（姜小姐,22 岁,FG4）

被访者戴小姐根据她对品牌的"亲疏远近",把老字号排在首位。这种评价和处理方式,类似于中国人际关系的"差序格局"（费孝通,1947/1985）,引出了与关系类别相对应的策略性原则。按杨宜音（2001）和杨中芳（2001a）的研究,在人际关系中,"应有之情"可以独立地反映"差序格局",即:越是亲密的自己人,应有之情高;越是疏远的外人,应有之情低。由此看来,消费者把老字号放在首位,的确表明她对老字号怀有很强的"应有之情"。被访者戴小姐所提到的"别人的认可"、"我很爱国"等,都是直接表达了受社会文化规范影响而产生的义务上的情感。

　　……反正个人爱好吧,我觉得如果让我在新兴品牌、老品牌,还有国外品牌（之间）排序的话,有时候可能老品牌还会排得比较前面。但是有一点可以肯定,就是新兴品牌肯定是排在第三的,我不太容易接受那些新的牌子。（主持人:那你为什么会把老字号品牌排在第一位呢？对它有什么特殊的情感吗?）不是对哪个牌子有什么特别的情感,可能是对这种……这么多年下来了,别人对它的认可吧,那我也会对它比较认可。而且觉得,我这人还是很爱国的。（戴小姐,23岁,FG4）

（七）小结

本部分的研究表明,消费者在与蕴涵中国传统文化的老字号品牌互动时,明显地体现出六大品牌关系质量维度的评价特征。如果消费者是具有更多传统价值观念的年老辈,他们与老字号品牌之间的互动倾向于和谐和协调;但如果消费者是具有更多现代性的年轻辈,那么,这种互动很可能就出现不协调,这在自我概念联结上的表现尤为突出。

从本部分的访谈实例及相关解释中可看出,消费者与品牌的互动与中国文化中的人际关系交往具有类似性,在"社会价值表达"和"真有与应有之情"方面尤其明显。消费者根据关系对象的不同来选用合适反映自我的品牌,具有以档次差别来区分品牌地位的基本动机,这与高权力距离文化中人们对社会等级的重视非常类似。消费者还以人际关系中的"差序格局"来区分老字号与其他品牌的亲疏远近,从而决定采用何种互动法则。这些结果至少表明,使用人际关系的借喻(Fournier,1994),中国传统儒家的关系主义的核心思想可以用来分析消费者与老字号品牌的关系。这对构建中国本土的品牌理论是十分有益的。

与以非老字号品牌为测试对象的实证结果相比(何佳讯,2006b),本部分得到老字号品牌关系质量的六个维度并不存在差异。但有理由关注的是,老字号在形成品牌关系质量的驱动力上与外资品牌(或本土新兴品牌)存在重要差异。从上面的调查结果中我们看到,信任的成分主要是"诚信"而非"可靠",这受到消费者对老字号"刻板印象"的感知影响;相互依赖源于"低比较水平",承诺可能是习惯性使用。这些都是因过去物质匮乏和竞争品牌过少的环境所致,也与传统文化价值观下的认知和行为方式密切相关。自我概念联结反映的是一代人的自我认同;社会价值表达的是与社会等级相联系的"档次",以及群体互动中品牌使用的合适性;而在情感方面,消费者明显地受到群体认同和社会规范影响,对老字号拥有更多的应有之情。这些品牌关系形成的源动力都来自集体主义的中国传统文化。然而在当前,中国的社会文化发生了重大变革,新生代的文化价值观也产生了根本改变(McEwen et al.,2006),因此,老字号品牌关系形成的基础和驱动力不复存在。如果老字号还是以原有的方式与消费者互动,品牌态度上的低评价也就在情理之中了。

四、 代际间的品牌关系质量差异：传承或隔断的品牌资产

接下来,我们重点考察老字号的代际品牌资产,即品牌关系质量是否通过代际影响产生品牌资产的传承作用。本研究的调查发现,一些品牌关系质量由上一辈主导,即在代际关系中,更多地由上一辈影响下一辈,这些品牌关系质量仍是老字号的重要品牌资产构成,它们易产生传承,但也可能被隔断;另一些品牌关系质量由下一辈主导,即在代际关系中,更多地是由下一辈影响上一辈,正因如此,这些老字号品牌资产正在流失,上一辈的传承基本被隔断,或受下一辈的反向影响加速老字号品牌资产的衰退(参见图6-1)。

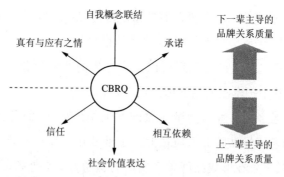

资料来源:本书作者。

图6-1　基于代际影响的老字号品牌关系质量

（一）上一辈主导的品牌关系质量:传承或隔断的品牌资产

1. 信任

信任是老字号最稳固的品牌资产,在代际影响中很容易由上一辈传承给下一辈。在前面的部分中,我们已解释在中国人对老字号信任的认知成分中,诚信度比基于能力的可靠度重要。此外,信任也源于上下一辈相似的尊老文化。这是信任容易被传承的重要原因。在被访者邱小姐和刘小姐的陈述中,老字号的诚信、安全等感知被她们很好地继承下来。如果消费者关注"性价比"(邱小姐的"所以还是要价廉物美"),或是产品属于低涉入度(刘小姐的"没多少钱的"),那么这种信任感很可能直接导致她们的购买选择。

> ……对黄金来说,我爸爸妈妈就是(认准)那个老庙,还有个老凤祥。他们就觉得很可靠的,而且肯定不会被骗的,觉得一定要到那边去买……我想买个戒指,铂金的,不过我到周大福去看了。但是周大福的的确是贵,真的是贵! ……我(现在)也买老庙黄金了。这个我被我妈改过来了。我觉得是蛮好的,因为是价钱,这个首饰的东西价钱相差很大呢,所以还是要价廉物美。(邱小姐,24岁,FG3)

在年轻辈的认知中,父母辈对源自中国传统的产品具有值得信赖的消费知识,而对于外国货(品牌)的消费经验则比较匮乏。于是,在代际影响中,子女继续支持父母辈对老字号的信任,巩固了与老字号的信任关系。如下面的被访者刘小姐以及在上面部分一开始所述的被访者庄小姐,都提供了相应的证据。可以认为,信任是老字号最活跃的品牌资产,也是被代际间相互正面影响的品牌关系质量成分。

> ……买蜂蜜啊,那个时候早上吃什么蜂蜜牛奶啊,减肥的嘛,就吵着让我妈去买蜂蜜了。买蜂蜜嘛有很多种品牌,一堆一堆的。然后我妈说买冠生园,她觉得冠生园的好,那么也无所谓的,没多少钱的,那就买冠生园的。不过如果像某些品牌,我没听到过的话,她叫我买我也不会买的。如果说我听到过这个牌子的话,我觉得它也是老字号的话,然后我妈叫我买我会买的。如果这个品牌我没有听到过,但是我妈给我说什么,或者促销小姐跟她说什么,我就会叫她不要买的,说别人骗她,叫她不要上当。(刘小姐,22岁,FG3)

在年轻一代身上,传统价值观产生了分化。一部分人仍然保留着很多的传统价值观,因而与父母辈具有更多的认知相似性,"尊老"的信任机制得以传承。而另一部分人紧跟时代潮流,选择新的生活方式,表现出尝新、求变的消费动力,"尊老"的信任关系就被隔断。这里,支女士和袁女士的例子具有很强的对比性。

> ……这个光明牛奶,我也不太喜欢,但也是被动地接受。(主持人:为什么说是被动的接受?)因为我有点传统……光明它毕竟是上海的一个老牌子,我主要是相信它的一个品牌效应。(支女士,35岁,FG2)

> 我没结婚之前有部分(老字号)是在用,因为我爸妈他们在用嘛。然后结婚以后我们两个人就改朝换代了,全部都不用了。不知道是什么原因,也没比较过,就是不想用老牌子,就想换新的,觉得新的用下来效果都还不错。(袁琼,31岁,FG2)

2. 社会价值表达

在本节的前述部分中,我们已就社会价值表达的两种成分"面子感"和"关系自我联结"做了解释,对上一辈来说,老字号具有正面的社会价值表达评价。对于特定关系互动对象和使用场合,某些老字号的这项资产仍很活跃。但总体来说,老字号的社会价值表达基本上不被年轻辈所继承。如下面的被访者袁女士所陈述的情况,杏花楼由于不上"档次"而在外资企业的公关活动中缺少"面子感"。

> 其实是因为以前没得选择,所以大家都觉得杏花楼都是很有名的……但现在品牌太多了。你说像我们现在拿出去送客户,杏花楼是送不出去的,因为我们是外资企业嘛,我们拿出去的肯定要上点档次的,包装、口味啊都要比较新一点的。我们送客户基本上都是订那些马可波罗的啊,基本上都是订得好一点的。(袁女士,31岁,FG2)

被访者罗小姐列举的"蜂花"护发素,尽管是个人用品,但一旦在公共场合使用,社会性评价就成了重要的问题,品牌有无"关系自我联结"就得到了检验。这导致她顾不上自己的"良心",要把"蛮好"的、但得不到同事认可的"蜂花"倒入外国品牌"力士"的瓶子里。

> 蜂花这个护发素嘛,我们单位是有洗澡的。其实呢,蜂花呢,蛮好的,对吧。但是我这个瓶子是不会带到单位去的。我会拿力士的瓶子,倒一点放在里面……因为毕竟5块钱的东西。我有点违背良心,其实东西是好的。但是我觉得在office里面……下午洗澡的时候,我不太敢说我用的是蜂花的。(罗小姐,23岁,FG3)

上一辈和下一辈所经历的社会背景不同,他们的价值观念存在差异。这使得两代人对品牌的象征性含义评价设立了不同的时代标准,因而品牌的"社会价值表达"不易被传承。但如果是高定价产品或服务(如中华香烟和绿波廊),它们的社会价值表达极可能被传承下去,这是因为这些品牌的联想主要是由高定价带来高档象征,而非其他含义。

3. 相互依赖

从被访者毛先生的陈述中可看出,他的父母对"光明"品牌具有很强的依赖度,由于住在一起,并且购买活动主要由父母承担,所以对下一辈(包括孙辈)产生了直接影响。但下一辈一旦有购买机会,就会"自作主张",转换品牌。如果说上一辈对老字号的依赖经由长期使用而表现为习惯性消费的话,那么,显然这种习惯性消费在年轻一代的身上并不能形成。

> ……光明呢,它的牛奶我其实不是经常吃的。我父母有这个习

惯,因为我们有小孩,我们是住在一起的。他们都是在固定的周期里会买很多牛奶,不是给我们吃就是给小孩吃,他一般都是吃不完的,但是在固定的时间里总是买光明牛奶。我跟我的夫人还有小孩一般都是喜欢吃酸奶,酸奶他们一般也是买光明。但是,我自己一般去买达能的。(毛先生,34 岁,FG1)

被访者庄小姐的父亲对上海防酸牙膏同样有很强的依赖度,这可能是由于长期使用而造成对该品牌牙膏特别味道的习惯性依赖。这里的例子是为借促销活动发动全家"囤积"购买。对他来说,回报(喜欢的味道)与成本(便宜)相抵后,得到的结果是有正面价值的。但被访者并没有受家庭的影响,她不喜欢该品牌,有自己的品牌(佳洁士)选择,尽管这不影响她对父亲的品牌使用习惯的支持。

　　……上海防酸牙膏我爸很喜欢。就是有时候像去易初莲花那种地方,上海防酸牙膏就 1.90 元一支嘛,而且广告上还说每人限购两支,后来我就跟我妈说,我们两个拿 4 支,我爸就说拿 6 支,他就说反正便宜……他就喜欢这个味道。我觉得防酸牙膏这个味道太冲了,特别特别冲,洗(刷)完之后,不是觉得嘴巴很清凉,而是觉得嘴巴很辣的那种。如果我(个人)去超市,我其实还是比较会买佳洁士的……(庄小姐,21 岁,FG4)

如前面已述,老字号的相互依赖之所以不被传承,主要原因是两代人的 CL 和 CLalt 存在很大差异,这是由他们生活经验的不同造成的。一般地看,上一辈比下一辈的 CL 更低,因而在同样结果的情况下,倾向于得到更高的满意度;同样,上一辈比下一辈的 CLalt 更低,因而对老字号有更强的依赖度。

(二)下一辈主导的品牌关系质量:隔断的品牌资产与反向消极影响

1. 承诺

被访者钱先生和他的岳父母家庭原对光明牛奶都有很强的承诺度,最终的破坏来自第三代——被访者钱先生的女儿,她显然更多地受广告影响而产生品牌偏好,并促使祖辈改换品牌。如果说,子女辈还传承了上一辈对老字号的行为忠诚的话,那么,到了孙辈则荡然无存,相反,还反向影响上一辈的品牌选择。这是一个重要的信号,意味着老字号依赖于家庭社会化的品牌建立途径受到了大众传媒影响的极大挑战,后者削弱了代际影响力。

> 一开始呢,大家都是喝光明,我们也喝,老一辈也喝光明。后来呢,我们改了,我们喝蒙牛,他们还是喝光明。又过了一段时间呢,他们也改了,也喝蒙牛了。为什么呢,我女儿跑到他们家里去就说,怎么你们还喝光明啊,我不要喝。她说你看人家蒙牛(是)大草原上生产,人家牛奶多,上海的是吃饲料的,你们不要买了,你们要买这个(光明)我不喝的。我丈母娘觉得说的好像也有道理,她以后也改(喝)蒙牛了。所以现在我们两家都是喝蒙牛了。(钱先生,35岁,FG1)

上一辈对老字号的品牌承诺还受到来自下一辈的消费知识的消极影响。如果下一辈在某些品类上拥有更多的专门知识,上一辈就会受其反向影响(Shah and Mittal, 1997)。被访者庄小姐受其父亲影响,对海鸥照相机有长达八年的、唯一的品牌使用经历,但这种忠诚关系最终由于被访者的成长而中止。并且,被访者反过来影响其父,改变了他对海鸥的品牌态度。

> 我的第一个照相机是我在初二的时候,我爸爸给我买的。那个照相机,当时他第一个选择就是海鸥,他觉得海鸥牌子老,还有保修呀什么……而且确实那个海鸥质量是很好了,一直到今年(才)新买一个……就是今年春节的时候打算去买一个数码相机……然后我去跟我爸说,他的反应呀,一下是"海鸥出数码相机了吗?"……但是我是比较相信专业品质,所以当时就去了解了挺多……最后我是买了一个卡西欧的……后来回去之后,我把这照相机给我爸看了。就是经过这次之后,他觉得如果说同样的话,他也会选择卡西欧了。后来他同事也要买照相机,他就跟他说了,我女儿买了一个卡西欧了,质量还不错,他就不会去跟他说海鸥了。(庄小姐,21岁,FG4)

2. 真有与应有之情

在与下一辈的家庭互动中,上一辈仍向下一辈流露出他们对老字号所怀有的应有之情。例如,在被访者聂先生的案例中,其丈母娘向他所做的老字号推荐,以及在被访者丁小姐的案例中,其母亲对其所推荐的外国品牌的排斥等。但是,老字号由于外观(如被访者聂先生的"陈旧的感觉")或品质(被访者丁小姐的"不舒服")的原因,很容易导致对年轻辈缺乏吸引力,最终产生消费上的断代。

> 我记得我结婚的那个时候不是要买戒指嘛,我丈母娘推荐我到老凤祥去看看。但是我一听,我就觉得它那边款式肯定不是新的,给人家一种很陈旧的感觉。我们后来就没去看,直接到谢瑞麟,价格问下来,那边好像是蛮贵的。但是我们最终选择了它。虽然我知道同样的东西它那边要比老凤祥贵,但是我们还是选择了他们那个品牌。(聂先生,35 岁,FG1)

> 上海防酸牙膏我们现在家里还用。不是我用,我不喜欢这个味道。我爸爸、妈妈、爷爷、奶奶就是用(上海)防酸牙膏的,中华牙膏也用。反正我就是不接受那个味道,不舒服。后来就是慢慢地有这种佳洁士推出了,我就会去买佳洁士、高露洁这种品牌。我觉得吸引我的一个是口味。它推出什么绿茶口味的,我就去买,觉得不错……反正我爸妈还是用这个(上海防酸牙膏),我推荐我妈用佳洁士,但是她说还是没有(上海)防酸牙膏好。(丁小姐,23 岁,FG4)

3. 自我概念联结

前面已述,在年轻辈的心目中,老字号品牌象征着父母辈的使用者形象。这可以说是老字号独特的品牌资产,它具有正面影响,可以较好地把信任感、应有之情等传承给下一辈,但也是妨碍老字号向新生代市场发展的负面因素,主要是在象征价值方面,自我概念联结、社会价值表达等无法向下代传递。例如,被访者支女士认为"春竹"适合父母辈,不适合自己这样的年轻辈。从她的陈述中可看出,老字号的品牌形象与年轻辈的自我认同之间产生了距离。

> ……春竹的羊毛衫如果我自己去买的话我可能不会选,因为春竹的款式什么我觉得比较一般,色泽也不太好,但是……我们单位团

购,好像都是选春竹,所以我们订型号的时候基本上都是订的老年(穿的),就是父母的这种尺寸,就是给父母领。自己就不穿了,因为它这个样式什么,不太适合年纪轻的。(支女士,35岁,FG2)

老字号的"自我概念联结"无法传承给下一辈。与此同时,值得关注的是,这种"自我概念联结"在父母辈产生了分化现象。相当比例的年长消费者仍然保留了更多的传统生活方式和价值观。但一部分年长的消费者接受了较多的新观念,他们崇尚年轻化,与同辈相比,他们具有较小的心理感知年龄,易受子女辈的反向影响。被访者袁女士的母亲受女儿影响,开始疏远"老凤祥""老庙"。被访者罗小姐的母亲在女儿的引导下,从"美加净"的忠诚顾客变成"玉兰油"的新顾客。

上次我老妈五十岁生日,我老爸要买根项链送给她,我们都没去老凤祥、老庙……送给我妈妈也是要讲究一点款式嘛,老庙跟老凤祥的款式太老土了,而且基本都以黄金为主。我妈妈现在也不要戴黄金了,她也要跟我一样要戴"钻"的了。(袁女士,31岁,FG2)

……还有那个美加净,什么珍珠银耳霜,我母亲使用的,非常的油腻。然后,我第一次发工资,我很清楚,就给我母亲买了一瓶玉兰油的多重修护。然后我母亲的那个雀斑确实有所改善。我不知道它含铅高不高,但是我妈的脸看上去是年轻很多。然后,久而久之,我妈她自己也会买……也开始用玉兰油……(罗小姐,23岁,FG3)

(三)小结

笔者从品牌关系质量的角度对老字号的品牌资产归纳了是否易于传承,以及产生隔断和反向影响等方面。相对来说,信任、社会价值表达和相互依赖等是由上一辈主导的品牌关系质量,也就是说,老字号的这些品牌资产是上一辈发挥了主要作用,对下一辈产生影响。而承诺、真有之情与应有之情、自我概念联结等是由下一辈主导的品牌关系质量,是下一辈发挥了主要作用,对上一辈产生反向影响。因此,后类与前类相比,更不易传承,或更明显产生隔断。如果结合品牌消费阶段与品牌关系质量的关系来看,上一辈主导的三大品牌关系质量对应于品牌消费初级阶段的一般态度,而下一辈主导的另外三大品牌关系质量则反映了品牌消费高级阶段的要求。

　　进一步地,究竟是传承还是隔断,正向影响还是反向影响,受到老字号所在的品类、上下一辈的知识和价值观异同、家庭沟通与互动等多方面的影响。

　　首先,品类差异的影响是基本的。冠生园蜂蜜和光明牛奶是品类中的主导品牌,竞争品牌数量很少,品牌关系更容易得到传承。这与Moore、Wilkie 和 Lutz(2002)的定量研究结果类似:如果品类中没有主导品牌,品类中的竞争品牌数量多,以及(子女)不使用该产品等,那么会显著地产生更低的品牌偏好匹配率。产品感知风险也影响品牌关系传承。如果财务风险(如邱小姐,24 岁,FG3)和物理风险(如崔小姐,28 岁,FG2)的感知大,则品牌信任更容易得到传承;相反,如果社会风险(如:袁女士,31 岁,FG2;罗小姐,23 岁,FG3)的感知大,则品牌的社会价值表达更不易得到传承。

　　其次,知识和价值观异同也显著影响了代际之间的传承情况。与上一辈相比,成长于改革开放后的下一辈普遍地受到更高的教育,具有更新的价值观念,对新产品的尝试和见识也更多。如果家庭中两代人之间的这种差异越大,越可能产生正向的隔断,以及反向的影响。如本研究中庄小姐(21 岁,FG4)对数码相机、袁女士(31 岁,FG2)对月饼和项链、罗小姐(23 岁,FG3)对护肤霜的情况。这个结果与 Shah 和 Mittal(1997)的观点类似,他们认为上一辈拥有的专门知识越多,上下一辈的生活方式越相似,则代际影响越强。家庭沟通和互动频率也影响代际传承,如本研究中钱先生(35 岁,FG1)一家与岳父母家的频繁走动,最终改变了后者的牛奶品牌选择。

　　此外,本研究的另一探索性发现是:与原有品类相比,老字号的品牌资产在新的品类上更难产生传承现象。例如,光明的牛奶与酸奶(如:毛先生,34 岁,FG1;邱小姐,24 岁,FG3),老凤祥和老庙的黄金首饰与钻石首饰(如袁女士,31 岁,FG2),海鸥的照相机与数码相机(如庄小姐,21 岁,FG4)等。在后者的新品类上,老字号无品牌传承影响力。这从另一个侧面反映了老字号品牌资产的薄弱问题。

五、 结论与战略指引

本节选择了独特的研究视角,在国内首次采用探索性方法研究了消费者行为中的代际影响,以老字号为对象揭示了代际间的品牌资产传承现象。本研究结果表明,来源于上一辈对老字号的积极品牌关系大部分无法向下一辈传递,同时,更有来自下一辈对老字号品牌关系的消极评价,反向影响了上一辈对老字号品牌的积极关系。这正是表明了解释老字号衰弱的消费者视角及家庭消费因素的有效性。本节的初步研究结果对扩展品牌资产来源的理论研究,以及在管理上如何复兴老字号都具有积极贡献。

在学术上,本节把代际影响在品牌资产方面的表现从品牌偏好(Heckler, Childers and Arunachalam, 1989;Moore, Wilkie and Lutz,2002)和品牌忠诚(Olsen,1993,1995)延伸到更广泛的品牌关系质量维度的视野中。本节的探索性结果再次印证了 CBRQ 模型对评价中国消费者品牌态度的适用性与稳定性。在代际品牌资产的构成上,CBRQ 的六个构面亦可提供基本的方向性参考。Moore、Wilkie 和 Lutz(2002)的探索性研究揭示,尽管还不能把代际影响作为一项普遍的品牌资产来源,但在很多情况下,作为情感的联结,代际影响明显地表现出因长期使用带来的信任以及对家庭温馨生活的怀旧,这使得品牌具有特别的形象和资产。本节得到了与之类似的结果,即上一辈对老字号的信任很容易传承给下一辈,表现为代际品牌资产的基本来源。但在其他构面上,老字号的品牌资产并不能从上一辈传承给下一辈,也就是说,对当前的年轻一辈而言,老字号并不具有高代际影响的品牌资产。这在很大程度上印证了这样的命题:代际影响在老字号品牌态度上的表现逐代减弱(何佳讯,2007a)。

从本研究看,老字号代际品牌资产削弱的原因之一是新老世代的顾客价值的差异。改革开放以来,中国社会经济的高速发展转型导致了消费观念的多元化,不同世代的消费观念差异十分明显,这种世代差别大于西方(卢泰宏等,2005)。源自家庭中上一辈影响的传统观念与来自更广泛的同伴、媒体等社会化途径中的新观念发生了碰撞,在这两股相反力量的较量中,后者的作用显然更强大,它削弱和淡化了消费者行为中的代际影响力。尤其是,当大部分老字号习惯以传统方式服务于老一代的消费群,而忽略了新世代的消费需求时,这种代际影响效应变得更为脆弱。因此,中国老字号的复兴,必须更多地考虑新世代消费群的生活方式和价值观,积极地进行品牌创新和内涵重塑。

在管理上,如何兼顾新老目标市场的营销投入(Keller,1999),如何平衡品牌内涵的新老元素(Brown,Kozinet and Sherry,2003),始终是老品牌活化决策的基本问题(何佳讯和李耀,2006)。特别地,就是在采用怀旧策略以保留老顾客,以及采用创新策略以吸引新顾客这两大基本做法上需要更多的智慧和实践。就中国的 Y 世代(18—24 岁)而言,他们具有不断增长的动力、期望和需求,这群年轻的成人开放地接受西方观念和产品,但仍然对自己的文化引以为豪,他们购物行乐,购买潜力巨大(McEwen et al.,2006)。如果抓不住这批新生力量,老字号就会渐行退出未来的市场。

本节的研究表明,作为新世代的下一辈普遍不认可老字号品牌所具有的象征价值。着眼于当前和未来市场,老字号重塑需要在保留传统中国文化底蕴和纳入新鲜的现代价值之间寻找结合点。这也许是激活信任资产,使之产生积极行为结果的努力方向。从本节的初步结果看,老字号品牌具有高信任度的代际传承特征,这是老字号独特的品牌资产优势,但它未能成为直接驱动新世代对之形成品牌忠诚(承诺)的积极因素。因此,老字号的品牌价值基因迫切需要进行合理的重组和优化。

面对新的市场竞争环境和新生代的消费需求,老字号必须要研发新的技术,开发新的产品,进行品牌延伸。但由于历史的原因,老字号的产品线狭窄,大多从事单一产品或服务的经营(王成荣,2005),使得品牌联想紧密地与单一品类相结合,具有很高的例证优势(instance dominance),限制了老字号品牌资产向新品类扩展。因此,老字号品牌迫切需要转变联想优势的基础:从特殊品质联想逐步转向价值利益联想,使品牌资产发挥更大范围的杠杆力。上述这些问题并非短期就能解决,但确实是老字号复兴的基本路径,是老字号企业制定正确的复兴战略规划必须考虑的基本方面。

第二节　定量研究:世代差异与代际影响

在中国经济快速发展和社会转型的背景下,世代差异是揭示中国消费趋势和消费价值观变迁的基本途径。在国际上已有相当多的研究聚焦于中国消费世代差异这个课题,有关研究涉及中国老年消费者与 X 世代的比较(Yang, Zhou and Chen, 2005),比 X 世代更年轻的 Y 世代的崛起以及与西方 Y 世代的根本差别(McEwen, et al., 2006),X 世代与大众市场的比较(Zhang, 2005),还有一些研究对中国多个基本消费世代进行比较分析(Wei, 1997; Dou, Wang and Zhou, 2006)。这些研究对理解中国消费者的变化,捕捉新的市场机会,以及如何迎接管理挑战具有重要意义。

然而,我们需要同时注意的是,在世代差异和变化的另一面,存在着世代间的联系和传承的客观现象,加上中国是世界上长期导向指数最高的国家(Hofstede, 2001, pp.356—360),态度和价值观方面的代际传承应该比西方文化来得更为强烈(何佳讯,2007)。后者的研究角度即是所谓的"代际影响"。在国际上,大部分学者聚焦于上一辈对下一辈的代际影响关系研究上,但 Miller(1975)早就指出,代际影响是相互的,不能忽视下一辈对上一辈的影响。事实上,代际影响很可能是反向的,或同时发生的(Moschis, 1988; Whitbeck and Gecas, 1988),在中国这样发生巨大经济与社会转型的市场中,反向代际影响的重要性值得特别重视。

对于中国老字号来说,它们具有鲜明的中华民族传统文化背景和深厚的文化底蕴,具有历经数代人的大时间跨度,传统上又借助口碑传播建立声誉,因此,代际影响(传承)是一个基本的研究视角。本章第一节的研究已表明,一些品牌关系质量由上一辈主导,即在代际关系中,更多地由上一辈影响下一辈,这些品牌关系质量(如信任)仍是老字号的重要品牌资产构成;另一些品牌关系质量(如承诺)由下一辈主导,即在代际关系中,更多地是由下一辈影响上一辈,正因如此,这些老字号品牌资产正在流失,上一辈的传承基本被隔断,或受下一辈的反向影响加速老字号品牌资产的衰退。

本节在第一节定性研究的基础上,进一步采用定量方法,同时从世代差异和代际影响这两个方面着手,继续探究中国消费者对老字号品牌的态度及代际影响规律,这是一个整合而创新的角度。具体而言,本节的研究目标有二:首先从世代差异的角度看,消费者对老字号品牌的态度是否存在差异?是否如第一节得到的初步结果那样,表现为年轻世代的评价不如年长世代?其次从代际影响的角度看,上一辈对下一辈的影响或下一辈对上一辈的影响是否对信任与承诺的关系起到调节作用?结合第一节的定性研究结果看,下一辈对上一辈的影响是否对信任与承诺的关系起到负向调节作用?

一、文献回顾

(一)中国消费世代差异与品牌态度

通常,世代被定义为一个群体,其长度大约等于一个生命阶段,其界限由同侪个性(peer personality)来界定(Strauss and Howe,1991);它是一个有着共同出生的时间段,在重要的成长时期经历了相同社会事件的可以被识别的群体(Kupperschmidt,2000)。同世代的人被认为拥有着由他们的经历所决定的相似且区别于其他世代的社会性特征(Schewe and Noble,2000)。对于在不同世代间存在的差异,有很多理论可以用来解释随着年龄的增长个体如何发生变化,以及为何在同世代群体中具有相似性,包括世代同群理论(generational cohort theory)(Inglehart,1977)、年龄分层理论(age stratification theory)(Riley,1987)、减少参与理论(disengagement theory)(Cumming and Henry,1961)、持续性理论(continuity theory)(Atchley,1989)和发展理论(development theory)(Piaget,1977)。

对于美国的世代划分,虽然不同研究者对每个世代的起止时间和名称并不完全一致,但四世代划分法得到了普遍的接受,包括沉默世代(silent generation)、婴儿潮世代(baby boomers)、X世代(generation X)和Y世代(generation Y)(Strauss and Howe,1991;Dries,Pepermans and Kerpel,2008)。类似于美国世代的划分,一些学者也根据中国社会各时期历经的重大事件,划分中国的消费世代,如 Schütte(1998)将中国消费群体分成三个世代,分别是"关注社会"的一代(the "socialist" generation),生于 1945 年以前;"失落"的一代(the "lost" generation),生于1945—1960 年;"关注生活方式的"一代(the "lifestyle" generation),生于 1960 年后。Wei (1997) 采用美国的 AIO 测项库(US AIOs inventories)对中国消费者进行聚类分析,得到了五大消费群体的细分结果,包括传统主义者(traditionalists)、维持现状者(status quo)、现代派(modern)、转型者(transitioners)和 X 世代(generation Xers),也包含并体现了世代的差异。此外还有刘世雄和周志民(2002)、王海忠(2002)的五世代划分,胡维平(2006,pp.97—102)的四世代划分等。

在中国消费世代存在基本差异的前提下,很多学者对不同世代的态度和行为差异进行了多方位研究。有关研究涉及广告认知、购买行为和消费偏好(Wei,1997),消费者民族中心主义倾向(王海忠,2002,pp.150—168),媒体消费方式(Dou,Wang and Zhou,2006;McEwen,2005)等。还有很多研究是就某一特定世代进行研究,如 X 世代(Zhang,2005;Zhou and Wong,2008),年老消费者(Ying and Yao,2006)等。盖洛普(Gallup)公司的调研表明,中国更年轻的 Y 世代(18—24 岁)在媒体消费和购买上不同于本国的 X 世代(25—29 岁)(McEwen,2005),在价值观上不同于西方的 Y 世代(McEwen,et al.,2006)。

在很多用于比较差异的方面,品牌态度研究正受到重视。Yang、Zhou 和 Chen(2005)的实证研究表明,在品牌选择行为上,中国老年消费者与 X 世代存在重要差异的同时,也存在很多相似的地方。盖洛普公司的调研发现(McEwen,2005),尽管 Y 世代有品牌的偏好,但并不忠诚于某一个品牌。何佳讯(2006d)的研究表明,对中国城市消费者而言,年龄是区分品牌态度的显著变量。总体上,有关中国消费世代的品牌态度研究并不丰富,因此本节的目的之一就是首先从世代差异的角度,揭示消费者对老字号品牌的态度是否存在差异。由于老字号品牌诞生的特定世代背景,以及通常内蕴或采用中国传统文化元素进行营销,其形成的刻板印象与年轻消费者的自我形象相差较大,因此,如第一节得到的初步结果那样,我们预期在其态度评价上表现为年轻世代差于年长世代。

(二)消费者行为中的代际影响及品牌态度传承

世代差异和变化的另一方面,是存在着世代间的联系和传承的客观现象。这个研究角度即是所谓的"代际影响",从广义上讲是指家庭中的一代人向另一代人传递信息、信念和资源(Moore, Wilkie and Alder, 2001)。有关研究始于20世纪60年代后期,并一直受到社会学界的广泛关注。20世纪70年代早期,代际影响被引入到消费者行为(消费者社会化)研究领域,并被定义:家庭中的一代人向另一代传递与市场有关的技巧、态度、偏好、价值观和行为(Hill, 1970)。国际上有关研究主要集中在三大方面:代际影响的表现和测量(如:Moore-Shay and Lutz, 1988; Viswanathan, Childers and Moore, 2000; Moore, Wilkie and Lutz, 2002),代际影响的形成因素(如:Miller, 1975; Mandrik, Fern and Bao, 2005),以及代际影响的持续和减弱(如:Moschis, 1985; Moore, Wilkie and Lutz, 2002; Heckler, Childers and Arunachalam, 1989)。详见第二章。在代际影响的表现方面,学者们的研究基本上都围绕与消费有关的技巧、偏好、态度和价值观等方面进行。尽管大部分学者都聚焦于上一代对下一代影响关系的研究,但事实上,代际影响是相互的,也存在下一代对上一代的反向影响或同时的双向影响(Miller, 1975; Moschis, 1988; Whitbeck and Gecas, 1988)。

代际影响的表现形式和类型多种多样,诸如信息搜寻,品牌、产品和商店的选择,评价标准的使用,营销组合变量的接受度等(Shah and Mittal, 1997)。现有研究表明,代际影响的覆盖面很广,从特定品牌偏好的一致性,到更抽向的与消费有关的态度和价值观的共享,如物质主义、对经济命运把控的感知和对未来的乐观主义等(Moore-Shay and Berchmans, 1996)。理解并测量父母辈影响的范围、情境和程度,已经成为代际影响研究领域的首要关注方面(John, 1999; Viswanathan, Childers and Moore, 2000)。

针对代际影响表现的测量,Moore-Shay 和 Lutz(1988)把消费者在态度和信任形成中的代际影响概括为品牌偏好、选择规则和市场信念三个方面。类似地,Viswanathan、Childers 和 Moore(2000)把与市场交易直接相关的代际传承概括为三个方面:消费者技巧、与消费相关的偏好和消费者态度。Moore、Wilkie 和 Lutz(2002)在消费者购买决策过程的不同阶段中测量代际影响时,聚焦于消费者意识、考虑集和品牌偏好。尽管各自的表述和提法不同,但从测项的实际构成看,基本上都围绕品牌偏好、消费者技能、消费者态度进行。其中,品牌偏好得到了学者们最普遍的关注。

Moore、Wikie 和 Lutz(2002)首先把代际影响和品牌资产联系起来研究,认为从基于顾客的品牌资产(Keller,1993)概念看,代际影响实际上是品牌资产的一个重要来源。他们的研究指出,代际品牌资产(intergenerational brand equity, IGBE)在不同品类及品牌中,存在从高到无等不同层次的效应。那么,对于传统营销模式下受家庭使用影响较大的中国老字号品牌来说,哪些品牌资产得以传承?哪些品牌资产出现了隔断?由于中国改革开放带来的经济与社会转型,年轻世代接受的教育普遍更高;在消费领域,与年长世代相比,城市年轻世代更崇尚西方生活方式,对西方产品的需求更大(Cui and Liu 2001),这对中国本土老字号品牌的消费态度产生了不利影响。因此,我们预测下一辈对上一辈的影响削弱了上一辈对老字号品牌的信任所产生的承诺效用。

在消费行为领域,世代差异与代际影响是两个研究角度,在以往的研究中两者通常被分开进行。在本章的研究中,我们把两者结合起来,既分析世代差异又探究代际影响,这样有助于我们理解跨世代的消费者对老字号品牌的态度,从而对企业制定老字号品牌复兴战略提供更有效的指引。

二、 研究方法与数据来源

本节的研究以快速消费品奶糖为测试品类,选择确定该品类中市场份额名列前茅的大白兔、阿尔卑斯、悠哈、金丝猴和喔喔五个中外品牌为测试品牌。其中,大白兔为冠生园 1959 年开始出产的老字号品牌。

采用入户问卷调查的方式收集数据,包括两个时间阶段。第一阶段开展于 2007 年 5—6 月,调查城市为上海、武汉、成都,回收有效问卷 1 044 份;第二阶段开展于 2009 年 5—6 月,调查城市为上海、武汉和无锡,回收有效问卷 1 039 份。两个阶段共计有效被试 2 083 名。

对被试的要求是近 6 个月以来最经常购买的奶糖品牌属于这五个品牌之列,然后选择其中的一个品牌进行答题。对于被调查者的家庭月收入要求,武汉、成都、无锡在 2 500 元以上,上海在 3 500 元以上。两个阶段的样本分布情况见表 6-3。

表 6-3　实际有效样本的人口统计特征

人口统计特征		2007 年样本		2009 年样本	
		人数	比例(%)	人数	比例(%)
性　别	女性	689	66.0	731	70.4
	男性	355	34.0	308	29.6
年　龄	18—24 岁	353	33.8	360	34.6
	25—29 岁	231	22.1	230	22.1
	30—39 岁	238	22.8	192	18.5
	40—49 岁	222	21.3	257	24.7
教育程度	大专以下	268	25.7	264	25.5
	大专	186	17.8	143	13.8
	本科	481	46.1	499	48.0
	本科以上	109	10.4	133	12.8
婚姻状况	单身/未婚	511	48.9	532	51.2
	结婚无小孩	75	7.2	50	4.8
	结婚有 3 岁以下的小孩	66	6.3	58	5.6
	结婚有 4—12 岁的小孩	153	14.7	130	12.5
	结婚有 13—18 岁的小孩	85	8.1	69	6.6
	结婚有 18 岁以上的小孩	154	14.8	200	19.2
城　市	上海	300	28.7	392	37.7
	武汉	432	41.4	417	40.1
	成都	312	29.9	—	—
	无锡	—	—	230	22.1
测试品牌	老品牌(大白兔)	462	44.3	446	42.9
	外资品牌(阿尔卑斯)	364	34.9	371	35.7
	其他品牌	218	20.8	222	21.4
代际影响类型	通常个人决定购买	849	81.3	880	84.7
	通常听取上一辈意见	40	3.8	38	3.7
	通常听取下一辈意见	155	14.8	121	11.6
合　计		1 044	100	1 039	100

　　本研究首先采用四个年龄段的方式区分被试,即 18—24 岁、25—29 岁、30—39 岁,以及 40—49 岁。在两个阶段的有效样本构成中,这四个年龄段的分布大致相当(见表 6-3)。对于消费世代的界定,我们根据 Dou、Wang 和 Zhou(2006)和 McEwen 等(2006)的研究,把 18—24 岁的群体定义为"Y 世代",把 25—39 岁的群体定义为"X 世代",把 40—49 岁的群体定义为"改革开放世代",作为不同世代进行对比研究。

　　对品牌态度的测量采用 CBRQ 量表(见第九章),使用 Likert7 点量表计量。为更简明有效地说明问题,本研究选用品牌关系质量中最为常用的两个构念"信任"和"承诺"进行计量。首先采用验证性因子分析,假设信任与承诺为单维度或为双维度,拟合指数表明双维度显然更合理(详见表 6-4)。也就是说,信任与承诺是两个相关的但属于不同维度的构念。在两个阶段的研究中,有关信任与承诺构念的信效度指标见表 6-5。结果显示,本节研究中对信任和承诺的有关测量是可靠的。

表 6-4　信任与承诺测量模型的拟合指标

	绝对指数				相对指数		简约指数	
	$\chi^2(df)$	χ^2/df	RMSEA	GFI	NNFI	CFI	PNFI	PGFI
2007 年								
信任—承诺单维度结构	341.72(27)	12.66	0.12	0.92	0.87	0.90	0.67	0.55
信任—承诺双维度结构	204.12(26)	7.85	0.08	0.96	0.92	0.94	0.68	0.55
2009 年								
信任—承诺单维度结构	955.77(27)	35.40	0.21	0.78	0.78	0.84	0.63	0.47
信任—承诺双维度结构	281.19(26)	10.82	0.09	0.94	0.94	0.96	0.69	0.55

　　对于代际影响的测量是在问卷中专门设置一题,询问被试在购买奶糖及选择哪个品牌时通常是"自己一个人决定",还是"通常听听家里上一辈的意见",或"通常听听家里下一辈的意见"。如果"由家里人决定购买哪个品牌,被试不做主",则终止访问。对代际影响的三类情况,本研究采用哑变量的方式进行处理,设置两个哑变量 IGI_1 和 IGI_2,分别取值 0 或 1,它们的不同组合代表三种代际影响类型:$IGI_1=0$, $IGI_2=0$,代表"自己一个人决定",没有代际影响;$IGI_1=0$, $IGI_2=1$,代表"通常听听家里

表6-5 "信任"和"承诺"的测项信效度

变量	测 项	2007年					2009年				
		标准化载荷（T值）	标准误差	α	ρ_c	ρ_v	标准化载荷（T值）	标准误差	α	ρ_c	ρ_v
信任	这个品牌让我感到安全和放心	0.61(20.05)	0.08				0.69(24.50)	0.08			
	我知道这个品牌会对它的行为负责的	0.58(19.01)	0.07				0.75(27.72)	0.07			
	我觉得这个品牌是值得信赖的	0.75(26.14)	0.06	0.74	0.79	0.44	0.87(34.29)	0.06	0.86	0.89	0.62
	这个品牌的实际表现正如我的期望	0.55(17.86)	0.06				0.80(30.18)	0.07			
	我感觉这个品牌是诚实的	0.78(27.98)	0.08				0.82(31.58)	0.07			
承诺	即使我的生活发生了变化，我还是选这该品牌	0.68(22.99)	0.07				0.76(27.79)	0.06			
	我不会因为潮流变化而更换这个品牌	0.62(20.41)	0.06	0.75	0.77	0.46	0.81(30.23)	0.06	0.85	0.87	0.63
	我对这个品牌感到很忠诚	0.77(26.83)	0.06				0.88(34.32)	0.05			
	这个品牌能指望我一直买它	0.63(20.58)	0.07				0.72(25.93)	0.05			
信任－承诺		0.81(41.24)	0.02	—	—	—	0.74(40.85)	0.02	—	—	—

上一辈的意见",即上一辈对下一辈的影响;$IGI_1 = 1$,$IGI_2 = 0$,代表"通常听听家里下一辈的意见",即下一辈对上一辈的反向影响。

三、 数据结果与分析（一）：老品牌态度评价的世代差异

从表6-6可知,两个阶段的数据显示了一致的结果。首先,从描述性数据看,对老品牌信任和承诺的评价基本上是逐代减弱,即改革开放世代（40—49岁,G3）评价最高,而Y世代（18—24岁,G1）评价最低;其次,从Y世代（G1）和文革后世代（G3）的比较看,承诺存在显著差异（$p <$ 0.05）,而信任存在边缘性显著差异（$p < 0.1$）,两个阶段的调查数据显示,Y世代（G1）和改革开放世代（G3）对于信任和承诺评价的差值（G1—G3）分别相同。这个定量结果印证了第一节的定性分析的结果,即与上一辈相比,下一辈对老字号品牌态度的评价普遍存在衰退趋势;从老品牌品牌关系质量的传承和隔断看,信任更倾向于得到传承,而承诺发生了隔断。

表6-6　老品牌（大白兔）信任和承诺评价的消费世代差异

变量	F 检验	各消费世代基本评价			各消费世代对比差异		
		G1	G2	G3	G1—G2	G1—G3	G2—G3
		M(SD)	M(SD)	M(SD)	差值	差值	差值
2007 年结果							
信任	1.81	5.07(1.06)	5.12(1.03)	5.30(0.94)	−0.05	−0.24*	−0.18
承诺	2.62*	4.47(1.20)	4.70(1.18)	4.78(1.06)	−0.24*	−0.32**	−0.08
2009 年结果							
信任	1.51	5.10(1.09)	5.21(1.15)	5.34(1.22)	−0.12	−0.24*	−0.13
承诺	2.29	4.53(1.33)	4.61(1.22)	4.83(1.25)	−0.08	−0.32**	−0.24*

注:G1 = 18—24岁,G2 = 25—39岁,G3 = 40—49岁。 * $p < 0.1$, ** $p < 0.05$。

为了表明品牌信任和承诺评价逐代减弱的现象是否为老品牌所独有,我们以外资品牌阿尔卑斯进行对比分析。表6-7显示,2007年和2009年的结果都存在评价逐代减弱的特征,但除Y世代（G1）和改革开放世代（G3）在承诺上存在显著差异（$p < 0.05$）外,其余各年龄组间均不存在显著差异。由于可认为,消费者对品牌信任和承诺评价逐代减弱的

现象并非为老品牌所独有,也就是说并非一定都是由老品牌特征因素而引起,这可能是因世代差异而存在的普遍特征。但本节研究的证据同时显示,就 Y 世代(G1)和改革开放世代(G3)的对比看,世代间评价差异的特征在老字号品牌上的表现比在外资品牌上更为明显。

表 6-7 外资品牌(阿尔卑斯)信任和承诺评价的消费世代差异

变量	F 检验	各消费世代基本评价			各消费世代对比差异		
		G1	G2	G3	G1—G2	G1—G3	G2—G3
		M(SD)	M(SD)	M(SD)	差值	差值	差值
2007 年结果							
信任	0.23	4.81(0.92)	4.81(0.95)	4.91(1.15)	0.00	−0.10	−0.10
承诺	1.18	3.88(1.19)	3.99(1.18)	4.16(1.16)	−0.11	0.28	−0.17
2009 年结果							
信任	1.26	4.84(1.19)	4.92(1.22)	5.12(1.13)	−0.09	−0.28	0.20
承诺	2.54	3.78(1.50)	3.98(1.34)	4.28(1.53)	−0.18	−0.48 **	−0.30

注:$G1 = 18—24$ 岁,$G2 = 25—39$ 岁,$G3 = 40—49$ 岁。 $** \ p < 0.05$。

四、 数据结果与分析 (二):代际影响类型的调节作用

接下来,笔者进一步研究代际影响类型是否在信任对承诺的影响过程中起到了调节作用。把承诺(B_{com})作为因变量,信任(B_{tru})作为自变量,代际影响类型($IG1_1$ 和 IGI_2)作为调节变量,建立回归方程:

$$B_{com} = \alpha_0 + \beta_1 B_{tru} + \beta_2 IGI_1 + \beta_3 IGI_2 + \beta_4 B_{tru} IGI_1 + \beta_5 B_{tru} IGI_2 + \varepsilon$$

2007 年的结果显示,除信任对承诺产生显著主效应($\beta = 0.65$,$p < 0.001$)外,IGI_1 对信任与承诺的关系产生显著反向调节作用($\beta = -0.30$,$p < 0.05$),而 IGI_2 没有显著作用。2009 年的结果显示,信任对承诺产生显著主效应($\beta = 0.67$,$p < 0.001$),IGI_1 与信任的交互项产生反向调节作用($\beta = -0.22$,$p < 0.1$),但处于边缘性显著水平,而 IGI_2 同样没有显著作用(详见表 6-8)。由此可见,2007 年和 2009 年的数据具有相当一致的结果。结合对哑变量的设置,我们可以得到这样的结论:下一辈对上一辈的影响削弱了上一辈对老品牌的信任所产生的承诺效用;而上一辈对下一辈的影响没有增强下一辈对老品牌的信任所产生的承诺效用。这

个定量结果呼应了上节定性分析的结果,上一辈对老品牌的积极态度无法传承给下一辈,相反,下一辈对老品牌的态度通过代际纽带可能反向影响上一辈对老品牌的原本态度。

表 6-8　代际影响类型对信任与承诺关系的调节作用

因变量:承诺(B_{com})	B	SE	β
2007 年结果[a]			
自变量:信任(B_{tru})	0.78	0.03	0.65 ***
哑变量:IGI_1	0.87	0.41	0.25 **
哑变量:IGI_2	−0.21	0.82	−0.03
信任 IGI_1	−0.19	0.08	−0.30 **
信任 IGI_2	0.07	0.16	0.06
(常数项 a_0)	0.42	0.17	
2009 年结果[b]			
自变量:信任(B_{tru})	0.81	0.03	0.67 ***
哑变量:IGI_1	0.93	0.51	0.21 *
哑变量:IGI_2	0.10	0.69	0.01
信任 IGI_1	−0.18	0.10	−0.22 *
信任 IGI_2	0.02	0.14	0.01
(常数项 a_0)	0.18	0.16	

注:[a] $R^2 = 0.39$,[b] $R^2 = 0.44$。 * $p < 0.1$, ** $p < 0.05$, *** $p < 0.001$。

五、 结论与战略指引

本节采用两个阶段(2007 年和 2009 年)的调研设计,采用入户问卷调查方式,对全国四大城市共计 2 083 名消费者进行定量研究,进一步印证了上节定性研究得到的初步结论。研究表明,消费者对老品牌的信任和承诺评价逐代减弱,年轻世代与年长世代差异显著,尤其在品牌承诺的评价上。换从品牌资产来源的角度看,意即与承诺相比,消费者与老字号品牌的信任关系更易得到传承,表明为其核心资产的构成要素。本研究还表明,在中国城市家庭的消费行为领域,下一辈对上一辈的影响比上一辈对下一辈的影响更为显著和突出,且此影响削弱而不是增强上一辈对老品牌的信任所产生的承诺效用。本研究克服了上节定性研究存在的一些不足之处;在调查范围上,从上海市场扩大到全国四大城市,增强了结论的说服力;在研究方法上,采用定量研究,更清楚简明地揭示了老字号品牌态度评价的世代差异,以及代际影响的特征和规律,使得结果更具普适性和可靠性。在学术上,本章研究具有重要理论贡献,是在国际范围内首次以定量研究的方式,揭示了中国城市家庭中反向代际影响在消费行为上的特殊作用。这对如何在像中国这样经历巨大的经济和社会转型的新兴市场中开展家庭营销具有重要的管理含义。

在第一节定性研究得到战略指引的基础上,本节的结果进一步透露了在中国市场中抓住新生代消费群体的重要性。企业必须认识到在中国市场中,反向代际影响是除大众媒体和网络、手机等新媒体之外的重要沟通渠道。对于拥有具有较大年龄跨度的细分市场,企业必须重点洞察年轻世代的消费需求,考虑通过代际影响的家庭纽带关系,发挥他们对上一辈的积极口碑效应。就长期品牌管理而言,尽管兼顾新老目标市场的营销投入是基本之道(Keller,1999),但在中国市场中,营销投入需要向新生代倾斜,这不仅是出于他们自身消费实力的考虑,还因为他们极易影响到上一辈的消费行为和决策。值得指出的是,本节研究得到的管理含义不仅适用于老字号品牌,同样也适用于其他拥有广泛的跨年龄群或适用家庭消费的产品或服务品类。

而对于年轻世代的营销而言,重点在于如何提高他们对于品牌的承诺度。结合表 6-6 和表 6-7 的数据,我们可推断,消费者对品牌信任和承诺评价逐代减弱的现象并非都是由老品牌特征因素而引起,其他因素还可能是因世代差异而导致。也就是说,与年长世代相比,年轻世代对品牌承诺度普遍有所下降。因而,针对年轻世代的品牌关系维护将面临更大的挑战和任务。营销者需要探究影响品牌承诺度下降的各种内外部因素,寻找提高品牌忠诚度的各种新方法和新路径。

第七章
品牌态度的代际影响及战略指引

　　"代际影响"在广义上是指家庭中两代人之间关于价值观、信念、习惯和行为等信息的传递过程(Shah and Mittal,1997)。具体到消费行为中的代际影响,我们可以将其理解为家庭中的一代人向另一代人传递与市场有关的技巧、态度、偏好、价值观和行为(Heckler, Childers and Arunacha-lam, 1989;Childers and Rao, 1992)。目前,国际上有关消费行为的代际影响研究可以归纳为两个主要方面(何佳讯,2007a):一是代际影响的形成机制及影响因素的研究,研究者们达成较为一致的观点是,家庭成员间的沟通情况、家庭结构、家庭经济状况等对代际影响的形成具有很大的作用(Moschis, 1985;Foxman, Tansuhaj and Ekstrom,1989);二是代际影响表现形式的研究,体现在消费态度和行为的各个方面,其中品牌偏好、品牌忠诚及品牌联想等侧重于品牌资产的代际传承性逐渐得到国外学者新的关注(例如:Moore, Wilkie and Lutz, 2002;Bravo, Fraj and Martinez, 2007a, 2007b;Bravo, Fraj and Montiner, 2008)。也就是说,代际影响已被认识到是除传统营销组合要素之外新的品牌资产来源。这个研究视角开拓了基于顾客的品牌资产研究的新领域(何佳讯,2007a;Bravo, Fraj and Martinez, 2007a, 2007b)。详见第二章。

　　本章对品牌态度的代际影响进行初步研究,为后面进一步的代际品牌资产研究(第八章)以及其量表开发(第十章)做出铺垫。在本章第一节中,通过深度访谈揭示代际影响的动力机制,构建一个动态的、完整的、具有"中国特色"的消费行为代际影响模式。在第二节中,采用实验与问卷相结合的方法,研究母女两代消费者对功能性产品和享乐性产品的外显和内隐品牌态度是否存在代际影响现象。研究结果表明:外显态度和内隐态度的代际影响在功能性产品和享乐性产品上存在不同表现。在第三节中,采用问卷调查法,揭示中国文化背景中权力距离这一文化价值观维度对代际沟通与代际品牌态度关系的影响作用。这些研究结论对在中国市场中如何有效开展家庭营销具有重要的战略指引。

第一节 消费行为代际影响的动力机制

家庭一向被视为是个人社会化的一个重要渠道(周晓虹,1996),在家庭中,子女会受到父母关于价值观、信念和行为习惯的影响,这便是子女社会化的过程,也是"代际影响"的过程(Shah and Mittal,1997)。具体到家庭消费研究的领域中,代际影响通常指一代人向另一代人传递与市场有关的技巧、态度、偏好、价值观和行为(Heckler, Childers and Arunachalam,1989;Childers and Rao,1992)。需要注意的是,在以往的研究中,学者们大多关注的是上一辈对下一辈的影响(何佳讯,2007b),所以通常提到的"代际影响"即指的是正向(上一辈对下一辈)影响的过程。但是,下一辈对上一辈的(反向)代际影响也是不能忽视的(Miller,1975),这方面的研究也渐渐开始得到了关注(如 Ekstrom,2007;Thomson, Laing and McKee,2007)。

消费行为的代际影响虽然发生在家庭成员之间,但是对它的形成产生影响的因素却不仅限于家庭的小环境内,文化背景作为大环境也会对其产生显著的影响作用(何佳讯、才源源和王莹,2009)。在中国文化背景中,中国家庭的子女受传统孝道影响,代际关系要比西方国家密切得多("中国代际关系研究"课题组,1999)。客观上,中国夫妇与子女生活的比例也高于美国(王跃生,2006),这使得代际间的互动和沟通变得更为频繁。另外,中国是具有高权力距离的文化体,中国人具有鲜明的权威认同意识,我们的实证研究证明了权力距离在代际沟通和代际品牌态度之间的调节作用(何佳讯、才源源和王莹,2009,参见第三节)。基于此,我们认为在中国文化背景下存在的代际关系应该是别具特色的,因此,本节选择以社会文化的视角来探讨中国家庭中消费行为的代际影响问题。

与社会学、营销学对代际影响研究的一般视角不同,我们还选择了用社会心理学的视角来看待代际影响的问题。我们将家庭视为一个动态系统,关注家庭成员之间的互动关系,期望寻找不同的代际影响模式背后的动力机制。目前关于代际影响的研究已经揭示了受到上一辈或下一辈影响的消费行为在家庭物理特征(如经济条件、家庭结构、生活城市等)和品类特征上存在的差异(如 Moschis, 1985;Foxman, Tansuhaj and Ekstrom, 1989;Childers and Rao, 1992;郭朝阳和陈畅,2007),但这都是影响代际作用的客观因素,而我们在此将探讨的是起到影响作用的内在因素。也就是说,我们要回答的是代际影响"为什么"的问题,而并非"是什么"的表层问题,我们想知道:代际间为什么会相互影响? 代际间以怎样的模式相互作用? 这种互动模式又会发生怎样的转变? 以此为构建一个深入和完整的中国家庭在消费行为上的代际影响动力机制框架。

一、 理论背景与研究现状

(一)消费者社会化

我们通常所说的消费者社会化是个体获得与消费活动有关的知识、技能和态度的过程(Moschis and Churchill,1978)。大量的研究证明了子女在消费价值观、市场信息的搜集和加工方式、品牌态度等方面都受到来自父母的影响(如 Heckler, Childers and Arunachalam, 1989; Moore, Wilkie and Lutz, 2002)。但社会化并不仅是子辈向长辈学习的过程,也可以反过来施加影响,即由传统的受教育者向施教育者传授社会变化的知识、价值观念和行为规范,这时所发生的就是反向社会化,在社会学上也称其为文化反哺(周晓虹,1996)。

那么,反向社会化在什么条件下会容易发生呢? 一般认为,存在两种情况,一是由于地理迁移而发生的文化迁移;二是由于社会文化的急剧变迁形成传统文化向现代文化的迅速变动(周晓虹,1996)。改革开放对于中国社会的发展来说就是一次文化的迅速变迁。在这一变迁中,年长一代传统的价值观念、知识和经验受到了严峻的挑战,逐渐丧失了权威性和传承性;而年轻一代则具备快速接受新事物的能力,特别对于新科技、新产品和新消费理念更为敏感,年长一代需要放弃话语权,而向年轻一代来学习(卢泓和徐光芳,2008)。所以,在我国社会文化的背景下关注反向代际影响的问题是格外有意义的。

综上,社会化可以理解为一个传授和学习的并行过程(Tallman and Pindas,1983)。Loulis 和 Kuczynski(1997)以家庭系统理论为基础分析了家庭成员之间在这一并行过程中的互动关系,认为长辈与子辈之间经历了从单纯的父母对婴儿的照顾、教育到形成相互依从、依恋的不同关系水平。那么,在消费行为上的代际影响同样也是一个持续的过程,通过代际间相互的学习,子女和父母共同去适应环境的改变和社会的发展(Ekstrom,2007)。

(二)消费行为代际影响研究的现状

目前,有关消费行为的代际影响研究可以归纳为两个主要方面:一是消费行为代际影响的表现形式;二是影响代际影响的因素。

代际影响可以体现在消费态度和行为的各个方面,如 Moore-Shay 和 Lutz(1988)发现母亲和女儿之间会在理财技巧、购买风格及产品的偏好方面互相探讨和彼此影响。Francis 和 Burns(1992)验证得出母女在感知服装质量和满意度上具有较高一致性的结论。代际影响同样表现在品牌态度方面,Heckler、Childers 和 Arunchalam(1989)发现,代际影响存在品牌偏好的传承性。Woodson、Childers 和 Winn(1976)的研究证实了代际影响在品牌忠诚上的作用,他们发现:32%的子女会选择与父母相同的汽车保险。Bravo、Fraj 和 Martinez(2007a)将家庭影响视为除广告、价格、促销外的第四大品牌资产来源,他们采用深度访谈法,以 30 名年轻消费者为研究对象,研究表明家庭因素对子女的品牌质量感知具有显著影响作用。

Ekstrom(2007)特别对反向代际影响的内容进行了研究,他们对有13—30 岁子女的家庭进行了深度访谈,发现了青少年和成年子女会向父母提供新的产品信息,向父母演示或帮助他(她)们使用的新产品,使父母们能够跟上消费的潮流。在反向代际影响方面,研究者还注意到了青少年对家庭消费决策的各个阶段是如何产生影响的。如 Thomson、Laing 和 McKee(2007)的研究发现孩子在家庭消费决策的初始阶段的影响作用显著,但在最终决定阶段的作用不明显。

研究者关注的另一个主题是哪些因素会对代际影响的内容和程度产生影响。普遍的观点是,家庭成员间的沟通情况、家庭结构、家庭经济状况等对代际影响的形成有很大的作用(如 Moschis, 1985;Foxman, Tansuhaj and Ekstrom,1989)。有研究证明,在父母婚姻状况良好的家庭中,代际影响会很显著(Miller, 1975;Moore, Wilkie and Alder, 2001)。Olsen(1993)的研究发现,当家庭中充满情感和尊重时,父母和孩子倾向于具有相似的品牌忠诚度。Viswanathan、Childers 和 Moore (2000)的研究指出,家庭中高效的沟通和强烈的消费体验,会使孩子和父母在品牌偏好上具有更高的一致性。

除了家庭和个体的特点外,另一个主要的影响因素是产品本身的特点。比如,Childers 和 Rao(1992)认为相对于公共可见度高的产品,私下使用的产品在品牌选择上受到家庭成员的影响更大。郭朝阳和陈畅(2007)的研究也发现在卫生巾、内衣等私下使用的产品上,女儿受母亲的影响较大,而对于时装、护肤霜和手机等公共可见的产品,代际影响程度比较低,同龄人的意见可能是购买选择的主要影响因素。

上述研究有几方面的特点:首先,对消费行为代际影响的表现和客观影响因素(如家庭物理特征、品类特征)的关注较多,而对代际影响的动力机制的研究较少(如影响行为的动机、成员互动模式等);其次,对代际影响中从上一辈到下一辈的正向影响关注较多,而对从下一辈到上一辈的反向代际影响的关注较少;再次,对青少年和家长之间的代际影响研究较多,而对子女成年后消费行为代际影响的研究相对较少;最后,国内对于本土家庭代际影响的研究相比国外此方面的研究成果还显不足。基于此,本研究的重点是消费行为代际影响的动力机制问题,并且关注代际间的双向影响行为。采用质性研究的方法,旨在挖掘具有本土化特色的代际影响互动模式和特征。

二、 研究方法

(一) 研究样本

因为消费行为的代际影响在母亲和女儿间表现得尤为突出(何佳讯，2007a)，所以本研究以 10 对母女为研究对象，对她们进行深入的访谈。在我们的访谈样本中，女儿的年龄从 24—38 岁，母亲的年龄从 53—62 岁，母亲和女儿目前均常住在上海。子辈群体中，学生样本 1 人，其他均已工作；未婚者 3 人，已婚有孩子的 3 人，其余 4 人为已婚无孩子；学历均为本科及以上。长辈样本中，已退休的 4 人，离婚 1 人。在经济条件上，9对认为自己的家庭收入属于中等或中上，1 对认为偏低。

(二) 研究过程

我们对女儿和母亲分别进行访谈，每人访谈的时间是 1—4 小时，对女儿的访谈分为 2 次进行，第一次是了解家庭情况、个人成长过程，并与受访者建立信任、友善的关系；第二次则专门针对消费行为代际影响的问题展开；对母亲的访谈合并为 1 次。每次访谈结束时，受访者会获得 200元的酬劳。总计访谈累计 55 小时。

访谈提纲主要分为四个部分：(1)受访者背景情况；(2)受访者的家庭情况，如代际价值观碰撞、家庭互动的模式、家庭经历的事件等；(3)个人消费习惯和家庭消费习惯；(4)在消费行为特别是品牌选择上的代际影响。

(三) 资料分析

将访谈录音转成文字稿，总计 60 万字。由两名研究者分别对访谈资料进行分析。按照质性研究的分析方法(陈向明，2000)，我们进行了三级编码的资料分析工作。

一级编码：研究者反复仔细地阅读材料，将文字资料按照段落大意进行分段，再从每个段落中寻找具有意义的语片，用词语或短语概括出语片的核心意义，并为其命名。根据语意，将同类的语片合并，并用更上一级的"概念类属"来概括出同类语片的意义。二级编码：二级编码的主要任务是发现和建立概念类属之间的各种关系，并把意义相关的概念命名进行归类分析，建立再上一级的"主要类属"概念。比如我们在研究为什么女儿会接受母亲的影响时,提出了三个主要类属"让母亲高兴"、"服从权威"、"肯定母亲的消费经验"。三级编码:三级编码的主要任务是在所有已发现的主要概念类属中经过系统分析以后选择一个"核心类属"。比如我们将"让母亲高兴"和"服从权威"归纳为"外在动机"的核心类属,而将"肯定母亲的消费经验"归为"内在动机"中。

在每分析完一对母女的资料后,两位研究者都会进行讨论,以不断的统一编码原则,降低研究者主观性的影响。

三、 研究结果

(一)我们为什么会相互影响?

消费行为的代际影响,有时通过观察学习就可以获得(Ekstrom,2007),比如子女观察到家中经常使用的品牌,学习母亲做出消费决策的过程;有时需要通过沟通、劝说等影响方式来转变对方的态度;甚至还需采取一定的策略来左右家庭决策,比如交换、讨价还价等(Thomson,Laing and McKee,2007)。在这些影响他人或接受他人影响的行为背后都会存在着某种驱动力,按照心理学的解释,这种作用于机体内部,发动并指引行为的力量即为动机(Petri and Govern,2005)。动机的划分方式有很多,从来源上可以划分为两大类:内在动机和外在动机(郭德俊,2005)。内在动机是源于自身对行为本身的兴趣、认同、学习的愿望等;而外在动机则受到各种目标对象和社会关系的驱动,行为的目的是为了获得奖赏、取悦他人,或是避免内心的愧疚感和焦虑(王艇和郑全全,2009)。

1. 代际影响的行为动机

我们的研究发现在中国家庭消费行为的代际影响中,无论是影响行为的发出者还是接受者,均存在着内在和外在两种动机。母亲接受女儿的影响时,并不仅是源于"获取新信息"和"提高自己消费能力"的内在动机,同时也具有"希望融入女儿"和"满足女儿要求"的外在动机;而女儿在接受母亲影响时,并不仅是因为自身"消费经验的不足",同时也是为了"让母亲高兴"和表示对"权威的服从"。在反向代影响过程中,女儿的外在动机表现在"孝顺"和通过在消费行为上培养共同话题,来"建立母女的亲密关系"(见表7-1和表7-2)。

表 7-1　消费行为正向代际影响的行为动机

内容	动机类型	动机解释	数量	文 本 举 例
母亲的传递性动机	外在动机	帮助女儿提高	9	我应该说也是比较善于购物的,再说也比较有时间,多数都是我事先跟她说一说大概要买什么东西,什么个情况……(罗母)
		让母亲高兴	3	现在来看的话还是要考虑大人的感觉,考虑得多一点。宁可有的东西就不要买了,让他们高兴一点。不要等爸爸妈妈岁数很大了你才意识到,那太晚了。(王)
女儿的接受性动机	外在动机	服从权威	6	基本上就是我妈说那件东西不好,说了一句也就不买了。其实我还是很听话的,有些东西我确实很想买,但她说不行,我就给自己想个理由,也不一定非买,也就算了。基本没什么冲突。(王)
	内在动机	肯定母亲的经验	3	就是说她看到一件衣服蛮好的,她就说这件不错,你试试看。那我就试试看,好看我就同意买了。基本上是她发现衣服,我可能不大善于发现东西。(罗)

注:"数量"表示在受访的 10 个家庭中,属于相应行为动机的数量。

表 7-2　消费行为反向代际影响的行为动机

内容	动机类型	动机解释	数量	文 本 举 例
女儿的传递性动机	外在动机	孝顺	7	女儿一直跟我说的,妈妈,皮肤要保养的……她倒是一直灌输给我的,好的东西跟差的东西是不一样……(潘母)
		建立亲密关系	1	我更希望我们像朋友一样的交流,不希望一定要有长辈和晚辈的分别。我更希望让她能接受新事物,这样我们共同语言会更多一点。(黄)
	内在动机	满足自身需要	2	(洗发水)我跟她说过,她就知道我喜欢这两个品牌,如果我不跟她一起(去购物),她也会买这两个品牌的。(郁)
母亲的接受性动机	外在动机	融入女儿	2	……她(女儿)说起过,那么我在大卖场逛的时候经过阿迪达斯就去看看,贵是贵也要看看对吧。否则她讲起来我说的牛头不对马嘴,对吧。(郁母)
		满足女儿	2	我说出去旅游吧,他们就说好的啊,陪你出去。就是总的来说他们是为我考虑,他们如果自己两个人去应该不会的。(郁)
	内在动机	求新愿望	5	(购买女儿看的《瑞丽》杂志)这个还挺好的,它很紧跟潮流的,像我们这个年纪的人也不能太脱节,不然跟不上这个社会了……一方面脑子里知道的多点总归好些。(黄母)

注:"数量"表示在受访的 10 个家庭中,属于相应行为动机的数量。

在消费行为代际影响的动机模式中,外在动机体现了孝道这一中华民族的传统美德。女儿在消费决策中会考虑到母亲的感受,如"我不会把头发都染色,我知道我妈不会喜欢……"(黄);女儿也会遵从母亲的意见,而放弃自己的选择偏好,如"她说这件好,我也不会跟她争什么,就找个理由说服自己……"(王)。这是悦亲、不使父母生气,听从父母意见的孝行体现,在杨国枢(2006)阐述的中国传统孝道的15项内涵之中,将其概括为"顺从双亲(无违)"和"娱亲以道"的美德。与女儿的外在动机相对,母亲接受女儿影响的行为背后也存在着希望与女儿拥有共同的话题,促进母女关系的外在动机。这恰验证了叶光辉和杨国枢(2008)关于旧孝道与新孝道的理论:旧孝道以"抑己顺亲"为核心,子女需要压抑自己的需求来迎合父母的愿望;而新孝道以"相互性"为要旨,强调长辈与子辈之间自然的情感互动。因而,在现代家庭的代际影响中,母亲并不一味要求女儿的顺从,也会具有主动迎合女儿、促进母女感情的动机。

中国人的家族观念浓厚,讲究家庭身份的认同,容易形成强大的家庭凝聚力。而家庭凝聚力正是形成个人孝道态度的重要前提(Cicirelli,1983)。我们发现家庭身份认同较强的子女,更能发现、欣赏和学习母亲身上的美德(如母亲对长辈的孝顺),她们在消费行为的代际影响中具有更强的外在动机。如"我很佩服她(母亲),她对家里的老人特别的孝顺,上一辈里即便是很远房的亲戚她也尽其所能的给予帮助,我真的比不了她……"(陈)。

2. 代际影响行为内在动机和外在动机的关系

我们观察到在代际影响中,如果长辈或子辈是出于对对方消费观念、知识、技巧的认可而接受对方的影响,那么产生的新的消费态度和行为更可能是持久的。相反地,如果因为顺从、取悦对方而接受影响,那么产生的品牌态度和消费行为可能是暂时的。这也验证了 Deci 和 Ryan(1972a)提出的动机的自我决定理论的观点,即内在动机驱动的是一种自主行为,常伴随积极、持久的情感体验;而外在动机产生的行为往往是被动和短时的。在外在动机下,形成的态度更多是处在态度形成的初级阶段,即顺从他人,并没有完全内化成自己的观点,因而难以持久(章志光,1996)。另外,外在动机的存在会削弱内在动机的强度(张剑和郭德俊,2003),也就是说,如果代际影响行为更多是以悦纳对方、孝顺父母为目的,那么,消费者对产品和品牌本身的兴趣度、认同度就会减弱。

> "如果我跟她(女儿)去(购物),就会去太平洋百货,我们都会在那里买衣服。如果我自己,我一定不会去,我还是要去妇女百货。"(曹妈)

> "(母亲挑选的衣服)我一定会收下来,然后我后来跟她讲不要给我买衣服了,但是可能那个感觉不是很好,(所以)当时我一定会收下来。但是我可能不会去穿,自己也不会买这个牌子。"(徐)

值得注意的是,内在动机和外在动机并不是相割裂的,而是一个连续体,外在动机可以内化形成自主行为(Deci and Ryan,1972b)。在内化的过程中,自我调节(包括在认知和情感上的调节)会发挥很大的作用,同时也取决于个体在活动体验中感受到的心理需求满足的程度(张剑和郭德俊,2003)。这留给我们一个值得深思的问题:如何通过外在动机的转化,来让消费行为代际影响的效果保鲜呢? 我们将在本节的讨论部分进行着重的探讨。

(二) 我们如何相互作用?

以家庭系统理论的观点来看,家庭是一个动态的、交互作用的系统,家庭成员之间会形成一种固定的互动模式(Loulis and Kuczynski,1997)。我们观察到在消费行为上的代际互动模式主要有四种:(1)代际沟通:家庭成员之间就消费相关问题进行的言语交流,这被认为是代际传递的主要方式(Moschis,Moore and Smith,1984);(2)一同购物:母亲和女儿共同做出消费决策的过程;(3)替代购买:母女或女儿直接为对方选购产品和品牌;(4)观察学习:母亲或女儿观察对方的消费习惯、产品的使用方法,在潜移默化中获得新的消费知识和理念。其中,代际沟通、一同购物和观察学习为主动地影响对方或接受对方影响的方式,而替代购买则是被动接受他人影响的方式,在不同的家庭互动模式中所具有的影响方式也会不同。

在消费行为方面,每个家庭表现出的代际影响方式和强度是不同的,如果我们想知道为什么某个代际互动的类型会发生在这个而不是另一个家庭、社会和文化中,那就要对家庭互动的模式做一个基本的分析。按照Kagitcibasi 和 Cigdem(2005)的观点,家庭模式可以归为三种:(1)依赖型,这是在传统的、经济条件有限的条件下,代际之间主要是在物质生活上的依赖;(2)相互独立型,代际之间在物质和情感上彼此独立,呈现出个人化的倾向;(3)心理相互依赖型,代际之间在物质上是可以独立的,但在情感上却具有很强的依赖性。

以文化价值观的视角来看,独立型家庭模式广泛存在于个人主义的文化中,在欧美国家,独立自主的价值观和经济条件的优势,有利于培养子女的自主性和与家庭的分离性,因而这类家庭培养出的是自主—分离型个体。相对地,依赖型更普遍地存在于人际和家庭关系紧密的集体主义背景之下。在这些国家,随着社会财富的增加,代际间摆脱了经济上的依赖,家庭模式由单纯的依赖型转为心理依赖型,虽然父母的养育目的仍然是为了联系,而不是个人主义的分离,但在心理依赖型家庭中除了父母的控制性特征外,已渗透了子女自主性的成分,因而培养出的是自主—关联型个体(Smith,Bond and Kagitcibasi,2009)。基于此,集体主义文化下的代际影响应该较个人主义文化下的更显著,何佳讯(2007a)在其关于品牌代际资产的研究中也提出过类似的观点。

具体到消费行为上,在独立型家庭模式中,子女是以自身的兴趣偏好为基础选择产品和品牌,对父母意见的考虑不多。这类家庭表现出的是微弱的代际影响,上一辈和下一辈之间以劝说为目的的沟通较少,一同购物的频率也不高,子女和父母有各自的、家庭以外的心理归属群体,比如各类同辈群体,而不再将家庭作为消费行为社会化的主要渠道。独立型家庭模式列举如下:

> "爸爸妈妈对我算比较宽松,不太管我的那种……哪怕现在对我也是这样,从小就这样的。我不会说一定要跟着她去做什么。"(郁)

> "我有自己玩得来的小姐妹,我们一起打牌啊、逛街啊,也经常出去旅游的;我和她(女儿)观点不一样的……"(潘母)

其代际影响的特征列举如下:

"我不会去建议(女儿)的,我叫她买了之后,她有什么不满意有什么不好用的就会说都是我妈妈叫我买的,那我就受刺激了。我一般来说自己的东西不会去建议她用。"(郁母)

"(电视购物上的新东西)基本上不会(对父母)说吧。虽然我心里觉得我以后可能会买吧,但是跟他们不会说的,因为他们肯定是不会买吧。"(郁)

与之相对,心理依赖型家庭,子女和父母之间有着紧密的情感联系,表现出更多的家庭互动行为。具体到消费行为上,这类家庭发生的是双向的代际影响。在影响过程中,充分体现了平等性和主动性,母亲和女儿经常分享消费经验、产品信息等内容;共同购物的频率较高,并且多为一同商议做出决策;在家庭生活中具有主动的观察学习行为,长辈和子辈均是彼此的消费行为社会化的主要渠道。另外,心理依赖型家庭中的个体在注重关联性的同时,又具有自主性,在双方平等互动的关系模式中,各自都可以成为对方有力的影响者。心理依赖型家庭模式列举如下:

"(相比爸爸)我跟母亲更亲,会谈很多感情方面的事。"(陈)

"大学之前妈妈主要在生活上照顾我,学习上就是督促我,然后其他的不是特别管我。"(陈)

其代际影响特征列举如下:

"反正有什么活动总归交流一下。买东西什么的呀,这个星期你不在我买了一样什么东西,这个东西怎么好,她有什么东西给我介绍一下。"(陈母)

以Kagitcibasi和Cigdem(2005)提出的心理依赖型家庭模式为基础,我们在代际消费行为上还观察到两类单向的心理依赖型家庭模式:一类是以长辈依赖下一辈为特征的反向依赖型,体现出由下到上的反向代际影响关系;而另一类是在下一辈依赖上一辈的正向依赖型家庭模式中,体现出的由上到下的正向代际影响关系。

上一辈对下一辈依赖型的家庭模式,反映了我国传统的"养儿防老"

的家庭观念。中国的父母与欧美国家的父母相比,对子女有更强的依赖性,边馥琴和约翰·罗根(2001)认为这除了与中国传统的孝道伦理有关以外,还与长期的经济发展水平和社会保障体系有关。反向依赖型与独立型家庭模式的相似之处是父母对子女的控制性均较弱,但显著的不同在于前者体现了中国家族观念中"重关系"的特色,所以培养出的子女依然具有自主—关联型自我的特点。具体到代际影响的消费行为上,反向的代际影响方式表现为:在沟通中主要由女儿传递新的产品信息、品牌知识以及消费价值观;在共同的购买行为中,女儿多扮演决策者的角色,母亲寄希望于女儿能为自己做出选择;女儿会为母亲做出替代购买的行为。母亲在接受女儿的影响时,往往会体现出主动性,如主动观察和学习女儿的产品使用习惯等。反向依赖型家庭模式列举如下:

"(在澳洲)我觉得想她了,就打电话了。一天两个也有的。我只要一有空就打电话,以前在单位也是这样,单位里面的人都知道我最喜欢的就是打电话(给女儿)。"(曹母)

其代际影响特征列举如下:

"先看看样子,等女儿有空的时候,陪我去看再做决定。我怕自己一个人眼光不准,买了不好。有时候她去了,说不好,我就算了。"(曹母)

"家里面基本上大大小小的东西都是我买的,我爸妈的衣服啊,穿的鞋子啊。"(曹)

在下一辈对上一辈依赖的家庭类型中,保持了家长权威的特点,即便在子女离家独立生活后也是如此。代际关系有着鲜明的下一辈对上一辈的服从导向。除了具有依赖型家庭"重关联"的特征外,长辈对下一辈的控制性增强,相应地,子女的自主性减弱,培养出的子女具有他控—关联型自我的特点。在代际影响的消费行为上,正向的代际影响方式表现为:母亲在沟通中多提出自己的意见,来说服和改变女儿的消费态度和行为;在共同购物中,母亲常常扮演决策者的角色;具有母亲对女儿的替代性购买行为。女儿在接受母亲影响时往往具有被动性,观察和学习母亲消费习惯和经验的主动行为较少。正向依赖型家庭模式列举如下：

"很多事情可能妈妈还是占主导。我觉得我妈妈有点女强人感觉，喜欢出主意，做决定的。"（李）

"我从小的学习方面，我妈妈还是有很大的话语权……"（李）
其代际影响特点是：

"（大学以前）一起去逛街的机会不是很多，基本上是她买给我的。"（李）

"大学里的衣服大多也是回家的时候跟妈妈一起逛街买的。"（李）
综上所述，我们可以用控制性、自主性、关联性这三个因素来分析和区分各类家庭互动模式。独立型家庭模式的特征为家长的控制性弱，子女的自主性强，与家庭的关联性较弱，表现为微弱的代际影响；相互心理依赖型家庭的家长控制性适度，子女的自主性中等，与家庭有紧密的关联性，表现为双向的代际影响，代际间相互沟通、共同购物的频率较高；反向心理依赖型表现为家长的控制性较弱，而子女的自主性很强，与家庭之间仍保持了紧密的联系度，主要表现为反向代际影响，常出现子女的替代购买和家长的观察学习行为；正向依赖型家庭模式的家长控制性很强，女儿的自主性弱而他主性明显，与家庭的关联性高，主要表现为正向的代际影响，常出现母亲的替代购买行为（见表 7-3）。

表 7-3　家庭模式与代际影响特点的分析

家庭模式	家庭互动特征			代际影响特点	主要影响方式
	控制性	自主性	关联性		
独立型	弱	强	弱	微弱代际影响	
心理依赖型（相互）	中等	中等	强	双向代际影响	沟通、共同购物、观察学习
反向依赖型（上一辈对下一辈）	弱	强	强	反向代际影响	沟通、共同购物、替代购买、观察学习
正向依赖型（下一辈对上一辈）	强	弱	强	正向代际影响	沟通、共同购物、替代购买

（三）我们的代际关系发生了怎样的转变？

在家庭的发展过程中，我们常会面临一些特殊的事件使生活发生了转变，如孩子的出生、孩子的离家、婚姻的瓦解、家庭成员的退休等，学者们用"家庭生命周期"来定义这种家庭的变化过程（刘艳彬、王明东和袁平，2008）。研究者根据各自国家的社会文化背景建立了不同的家庭周期模型，以期将家庭周期作为一个准确的预测和解释家庭消费行为的变量（于洪彦和刘艳彬，2007）。

而在心理学领域，学者们更关注的是在家庭生命周期的里程中，家庭成员之间互动关系的发展和变化。Carter 和 McGoldrick（1999）指出当家庭经历各个生命周期阶段时，代际之间会产生持久的相互影响；在家庭当前所处的发展阶段中，同时发生着众多交织在一起的代际相互作用，而那些标志性的生活事件正是促成家庭关系改变和重新适应的转折点。

在以往的研究中，国外的学者已经关注到在家庭生命周期的各个阶段消费行为代际影响的特点。Moore、Wilkie 和 Alder（2001）认为上一辈对下一辈的代际影响会随着时间的推移呈现出减弱的趋势。Moore、Wilkie 和 Lutz（2002）认为标志性事件的发生，如母亲在子女长大后重新出去工作，孩子在可以驾车后更多地承担起家庭中的采购任务等，使得反向代际影响将凸显出来。

由于社会背景和时代特点的不同，中国的家庭会经历一些特殊的生活事件。与国外的家庭相比，中国家庭代际互动关系又发生了怎样的变化呢？通过我们的访谈，发现了中国家庭除经历了一般的生命周期外，在子女独立成人、成家立业后会经历两段特殊的互动影响阶段，体现出了具有"中国特色"的代际影响关系。

1. 下一辈独立与上一辈权威的冲突

子女离家读书、就业，结婚成为子女远离原生家庭，开始独立生活的标志性事件，这常常成为家庭中代际关系的转折点（刘艳彬、王明东和袁平，2008）。正如 Moore、Wilkie 和 Alder（2001）的研究所揭示的：子女离家后的头几年，是上一辈对下一辈的代际影响减弱最明显的阶段。然而，对于中国家庭来说，正向代际影响受到削弱的背后存在着一定的社会原因。并且,正向影响的减弱并不一定伴随着反向代际影响的加强,代际的互动关系在这时体现出了一个显著的特点,即下一辈独立与上一辈权威之间的冲突。

子女离家读书,成为代际关系的转折点,消费行为具有了独立性。例见如下。

> "大学之前我和我妈的关系更为亲一些。大学之前我对我妈还是蛮依赖的。大学以后一直在外面生活嘛,同学啊朋友对我的影响开始渗透进来了。所以我妈感觉和她一起出去(购物)的频率降低了,我自己想要独立出去的这种感觉更明显了。"(罗)

> "……我意见很大的,我不需要她帮我买衣服的。我从读大学开始都是自己买的。而且我不是叫我妈陪我去……"(罗)

这种代际影响的减弱除了与子女的成长发展有关,也与母亲生活的社会时代背景有着紧密的关系。在我们访谈的家庭中,母亲多经过了"上山下乡",她们的理想、抱负也在这段社会转型期中被击为泡影。而一旦生养了子女之后,她们往往把当年未实现的愿望寄托于孩子身上。认为有了子女就意味着家长又有了一个"二次机会"去完成他们本应该完成的事情,这恰恰是中国父母角色的一种错觉(Santrock,2009)。

在这种生育子女的观念下,家长们采用的教养方式往往是偏于专制和权威的,体现在父母对子女的管束十分严格,特别是在学业上有很高的要求。Baumrind(1966)关于家庭教养的经典理论认为,专制和权威型父母对孩子都会有明显的限制和控制,特别是专制型家长尤为如此;专制型的父母对子女的行为有更高的要求和标准,这些要求和标准甚至不合人情,子女没有任何讨价还价的权利。这种教养方式在子女儿童期也许是可行的,但是在青少年期最容易遭到子女的不满和反抗(Santrock,2009)。下面列举母亲的养育期望:

> "因为我自己没考上好的大学,希望我女儿能够延续我的理想,所以对她的学习蛮重视的。"(李)

"我总归希望她出人头地。我一直向她灌输这种思想的,我希望她成才,读书是唯一成才之路。这概念我相当清楚。徐波说读书读不好,那我说你将来跟妈妈就要待在农村里一辈子。"(徐母)

这种教养方式带来的反抗是:

"小罗小的时候我对她要求很严格的,就是要一百分。考不到一百分就是要说的。为什么考不到? 什么都要做最好的。我很厉害的,她做什么我都知道的。她反正什么都骗不过我的。她可能就很想摆脱我。"(罗母)

"(选择外地读大学)就是因为我独立了,我摆脱了我妈的魔爪!"(罗)

值得注意的是,我们观察到在正向代际影响受到削弱时,反向代际影响也很难得到发展。因为在子女寻求自主性的愿望越来越强烈的时候,母亲依然固化在权威人物的角色里,使得信息和情感的双向交流都很匮乏。一旦两代人面临互动时,就会发生代际冲突(Osborne and Fincham,1994)。那么,消费行为的反向代际影响何时会发生呢? 在母亲从一定程度上放弃了权威地位的时候。这证明了长辈对权力使用的坚持程度正是引发代际冲突的一个主要原因(Crockenberg and Litman,1990)。我们的研究发现,当面对新技术、新产品或者是品牌信息的时候,母亲更可能不再坚守自己的权威"阵地",反向的代际影响也就随之开始发生了,列举如下:

"那比方说新的手机,它有许多功能,我实际上到现在也不大清楚的,要她告诉我才知道……我很愿意(她来告诉我)……"(罗母)

"她牌子方面比我清楚,那么就听她的。我有时看中的衣服是挺好,但是牌子不好。"(曹母)

相反地,如果母亲的权威地位一直没有受到挑战,子女也没有强烈的独立需求,那么这种母亲权威—女儿依赖的关系就会得到保持,即便是子女离家读书这类生活事件也不会对自上一辈到下一辈的代际影响模式产生冲击。这种正向代际影响的表现列举如下：

　　"（大学以前）一起去逛的机会不是很多，基本上是她买给我的。大学里的衣服大多也是回家的时候跟妈妈一起逛街买的。"（李）

2. 新家庭与原生家庭的关系

　　虽然正向的代际影响会随着时间的推移表现出减弱的趋势（Moore，Wilkie and Alder，2001），Heckler、Childers 和 Arunachalam（1989）的研究也说明子女结婚后，完全与父母独立起来生活，消费行为在代际上的影响就会减弱。但在中国，子女婚后与父母同住的比例很大，即便是子女成立了自己独立的家庭，父母仍旧有帮助子女照顾小家庭的习惯，子女的原生家庭和新建家庭之间仍然保持着紧密的联系。这种关系模式给正向代际影响提供了重新增强的可能性。

　　"我会每周去两次给她们打扫卫生，就是她们上班的时候……帮她们买些日常用品带过去……我也不需要见到她的。"（吴母）

　　"她不太注意的，牛奶什么的经常断的。我见她没有了就赶紧给她买。"（黄母）

　　值得关注的是，此时消费行为上的代际影响已经缺乏了互动的特点，而更多体现为母亲的替代购买行为，购买的产品范围多限于生活日用品。那么，替代购买是否也可以产生消费行为上的正向代际影响呢？我们认为如果下一辈习惯了使用上一辈为其选购的日用品，在面临独自购买时，就会产生自动化的信息加工和选择模式，可以节省产品比较过程和避免决策失败。这是一种先产生行为、后形成认知和情感的态度形成过程（章志光，1996）。也可以用 Bravo、Fraj 和 Martinez（2007a）对代际品牌忠诚的观点来解释，即当子女们熟悉了家庭中使用的品牌或品牌的一些特性时，就会继续购买它并成为一种习惯，其原因是为了避免尝试改变所带来的风险。另外，母亲为女儿的家庭购买的多是生活日用品，而生活日用品是个人卷入度较低的品类，容易受到上一辈的影响（郭朝阳和陈畅，2007）。

　　Moore、Wilkie 和 Lutz（2002）认为当女儿开始养育自己的孩子时，代际影响又会重新显现出来。在我们的研究中并没有明显地观察到这一点。在中国的现代家庭中，虽然保持了原生家庭照顾新生家庭，以及隔代抚养的传统，但年轻的父母在儿童产品的选购上却很少受到上一辈观念的影响。

> "（买婴儿用品）是她主导的，她说要买什么我就听她买什么。她对什么尿布啊研究得挺透的……她买东西之前都要网上调查，然后看人家对这个东西的反应怎样。我就觉得太讲究了……"（罗母）

新生家庭和原生家庭联系的紧密性，不仅实现了以替代购买为特征的正向代际影响，而且也给反向代际影响的加强提供了空间。子女在独立于原生家庭后，拥有了消费决策的自主权；随着新家庭的建立和事业的发展，经济实力也不断提高。这些都给反向代际影响提供了条件，特别体现在消费理念上、新产品的使用上，以及品牌意识的形成上给上一辈带来的影响。在子女的影响和带领下，父母有了首次去咖啡厅、首次网络购物、首次购买某一品牌等的创新性消费体验。列举如下。

> "她（妈妈）以前都穿皮鞋，只买上海花牌的皮鞋。花牌，兰棠。耐克的话是我带她去的，我说反正你也没有买过自己喜欢的运动鞋。"（王）

> "（星巴克）最初也是她（女儿）带我去的。我觉得蛮好，比较近，还有肯德基。她还去带我们泡过吧呢……"（曹母）

综上所述，在此部分中我们关注了子女成人后家庭代际影响所表现出的特点：正向代际影响和反向代际影响会发生冲突，也会相互补充，并且在子女成家、经济独立后又有从削弱转为再次增强的趋势。这里我们是在用纵向的、发展的视角来分析代际影响的延续性问题。在正向和反向的代际影响发生冲突、转化、调和的过程中，我们也能看到家庭互动模式的转变，以及具体影响方式的变化，如替代购买行为的出现等。至此，我们可以全面地来理解中国家庭消费行为代际影响的整个动力机制。

四、 结论与战略指引

本节研究站在文化和心理学的视角，深入探讨了中国家庭消费行为代际影响的问题。我们采用质性研究的方法,回答了开篇提出的三个问题,即:我们为什么会相互影响? 我们是如何相互作用的? 我们的互动模式会发生怎样的改变? 从本节的理论贡献来看,首先,我们结合了社会学、心理学和营销学的理论做了一次探索代际影响动力机制的有意尝试,我们致力于去解释消费行为的代际影响动力机制,而不是单纯去描述它的表象。比如,我们用心理学的自我决定理论来探索代际影响行为的动机问题,用家庭互动模式理论来阐明怎样的家庭会产生什么样的影响方式,用生命周期理论来解释生活事件给代际关系带来的改变。并且,在研究中融入了价值观的元素,比如中华民族表现突出的孝顺、权威力量、父母依赖等方面。其次,本研究的另一个理论贡献在于,我们是将正向的代际影响和反向的代际影响结合在一起进行探讨,这弥补了以往研究中大多关注正向代际影响而忽视反向影响的不足,使得家庭代际影响的模型更加完整。最后,我们关注了成年人消费行为的代际影响问题,将代际影响的研究范围扩展到子女独立、成家之后。

我们仍可以从本节探讨的这三个问题出发来谈谈本研究的实践意义。首先,在"孝"文化的影响下,女儿在接受父母影响时会出于"取悦父母"、"服从权威"的外在动机,而外在动机过强会削弱个体对事物本身的兴趣和认同度(Deci and Ryan,1972b)。这给管理者的启示在于,当利用代际影响展开营销时,要同时注意到消费者内在动机的激发,比如可以通过增强品牌感知质量、增加消费体验等措施,使一开始的外在动机能够逐渐向之后的内在动机转化,这可以促使消费者形成深厚的品牌情感和长期的品牌忠诚。其次,我们依据家庭在控制性、自主性和关联性三个因素上的表现划分了四个家庭互动模型,分别对应于微弱的代际影响、强烈的双向影响、正向影响和反向影响。这对于家庭市场细分是十分有帮助的,营销者可以将家庭互动模式作为一个有效的市场细分变量,利用不同的代际关系,区分出家庭市场间的差异,为开展家庭营销提供基本决策依据。与此同时,还要考虑到要结合产品和品牌的特点选择适宜的代际影响特征群体。比如,利用上一辈对下一辈的正向代际影响作用,可能对于中国老字号品牌的重振具有积极意义(何佳讯、才源源和王莹,2009);而对于新产品和新品牌的营销,选择反向代际影响显著的家庭可能更有效。最后,在中国家庭生命周期的视角下,我们可以看到正向代际影响随子女成长逐渐削弱的一般趋势,在中国的新生家庭中却可能重新得到增强,而这种增强是通过长辈单向的替代购买行为来实现的。营销者在利用代际影响关系开展本土化营销时,有必要考虑到中国这种新生家庭与原生家庭之间的联系性,以及实现这种代际影响的特殊方式。

第二节　基于外显与内隐态度的实验比较

从以往的研究来看,品牌代际影响的强弱会受到产品特征的影响。消费者对于某些类型产品的品牌态度可能比其他类型的产品的态度更容易受到代际影响。在实际的营销过程中也不难发现,一些类型的产品以家庭为单位进行广告宣传或者促销,往往能够取得较好的效果,带来销售上涨、盈利增多,而以同样的方式销售另外一些产品却可能无法取得同样的效果,甚至会产生反效果。可见,不同类型产品间的品牌的代际影响也有很大不同。因此,本节研究抓住产品特征这一重要影响因素,将产品细分为功能性产品和享乐性产品,把代际影响与这两类产品的品牌态度传承性结合起来进行深入研究,这对于消费行为的代际影响研究来说是一项重要的推进(何佳讯,2007a)。

此外,笔者开展的一些研究多是通过访谈、问卷等方式分析外显品牌态度的代际影响(何佳讯、才源源和秦翕嫣,2011;何佳讯、秦翕嫣和才源源,2012)。随着内隐社会认知研究的兴起,社会心理学家提出了内隐态度的概念(Wilson,Lindsey and Schooler,2000,p.104)。有研究发现消费者对于品牌的内隐和外显态度有时会因产品本身的属性不同而呈现出一致或分离的现象。因此,我们认为,对于不同产品属性的品牌的外显态度和内隐态度的代际影响效应可能也存在分离现象。

基于这一观点,本节的研究采用内隐联想测验(implicit association test,IAT)测量母女两代人的内隐态度,用自陈式问卷测量其外显态度,通过分析不同产品属性品牌态度的代际影响,研究中国消费者母女间的品牌态度的代际传承现象。这种实验与问卷相结合的方法,不仅科学地探究了消费者品牌态度的代际问题,也丰富了品牌态度代际影响的研究方法。尤其是采用内隐的方法去研究内隐态度的代际影响效果,在国内外都属首次,这为消费者行为领域如何使用内隐态度测量方法提供了新的参考,开拓了新的研究思路。

一、文献回顾和理论假设

(一)品牌态度的代际影响

品牌代际影响的研究始于20世纪70年代早期。家庭成员之间一起购物、使用或议论品牌,彼此对品牌的偏好和价值观会互相影响和渗透。生活在同一个家庭中的成员,其消费行为便会相互影响。大量研究表明,在品牌偏好、价值观和消费行为上,子女与自己的父母具有相似性。尤其是在孩子成长初期,父母教给孩子消费的技巧,告诉孩子应该怎么选择商品,怎么讨价还价。因此,父母对于孩子消费观念的形成有着重要的影响,而且等到孩子具有独立消费能力时,他对商品的选择又会反过来影响父母。这样的代际影响使得家庭成为传递品牌信息的重要载体。

有关消费行为领域的代际影响研究可以概括为三个方面:消费技巧、消费偏好和消费态度(Viswanathan,Childers and Moore,2000)。本研究关注的是品牌态度方面的代际影响,而众多研究都表明女儿比起儿子更有可能受母亲消费取向和品牌偏好的影响,女儿在扮演代际支持的角色中比儿子更为重要,因此本研究选取配对的母女作为被试,研究她们对于不同品牌的同类产品之间的态度是否具有相似性。

以往的研究表明,不同类型的商品所受到的代际影响大小不同。有研究发现,选购品(shopping goods)比便利品(convenience goods)和特殊品(specialty goods)更具有代际传承性(Moschis,1985,p.902;Heckler,Childers and Arunachalam,1989,p.277),而高使用频率的生活包装用品的品牌更具有代际传承性(Bravo,Fraj and Martinez,2008)。从以往的研究来看,生活用品的代际影响比较强大而且持久(Heckler,Childers and Arunachalam,1989),因为家庭成员之间对于生活用品的交流和共同使用的频率比其他商品要高,所以上下代之间对于生活用品的消费行为具有高的相似性。因此,本研究选择了两类不同属性的产品(即功能性产品和享乐性产品)进行代际影响研究,以求全面了解品牌态度的代际影响。

(二)消费者的外显与内隐态度

传统的消费心理学研究认为,消费者的消费行为是理性的、受意识支配的。因此,以往研究消费者的品牌态度时,研究者大多通过消费者自我报告的方式了解其外显态度,预测其消费行为。但是这一观点在理论研究和实践中都遇到了挑战,测量出的品牌态度与消费者真实行为之间的差距让研究者感到困惑。幸运的是,随着内隐社会认知研究的突破性进展,我们日益认识到,态度的形成和改变,并不一定都是在意识支配下进行的,有时也发生在无意识的水平上(Greenwald and Banaji,1995,p.8)。内隐态度的提出,为营销学者们指引了另一个研究消费者态度预测行为的方向,即消费者在做出实际消费行为或产品选择时,其对品牌的内隐态度有时也起着一定的、甚至是主导的作用。

众多研究已证明了内隐态度的存在。消费者的外显态度和内隐态度有时是一致的,而有时则是分离的(Wilson,Lindsey and Schooler,2000,p.106;Greenwald and Banaji,1995,p.10)。比如,Brunel 等人(2004)研究采用 IAI 测量被试对于不同种族的广告代言人所代言的品牌的内隐态度,发现白人对白人代言的广告有明显的偏好,黑人对黑人代言的广告有明显的偏好,而在测量的外显态度中人们却并没有表示出这种偏好。国内学者杨扬子等(2008)运用 IAT 和自陈式问卷考察中国消费者对中国和日本品牌的内隐和外显态度,结果表明,在外显态度测量上消费者对于日本品牌态度更为积极,但是内隐态度测量却证实了消费者对于中国品牌的内隐态度更为积极。这两类态度都会影响消费者做出与他们的品牌偏好相符的消费行为。因此,对消费者品牌选择进行预测时,同时考虑消费者的内隐态度和外显态度比单一地考虑其中一种态度要好得多。

然而,对于品牌外显态度的代际影响研究前人文献中多有涉及,但内隐态度的代际影响研究还是一块尚未开发的领域。本节研究认为,如果外显态度和内隐态度是两种相互独立的心理结构,那么有可能出现外显态度和内隐态度的代际影响效应分离的现象。因此,本研究探讨了母女两代消费者的内隐态度和外显态度在代际影响方面的表现。

(三) 研究假设

通过上述分析,可知某一类产品的外显和内隐态度的代际影响可能会有所不同。

1. 对功能性产品的品牌态度的代际影响

研究证实,在一系列生活包装用品上,代际影响产生强大而持久的影响。功能性产品通常作为家庭中的公共用品,家庭成员会一起使用它、议论,甚至购买它。因此,外显态度偏好会呈现显著的代际传承现象。而内隐态度和外显态度是两种不同的内在心理结构,具有不同的心理加工机制。因此,作为两种独立的不同态度,外显态度的代际影响结果无法推测出内隐态度同样会受到代际影响的结论。而研究表明,内隐态度是无意识水平上的社会认知,可能受到个体成长过程中的同伴群体以及整个时代社会文化的影响(Hetts, Sakuma and Pelham, 1999;Gonsalkorale, Allen, Sherman and Klauer, 2010;Aberson, Shoemaker and Tomolillo, 2004)。在过去 30 多年中,由于改革开放和经济腾飞,中国社会经历了巨大的变革,国人的价值观和人生观都发生巨大变化,母女两代人成长的时代不同,接触的社会文化不同,所处群体和交往的同伴不同,势必会造成她们消费观念上存在很大差异。这种差异是个体内心深层次的认知、情感和观念,更容易在无意识层面(即内隐态度)上反映出来。由此我们有理由推测,母女对功能性产品的内隐态度偏好将可能呈现异质性,或者说对于内隐态度偏好的代际影响可能不显著。因此,我们认为对于功能性产品,消费者外显态度和内隐态度的代际影响存在差异,并提出如下假设(见图 7-1):

H1a:对功能性产品的外显态度上,代际影响显著。

H1b:对功能性产品的内隐态度的代际影响弱于外显态度的代际影响,且不显著。

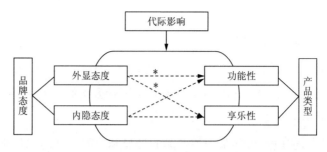

图 7-1　不同产品类型的品牌态度的代际影响模型

2. 对享乐性产品的品牌态度的代际影响

在家庭消费中,与功能性产品相比,享乐性产品通常更多地作为选购品而出现,其消费态度更可能在不同世代间存在差异。但已有研究的结果也支持选购品具有较强的代际传承性(Moschis,1985,p. 902;Heckler, Childers and Arunachalam,1989,p.277)。同时基于前述关于内隐态度代际传承的分析,我们认为,对于享乐性产品,消费者外显态度和内隐态度的代际影响也存在差异,并提出如下假设(见图 7-1):

H2a:对享乐性产品的外显态度上,代际影响显著。

H2b:对享乐性产品的内隐态度的代际影响弱于外显态度的代际影响,且不显著。

二、　实验设计与实验过程

(一)调查样本

研究选取在上海至少生活了 5 年以上的配对母女 40 对,且女儿 10 岁以后都是和母亲生活在一起的。母亲的年龄控制在 45—55 岁之间,女儿的年龄控制在 20—30 岁之间(出生年份控制在 1980 年—1990 年)。

(二)实验设计

本研究采用 2×2 的两因素混合设计,两个因素分别为商品类型(功能性和享乐性)和母女两代人的配对方式(真实母女配对为实验组,随机虚拟匹配的母女配对为对照组),其中被试的配对方式为被试间变量,商品类型为被试内变量。因变量为母女态度(内隐态度和外显态度)的一致性。

本研究选择了两类属性的产品——功能性产品和享乐性产品。以往研究中,被当作是功能性的产品包括洗衣机、冰箱和牙膏等;被当作是享受性的产品包括芭蕾舞演出、鲜花、香水、冰淇淋等。为了控制家庭经济条件等无关变量的影响,本研究在两类属性的产品中选取较为常见的平价产品作为研究对象,并采用 Voss 等人提出的方法,通过预实验确定牙膏作为功能性产品,冰激凌作为享乐性产品。在两种产品的品牌选取时,从品牌的可比性出发,选择知名度和竞争力相当的两个品牌。并且,为了更好地区分两个品牌,选取的产品一个代表民族品牌,另一个代表国外品牌。基于网络询问调查(即询问网友他们常使用的牙膏品牌和常吃的冰淇淋品牌作为其选择调查标准),对功能性产品牙膏,本研究最终选择了中华和黑人两个品牌,对享乐性产品冰激凌,则选取蒙牛和雀巢两个品牌。

(三) 实验过程

本次实验采用上门拜访的方式,选择家中只有母女在的时间实施实验,所有实验过程均采用母亲和女儿分开施测,被试被告知她们将参加一项有关商品品牌偏好的实验。研究首先要求被试完成自陈问卷来测量外显态度,之后让被试接受内隐联想测验考察内隐态度,且先接受针对功能性产品的测量,再接受针对享乐性产品的测量。第一阶段先选了 5 对符合本研究被试要求的母女进行了预实验,然后选取 40 对母女进行正式实验。

1. 测量功能性产品和享乐性产品的外显态度

根据 Maison、Greeanwald 和 Bruin(2004)的外显态度量表,选择了7 对处于两极的词汇,采用 7 点语义区分量表来评价被试对研究所选商品的外显态度,这 7 对词按照从肯定到否定的顺序依次递进,具体为:值得购买—不值得购买、让人愉快—让人不愉快、高级的—低劣的、让人满意的—让人不满意的、受欢迎的—不受欢迎的、时髦的—老土的、适合年轻人的—适合中老年人的。要求被试对中华和黑人牙膏品牌、蒙牛和雀巢冰激凌品牌进行评价,其中 1 代表"积极",7 代表"消极",中间依次类推。

2. 测量功能性产品和享乐性产品的内隐态度

IAT 程序采用美国 inquisit 专用软件，对该软件进行了必要的汉化。实验在电脑上进行，均采用个别施测。程序记录被试每一次按键反应的时间及正误。本研究的目标概念为国外品牌和民族品牌的图片，属性概念包括积极词汇和消极词汇，参照 Maison 等人（2004）选用的属性词，最终确定的积极词汇包括幸福、美好、喜爱、自豪、荣誉，消极词汇包括痛苦、失败、卑鄙、憎恨、耻辱。表 7-4 显示了 IAT 的具体测试程序。

表 7-4　IAT 测试程序

测验顺序	任务描述	标　　签	呈现材料
1	初始目标概念辨别	［民族品牌］—［国外品牌］	品牌 logo 图片
2	联想属性概念辨别	［积极词汇］—［消极词汇］	积极或消极词汇
3	初始联结任务（练习）	［民族品牌＋积极］—［国外品牌＋消极］	品牌 logo 图片＋词汇
4	初始联结任务（正式）	同上	同上
5	相反目标概念辨别	［国外品牌］—［民族品牌］	品牌 logo 图片
6	相反联结任务（练习）	［国外品牌＋积极］—［民族品牌＋消极］	品牌 logo 图片＋词汇
7	相反联结任务（正式）	同上	同上

三、统计处理与实验结果分析

（一）不同类型产品外显态度和内隐态度的描述性统计

就被试对不同类型产品的外显态度分数、内隐态度分数进行描述性统计。对外显态度，将个体对黑人牙膏的评价减去对中华牙膏的评价之后的分值，作为功能性产品的外显态度。分数越高，表明消费者对中华牙膏的评价越积极。将个体对雀巢冰激凌的评价减去对蒙牛冰激凌的评价之后的分值，作为享乐性产品的外显态度。分数越高，表明消费者对蒙牛冰激凌的评价越积极。

对功能性产品和享乐性产品品牌完成分类的任务，然后按照 Greenwald 等人（1998）提出的记分方法，计算出 IAT 值作为内隐态度分数，其中，对中华牙膏的内隐态度以［RT（中华牙膏＋消极）/RT（黑人牙膏＋积极）－RT（中华牙膏＋积极）/RT（黑人牙膏＋消极）］的得分来表示，分值越高，表明对中华牙膏的评价越积极，反之亦然。同理，对蒙牛冰激凌的内隐态度以［RT（蒙牛冰激凌＋消极）/RT（雀巢冰激凌＋积极）－RT（蒙牛冰激凌＋积极)/RT(雀巢冰激凌＋消极)]的得分来表示,分值越高,表明对蒙牛冰激凌的评价越积极,反之亦然。

结果表明,对于功能性产品来说,被试群体的外显态度显著偏好黑人牙膏[中华牙膏得分$(M=3.386)$＞黑人牙膏得分$(M=2.919)$],$t=4.324***$,$p=0.000$;然而在内隐反应上,被试微弱显著偏好黑人牙膏[中华牙膏得分$(M=2.879)$＜黑人牙膏得分$(M=2.900)$],$t=-1.736$,$p=0.086$。

对于享乐性产品来说,被试群体的外显态度显著偏好雀巢冰激凌[蒙牛冰激凌$(M=3.230)$＞雀巢冰激凌得分$(M=2.534)$],$t=6.772***$,$p=0.000$;然而在内隐反应上,品牌偏好没有呈现显著性水平[蒙牛冰激凌$(M=2.924)$,雀巢冰激凌得分$(M=2.917)$],$t=0.614$,$p=0.541$。结果见表7-5。

表7-5　功能性产品和享乐性产品的外显态度、内隐态度分数

		功能性产品	享乐性产品
外显态度	均　数	−0.467***	−0.696***
	标准差	0.967	0.110
内隐态度	均　数	0.021+	−0.007
	标准差	0.920	0.109

注：*** $p<0.001$(双尾),** $p<0.01$(双尾),* $p<0.05$(双尾),+ $p<0.05$(单尾)。下同。

(二) 代际影响分析

在检验代际影响时,为消除统计检验中除父母影响之外的其他影响因素,本研究采用 Mandrik、Fern 和 Bao(2005)提出的一种称为"虚拟对偶"(nominal dyad)的方法形成对照组。具体做法是:将母亲的外显态度分数减去女儿的外显态度分数,所得到的绝对差值是母女外显态度的相似性分数,被认为是母亲和女儿对于品牌外显偏好的一致性程度,分数越高,说明一致性程度越低。然后将真实母女配对打乱,母亲顺序不变依次匹配随机化的女儿,组成虚拟对偶组。虚拟对偶需要将除了真实配对以外的所有情况配对,即产生40! 组数据,但考虑到40! 组数据过于庞大,

所以本研究参考 Mandrik 等人的建议,通过随机得到 240 对作为虚拟对偶组。将虚拟对偶组中母亲的外显态度分数减去女儿的外显态度分数。这个绝对差值就表示虚拟对偶组中母女对于品牌外显偏好的一致性程度,分数越高,说明一致性程度越低。内隐态度偏好数据处理的方式同外显态度。

最后,通过独立样本 T 检验来比较真实配对的母女相似性分数和虚拟配对的母女相似性分数,看看其外显态度和内隐态度是否具有显著差异。

1. 对功能性产品的品牌态度的代际影响分析

从表 7-6 可以看出,真实母女配对的相似性分数均值显著小于随机配对的相似性分数均值,说明消费者对功能性产品的外显态度偏好存在显著的代际影响($p = 0.038$)。而真实配对组母女对功能性产品的内隐态度偏好的相似性分数与虚拟配对组的内隐态度偏好的相似性分数之间没有达到显著性差异($p = 0.871$),说明消费者对功能性产品的内隐态度偏好代际影响不显著。因此,消费者对功能性产品的外显态度和内隐态度的代际影响存在差异,其中外显态度的代际影响显著,而内隐态度的代际影响不显著,验证了假设 1a 和 1b。

表 7-6　功能性产品的母女外显态度和内隐态度偏好一致性检验

	真实配对组($n=40$)均数(标准差)	虚拟配对组($n=240$)均数(标准差)	绝对差值	真实组 vs 随机组	
				t	p
外显态的	0.772(0.792)	1.099(0.937)	0.372	4.327 *	0.038
内隐态度	0.123(0.081)	0.121(0.083)	0.002	0.026	0.871

2. 对享乐性产品的品牌态度的代际影响分析

从表 7-7 可以看出,真实配对组母女对享乐性产品的外显态度偏好的相似性分数与虚拟配对组的外显态度偏好的相似性分数之间的差异显著性为 $p = 0.073$,在 $p < 0.1$ 水平上达到显著,但未达到 0.05 的显著性水平,说明消费者对享乐性产品的外显态度偏好的代际影响微弱显著。而从母女对享乐性产品的内隐态度偏好的相似分数结果来看,其真实配对的母女相似性分数与虚拟配对的母女相似性分数之间没有显著差异

（$p = 0.658$），说明消费者对享乐性产品的内隐态度偏好不存在显著的代际影响。因此，消费者对享乐性产品的外显态度和内隐态度的代际影响存在差异，其中外显态度的代际影响微弱显著，而内隐态度的代际影响不显著，基本验证了假设 2a 和 2b。

表 7-7　享乐性产品的母女外显态度和内隐态度偏好一致性检验

	真实配对组（$n=40$）均数（标准差）	虚拟配对组（$n=240$）均数（标准差）	绝对差值	真实组 vs 随机组	
				t	p
外显态度	0.793(0.752)	1.045(0.831)	0.252	3.246[+]	0.073
内隐态度	0.106(0.106)	0.114(0.100)	0.008	0.197	0.658

四、结论与战略指引

本节的研究首次将内隐联想测验引入品牌态度代际影响领域的研究，提出消费者对品牌的外显和内隐态度所受到的代际影响存在差异。这在理论上不仅从侧面支持了双重态度模型理论，而且丰富了代际影响的研究方法，拓展了代际影响与品牌资产的研究范围，有助于更好地理解代际传承对消费者品牌态度偏好的影响。本研究得到两个重要结论及战略指引。

首先，不管是功能性产品还是享乐性产品，消费者的外显态度和内隐态度的代际影响都存在差异。从本研究结果来看，对于两类产品，消费者外显态度的代际传承性都显著，这与以往的研究结果一致。同时，消费者外显态度的代际传承性明显强于内隐态度的代际传承性，这说明在品牌态度的代际影响上存在外显态度和内隐态度的分离现象。

此外，内隐态度不具有代际传承性。这一结论与最初的假设一致，揭示了内隐态度在代际影响效应上的真实表现。这是由于研究中采用IAT，它以反应时作为测量手段，不给受测者有意识的思考时间，从而排除了被试对产品的理性消费评价和理性思考，根本上揭示的是消费者内心的一些自发的对产品的评价和行为倾向，例如消费者内心潜伏已久的价值观和消费观。这些态度虽没有明显地表露出来，但是却潜移默化地影响着消费者的购买行为。内隐态度的代际影响之所以不显著，可能是由于受测者都生活于我国经济腾飞的时代，尤其是女儿一代成长于改革开放之后的社会环境中。在这一背景下,中国社会已经且正经历着变革性发展,新产品新消费观念层出不穷,母女两代人的价值观与消费观都受到冲击,但由于两代人成长的时代不同,社会文化不同,所交流交往的群体不同,变革带来的消费态度的影响会存在较大差异。尤其是女儿处于青年期,她们接触新事物的可能性高,比母亲那一代更容易接受新的消费观,消费行为更容易受到社会环境、特定同伴群体的影响。这些现实情况在潜意识中促成了母女不同的内隐态度,使得无论在功能性产品还是享乐性产品上,内隐态度的代际影响都不显著。

上述结论带来的启示是,企业在营销产品(尤其是功能性产品)的过程中,除了要选择性地利用代际关系设计营销主题,还一定要抓住外部影响、文化价值观和社会认同等适当的角度,激发消费者的内隐态度,以此使非代际影响和代际影响发挥整合功效。对于新的消费品(尤其是享乐性产品),比起以家庭为主题的营销策略,商家更应该通过培养新消费理念、培养同伴群体消费新导向的方式来建立消费者对品牌的积极的内隐态度。营销人员可以有针对性地在目标消费群体中进行产品的推广和营销工作,例如为产品提出符合消费群体主流文化的消费口号,为产品设计符合消费群体爱好的包装和规格等,引导整个目标消费群体以消费此产品为风尚,努力提高目标消费群体对产品的品牌认识度,潜移默化地培养目标消费群体对该品牌的积极的内隐态度,以此帮助品牌产品的销售。

其次,消费者对功能性产品的外显态度的代际影响强于对享乐性产品的外显态度的代际影响。虽然消费者对两类产品的外显态度的代际影响都显著,但对享乐性产品的外显态度的影响仅达到微弱显著,这说明对功能性产品的外显态度的代际传承性强于对享乐性产品的外显态度的代际传承性。这一结果与以往国内的有关研究结论存在一定的一致性(郭朝阳和陈畅,2007)。产生这一现象的原因可能有两点。第一,由于牙膏等功能性产品在日常生活中经常使用,出现频率高,家庭成员会经常议论它、购买它,在传统的家庭中也往往存在一家人同时使用同一品牌产品的现象,因此这类产品的外显态度的代际影响显著;而在通常情况下,享乐性产品在家庭生活中出现的频率低于功能性产品,同一家庭的成员议论、购买、使用它的次数相对较少,因此表现出享乐性产品的外显态度只有边缘显著的代际影响。第二,由于消费者对功能性产品的态度评价强调其产品本身的实用性,属于理性消费评价,因此在被试母女作答时,她们会提取意识中关于功能性产品实际表现是否满足其需求的信息来对品牌进行评价;而享乐性产品更多的是一种符号消费,与自我概念相关,因此在被试母女作答时,她们必须考虑其社会期望对自身的影响,与相同年代的人保持一致的消费行为,而不是与家庭成员保持一致的消费行为。

这一研究成果对企业如何利用家庭代际关系进行营销提供了有益的启示。以往我们通常认为代际影响对所有产品类型的消费行为均产生影响,因而很多企业往往不假思索地利用家庭为主题进行广告创意或促销设计,甚至很多产品直接推出以家庭为单位的包装。但根据研究结论,我们可以了解到利用代际关系进行家庭营销的效用存在差异,也是有边界的,并不同等地适用于任何产品(何佳讯、才源源和秦翕嫣,2011)。对于功能性产品来说,家庭为主题的广告营销或促销设计有利于在家庭成员心目中建立品牌形象,促进家庭成员的后续购买行为,建立消费者的品牌忠诚度;而在享乐性产品的营销中使用这一策略可能无法带来同样好的效果。因此,企业营销人员必须谨慎地识别自己的产品可能受到代际影响的程度,否则相关的营销战略和设计投入可能导致事倍功半。

第三节　权力距离的调节作用

消费行为的代际影响虽然发生在家庭成员之间,但是对它的形成发生影响的因素却不仅限于家庭的小环境内,文化背景作为大环境也会对其产生显著的影响。在中国文化背景中,中国家庭的子女受传统孝道影响,因而代际关系要比西方国家密切得多("中国代际关系研究"课题组,1999)。有关调查表明,对于"80后"的新生代,家庭价值观出现更强调家庭基本义务、代际关系更紧密的趋势(刘汶蓉,2008)。客观上,中国夫妇与子女生活的比例高于美国(王跃生,2006),这使得代际互动和沟通变得更为频繁。因此,在中国家庭中,有关消费行为的代际影响应该比西方更为普遍和强烈。揭示文化价值观的作用机制就成为在中国文化背景下探究代际影响及态度传承的一个重要方面。

尽管文化价值观对消费行为的影响早已受到诸多学者的关注。但在消费行为的代际影响研究方面，有关价值观对于代际消费行为的影响关系及实证研究却并未得到开展。在市场营销领域，对于 Hofstede(1983)所提出的经典的价值观维度，集体主义/个人主义得到了普遍关注。而实际上，权力距离也是揭示中西方消费行为存在差异的重要维度，但这方面的研究还十分有限（例如：Donthu and Yoo，1998；Dash，Bruning and Guin，2006；Zhang and Mittal，2008）。"权力距离"的定义是：社会成员承认和接受的权力分配不公平的程度（Hofstede，2001）。中国传统文化强调泛孝主义（杨国枢，1984），这是形成高权力距离价值观的文化基础，表现在代际观上，就是对代际权威的认同。

那么，权力距离果真加大了代际影响对代际消费行为的影响作用吗？认识这一作用有何营销意义？在本节研究中，我们引入权力距离这个文化价值观变量，对于代际消费行为则着重研究品牌态度，即将品牌资产的两个要素"品牌忠诚"和"品牌名—质量联想"作为代际影响的表现，通过实证研究来检验权力距离对于代际影响与代际品牌态度关系的调节作用，最后对结论展开讨论。

一、理论背景及研究假设

（一）代际沟通与代际品牌态度

Moschis、Moore 和 Smith(1984)指出，发生在家庭成员间的沟通对青少年消费行为产生重要影响。家庭沟通可以直接影响子女对与消费相关的各种信息、信念以及价值观的感知，也可以间接影响子女对其他消费信息的学习模式。研究者们已经从沟通的频率、沟通的模式以及沟通的内容等方面，探究了家庭沟通如何影响消费者社会化以及影响的结果（Moschis，Moore and Smith，1984；Carlson et al.，1994）。除家庭沟通因素以外，家庭结构、家庭的经济状况、家庭所处的社会地位、子女的年龄、家庭各个成员之间的关系，甚至父母的职业类型等都会对孩子造成比较大的影响（Foxman，Tansuhaj and Ekstrom，1989）。

代际影响的表现形式是多种多样的,国外的很多研究已经证实了子女在市场信念的搜集和加工方式、消费价值观和具体的消费行为等方面都受到来自父母的影响,表现出代际传承的特点(Heckler,Childers and Arunachalam,1989;Moore,Wilkie and Lutz,2002)。母亲和女儿之间会在理财技巧、购买风格及产品的偏好方面互相探讨和彼此影响(Moore-Shay and Lutz,1988)。代际影响同样也表现在品牌态度方面,Woodson、Childer 和 Winn(1976)首次把代际影响延伸到品牌领域。研究者们逐渐证实了代际影响在品牌偏好、品牌忠诚等品牌资产要素上的表现。例如,Heckler、Childers 和 Arunchalam(1989)发现,代际影响存在品牌偏好的传承性;Olsen(1993)的研究发现,当家庭中充满情感和尊重时,父母和孩子倾向于具有相似的品牌忠诚度。Moore-Shay 和 Lutz(1988)发现,母亲和女儿在高可见性的产品上,其品牌偏好和品牌忠诚具有显著一致性,都倾向于信任高知名度的品牌。Viswanathan、Childers 和 Moore(2000)的研究指出,家庭中高效的沟通和强烈的消费体验,会使孩子和父母在品牌偏好上具有更高的一致性。Moore、Wikie 和 Lutz(2002)首先把代际影响和品牌资产联系起来研究,认为从"基于顾客的品牌资产"(Keller,1993)概念看,代际影响实际上是品牌资产的一个重要来源。对这一来自代际传承的品牌资产(如品牌偏好、选择规则和市场信念等),Epp 和 Price(2008)从家庭认同(family identity)作用的角度给予了解释。

子女最初对品牌质量的感知往往来源于家庭的消费经验。他(她)们会观察父母的购买行为,并从父母那里接受到关于如何评定品牌质量的信息。Bravo、Fraj 和 Martinez(2007b)将家庭影响视为除广告、价格、促销外的第四大品牌资产来源,他们采用深度访谈法,以 30 名年轻消费者为研究对象,研究表明家庭因素对子女的品牌感知质量具有显著影响作用,并且这种作用要大于其他传统营销手段。与品牌感知质量构念类似,Mandrik(1996)在其研究中引入"品牌名—质量联想"的概念来测量消费者对于品牌在质量方面的联想,即消费者是否认定品牌的强度、地位同产品质量之间有正相关的关系。在本节研究中,我们将"品牌名—质量联想"作为测量代际品牌态度的一个变量,以考察家庭沟通对之的影响关系。

Woodson、Childers 和 Winn(1976)的研究证实了代际影响在品牌忠诚上的作用。他们的研究发现：32％的子女会选择与父母相同的汽车保险；其中，一致性最高的是子女年龄在 20—29 岁之间的群体，一致性达到 62％。Bravo、Fraj 和 Martinez(2007b)的研究结果还发现，子女们的品牌忠诚度可以表现在行为和态度这两个维度上：在第一种情况下，当子女们熟悉了家庭中使用的品牌或品牌的一些特性时，就会继续购买它并成为一种习惯，其原因是为了避免尝试改变所带来的风险；在另一种情况下，子女们是因为真正喜爱某一品牌而持续购买，产生这种品牌偏好的原因是由于父母经常选用这些品牌，或是由于品牌引发的积极联想。由此可见，对于年轻一辈的消费者而言，品牌忠诚的形成受到了家庭消费习惯以及父母对品牌评价的影响，这种影响最终体现在他们对某些品牌的态度上。

根据上述研究成果，本研究提出如下基本理论假设：

H1：代际沟通与代际品牌态度一致性存在显著正相关关系。具体是：

H1a：代际沟通越频繁，代际间品牌名—质量联想一致性越高。

H1b：代际沟通越频繁，代际间品牌忠诚度一致性越高。

（二）权力距离与代际消费行为影响的关系

1. 权力距离对消费行为的影响

权力距离是 Hofstede(1983)文化价值观维度的基本构成，它用来表明一个社会如何处理在人们中间出现的不平等，也代表了社会成员对待权威的方式。这对于人们建立其制度和组织的方式具有明显的影响作用(Hofstede, 2001)。在高权力距离文化中，人们倾向于表达对垂直等级的强烈感受；不会公开挑战权威；也不会滥用职责，因为这会削弱他们自己的权威，从而破坏在这种上下级关系序列中下级对自己的忠诚(Wong and Leung, 2001)。

在服务营销领域，Donthu 和 Yoo(1998)发现，与低权力距离顾客相比，高权力距离顾客具有更低的服务质量期望（包括响应性和可靠性）。Dash、Bruning 和 Guin(2006)的研究则表明：在权力距离较高的国家（如印度)中,消费者更加认可银行在与客户的关系中占据主导地位;而在权力距离较低国家(如加拿大)中,结果刚好相反。在广告领域,Zandpour等人(1994)的研究表明,低权力距离国家中的消费者更易接受争辩性广告策略(argument strategies,即提供对产品的不同意见),而高权力距离国家中的消费者更青睐模仿性广告策略(imitation strategies,即在广告中呈现对产品质量的证明书或保证书)。这是因为来自权威方面的信息增强了广告的可信性。在品牌领域,Erdem、Swait 和 Valenzuela(2006)试图考察权力距离在品牌可信度和品牌选择之间是否存在显著的调节效应,但最终结果没有得到数据的支持。上述各项研究表明,权力距离确实可以用来解释消费行为和品牌态度,但很多方面需要进一步研究和证实。

2. 权力距离对代际沟通和品牌态度一致性的调节作用

那么,权力距离是否对消费行为领域的代际影响及其结果存在特定作用呢? 目前还没有这方面的具体研究假设和结论。

研究者们普遍认为,亚洲国家的文化体现着较高的权力距离。例如,在 Erdem、Swait and Valenzuela(2006)的研究中,就表明印度、日本和韩国在权力距离上的得分均高于德国、西班牙和巴西。在高权力距离的文化中,社会成员的身份和年龄是被格外重视的(Yaveroglu and Donthu,2002),人们会更倾向于接受来自权威的意见,如父母、师长和老板(Hofstede,2001)。

按 Hofstede(2001)的测算结果,中国文化是中等高的权力距离。因此,在中国的家庭背景中,我们可以推测下一辈受上一辈的影响作用较大。这可以从两个角度进行解释。一是中国传统文化强调泛孝主义(杨国枢,1984),孝道作为一种传统美德代代相传,在家庭内部父母具有权威性,子女则表现出对父母的尊重和顺从。这将会有利于下一辈与上一辈的态度出现更大的一致性。二是高权力距离文化会促使形成更强的自我控制(Zhang and Mittal,2008),这将会减少下一辈与上一辈之间的冲突,从而有利于下一辈更易接受上一辈的意见,导致双方之间达成更高的态度一致性。由此,我们可以推断在消费行为方面,中国家庭中的子女也会更能接受父母的观点,表现出代际传承性。

　　Viswanathan、Childers 和 Moore(2000)发现,与美国文化相比,泰国文化更提倡顺从和尊重权威,因而在有关消费技巧、态度和偏好等方面具有更高的一致性。尽管权力距离是衡量国家和地区层面文化差异的变量,我们认为也可以用于分析个人层面的文化价值观差异。也就是说,在普遍高权力距离的中国文化中,不同的消费者还具有个体水平上的差异,这对家庭的代际影响产生了不同的作用。对于高权力距离的消费者来说,如果上一辈与之的沟通越多,下一辈出于尊重和顺从,越可能认同和接受上一辈的意见,越可能改变自己的态度,从而出现较大的上下一辈态度上的一致性;而对于低权力距离的消费者而言,彼此的互动更多地基于独立和平等,因此上一辈与下一辈之间沟通的多少对双方态度一致性的影响作用较少。也就是说,在中国家庭中,个体的权力距离价值观越高,越倾向于接受家长权威,从而增强了代际影响效应;相反,个体的权力距离价值观越低,越倾向于挑战家长权威,从而减弱了代际影响效应。由此,本研究提出如下假设:

　　H2:权力距离正向调节了代际沟通和代际品牌态度一致性之间的关系。具体是:

　　H2a:个体的权力距离增强了代际沟通对于代际间品牌名—质量联想一致性的影响程度;

　　H2b:个体的权力距离增强了代际沟通对于代际间品牌忠诚一致性的影响程度。

　　本研究的整体假设模型如图 7-2 所示。

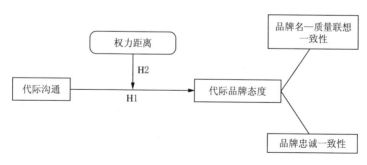

图 7-2　研究假设模型

二、研究方法

(一)研究样本

本研究在上海和杭州的两所高校通过有关任课教师向班上学生发放问卷,分两次进行测试。第一次发放问卷 143 份,全部收回,剔除填写不认真的问卷,实际有效问卷 98 份。第二次发放问卷 40 份,实际有效问卷 32 份。样本收集时间分别为 2009 年 4 月下旬和 12 月上旬。对两批样本的有关题项进行独立样本 T 检验,发现不存在显著性差异,故将两批样本合并。即总有效样本为 130 份。总体样本构成情况是:(1)从性别来看,女性占 70%,男性占 30%;(2)年龄都介于 18—24 以及 25—29 这两个年龄段,大部分为"80 后",少数为"90后";(3)被访者父母辈的平均年龄为 46 岁,基本上都为"50 后"和"60 后"。

(二)研究工具与测量

代际影响的测量方式主要有两种,一是绝对测量,即从子女(或父母)的角度出发,单方面询问子女(或父母)在消费行为上的取向,以及感知到的来自对方的影响来衡量代际影响的程度。另一种方法是相对测量,以配对、群体或集合体为样本,按照对于沟通对象的意图、态度和认知等评价,对影响者和被影响者的取向做对比(何佳讯,2007a)。本研究采用的是相对测量方法,以子女为研究对象,测量他(她)们的品牌态度,并请子女对与之沟通最多的父亲或母亲在相同的品牌态度问题上的取向进行回答,通过两次回答之间的一致性来测量代际影响结果的程度。我们借鉴Moore-Shay 和 Berchmans(1996)曾采用所有四种类型的混合配对的做法,在本研究的样本中,母女配对占 60%,母子配对占 25%,父女配对占10%,父子配对占 5%。

对于代际沟通变量的操作,本研究采用的是 Viswanathan 等人(2000)开发的代际沟通和影响量表(intergenerational communication and influence scales,IGEN)。该量表包含 12 道题目,由消费技巧、消费偏好及消费态度三个维度构成,具有良好的信度和效度。原量表的测量是对每个测项从"与父母沟通的频率"和"受父母影响的程度"两个方面进行。在本节研究中,侧重于测量代际沟通,因此请被访者选择就购物消费方面平时沟通较多的母亲或父亲,对彼此间的沟通频率进行评估,从 1 分(从来没有沟通过)到 7 分(非常频繁地沟通)进行等级评分。

对于代际品牌态度的测量,本研究采用两个量表。一是 Mandrik (1996)发展的"品牌名—质量联想"量表,该量表在编制的过程中,邀请了营销专业的教授和博士研究生对量表内容进行评定,这保证了量表较高的表面效度。另外,其信度系数也达到了 0.88。该量表共有 8 个测项,其中第 1、4、5、8 个项目为反向计分题。另一个测量品牌态度的构念是品牌忠诚,选用 Moore-Shay 和 Lutz(1988)开发的消费过程选择规则(choice rules)量表中的一个维度。他们运用选择规则量表有效地测量到母亲和女儿在消费行为中的一致性和差异性,原量表中品牌忠诚这个维度的 5 个测项的因子负荷值均在 0.4 以上,量表具有较好的结构效度。在本研究中,对之采用 Likert7 级量表进行测量(1 分表示完全不同意,7 分表示完全同意)。

对于文化价值观变量"权力距离"的测量,本研究采用的是 Furrer、Liu 和 Sudharshan(2000)对 Hofstede 量表原始测项修改后的量表。Hofstede(1983)的文化维度是为测量与工作相关的价值观而开发,对量表进行修改是为了更适合个体消费行为的情形。Tsikriktsis(2002)对修改后的量表进行了应用。本研究选用修改后量表的"权力距离"维度,共有 4 个测项,其中有 2 个测项为反向计分题。在本研究中,对之采用 Likert7 级量表进行测量(1 分表示完全不同意,7 分表示完全同意)。

三、 数据分析

本研究主要采用 Spss16.0 作为数据分析工具,对有关问题进行描述性统计、问卷信度分析及回归分析,以验证本研究提出的假设。

(一)描述性统计及量表信度分析

子女辈与父母辈在品牌态度的两个方面即品牌名—品质联想($T = 2.12$,$p < 0.01$)和品牌忠诚($T = 4.86$,$p < 0.001$)上存在显著差异,子女辈分数明显高于父母辈。被访者在代际沟通($M = 3.85$,SD

= 0.96)和权力距离($M = 3.36$，$SD = 0.96$)测量上的得分均低于 4 分
(见表 7-8)。

表 7-8　各量表得分的描述性统计及信度指标

量表名称	测项数	M	SD	Cronbach's α
品牌名—质量联想(子女)	8	4.29	0.95	0.78
品牌名—质量联想(父母)	8	4.10	1.01	0.83
品牌忠诚(子女)	4	4.65	1.06	0.74
品牌忠诚(父母)	4	4.23	1.16	0.80
代际沟通	12	3.85	0.96	0.89
权力距离	4	3.36	0.96	0.55

子女同父母在品牌态度上的一致性是通过计算子女和父母在品牌态度上平均值差值的绝对值而得。为了使本研究的结果更易于理解,我们将代际间品牌态度一致性分值进行反转处理,即一致性越强,分值越大。代际间品牌态度一致性的原始值最低分为 0 分,即代际品牌态度完全相同;最高分为 4.12 分,即为本研究中代际品牌态度的最大差距值。我们采用理论上的最高分 6 分减去原始分数的方法对这一变量进行反转处理,即本研究中代际品牌态度完全一致的最高分为 6 分,最低分为 1.88 分。

以 Cronbach's α 系数值作为问卷信度的评价标准。本研究结果显示,除权力距离量表的信度值低于 0.6 外,其余量表的 α 值均在 0.7 以上,具有较好的信度水平(见表 7-8)。

(二)代际沟通对代际品牌态度的影响

以被访者同父母就 12 个与购物有关的话题的沟通频率为自变量,以被访者和父母在品牌名—质量联想和品牌忠诚两个维度上得分的一致性作为因变量,采用一元线性回归的方法进行分析,结果显示代际沟通对品牌名—质量联想一致性影响的回归方程($F = 7.19$，$p < 0.01$)及对品牌忠诚度一致性影响的回归方程($F = 4.93$，$p < 0.01$)均达到显著性水平。假设 1a 和假设 1b 都得到支持。详细结果见表 7-9。

表 7-9 代际沟通对代际间品牌态度一致性影响程度的回归分析

	B	SE	β
对品牌名—质量联想一致性的影响[a]			
代际沟通	0.18	0.07	0.23 **
常数项	4.57	0.26	
对品牌忠诚一致性的影响[b]			
代际沟通	0.14	0.06	0.19 *
常数项	4.65	0.25	

注：[a] Adjusted $R^2 = 0.05$，[b] Adjusted $R^2 = 0.04$。
* $p < 0.05$，** $p < 0.01$。

（三）权力距离对代际沟通与代际品牌态度关系的调节效应分析

将自变量代际沟通和调节变量权力距离进行中心化处理，进行分层回归分析。表 7-10 显示家庭沟通对代际间品牌名—质量联想一致性的影响作用仍然达到显著性水平。权力距离对代际间品牌名—质量联想的一致性没有直接影响作用，但权力距离与代际沟通乘积项的回归系数达到显著性水平（$\beta = 0.27$，$p < 0.01$），即存在明显的调节作用。回归方程达到显著性水平（$F = 6.20$，$p < 0.001$），调整后的 R^2 上升至 0.13，ΔR^2 为 0.07（$p < 0.01$），这表明权力距离的调节作用显著提高了代际沟通对代际间品牌名—质量联想一致性的解释。假设 2a 得到验证。表 7-10 还显示了权力距离对代际沟通与代际品牌忠诚一致性关系的调节作用。同样地，权力距离与代际沟通乘积项的回归系数达到显著性水平（$\beta = 0.18$，$p < 0.05$），回归方程达到显著性水平（$F = 3.50$，$p < 0.05$），调整后的 R^2 上升至 0.08，ΔR^2 为 0.03（$p < 0.05$），这也表明权力距离的调节作用显著提高了代际沟通对代际品牌忠诚一致性的解释。假设 2b 都得到验证。至此，本研究提出的假设 H1 和 H2 都得到验证。

表 7-10 权力距离对代际沟通与代际品牌态度影响的调节效应分析

	B	SE	β
代际沟通对品牌名—质量联想一致性的影响[a]			
代际沟通	0.20	0.06	0.26 **
权力距离	−0.03	0.06	−0.04
代际沟通×权力距离	0.18	0.06	0.27 **
常数项	5.25	0.06	

（续表）

	B	SE	β
代际沟通对品牌忠诚度一致性的影响[b]			
代际沟通	0.16	0.06	0.21*
权力距离	−0.05	0.06	−0.07
代际沟通×权力距离	0.11	0.06	0.18*
常数项	5.19	0.06	

注：[a]Adjusted $R^2 = 0.13$，[b]Adjusted $R^2 = 0.08$。
* $p < 0.05$，** $p < 0.01$。

　　为直观地呈现权力距离对代际沟通与品牌态度一致性之间关系的调节作用，我们另外采用图示的形式。我们将代际沟通和权力距离分别进行高低分组，以平均分为标准分组，平均分以上为高分组，平均分以下为低分组。结果见图 7-3 和图 7-4。从图中我们可以看出，无论对于品牌

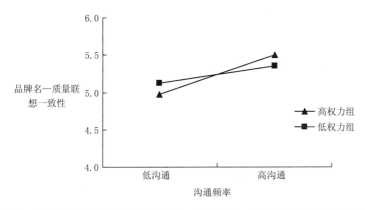

图 7-3　权力距离对代际沟通与品牌名—质量联想一致性之间关系的调节作用

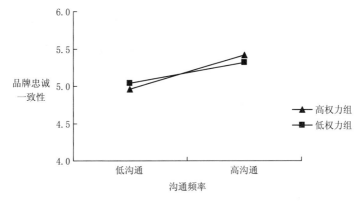

图 7-4　权力距离对代际沟通与品牌忠诚一致性之间关系的调节作用

名—质量联想一致性还是品牌忠诚度一致性情况,在高权力组中,代际沟通对代际品牌态度一致性的关系具有较大的斜率;而在低权力距离组中,代际沟通对代际品牌态度一致性的关系具有较小的斜率,即权力距离增强了代际影响效应。

四、 结论与战略指引

本研究在中国文化背景下探究了代际沟通对代际品牌态度形成的关系,特别检验了权力距离对两者关系的调节作用。基于家庭内部的父母与子女的实证数据统计表明,上下一辈有关消费技巧、偏好及态度的沟通程度对代际品牌态度的一致性存在着显著的正向影响作用。具体而言,父母与子女的沟通程度越高,那么父母对品牌名—质量联想和品牌忠诚的态度就可能更多地传承给子女,从而表现为更高的代际品牌态度的一致性。这个结果不但印证了家庭是子女消费行为社会化起点的基本观点(Moschis, Moore and Smith, 1984),更是表明代际沟通对消费行为影响的持续性特征(Moore, Wilkie and Alder, 2001)。从本研究的调查样本看,这种影响至少持续到子女的大学时代。本研究的理论贡献之一在于推进了 Viswanathan、Childers 和 Moore(2000)的研究结论,他们的研究表明代际沟通同代际品牌选择偏好的一致性之间存在显著相关,而本研究的结论把代际沟通影响力的证据扩充至品牌名—质量联想以及品牌忠诚这两个新的态度方面,为认识和确认代际品牌资产来源要素提供了有力支持。本研究的另一个理论贡献在于,首次证实了权力距离这个具有东西方跨文化差异的文化价值观对于代际沟通与代际品牌态度影响关系上存在的调节作用。本研究的研究表明,权力距离的调节作用不但体现在代际沟通对品牌名—质量联想一致性的影响关系上,也体现在代际沟通对代际品牌忠诚的影响关系上。也就是说,与具有低权力距离的子女相比,具有高权力距离价值观的子女,其受到的代际沟通影响对代际品牌态度一致性产生的作用变得更大。

除了理论贡献外,本研究结论对如何在世代差异明显的中国市场中进行创新营销也有很多启示。首先,在中国文化背景中,开展以家庭为单位的营销具有重要意义。尽管有很多研究表明中国消费世代存在诸多差异(刘世雄,2005;何佳讯和丛俊滋,2008),但营销者仍有必要抓住家庭的纽带,把家庭而非消费者个体作为营销对象,利用家庭成员间的沟通对代际消费行为的影响而设计营销活动。例如,开展对家庭成员中权威者的营销,以实现向其他成员传递品牌信息,带动其他家庭成员消费的目的。当然,并非所有的品类都适合开展家庭营销。这是因为不同品类的代际品牌忠诚(Miller,1975)和代际品牌偏好(Moore,Wilkie and Lutz,2002)受代际影响的强度存在差异。一般而言,便利品比选购品更适合开展家庭营销,前者更易受代际影响(Heckler,Childers and Arunachalam,1989)。

其次,从细分市场的角度看,可以利用不同的代际关系,区分出家庭市场间的差异,为开展家庭营销提供基本决策依据。根据本研究的结论,权力距离可以成为测量家庭代际观的一个基本变量。对于同世代的消费群体(例如"80后"),营销者可以采用权力距离为变量对之进一步细分,区分出高权力距离和低权力距离的群体。对于前者,营销者可以更多地借助家庭纽带、以传统价值观为沟通基点开展针对性的营销,以扩大代际影响对代际品牌态度的作用效力;而对于后者,尽管同样可以开展家庭营销,但需要避免树立"家庭权威"的形象,而替代以平等、民主的上下辈互动方式,发展营销沟通策略。

最后,从创建品牌的角度看,代际影响是重要的品牌资产驱动因素。营销者要重视利用家庭沟通的途径建立品牌资产。其方式有二。一是利用消费者的早期家庭社会化途径,培育品牌的未来市场。有关研究表明,消费者的品牌意识在儿童时代就已开始形成(麦克尼尔和张红霞,2003)。二是利用代际影响的持续性,提升和巩固品牌资产。后者特别对于中国老字号品牌的重振具有积极意义。中国的老一代消费者普遍对老字号品牌拥有积极关系,但来自上一辈的老字号品牌资产基本上无法传承给下一辈(何佳讯,2007b)。根据本研究的研究结论,老字号品牌需要找到新老世代的共同利益需求,为家庭中的上一辈影响下一辈创造有利条件,使得老字号品牌资产永续传承和发扬光大。

　　需要指出的是,在本研究中权力距离价值观量表的信度水平偏低,给测量结果的稳定性带来一定影响,这是由于权力距离价值观量表本身用于文化(国家)层面的测量,虽经过 Furrer、Liu 和 Sudharshan(2000)的修改,以更适合个体消费者的角度,但毕竟权力距离构念本身是用于文化价值观层面的,这在以后的研究工作中需要加以注意。

第八章
代际品牌资产：形成机制及战略指引

在代际影响与品牌态度的关系上，有大量研究表明，子女在品牌感知质量、品牌偏好、满意度等方面与父母有着高度的一致性（如：Francis and Burns，1992；Moore-Shay and Lutz，1988；Woodson，Childers and Winn，1976）。尽管 Woodson、Childer 和 Winn（1976）较早地把代际影响延伸到品牌领域，但是一直没有学者明确地提出代际品牌资产的概念。在本章中，笔者把"代际品牌资产"（intergenerational brand equity，IGBE）定义为：消费者受代际影响而形成的特定品牌态度和行为意向，区别于其他途径形成的品牌资产来源。

在对代际品牌资产进行明确定义的基础上，笔者的研究不仅要回答代际品牌资产构成要素这个基本问题，更进一步地是探究代际品牌资产的形成机制及发生过程。在以往的研究中，学者们大多是关注代际影响过程中的一个方面，如作为前因变量的沟通方式和频率（如：Moschis，Moore and Smith，1984；Moore-Shay and Lutz 1988），作为背景变量的家庭结构和经济收入水平（如 Epp and Price，2008），抑或是作为结果变量的消费技巧和品牌态度（如 Moore and Stephens，1975；Zeithaml，1988）。但是，很少有研究探究一个反映前因至后果的完整代际影响的过程模式。本章研究目的正在于此，即揭示代际互动方式如何影响代际品牌资产的产生及其内在关系。通常，代际影响不仅发生在父母对子女的影响上，也发生在子女对父母的影响上，前者被称为正向代际影响，后者被称为反向代际影响。本章既研究前者(第一节),也研究后者(第二节),从而体现双向影响的整合研究视角。

第一节　正向代际品牌资产研究

　　消费行为的代际影响可以理解为家庭中的一代人向另一代人传递与市场有关的技巧、态度、偏好和价值观的过程(Heckler, Childers and Arunachalam, 1989; Childers and Rao, 1992),这也是以家庭为载体的消费者社会化过程。这个过程从婴儿时期便开始发生,研究表明 8 个月的婴儿已经能够对那些频繁出现在家中的品牌给予特别的视觉关注,到了三四岁就可以自行购买那些喜欢的包装和品牌的糖果(Hayta, 2008)。这种影响潜移默化地发生着,从儿童期一直延续到成年以后,即便是子女已经建立自己的新家庭也依然如此(Shah and Mittal, 1997)。代际影响对消费行为的影响如此重要,正是该领域自 20 世纪 60 年代开始得到关注,并延续至今的原因(何佳讯,2007b)。

　　中国家庭的代际影响具有文化上的特殊性。从父母的角度看,他们在养育子女时付出相当大的精力、财力和时间代价;从子女的角度看,他们对父母则要遵从孝顺之道。这使得中国人的代际关系,要比西方国家密切得多("中国代际关系研究"课题组,1999)。另外中国又是具有高权力距离的文化体,中国人具有鲜明的权威认同意识,第七章第三节的实证研究证明了权力距离在代际沟通和代际品牌态度之间的调节作用(何佳讯、才源源和王莹,2009)。由此,结合中国文化特点开展的本土化研究是格外有意义的。目前,在中国文化背景下代际影响如何导致品牌资产形成的问题还鲜有研究(He,2008)。因此,我们试图遵循从探索到验证的研究路径,先通过深度访谈发现问题,获得代际互动方式与代际品牌资产要素之间的可能性关系,再通过问卷调查进行实证研究,以建立正向代际品牌资产形成机制的可靠性关系。

一、文献回顾

(一)家庭互动与代际影响

家庭互动的方式是多种多样的,并且无时无刻不在发生。比如早饭时间就是家庭成员进行沟通交流,实现身份认同的时机(Price,2008)。随着交流沟通的频率增高,长辈和子辈之间在消费习惯和倾向上的一致性也就越高(Moore-Shay and Lutz 1988；Moore，Wilkie and Lutz，2002)。

大量研究都已证明,家庭沟通可以直接影响子女对于与消费相关的各种信息、信念以及价值观的感知,也可以间接影响子女对于其他消费信息的学习模式(Moschis，Moore and Smith，1984)。沟通交流的内容既包括了消费感受的分享、产品品牌的推荐,又有消费经验和技术的直接传递(Moore and Stephens，1975；Bravo，Fraj and Montaner，2007a)。在沟通交流的指向上,可以分为社会取向和概念取向两种,社会取向是监督和控制子女消费行为的社会化;而概念取向是鼓励子女自己学习,发展自己的消费技能。取向的不同直接影响了消费行为社会化的不同表现(Kim，Lee and Tomiuk，2009)。

共同购物也是父母和子女相互影响的过程,女儿在与母亲共同选购商品的过程中会表现出对母亲的信任(Minahan and Huddleston，2010)。除此之外,在日常生活中子女对父母消费习惯的观察也会在潜移默化中影响子女的行为倾向(Ward，Wackman and Wartella，1977)。

(二)代际影响与代际品牌资产

通过家庭成员间长期的交互作用,来自上一辈的品牌态度在下一辈中得到了传承,代际品牌资产得以形成。Moore、Wilkie 和 Lutz(2002)最早明确提出代际影响可以成为品牌资产的一个重要来源。这三位学者以母女配对的方式,详细研究了在不同品类上,母女的品牌态度和品牌选择行为的一致性程度。随后,Bravo、Fraj 和 Martínez(2007a)采用实证研究的方法进一步证明了家庭可以同广告、价格和促销三种途径一并对品牌资产产生影响作用。Epp 和 Price(2008)的研究进一步解释了家庭使用的品牌如何植入到子女意识中的动态过程。他们认为各种代际互动方式(如传统仪式、家庭旅游、故事叙述等)实际上是完成了子女对家庭身份的认同,而共同选择和使用的品牌可以被视为是家庭成员身份认同的一种象征。在国内,徐岚等人(2010)采用四种社会化机制解释了父辈品牌如何在代际间进行传递,他们的研究对 27 名 20—24 岁的消费者进行了访谈,采用解释学的方法对访谈资料进行分析,最后深入讨论了父辈品牌在社会学习、情境记忆构建、关系认同以及符号互动四种社会化机制中的作用。那么,受代际影响的品牌资产应该具备哪些构成要素呢?Bravo、Fraj 和 Martínez(2007b)对 18—35 岁的消费者进行了访谈,并以 Aaker(1991)建立的品牌资产五维度模型为依据,归纳出代际影响对品牌资产的四个维度——品牌意识、品牌联想、感知质量和品牌忠诚——会产生影响作用。但是,至此依然没有研究直接针对"代际品牌资产"这一概念及其构成要素进行明确的定义和合理的验证,更没有对代际品牌资产要素之间的可能性关系进行解释和探究。这正是本研究着力要解决的问题。

(三) 消费行为社会化的动态过程

以上我们提到互动方式及频率可视为代际影响的前因变量,品牌资产可以视为代际影响的结果变量,而尚缺乏的是将消费行为代际影响方式与代际品牌资产形成结果贯穿起来的动态整体性研究。

在消费者社会化的动态模型研究中,Moschi 和 Churchil(1978)将社会化过程分解为从前因变量(包括社会结构变量、年龄)至社会化过程(社会化主体与媒介的交互关系),最终到学习结果(如技术、知识和态度)的三个阶段。Özgen(1995)的修订模型对消费者社会化的描述更加全面,他认为社会化的过程是个人因素(包括社会经济水平、性别、年龄和生活阶段)和社会影响因素(包括家庭、朋友、学校、大众媒体和文化)以及学习机制(包括认知发展和社会学习)三方面共同作用的产物。Hayta(2008)对 Özgen(1995)提出的这三因素中所涵盖的每项内容都进行了详尽的分析和阐述。Mittal 和 Royne(2010)将以家庭为媒介的消费行为社会化模型归纳为:强调专家权威的信息型(information)、通过奖惩方式实现的规范型(normative),以及通过家长人格魅力实现的身份认同型(identification);并在此基础上提出了自己的互动模型即单纯观察(mere observation)、角色榜样(role modeling)、教育和灌输(education and indoctrination)以及顺从(compliance)。他们针对 265 对家长和子女开展的定量研究发现,单纯观察——即通过观察父母使用的产品、品牌以及消费习惯而产生的自动化影响——是最显著的代际影响模式,特别是在必需品这一品类上表现尤为突出。这一研究着重于研究代际影响模式,而我们的研究不仅从新的角度探究代际影响方式,还要建立起它们与代际品牌资产之间的关系,即将社会化的结果变量界定于消费者受代际影响而形成的特定品牌态度。

二、 研究一：探索消费行为正向代际影响的前因后果

(一)研究设计与样本

我们在上海选择 10 对母女进行现象学访谈,这些对象都是本地常住居民。为重点考察代际影响的延续性,我们把子辈(女儿)样本的主体年龄确定为进入工作阶段的 20 世纪 80 年代生人,个别为 70 年代生人,总体年龄分布为 24—38 岁(本研究简称为年轻一代);相对应地,她们母亲的年龄从 53—62 岁(本研究简称为年长一代)。在子辈样本中,除 1 人为大学高年级学生外,其他均已工作;从婚姻情况看,未婚者 3 人,已婚有孩子的 3 人,其余 4 人为已婚无孩子;学历均为本科及以上;平均个人月收入为 7 200 元。在长辈样本中,已退休 4 人,其余为在职人员,平均个人月收入为 2 300 元。在经济条件方面,9 对认为自己的家庭收入属于中等或中上,1 对认为偏低。

两位研究者采用多阶段的方式对女儿和母亲分别进行访谈,每人访谈的时间是 1—4 小时。首先对女儿进行前后两次访谈,第一次是了解个人背景、价值观、家庭情况及其生活世界;第二次则专门针对消费行为代际影响的问题展开;第三次专门针对其母亲进行,目的是从长辈的角度客观地看待子辈的陈述,并且理解代际影响的互动过程。每次访谈都进行录音,结束后给予被访者 200 元报酬。累计总访谈时间为 55 小时。

(二)分析

访谈结束后由研究助理将访谈录音转成文字稿,总计 60 万字。由两名研究者按照质性研究方法(陈向明,2000)分别对访谈文本进行三级编码的分析工作。

一级编码是研究者反复仔细地阅读材料,将文字资料按照段落大意

进行分段,再从每个段落中寻找具有意义的语片,用词语或短语概括出语片的核心意义,并为其命名。根据语意,将同类的语片合并,并用更上一级的"概念类属"来概括出同类语片的意义。二级编码的主要任务是发现和建立概念类属之间的各种关系,并把意义相关的概念命名进行归类分析,建立再上一级的"主要类属"概念。三级编码的主要任务是在所有已发现的主要概念类属中经过系统分析以后选择一个"核心类属"。在每分析完一对母女的资料后,两位研究者都会进行讨论,以不断地统一编码原则,降低研究者主观性的影响。

(三) 结果

我们的定性分析以理解中国文化背景下代际影响动力机制的完整框架为目标。围绕这个框架,我们选择正向影响(上一辈对下一辈)和反向影响(下一辈对上一辈)这两个视角和层面,概括得到了影响动机、影响方式、影响结果,以及调节因素等结构要素。在本研究中,我们聚焦于正向代际影响,着重探索和分析这种影响关系的前因后果,即影响方式、影响结果以及两者的关系方面。

与以往研究所不同的是,我们对影响方式的分析从惯常的"代际沟通"(Viswanathan, Childers and Moore, 2000)扩展至更广的方面。被访者为我们从影响者和被影响者两个角度提供了正向代际影响的有力证据。总体上,我们把影响方式归为三大方面:消费沟通、消费推荐和共同购物。前两者在现有的研究中已得到明确,例如,在 Sorce、Loomis 和 Tyler(1989)有关子女对父母的消费影响方式的调查研究表明,提供建议和信息(占 70%)是主要的影响方式。

对影响结果的分析,我们不是从一般的消费态度、技能和偏好(Moore-Shay and Lutz, 1988)出发,而是聚焦于特定的品牌资产领域(Moore, Wilkie and Lutz, 2002)。在这里,我们把"因受上一辈影响而导致下一辈对品牌形成的特定态度和行为意向"称为正向代际品牌资产。在本课题的研究中(详见第十章),我们通过定性与定量分析得到了正向代际品牌资产的五个维度,它们分别是品牌意识、情感联想、感知质量、品牌信任和品牌忠诚。本研究在此基础上进行。

我们试图对消费行为代际影响的前因后果建立全新的关系，下面我们对这种关系逐一进行解析，以理解在中国文化背景中，父母辈是如何对家庭中下一辈的品牌消费态度产生影响的。

1. 代际互动方式对代际品牌资产的影响

消费沟通是最常见的代际互动方式之一（Moschis，Moore and Smith，1984），它包括家庭成员之间对于消费体验、品牌评价、知识技能等信息的相互传递。在正向代际影响中，子女常常需要来自父母的消费建议，特别是在一些自己不熟悉的产品类别上。共同购物是子女和父母交流互动的最好机会，两代人可以在选购和比较产品的过程中交换意见、相互影响。我们的定性研究发现，一些子女在结婚成立家庭后，母亲"依然是逛街的主力军"（曹谨，29 岁，公司职员）；而跟母亲一同购物也常常会产生最"安心"的消费决策——"我和我妈一起出去买，貌似我都是经过深思熟虑的，然后就是她批准了我也同意了，这件衣服就会很满意很满意"（曹谨，29 岁，公司职员）。虽然对子女而言，来自父母的品牌使用经验是间接性的，但是间接经验依然可以形成品牌信任的主要因素（Krishnan，1996；袁登华，2007）。

由此，不难看出，经过消费沟通和共同购物而选择的产品，不仅体现了子女对品牌本身的信任，同时蕴含了对父母的信赖和尊敬。他们相信长辈的经验和判断，乐于接受长辈这个"权威"人物的意见。这也是我们将品牌信任提炼为代际品牌资产一大要素的主要原因。

> "这个（衣服）质量什么的我不会看的。我妈很在行的，这个我得问她。她是一般不会看错的。"（潘吟艳，28 岁，警察）

> "（买床上用品）我要跟她一起，我要问她是这个好看还是那个好看，然后我当天才会决定。然后还有面料啊什么我不太会挑，这个我妈会挑……她告诉我说，罗兰是中国很好的牌子。"（曹谨，29 岁，公司职员）

由此，我们提出如下研究命题：

P1：上一辈与下一辈之间的消费沟通正向影响下一辈对品牌的信任

评价;

P2:上一辈与下一辈之间的共同购物正向影响下一辈对品牌的信任评价。

除了消费沟通和共同购物,直接推荐也是父母影响子女消费行为的一种常见方式。父母常常直接建议或是要求子女购买他们喜爱的产品和品牌。长辈所推荐的品类以生活日用品居多,这在以往的研究中也获得了普遍的证明(Childers and Rao,1992;郭朝阳和陈畅,2007)。从推荐的内容上多是针对产品本身属性,如生活日用品的耐用性和清洁性能等。这使得子女对父母推荐的产品的第一印象常常是关于品牌感知质量方面的。Zeithaml(1988)也认为子女最初对品牌质量的感知往往来源于家庭的消费经验。

"我妈喜欢用肥皂。她要用扇牌的肥皂。她觉得外面那种奥妙啊其他什么的不好……她就觉得扇牌的肥皂不容易化,就是一块一块的那种,然后也经洗。我也会用啊,可能成家以后也会买。"(王凌燕,24岁,国企职员)

"KAO是花王的,以前我妈用的,很香的,她以前买过。然后,我后来也买了,我也觉得很好……"(罗冠劼,31岁,事业单位职员)

与消费沟通和共同购物不同的是,消费推荐建立在父母辈对品牌的直接使用经验之上,具有充足的消费理由,这往往以品牌具有过硬的产品质量为出发点。由此,我们提出如下研究命题:

P3:上一辈对下一辈的消费推荐正向影响下一辈对品牌的感知质量评价。

2. 代际品牌资产各要素之间的关系

品牌信任一向被认为是产生品牌忠诚的关键因素之一(Sirdeshmukh,Singh and Babol,2002;Chaudhuri and Holbrook,2001)。在关系营销中,品牌信任和品牌忠诚或品牌承诺是息息相关的,品牌信任直接表现为消费者对品牌或企业关系的积极评价(Morgan and Hunt,1994),而正是在这种积极评价形成的过程中品牌忠诚或承诺得以建立起来。品牌忠诚或承诺在概念上可以理解为"对长期保持良好关系的期望"(Moorman,Zaltman and Deshpande,1992),在具体内容上表现为消费者对某些特定品牌在态度上的承诺和在行为上的重复购买(Chaudhuri and Holbrook,2001)。在受代际影响的消费行为中,我们依然可以观察到品牌信任和品牌忠诚之间的关系。在通过消费沟通和共同购物的互动过程建立起品牌信任后,子女对品牌关系的评价不仅是基于购买和使用过程的感知评价,而且包含着对代际关系、家庭身份特征的承诺。在行为上甚至表现出无意识的、自动化地选择原生家庭中使用的产品或品牌,特别是在一些低卷入度的品类上,消费决策具有了启发式的特点。

　　"当然洗衣粉啊都是那个时候我妈跟我说雕牌啊什么,就是我第一次去买的时候,他们跟我说买雕牌,然后我就一直买一直买,到现在没换过。"(曹瑾,29岁,公司职员)

　　另外,代际品牌信任会引发一种积极的情感联想,而不仅仅是一种对品牌能力的认知结果(Dick and Basu,1994)。前面我们提到,品牌信任的背后蕴含着对长辈的信赖和尊敬;除此之外,它也与家庭认同、地方文化相关的情愫相联。这也正是代际品牌资产元素的一个独特性,它有别于一般品牌资产中基于产品物理属性和非物理属性联想而定义的"品牌联想"的概念,我们称其为"情感联想"。

　　"我跟妈妈兜南京路的话,王家沙也经常去吃,南京西路上面的。还会吃沈大成,还蛮好吃的……"(王凌燕,24岁,国企职员)

　　"我们当时买的时候首先去看的就是小天鹅的牌子,家里(原生家庭)一直用的,就觉得经得住考验……"(李薇娜,28岁,公司职员)

　　"说牌子的话可能是那种熟食啊,烤鸭馆的,王兴记的馄饨啊。这个要认牌子的。还有一些熟食……(问:这两个牌子是因为你妈妈经常带你去买呢还是什么?)因为这两个牌子是无锡的百年老店,从小妈妈就带我去吃了……它正好在我们大商场的对面,有时候我们逛累了就去那边吃碗馄饨……而且就像我和同龄人的同学,放假回家啊,总要去王兴记吃点馄饨啊什么的。有这种情怀在里面的,我觉得无锡的氛围就出来了。"

基于此,我们提出如下研究命题:

P4:下一辈受上一辈影响产生的品牌信任正向影响他们对品牌忠诚的评价;

P5:下一辈受上一辈影响产生的品牌信任正向影响他们对品牌情感联想的评价。

感知质量是消费者对某一产品优越性的综合判断(Aaker,1996)。有关研究表明,中国消费者对品牌的直接反应是质量或品质(王海忠等人,2006),与产品相关的因素是构成中国消费者品牌知识的核心要素(蒋廉雄和冯睿,2010)。我们认为,这对于年长一代而言尤为如此。这是因为在改革开放之前,中国市场并没有明确的品牌概念,人们认识品牌是从产品质量开始的。因此,可以说感知质量是本源性的品牌资产要素。当子女通过父母的推荐形成对品牌的感知质量后,他们对这个品牌最初的意识也就形成了。品牌意识是在消费者的联想网络记忆模型中品牌记忆节点的强度,它反映的是消费者在不同的情境中能够辨认和回忆某品牌的能力(Rossiter and Percy,1987)。也就是说,子女受代际影响而产生的品牌意识,其联想网络中重要的记忆节点是感知质量。从我们的访谈资料看,这类品牌通常是父母辈使用的老字号品牌。

子女对品牌的感知质量还会引发情感层面的联想。这是因为在家庭内传递的品牌信息往往会和家人之间的情感因素相联系,品牌可以勾起与家人相伴的回忆,形成特定的家庭品牌情结(Olsen,1993;Fournier,1998)。特别是在子女成人和建立新家庭之后,选择父母使用和推荐的品牌,成为与原生家庭相联系的一种情感纽带。

"(买金银饰品)我不买老庙的,只买周大福的……是妈妈用的,她认可这个牌子,非常喜欢,而且(我)挑了(和妈妈)同款式同花型最重的一颗。"(王凌燕,24岁,国企职员)

基于此,我们提出如下研究命题:

P6:下一辈受上一辈影响产生对品牌的感知质量正向影响他们对品牌意识的评价;

P7:下一辈受上一辈影响产生对品牌的感知质量正向影响他们对品牌情感联想的评价。

品牌意识会通过影响品牌形象联想的形成和强度来影响决策过程,也可以说产生品牌形象联想的一个必要前提是品牌节点已经在记忆系统中建立起来了(Keller,1993)。在消费行为的代际影响过程中也依然如此,通过家庭成员互动而形成的品牌记忆节点会与家庭活动相关的情境记忆相联;当品牌意识被唤起时,相应的情境联想也被激发,这种联想中包含着对儿时的回忆,对父母的情感和对原生家庭身份的认同。如此,品牌也被赋予了独特而深厚的情感意义。

> "小时候(和妈妈)一起打(羽毛球)。以前也没有什么羽毛球场子,就在弄堂里打。羽毛拍子买的是 YONEX。"(黄琦华,28 岁,公司职员)

消费者对品牌的忠诚或承诺总是与积极的情感相联,这使得消费者和品牌之间的联系变得长久而紧密(Chaudhuri and Holbrook,2001)。品牌情感一向被认为是品牌忠诚的重要先导变量(Dick and Basu,1994),强烈而积极的情感会激发高水平的品牌承诺(Chaudhuri and Holbrook,2001)。同样,蕴含着代际情感的品牌联想引发了行为上的重复购买,这种行为倾向不会受到新品牌或是其他营销活动的影响而发生改变,正如我们的被访者所说的"一直一直地购买雕牌"(曹瑾,29 岁,公司职员)。由此,从品牌意识的形成到品牌情感的激发,最终达到了品牌资产的核心层次即品牌忠诚。

基于此,我们提出如下假设:

H1:下一辈受上一辈影响产生对品牌的意识正向影响他们对品牌情感联想的评价;

H2:下一辈受上一辈影响产生的情感联想正向影响他们对品牌忠诚的评价。

因为品牌忠诚使消费者习惯于购买一个品牌而拒绝转换至其他品

牌,自然使整体的品牌资产得到增强(Yoo,Donthu and Lee,2000)。为了在下一步的实证研究中建立一个完整的代际品牌资产模型(包括品牌要素与总体品牌资产间的关系),在这里我们也对品牌忠诚与总体品牌资产之间的关系做出了假设。

H3:下一辈受上一辈影响产生的品牌忠诚正向影响他们对总体品牌资产的评价。

3. 小结

通过上述的定性研究,我们解释了正向代际影响产生代际品牌资产的整个发生过程。研究表明,家庭成员互动的三种主要方式:消费沟通、消费推荐以及共同购物与品牌资产的品牌信任和感知质量具有最直接的关联性(P1,P2,P3)。也就是说,品牌信任和感知质量是正向代际品牌资产的最核心来源。这两个品牌资产要素又继而促进产生品牌意识、情感联想和品牌忠诚(P4,P5,P6,P7)。具体而言,父母与子女之间的消费沟通和共同购物体验建立了子女对品牌的代际信任(P1,P2),并继而引发了对品牌的情感联想(P5),同时也形成了品牌忠诚(P4);通过父母的消费推荐,子女建立起了对一个品牌的质量感知(P3),继而形成了品牌意识(P6),同时也产生了与代际关系紧密相关的情感联想(P7)。除此之外,我们依据有关理论和先前成果,建立了品牌意识、情感联想与品牌忠诚之间的关系,即品牌意识唤起情感联想(H1),情感联想形成品牌忠诚(H2),最终,品牌忠诚形成总体品牌资产(H3)。

在下一步的研究中,我们将采用问卷调查收集数据,通过结构方程建模的方法来检验上述提出的代际品牌资产形成路径模型,包括 7 个研究命题以及 3 个研究假设。最后,通过一个竞争模型的比较进一步表明代际品牌资产形成机制的真实性。

三、 研究二:实证正向代际品牌资产的形成路径与结构

(一) 研究模型

我们采用结构方程进行实证检验。在结构模型中,"消费沟通"(ξ_1)、"消费推荐"(ξ_2)和"共同购物"(ξ_3)作为外生变量,"品牌信任"(η_1)、"感

知质量"（η_2）、"品牌意识"（η_3）、"情感联想"（η_4）、"品牌忠诚"（η_5）和"总体品牌资产"（η_6）作为内生变量。根据上面的定性研究，我们明确了 10 条路径关系，它们分别指出了三种正向代际影响方式对品牌资产构成要素的影响，以及品牌资产要素进一步产生的结果。图 8-1 为我们提出的假设模型。

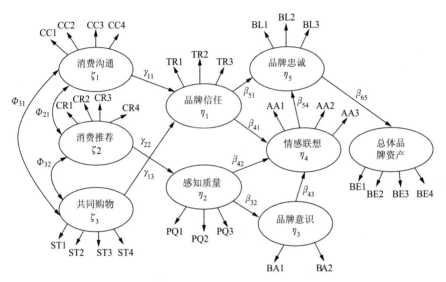

图 8-1　结构模型：正向代际影响方式与品牌资产

（二）研究方法

1. 量表开发与来源

正向代际品牌资产的五个要素"品牌意识""情感联想""感知质量""品牌信任"和"品牌忠诚"采用我们先前一项研究（何佳讯等人，2010）发展的测项，其中"品牌意识"2 句，"情感联想""品牌信任"和"品牌忠诚"各为 3 句，"感知质量"4 句，量表具有良好的信度和效度。此外，我们还直接采用 Yoo 和 Donthu（2001）关于"总体品牌资产"的测项，共 4 句。上述所有测项都采用 Likert 7 点量表进行测量：1 表示"完全不同意"，7 表示"完全同意"。

对于正向代际影响的三种方式"消费沟通""消费推荐"和"共同购物"，我们结合 Moore 和 Stephens（1975）及 Bravo、Fraj 和 Montaner

(2007a)的研究以及本研究的定性研究发展测项,共有 12 句,三个维度各为 4 句。经过信度分析和探索性因子分析后,保留 12 句,得到两个维度"消费沟通/推荐"和"共同购物"。再通过验证性因子分析对两维度模型和三维度模型(即把"消费沟通/推荐"分拆为两个维度)进行比较,结果显示 χ^2/df 由 266.93/53(5.03)变为 220.08/51(4.32),后者明显更优,因此采用原先设定的三维度结构。上述所有测项也都采用 Likert7 点量表进行测量:1 表示"极不频繁",7 表示"极其频繁"。

2. 样本、测试品类与调查程序

我们采用母女、母子、父子、父女四种混合的配对形式收集数据,设计两套问卷,先后分两次发放。即子女回答的是代际品牌资产的有关问题,而父母回答的是有关代际影响的有关问题。通过配对,把两部分数据合在一起作为一个样本处理。

首先对子代进行问卷调查,对象是上海某高校本地在读大学生,以及来自作者社会关系的推荐和介绍。采用现场调查的方式回收子代问卷,同时要求他们在母亲与父亲之间选出一位相对更为亲密的对象,提供她(他)的姓名及通讯方式,采取邮寄的方式发出调查邀请和问卷,随信附贴好邮票的回邮信封,要求他们在限定的日期内寄回问卷。

共选取八大消费品类作为测试品类,要求被试从这些品类中选取受父母影响最大的一类,进而填写一个在该品类内印象最深刻的品牌名称,以此品牌进行代际品牌资产的评价。这八个品类包括鞋帽和服饰、数码产品、个人护肤品、家用电器、厨卫用品、家庭清洁用品、厨房调味品和食品。

我们给予每对有效问卷的被访者以 20 元的报酬。总共发出问卷450 套,回收配对样本 363 套,回收率为 80.1%;经核查有效配对样本为323 套,有效率为 71.8%。

在总样本中,母女配对占 65.1%,母子配对为 21.5%,父子和父女分别为 7.6%和 5.8%。样本分布的人口统计情况见表 8-1。从家庭月收入这项看,上一辈与下一辈的回答是相当一致的。

表 8-1　上一代和下一代样本分布情况

上一代		频数	比例	下一代		频数	比例
性别	男	55	17.0%	性别	男	84	26.0%
	女	268	83.0%		女	239	74.0%
年龄	41—50 岁	210	64.9%	年龄	18—20 岁	159	49.2%
	51—55 岁	113	35.1%		21—27 岁	164	50.8%
教育背景	高中及以下	174	53.8%	教育背景	大专及以下	29	8.9%
	大专	85	26.3%		本科	278	86.1%
	本科及以上	64	19.8%		硕士及以上	16	5.0%
职业	普通员工	139	43.0%	与父母分开居住时间	从未分开	219	67.8%
	中高层管理者	81	25.1%		1 年以下	56	17.3%
	退休	92	28.5%		1—5 年	28	8.6%
	下岗	11	3.4%		5 年以上	20	6.2%
家庭月收入(父母回答)	3 000 元以下	62	19.2%	家庭月收入(子女回答)	3 000 元以下	40	12.4%
	3 000—5 000 元	94	29.1%		3 000—5 000 元	99	30.7%
	5 000—10 000 元	106	32.8%		5 000—10 000 元	121	37.5%
	10 000 元以上	61	18.9%		10 000 元以上	63	19.5%

(三) 结果

1. 测量模型

采用 LISREL 8.7 版本软件,采用最大似然法首先对各分量表的信效度进行检验。从组合信度指标(P_c)来看,各分量表的信度指标介于 0.742—0.905 之间,均大于 Fornell 和 Larcker(1981)推荐的 0.70 的理想值。接下来对各分量表的收敛效度进行评价,以平均方差抽取量(AVE)为评价指标。以 Bagozzi 和 Yi(1988)提出的 0.50 的标准值为参照,我们的模型中消费沟通、情感联想和感知质量三个分量表的平均方差抽取量略低于 0.50,处于 0.468—0.491 之间,其余分量表的 AVE 值均大于 0.50。此外,测量模型的 RMSEA 的值略高于 0.08 的标准值,但 NNFI 和 CFA 均达到了大于 0.9 的标准。总体上,量表具有较好的建构效度。详见表8-2。

表 8-2　测量操作与量表信度[a]

维　　度	测　　项	标准化路径系数	T 值
消费沟通	$Pc = 0.778$；$AVE = 0.468$		
CC1	我平时经常和孩子讨论消费的各种信息。	0.75	14.54
CC2	我对孩子的消费方式提出过建议。	0.70	13.33
CC3	在我的孩子购买某样产品以后，我会表达我的反馈意见。	0.66	12.45
CC4	我常常向我的孩子传授消费经验。	0.62	11.41
消费推荐	$Pc = 0.815$；$AVE = 0.538$		
CR1	我曾推荐孩子使用或购买某个特定的品牌产品。	0.9	19.62
CR2	我曾向孩子推荐某个产品或品牌。	0.86	18.28
CR3	我直接要求过孩子购买某个品牌的产品。	0.57	10.61
CR4	我曾建议孩子不要使用或购买某个特定的品牌产品。	0.52	9.65
共同购物	$Pc = 0.853$；$AVE = 0.593$		
ST1	我和孩子一同购买某个产品时，孩子会寻求我的意见。	0.82	16.95
ST2	和孩子一同购物时，我会告诉她/他有关我的消费经验。	0.77	15.46
ST3	我曾经带孩子去我喜欢的某个场所购物。	0.75	15.16
ST4	我平常经常和孩子一同购物。	0.74	14.76
品牌意识	$Pc = 0.889$；$AVE = 0.800$		
BA1	我从母亲（父亲）那里知道这个品牌。	0.93	16.84
BA2	我最初从我母亲（父亲）那里了解到这个品牌。	0.86	15.57
情感联想	$Pc = 0.742$；$AVE = 0.491$		
AA1	这个品牌唤起我美好的回忆。	0.77	13.93
AA2	每次看到这个品牌我就想到我的童年。	0.67	11.82
AA3	这个品牌让我想起我的母亲（父亲）。	0.65	11.52
感知质量	$Pc = 0.783$；$AVE = 0.479$		
PQ1	我母亲（父亲）跟我介绍过这个品牌的优点。	0.83	16.45
PQ2	购买母亲（父亲）推荐的这个品牌有很多好处。	0.68	12.62
PQ3	我知道母亲（父亲）为什么喜欢这个品牌。	0.65	12.07
PQ4	我母亲（父亲）教会我如何辨识这个品牌。	0.58	10.33
品牌信任	$Pc = 0.821$；$AVE = 0.607$		
TR1	我觉得我母亲（父亲）推荐的这个品牌确实很好。	0.86	18.13
TR2	我相信我母亲（父亲）对这个品牌质量的评价。	0.74	14.67
TR3	我接受母亲（父亲）的推荐后尝试这个品牌，确实不错。	0.73	14.39

（续表）

维 度	测 项	标准化路径系数	T值
品牌忠诚	$Pc = 0.831$；$AVE = 0.623$		
BL1	因为我母亲（父亲）一直用这个品牌，我也会继续用。	0.85	18.05
BL2	我购买这种产品的时候就认准这个品牌，因为母亲（父亲）告诉我质量有保证。	0.79	16.18
BL3	受我母亲（父亲）的影响，我使用这个品牌产品已经习惯了。	0.72	14.16
总体品牌资产	$Pc = 0.905$；$AVE = 0.706$		
BE1	即便其他品牌与这个品牌有同样的品质，我也宁愿购买这个品牌。	0.88	19.41
BE2	质量价格都相同的情况下，没理由不买这个品牌而去买其他品牌。	0.87	19.21
BE3	如果另一个品牌在任何方面都和这个品牌一样，我觉得买这个品牌会是更明智的选择。	0.84	18.09
BE4	如果有另外一个品牌和这个品牌一样好，我还是会购买这个品牌。	0.77	15.81

注：a. 测量模型的拟合优度指标如下：$\chi^2_{(398)} = 1\,365.13$；$\chi^2/df = 3.42$；$RMSEA = 0.085$；$GFI = 0.79$；$NNFI = 0.90$；$CFI = 0.91$；$PNFI = 0.76$；$PGFI = 0.63$。

2. 结构模型

表8-3呈现了结构模型中各标准化路径系数及其显著性，在我们的10条路径假设中，除共同购物与品牌信任之间的正向关系这个命题没有得到支持外，其他命题或假设均得到验证。另外，整个结构模型各项拟合指标均达到了良好模型的标准。

表8-3 结构模型估计[a]

路径关系（命题或假设）	参数	标准化路径系数	T值	结论
消费沟通→品牌信任（＋）	γ_{11}	0.35	2.11	成立
消费推荐→感知质量（＋）	γ_{22}	0.14	2.16	成立
共同购物→品牌信任（＋）	γ_{13}	−0.22	−1.32	不成立
品牌信任→情感联想（＋）	β_{41}	0.17	2.71	成立
品牌信任→品牌忠诚（＋）	β_{51}	0.75	10.78	成立
感知质量→情感联想（＋）	β_{42}	0.36	4.49	成立
感知质量→品牌意识（＋）	β_{32}	0.44	6.09	成立
品牌意识→情感联想（＋）	β_{43}	0.20	2.78	成立

（续表）

路径关系（命题或假设）	参数	标准化路径系数	T 值	结论
情感联想→品牌忠诚（＋）	β_{54}	0.27	4.93	成立
品牌忠诚→总体品牌资产（＋）	β_{65}	0.7	9.63	成立
消费沟通↔消费推荐（＋）	Φ_{21}	0.64	14.56	
消费推荐↔共同购物（＋）	Φ_{32}	0.59	13.24	
消费沟通↔共同购物（＋）	Φ_{31}	0.84	26.58	

注：a. 结构模型的拟合优度指标如下：$\chi^2_{(421)}=948.64$；$\chi^2/df=2.25$；$RMSEA=0.061$；$GFI=0.88$；$NNFI=0.95$；$CFI=0.95$；$PNFI=0.83$；$PGFI=0.72$。

3. 竞争模型

为了进一步证明理论模型的合理性，我们选择了一个竞争模型来进行对比分析。图 8-2 为竞争模型路径图，在这个模型中我们假设消费沟通、消费推荐及共同购物这三种代际影响方式分别对品牌意识和感知质量产生作用，然后这两者又分别影响情感联想和品牌信任，情感联想和品牌信任再分别都导致品牌忠诚和总体品牌资产。当然，还包括品牌忠诚导致总体品牌资产的结果。与理论模型相比，竞争模型的重要区别在于，先产生品牌意识，而非先产生品牌信任。此外，假设三种代际影响方式全面作用于品牌意识和感知质量。

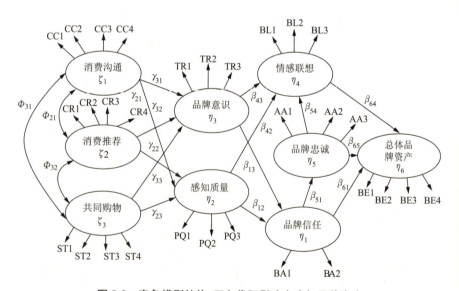

图 8-2　竞争模型结构：正向代际影响方式与品牌资产

结果表明,竞争模型比理论模型的 χ^2 值增加 0.9,但 df 减少 4,未达到显著水平($p > 0.95$)。其他拟合指标都非常接近。也就是说,两个模型的拟合优度没有显著差别。但是,三种代际影响方式对品牌意识和品牌信任都无法建立起显著的路径影响关系,即无法揭示代际影响产生品牌资产的机制问题。这反过来证明了理论模型的合理性(详见表 8-4)。

表 8-4　结构模型估计[a]

路径关系(命题或假设)	参数	标准化路径系数	T 值	结论
消费沟通→品牌意识(+)	γ_{31}	0.14	0.80	不成立
消费沟通→感知质量(+)	γ_{21}	0.01	0.14	不成立
消费推荐→品牌意识(+)	γ_{32}	0.02	0.21	不成立
消费推荐→感知质量(+)	γ_{22}	0.14	1.52	不成立
共同购物→品牌意识(+)	γ_{33}	−0.10	−0.61	不成立
共同购物→感知质量(+)	γ_{23}	−0.02	−0.11	不成立
品牌意识→品牌信任(+)	β_{13}	0.03	0.50	不成立
品牌意识→情感联想(+)	β_{43}	0.24	3.39	成立
情感联想→品牌忠诚(+)	β_{54}	0.26	4.51	成立
感知质量→品牌信任(+)	β_{12}	0.47	6.69	成立
感知质量→情感联想(+)	β_{13}	0.44	5.87	成立
品牌信任→品牌忠诚(+)	β_{51}	0.73	10.59	成立
情感联想→总体品牌资产(+)	β_{64}	0.04	0.68	不成立
品牌信任→总体品牌资产(+)	β_{61}	0.25	2.34	成立
品牌忠诚→总体品牌资产(+)	β_{65}	0.46	3.88	成立
消费沟通↔消费推荐(+)	Φ_{21}	0.64	14.40	成立
消费推荐↔共同购物(+)	Φ_{32}	0.59	13.25	成立
消费沟通↔共同购物(+)	Φ_{31}	0.84	26.62	成立

注:a. 竞争模型的拟合优度指标如下:$\chi^2_{(417)} = 949.54$;$\chi^2/df = 2.28$;$RMSEA = 0.063$; $GFI = 0.84$;$NNFI = 0.94$;$CFI = 0.95$;$PNFI = 0.82$;$PGFI = 0.71$。

四、 结论与战略指引

研究对正向代际品牌资产的概念进行了明确定义,并且提出了品牌信任和情感联想两个区别于一般品牌资产维度的代际品牌资产要素。更为重要的是,我们得出了消费沟通和消费推荐两种主要的正向代际互动方式与品牌资产各要素之间的作用关系模型。具体而言,消费沟通首先与品牌信任产生关联,继而引发情感联想和品牌忠诚;消费推荐首先作用于感知质量,继而形成品牌意识与情感联想。也就是说,品牌信任和感知质量可被视为正向代际品牌资产的先导性要素与最核心来源。

　　本研究的理论贡献之一是,用明确的代际品牌资产概念取代以往学者提及的"受代际影响的品牌资产"的模糊说法(如:Moore,Wilkie and Lutz,2002;Bravo,Fraj and Martínez,2007a),并通过定性研究提炼出代际品牌资产的构成要素,发现品牌信任和情感联想是不同于一般品牌资产内涵的特殊元素,这与西班牙学者 Bravo、Fraj 和 Martínez(2007b)提出的品牌资产四要素(品牌意识、品牌联想、感知质量和品牌忠诚)受到家庭影响的视角是不同的。理论贡献之二是,揭示了互动方式与各品牌资产要素相作用的前后关系,如消费沟通与消费推荐是先作用于感知质量和品牌信任之后引发情感联想和品牌忠诚,最终形成了总体品牌资产,这是在此研究领域中对代际品牌资产要素之间关系所进行的首次论证尝试;理论贡献之三是,我们关注的是正向代际品牌资产的形成过程,这弥补了该领域研究多注重局部环节,而缺乏整体机制研究的不足。我们的研究结果可以为今后的研究者们提供一个全局性的动态视角,来看待和继续深入开展消费行为代际影响的问题。在研究方法上,我们采用上下辈配对收集数据的方法,而且子辈属于成年后群体,无疑大大增强了在中国文化背景中验证消费行为正向代际影响研究的客观性和真实性。

　　消费行为代际影响研究的管理意义存在于产品开发、品牌延伸、定价、销售地及促销策略等方面(如:Moore-Shay and Lutz,1988;Moore,Wilkie and Lutz,2002;Bravo,Fraj and Martínez,2007a,2007b)。本研究的研究结果又在中国文化背景中提供了新的管理启示,即如何通过亲密的家庭代际关系发挥长期品牌管理的基本功用。这对于中国老字号品牌而言,尤其具有特殊的意义。由于中国社会经济转型造成的世代差异,父母辈与子女辈经历了不同的品牌消费年代,父母辈信任的老品牌却不一定为子女辈所接受和喜爱,品牌关系发生了隔断现象。He(2008)的研究表明,只有品牌信任是个例外,它可以经由父母辈传承给子女辈。这在本研究的研究结果中再次得到了印证,即上一辈与下一辈的消费沟通可以正面促进下一辈对品牌的信任。此外,本研究还发现消费推荐可以正面提升下一辈对品牌感知质量的评价。这意味着,积极有效的代际关系和代际沟通,可以有效地把上一辈对品牌合适的积极态度传承给下一辈,它们首先表现为品牌信任和感知质量评价。这蕴含的营销实践启示,通过家庭途径发挥上一辈对于下一辈的代际影响作用,其营销目标的重点在于提高品牌信任和感知质量评价,使其产生合理的传承效应。按照Keller(1999)的理论,长期品牌管理包括品牌强化和品牌活化两大手段。站在前者的角度,本研究的启示在于,需要在品牌信任和感知质量方面保持始终的一致性。这样品牌才能得到强化。

第二节　反向代际品牌资产研究

消费行为的代际影响研究已持续半个多世纪,但研究者通常立足于上一辈影响下一辈的视角进行(何佳讯,2008a)。事实上,早有学者提出下一辈对上一辈的影响不容忽视(Miller,1975),但从现有研究成果看,相对于正向影响,反向影响的相关研究还是十分不足,尤其在国内还鲜有学者触及或有相关文献发表。探索这个课题,对理解中国转型环境下年长一代的消费动力具有特别重要的文化意义。

一方面,中国的代际影响具有文化上的特殊性,中国家庭子女受传统孝道影响,代际关系要比西方国家庭密切得多("中国代际关系研究"课题组,1999);中国人具有强烈的家族认同感,这使得中国人在意愿和行为上表现出更多的趋同和依恋(杨国枢和叶明华,1997)。另一方面,改革开放带来的中国社会转型与发展,造成了文化的迅速变迁。在这过程中,年长一代传统的价值观念、知识和经验受到了严峻的挑战,权威性和传承性受到削弱;而年轻一代具备快速接受新事物的能力,对于新科技、新产品和新的消费理念更为敏感(卢泓和徐光芳,2008),这又形成了年轻一代反向影响年长一代的客观基础。根据我国第六次人口普查数据,中国人口结构面临老龄化加速的趋势,60岁及以上人口占13.26%,约为1.77亿人,与2000年相比,上升2.93%。按居住在城镇人口占49.68%计算,中国城镇60岁以上的老年人口为0.88亿。因此,反向代际影响对于中国这个巨大的老年市场具有重要意义,因为这可能蕴藏了促进他们消费创新的潜在动力。那么,在受传统观念驱动的正向影响机制下,反向代际影响的力量到底如何？其影响方式和过程究竟是怎样的？回答这些问题正是本研究的目的，对理解和把握代际影响的两面性是十分必要的。

进一步地，聚焦于反向代际影响作用于消费者品牌态度的研究是一项全新的课题。以往学者们以正向代际影响的视角，就下一代与上一代在品牌偏好、感知质量和品牌评价一致性方面开展了诸多实证研究（如：Francis and Burns，1992；Moore-Shay and Lutz，1988；Woodson，Childers and Winn，1976）。目前，代际影响领域的研究仍是以西方文化为主流，尚缺乏来自亚洲文化的成果（Dodor and Woods，2010），还未发现在中国文化背景下反向代际影响如何导致品牌资产形成问题的研究（He，2008），这使本研究既有弥补先前研究不足的必要性，又具有理论建构的开拓性。因此，我们试图遵循从探索到验证的研究路径，先通过母女配对的深度访谈，获得代际互动方式与品牌资产要素之间的可能性关系，再通过实证研究验证反向代际品牌资产形成机制模型的可靠性。

一、文献回顾

（一）家庭互动与代际影响

当我们要探究代际影响的形成过程时，无论是正向还是反向，总要与家庭互动的方式和程度联系起来。而家庭互动也为我们提供了一个动态的视角来看待消费行为反向社会化的问题。一般认为家庭成员间的交流沟通是最直接和常见的代际影响方式（Moschis，Moore and Smith，1984）。家庭沟通可以渗入到日常生活中的每个环节，沟通频率越高，代际间的相互影响作用也就越大（Moore-Shay and Lutz，1988；Moore，Wilkie and Lutz，2002）。当然，这种沟通的强度也与家庭成员的关系质量、亲密度等家庭特质变量直接相联（Moore-Shay and Berchmans，1996；Mittal and Royne，2010）。针对反向代际影响，消费沟通的内容既包括了子女对父母消费结果的直接评价，也包括了在父母消费决策前的意见表达（Moore and Stephen，1975）。除了惯常的消费沟通，子女也会通过直接的口头推荐或产品使用示范的形式向他们的父母传递新产品、新潮流的相关信息；与此同时，父母作为被影响者也会主动观察子女的消费习惯、产品选择和品牌偏好（Ekstrom，2007）。

从各种家庭互动方式发生的时机来看,Epp 和 Price(2008)认为从日常的共同吃饭、购物和看电视,到具有典型含义的传统仪式、家庭旅游计划以及家庭故事叙述等,都是实现家庭成员间身份认同的过程。而这种身份认同正是代际消费行为保持一致性的重要前提。从家庭互动的基本取向上看,最常用的分类是社会取向(social style)和概念取向(concept style):社会取向是监督和控制子女消费行为的社会化;而概念取向是鼓励子女自己学习,发展自己的消费技能(Kim,Lee and Tomiuk,2009)。家庭互动取向的不同,不仅影响了子女消费行为社会化的表现,同时也直接影响了子女参与家庭决策、父母消费决策的程度(Lachance,Legault and Bujold,2000)。Foxman、Tansuhaj 和 Ekstrom(1989)认为,概念取向家庭中的子女较社会取向家庭中的子女会更多地参与消费决策以及对父母产生消费影响。但是,在单亲家庭中,两种取向之间并没有十分显著的差异(Lachance,Legault and Bujold,2000)。

(二)反向代际影响在消费行为上的表现

根据 Heckler、Childers 和 Arunachalam(1989)及 Childers 和 Rao(1992)对代际影响的定义,我们把反向代际影响具体界定为:家庭中的年轻一代向年长一代传递与市场有关的技巧、态度、偏好、价值观和行为。它是消费者反向社会化(reverse socialization)的重要方式,是指子女对父母与消费相关的知识、技能和态度产生影响的过程(Ward,1974)。在社会学领域,反向社会化又被称为文化反哺(cultural feedback)现象。目前,消费行为反向代际影响的研究可以归结为两大方面:一是对反向代际影响表现形式的研究,特别聚焦在子女在家庭消费决策过程中的影响问题;二是对各种调节变量的研究,其中既包括了产品本身的属性变量,又包括了家庭本身的特征变量,如经济水平、家庭结构、教养方式等。

在反向代际影响表现形式研究的早期阶段,Sorce、Loomis 和 Tyler(1989)开展了一项中年子女对其年老父母消费决策影响的探索性研究,发现在访谈的 50 名成人子女中,有 2/3 的人表示在父母最近的一次购物中以及父母的住房决策中提供过信息和建议。Ekstrom(2007)对有 13—30 岁子女的家庭进行的研究也表明,对于父母而言,子女在新产品、新技术、新品牌的信息介绍、使用演示方面发挥了相当大的作用。另外，还有一部分研究特别关注在家庭消费决策的不同阶段子女的影响作用以及影响策略，这也是以动态的视角来看待反向代际影响的问题。Thomson、Laing 和 McKee(2007)的研究发现，子女在家庭消费决策初始阶段的影响作用显著，但在最终的决定阶段作用减弱。在他们的研究中除了采用基本的访谈法外，还使用了决策图工具(decision mapping tool)，这为受访者提供了一个相对真实的消费决策环境，从而避免了回忆不清或错误。Verma 和 Kapoor(2003)的研究同样发现在家庭耐用品的消费决策过程中，子女在购买主张的提出阶段有明显的作用，但在最后的决策阶段通常是父亲的影响作用最显著。在影响决策的过程中，子女会采用不同的策略，如强调权威经验、情感打动、讨价还价等(Lee and Collin, 2000)。在不同的年龄阶段子女的影响策略又是不同的，幼小的儿童(3—11 岁)会直接向父母提出购买要求(Isler, Popper and Ward, 1987)，而到了青少年期，他们就会开始使用各种间接的影响策略(Kim, Lee and Hall, 1991)。有学者不仅关注到了子女在家庭消费决策中的影响策略问题，而且更多地关注了整个家庭(父亲—母亲—子女)中三方的交互影响方式问题(Palan and Wilkes, 1997)。

　　从不同的产品类别上来看，子女对家庭的娱乐休闲活动的影响较大，如度假地和外出吃饭地点的选择等(Labrecque and Ricard, 2001)；相对家庭公共使用的产品，子女对自己私人使用产品的决策权更大(Beatty and Talpade, 1994)。但是，Verma 和 Kapoor(2003)的研究表明，子女不仅对于私人用品和生活日用品会影响家庭决策，对于电视、电脑、音响等相对贵重的耐用品，子女的认知需求对后期的购买决策制定也会具有显著的驱动作用。从家庭特质变量来看，一般认为经济水平较高的中产阶级家庭更能鼓励和接受子女在消费上的提议(Moschis and Mitchell, 1986)；单亲母亲家庭与双亲家庭相比，子女在生活日用品的采购上要承担更多的责任，他们与母亲共同购物的频率也更高(Ahuja, Capella and Taylor, 1998)。家庭成员之间关系的亲密度、关系质量也是(双向)代际影响的重要影响因素(Moore-Shay and Berchmans, 1996；Mittal and

Royne,2010)。另外,反向代际影响的程度还与家庭生命周期、子女年龄有关,Ekstrom(2007)的研究即显示,年龄在 17—19 岁的子女因为正处于青春期,与同辈群体的互动行为较多,因而他们对父母的主动影响行为较少;而 20—30 岁之间的子女虽然经济独立,但仍在成立新家庭前与原生家庭保持了紧密联系。因此,在这个年龄段的子女对父母的消费行为影响最为强烈。

上述研究除 Verma 和 Kapoor(2003)的研究是在印度市场开展的以外,大多是基于西方文化背景。在国内,有关反向代际影响与消费行为关系的研究还未得到真正开展,特别是基于成人后阶段的子女对父母的反向代际影响研究。

(三)代际影响与品牌资产

一般而言,品牌资产的创建来源于消费者和企业两大方面(Aaker,1991),企业可以通过各种营销计划的实施来实现品牌资产的长期管理(Keller,2003a),例如广告、促销和价格策略等。从基于顾客的品牌资产(customer-based brand equity,CBBE)的角度来看,家庭也可以成为品牌资产的一个主要来源(Bravo,Fraj and Martínez,2007a)。因为个体可以接受来自父母的推荐去购买一些特定的品牌,也可以在选购过程中与家庭使用的品牌进行比较,也就是说来自家庭的信息决定了消费者对某些品牌的态度评价(Bravo,Fraj and Martínez,2007a)。由此,来自家庭的代际影响与来自企业的营销活动影响并列起来,成为创建品牌资产的又一要素,这也使得家庭营销的意义逐渐凸显出来。在本研究中,我们将消费者受代际影响而形成的特定品牌态度和行为意向,称之为代际品牌资产(intergenerational brand equity,IGBE)。这个概念把通过其他途径形成的品牌资产来源区分了开来。

在代际品牌资产的结构内容方面,Bravo、Fraj 和 Martínez(2007b)在 Aaker(1991)建立的一般品牌资产五维度模型的基础上,提出了受代际影响的正向品牌资产的四个要素,即品牌意识、品牌联想、感知质量和品牌忠诚。实际上,在代际影响研究的早期阶段就有学者提出了代际影响在品牌资产各要素上的作用。他们发现子女和父母在品牌偏好上有着

很 高 的 一 致 性（如 Heckler，Childers and Arunachalam，1989；Woodson，Childers and Winn，1976）。在感知质量方面，子女最初对品牌质量的感知往往来源于家庭的消费经验(Zeithaml，1988)。近期研究中，Moore、Wilkie 和 Lutz(2002)认为代际影响建立了消费者与品牌之间的独特情感联结，因为家庭内传递的品牌信息往往会与家人间的情感因素相联，形成特定的品牌情结(Olsen，1993；Fournier，1998)。另外，家庭中的品牌消费习惯会影响子女未来的品牌选择倾向，形成个人在行为上的品牌忠诚(Olsen，1993)。值得注意的是，以上关于代际影响与品牌资产关系的研究多是关注上一代对下一代的正向影响方面，而在反向代际影响中，虽然有学者提到了子女对父母了解和使用新品牌的影响作用（如 Ekstrom，2007），但尚未有研究针对受反向代际影响形成的品牌资产内容进行系统的探究。在本研究中，我们把"因受下一辈影响而导致上一辈对品牌形成积极态度和行为意向"称为反向代际品牌资产。

鉴于上述情况，在中国文化背景中开展反向代际影响研究，有必要基于定性方法从探索性研究开始，再进行验证性研究。

二、 研究一：探索消费行为反向代际影响的前因后果

（一）研究设计、样本与分析

本研究的样本同第一节的研究，这里不再赘述。有关分析同样是建立在对 60 万字文本分析的基础上。由两位研究者按照质性研究方法(陈向明，2000)分别对访谈文本进行三级编码的分析工作。最终形成了从影响动机、影响方式到影响结果的正向和反向代际影响的过程模型。

具体而言，一级编码是研究者反复仔细地阅读材料，将文字资料按照段落大意进行分段，再从每个段落中寻找具有意义的语片，用词语或短语概括出语片的核心意义并为其命名，命名时可以采用本土化的概念，即被研究对象在访谈中习惯或经常采用的词语，比如在分析反向代际影响的动机时，我们为不同的语片命名为"眼光不准""不知道怎么拿主意""退化了""等她来告诉我""牌子听她的"等，并用数字来代表不同的语片。接下来，根据语意将同类的语片合并，并用更上一级的"概念类属"概括出同类语片的意义，比如对上述前三个语片，我们赋予其的概念类属是"母

亲缺乏自信"，对后两个赋予其的概念类属是"母亲信任女儿"，并且用上一级的数字来代表概念类属。

二级编码的主要任务是发现和建立概念类属之间的各种关系，并把意义相关的概念命名进行归类分析，建立再上一级的"主要类属"概念。比如上述"母亲缺乏信任"以及"母亲信任女儿"进一步归为"消费决策风险规避"这个主要类属中。

三级编码的主要任务是在所有已发现的主要概念类属中经过系统分析以后选择一个"核心类属"。比如主要类属概念"消费风险规避"可以和其他两个主要类属即"渴望融入女儿生活"以及"期望融入新潮流"并列归入到"母亲接受女儿影响的内在动机"这个核心类属中。

依此原则，两位研究者先分别对访谈文本进行分析，再会同笔者进行讨论，以不断统一编码原则，降低研究者主观性的影响。前后经过5次的反复分析和相互检验，最终作为定性分析结果。

（二）结果

我们的定性分析形成了理解中国文化背景下代际影响动力机制的完整框架。在这个框架中，我们从正向影响（上一辈对下一辈）和反向影响（下一辈对上一辈）两个角度和层面，分别概括得到了影响动机、影响方式、影响结果，以及调节因素等结构要素。在本研究中，我们聚焦于反向代际影响的视角，着重探索和分析这种影响关系的前因后果，即影响方式和影响结果两大方面。

与以往研究所不同的是，我们对影响方式的分析从惯常的"代际沟通"（Viswanathan，Childers and Moore，2000）扩展至更广的方面。被访者为我们从影响者和被影响者两个角度提供了反向代际影响的有力证据。总体上，我们把影响方式归为三大方面：消费推荐、消费沟通和消费创新。前两者在现有的研究中已得到明确，例如，Sorce、Loomis 和Tyler（1989）有关子女对父母的消费影响方式的调查研究表明，提供建议和信息（占 70%）是主要的影响方式。而我们的研究发现，消费创新作为更直接的影响方式，在中国文化背景下具有特殊的驱动力和重要的含义。

对影响结果的分析，我们则从一般的消费态度、技能和偏好（Moore-

Shay and Lutz，1988）聚焦至特定的品牌资产领域（Moore，Wilkie and Lutz，2002）。在"基于顾客的品牌资产"的多维框架中（Bravo，Fraj and Martínez，2007a），我们确认了品牌意识、感知质量、品牌忠诚这些基本构成要素作为反向代际影响结果的存在，但同时我们发现，上一辈对因受下一辈影响而产生对品牌的联想更多地演化为上下辈之间的情感联结，品牌成为特殊的媒介。我们把这个成分定义为情感联想，即品牌联想的内容主要表现为上一辈对下一辈的情感关系因素。它是反向代际品牌资产的新来源。

我们试图对消费行为代际影响的前因后果建立全新的关系，下面我们对这种关系逐一进行解析。在中国社会转型的大背景中，它帮助我们更好地理解年长一代的消费升级和变革究竟是如何在家庭中发生的。

1. 消费推荐对代际品牌资产的影响

我们的访谈表明，下一辈对上一辈在品牌的使用上更多地是进行消费推荐而非消费建议。消费推荐不同于消费建议。前者是在下一辈自己对某品牌使用经验的基础上，直接向上一辈提出购买或使用该品牌，并非仅是提出意见性的看法或评价。我们发现，这种消费推荐往往是不加讨论的，上一辈在接受推荐品牌的时候并未对该品牌有多少了解或好感，因此这种接受是不带条件的。从这个角度看，下一辈的消费推荐主要对上一辈的品牌意识产生作用。

> 这个品牌的从来没用过对哇，我说考虑一下，这个牌子我们不大熟悉的，好像不了解，但是她（女儿）说用就行了，用了再说，买了就是了。[王文娟（曹瑾母亲），57岁，退休]

> 要是一起去的话，也是她（女儿）自己挑牌子。她说买什么牌子，我就买什么牌子。[侯亚鸣（郁婕母亲），51岁，物业员工]

> 买日用品啊什么的，老妈会问我，那个现在要用什么牌子的洗头水，她会问我，让我挑。然后我跟她说买哪个哪个，然后看看，好了。（王凌燕，24岁，国企职员）

既然没有经过代际有效沟通和交流,上一辈为什么接受这种消费推荐呢? 我们认为原因主要有两个方面。首先,由于下一辈长大成人后其专门知识、资源控制能力明显提高(Shah and Mittal,1997),导致家庭权力和权威角色发生转移,上一辈对下一辈的影响力削弱,而下一辈对上一辈的影响力增强。其次,从中国文化因素的角度解释,中国人是"权威取向"和"他人取向"(杨国枢,1993b),一旦子女成为消费方面的"权威",父母就会对他们产生权威依赖和逆向顺从;此外,中国人具有特殊的家族主义(杨国枢和叶明华,1997),受其作用表现为认知上重视家庭延续,可以说子女是父母自我的延伸,这有力促进了父母在认知上趋同于子女的意见;这种家族主义在意愿上还表现出强烈的相互依赖和谦让顺同倾向,由于年长一代在品牌消费上缺乏经验和自信,所以依赖子女的决策、直接听从子女的意见就顺理成章了。消费推荐的有效性反映了反向代际影响在子女成人后阶段的基本特征,也揭示了在中国文化背景下年长一代品牌购买决策的重要来源。

通过上述的现象学调研,我们发现下一辈对上一辈的消费推荐有助于上一辈形成品牌意识,但没有发现对感知质量或情感联想产生影响,于是我们提出如下研究命题:

P:下一辈对上一辈的消费推荐显著正向影响上代的品牌意识(P1a)。

2. 消费沟通对代际品牌资产的影响

消费沟通是代际之间日常发生的影响方式(Moschis,Moore and Smith,1984)。尽管这种方式受到家庭模式、代际亲密关系等因素影响,存在不同的频度和广度(Moore-Shay and Berchmans,1996;Mittal and Royne,2010),但它具有普遍的存在性。上下辈之间的消费沟通主要围绕信息交换、发表意见和评价进行。由于世代的差异,上下辈常常对消费现象、活动和行为存在不同看法。通常,子女收入和受教育程度越高,对产品专门知识越丰富,上一辈接受下一辈意见的可能性越大,代际影响产生结果的可能性也越大。

反正有什么活动总归交流一下吧。买东西什么的呀,这个星期

你不在,我买了一样什么东西,这个东西怎么好,她也什么东西给我介绍一下。[张予凤(陈弘红母亲),53岁,国企职员]

有时候我会说的,但不记得是什么产品。多数是她觉得不好,会讲给我听说不好,那不好就不好了,我会听她的。[王文娟(曹瑾母亲),57岁,退休]

我们发现,上下辈之间的消费沟通对上一辈的品牌意识产生基本影响。从世代差异的角度看,我们访谈的上一辈在他们子辈的年龄阶段(基本上处于20世纪80年代前后),在消费方面并无品牌的意识,主要原因是在当时的中国市场环境中,外资进入非常有限,而本土企业还未进入品牌化阶段(何佳讯和卢泰宏,2004)。与上一辈绝然不同的是,20世纪80年代出生的年轻一代伴随中外企业的品牌化进程而成长,因而具有强大的品牌意识。可以认为,下一辈的反向影响是年长一代(20世纪50年代出生)形成品牌意识的重要途径。

她现在都是被我带出来了,洗头膏是用力士的。因为我跟她说的,她们那个年代就是肥皂,自从她知道洗头膏,就开始洗力士的。最早是飘柔,我想起来了。后来我说不好她就改成力士的。(曹瑾,29岁,外企职员)

值得指出的是,上一辈对品牌意识的形成与其对传统消费观念的改变是同时进行的。我们知道,品牌的根本意义是存在产品之外的附加值,购买品牌就意味着要为之支付溢价(Steenkamp, Heerde and Geyskens,2010)。而在中国文化中,节俭是重要的传统价值观(杨国枢和郑伯埙,1987;黄光国,2006),因而是与品牌消费产生冲突的。这种冲突的一种解决出路是:品牌意识改变了上一辈的消费观念,进而消费观念的改变又巩固了上一辈的品牌意识。而一旦品牌意识形成,那么很容易导致品牌忠诚。这是因为在新兴市场中,特别是年长一代,对很多新产品类别缺乏消费经验,导致品牌名称(知名度)具有突出的作用(Batra, 1997)。

比如买衣服嘛,她就是喜欢买这种有时候看上去还可以的,但是就是打折的衣服,比如100块一件啊什么的……我说你这种衣服干嘛

买这么多……还不如花钱多点买件好的。(陈弘红,25岁,国企职员)

我妈妈就喜欢款式。她不是很注重牌子,比较喜欢去小店啊这种去买。买很多,但是品牌都一般。(潘吟艳,28岁,警察)

以前嘛,经济条件也不允许是哇,再说我们这种人也比较传统,不大吃这种东西的(指麦当劳)。现在我比她(指女儿)还要吃,我说我们今天不做饭啦,我们去吃麦当劳啦。妈妈请你吃。[张予凤(陈弘红母亲),53岁,国企职员]

上下辈之间的消费沟通还会影响上一辈对品牌的感知质量评价。站在上一辈的角度看,感知质量是他们所理解的品牌资产,即所谓的"牌子好",因此感知质量与品牌资产的形成存在密切的联系。按 Yoo、Donthu 和 Lee(2000)对总体品牌资产的定义"在产品的所有方面都相同的情况下,因品牌名称不同而带来选择上的差异",我们的被访者通过安踏与耐克的比较,生动地为我们解释了感知质量是如何形成总体品牌资产的:

如果让我再选啊,我情愿选耐克……牌子好啊,本身这个牌子好。还有就是,以前我给王凌燕(女儿)买过一个什么牌子,忘记叫什么了,穿了一个多月,马上就裂开了。后来我再也不相信这个牌子了,再也不买了。现在国产的质量也好多了,我对安踏也是能认可的。假如我就是看见了安踏的没看见耐克的,可能会买安踏的。但是现在既然我看见了更好的,我想我还是会买耐克的。[姚根妹(王凌燕母亲),52岁,退休]

通过上述的现象学调研,我们形成如下研究命题:

P:上下辈之间的消费沟通显著正向影响上一代的品牌意识(P1b),这种品牌意识进一步导致形成上一代的品牌忠诚(P2a)。

P:下一辈对上一辈的消费沟通显著正向影响上一代对品牌的感知质量(P1c),这种感知质量直接有助于形成上一代对品牌的总体品牌资产(P2b)。

3. 消费创新对代际品牌资产的影响

本研究定义"消费创新"的内涵是,经由下一辈的行动方式而促使上一辈首次接触、使用或购买新品牌(包括服务品牌)。这里特别需要指出的是,下一辈的行动包括:为新品牌付费、赠予用过的产品,或者共同购物。而消费推荐尽管也可能让上一辈购买新品牌,但影响的方式是口头上的。下一辈之所以发生这样的行为,其主要动机是表达对父母的孝顺和孝心,它是中国传统文化的核心要素(杨国枢和郑伯埙,1987;黄光国,2006)。

消费创新的根本意义在于,由于下一辈承担购买费用或实施赠予,不但使得上一辈更顺畅地对未了解的新品牌产生实际使用行为,而且也扩大了上一辈的品牌选择范围。而原本由于消费观念和经济能力的差异,年长一代主要购买和使用国产品牌,这些以国外品牌为主的新品牌并不在他们的考虑范围中。因此,这种反向影响破坏了年长一代与国产品牌的积极关系(何佳讯,2007a)。

我女儿给我买过双锐步的运动鞋,这双鞋穿得是舒服的。我以前买的是个什么鞋,也是名牌的,但是没这双好。这双鞋穿着啊,它真的是根据你的脚形设计的。[黄国宝(黄琦华母亲),57岁,退休]

星巴克……最初也是她带我去的,我觉得蛮好,比较近。还有肯德基,有时我一个人去的,拿本书看看挺舒服,蛮享受的。里面的东西也挺好。[王文娟(曹瑾母亲),57岁,退休]

旁氏……是我女儿买给我的,我觉得用用蛮好的。我也用了以后觉得蛮好的,就再买的。[张予凤(陈弘红母亲),53岁,国企职员]

这种消费创新的一个重要路径是上一辈接替下一辈使用品牌产品,基本上这些产品对上一辈来说都是"新"的。在中国的家庭中,上一辈乐于使用下一辈用过的或淘汰的物品。从文化的角度解释,大致有如下几个原因。首先是节俭的因素。与年轻一代相比,年长一代对节俭的重要性评价显著更高(黄光国,2006b)。通过使用子女淘汰的物品,变相延长了产品的使用寿命,从而体现了儒家价值观的长期时间取向(Hofstede,

2001)。其次是受中国家庭主义在情感内涵方面的影响,中国人的家人间有彼此融合为一体的强烈情感,使用子女的物品,成为父母得到这种"一体感"的载体象征。

> 我女儿大了。她用的化妆品比较好。她不用的就我用了,就用的比较好了。那个是大学的时候了。[张予凤(陈弘红母亲),53岁,国企职员]

> 我妈的第一个手机是我淘汰给她的。(罗冠劼,29岁,事业单位)

这些经由下一辈之手而让上一辈使用的新品牌基本上都以国外品牌(如锐步、星巴克、旁氏等)为主,这些品牌原本都是以年轻一代为目标市场,但由于下一辈的影响,也延伸至上一辈群体中。这就造成了年长一代与这些品牌之间建立起了一种特殊的关系。这种关系的成分与其说是常规的品牌资产,还不如说是融合着孝心(子女角度)与一体感(父母角度)的双重情感要素。换句话说,父母对这种来源的品牌态度评价,其核心是情感联想,尽管这种情感在我们的访谈中并不能直接听到子女或父母说出来。我们发现,这种让父母体验到孝心和一体感的独特情感联想也会形成他们对新品牌的特殊形式的忠诚度:

> 我女儿很喜欢这个牌子(Esprit),她带我去看,我后来也接受了,价格还蛮贵的……后来过了一段时间以后,我自己也到这边买了一套套装吧。后来她爸爸也买了一件。[张予凤(陈弘红母亲),53岁,国企职员]

通过上述的现象学调研,我们提出如下研究命题:

P:下一辈引发上一辈的消费创新显著正向影响上代对品牌的情感(P1d),这种情感联想又会导致上一辈产生品牌忠诚(P2c)。

4. 小结

通过上面的探索性研究和分析,我们识别了反向代际影响的三种方式,以及它们对品牌资产要素及结果之间的影响关系。我们发现,不同的影响方式形成不同的品牌资产,消费推荐形成品牌意识,消费沟通形成品牌意识和感知质量,而消费创新形成品牌忠诚。对于其中的关系,我们采用中国传统文化价值观进行了解释。对于品牌资产要素进一步产生的结果,我们也识别了三种关系,即品牌意识影响品牌忠诚、感知质量形成总体品牌资产,以及情感联想导致品牌忠诚,这些关系在一般的品牌资产来源及形成机理的研究中得到了验证(如:Yoo, Donthu and Lee, 2000; Chaudhuri and Holbrook, 2001;何佳讯,2008b),但还从来没有在反向代际影响的背景中加以实证检验。本研究研究二的目标和任务正是要通过定量研究检验上述提出的研究命题的可靠性。

三、 研究二:实证反向代际品牌资产的形成路径与结构

(一)研究模型

接下来我们采用结构方程进行实证检验。在结构模型中,"消费推荐"(ξ_1)、"消费沟通"(ξ_2)和"消费创新"(ξ_3)作为外生变量,"品牌意识"(η_1)、"情感联想"(η_2)、"感知质量"(η_3)、"品牌忠诚"(η_4)和"总体品牌资产"(η_5)作为内生变量。根据在上面的定性研究,我们明确了 7 个研究命题,也即得到了 7 条路径关系,它们分别指出了三种反向代际影响方式对品牌资产构成要素的影响(P1a—P1d),以及品牌资产要素进一步产生的结果(P2a—P2c)。

那么,除上述探索得到的研究命题外,是否还存在其他的路径关系呢? 由于品牌资产结构要素及其结果之间的关系已有相当多的研究,我们有必要借鉴现有成果补充可能存在的其他关系。根据 Yoo、Donthu 和 Lee(2000)的研究,感知质量、品牌忠诚、品牌意识/联想都对总体品牌资产产生显著正向影响,对照我们已经提出的命题(P2b),还应该补充品牌意识、品牌忠诚与总体品牌资产之间的路径关系,即品牌意识和品牌忠诚分别最终产生总体品牌资产。事实上,在 Bravo、Fraj 和 Martínez(2007a)对正向代际影响的研究中,已提出品牌意识、品牌联想、感知质量分别正面影响品牌忠诚及总体品牌资产,品牌忠诚又正面影响总体品牌资产的假设。最终的结果证实:品牌意识/联想显著影响品牌忠诚,品牌忠诚又显著影响总体品牌资产。而感知质量对品牌忠诚的影响关系没有得到证实。因此,在本研究中,结合前人的研究,对照我们已经提出的命题(P2a, P2b),仅需要补充品牌意识、品牌忠诚对总体品牌资产作用的两

个路径关系。具体如下:

H1:下一辈影响上一辈形成的品牌意识,还会进一步产生总体品牌资产;

H2:下一辈影响上一辈形成的品牌忠诚,最终产生总体品牌资产。

综上,我们在3个外生变量和4个内生变量之间形成9条路径关系,涵盖了需要检验的7个研究命题以及2个研究假设。此外,我们对于3个外生变量设定为互为相关关系。我们在图8-3中集中反映了各个构念之间的所有路径关系。

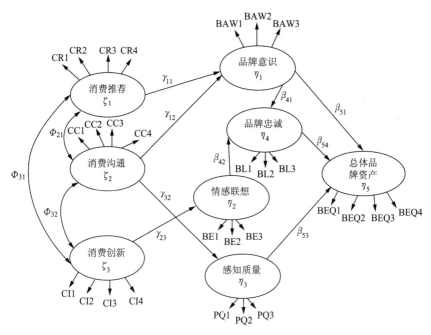

图 8-3　结构模型:反向代际影响方式与品牌资产

(二) 样本、测试品类与调查程序

我们采取上下一辈配对的方法进行问卷调查,其目的是对影响的方式及影响的结果分开进行评估,从而保证代际影响评价的客观性。这反映在本研究的反向代际影响研究上,我们让子代回答的是影响方式的有关问题,而让上代回答影响结果的有关问题。样本和测试品类同第一节的研究,即包括八大消费品作为测试品类,分别为鞋类和服饰、数码产品、个人护肤品、家用电器、厨卫用具、家庭清洁用品、油盐酱醋、食品等,它们覆盖个人用品和公共用品、选购品和便利品等类型。在上一代的问卷中,我们要求他们从中选择一个自己认为在消费上受子女影响最大的品类,再确定一个印象最深刻的品牌,从而进行有关品牌态度问题的评价。最终在上一代确定的品牌中,外资品牌占 81.1%,其余为国产品牌。另一方面,在下一代的问卷中,被试要回答他们对上一代产生影响的有关问题。

有关调查实施的过程同第一节的研究,这里不再赘述。样本分布详见表 8-1。在人口分布特征方面,选取的子代样本年龄在 18—27 岁之间,其中"90 后"占 49.2%,"80 后"占 50.8%,平均年龄为 21.6 岁($SD=$ 3.3);他们的上代样本年龄在 41—55 岁之间,"60 后"占 64.9%,"50 后"占 35.1%,平均年龄为 49.2 岁($SD=4.8$)。从教育程度看,子代样本中本科及以上占 91.1%,其余为大专及以下学历,而对应的上代样本中本科及以上占 19.8%,其余为大专及以下学历;从职业看,子代样本中在读大学生占 70.2%,其余为在职人员,对应的上代样本中退休及下岗的占 31.9%,其余为在职人员;从居住情况看,从未分开居住的为 67.8%,分开居住 1 年以下占 17.3%,其余为 1 年以上;从经济条件看,59.4% 的子代和63.5% 的上代认为自己处于"中等"水平。

(三) 结果

我们的目的是识别反向代际影响方式对品牌资产形成和结果之间的关系,因此在跨品类的总体样本的基础上,采用结构方程的两步法进行验证(Anderson and Gerbing, 1988)。首先使用验证性因子分析,衡量结构方程中所有 8 个变量的信度和效度,并特别检测每个构念的单维度性,然后通过结构方程建模估计结构模型的参数。我们使用 Lisrel8.51 软件的最大似然法计算完全标准化结果。

1. 测量模型

我们采用验证性因子分析严格地评估每个构念的测项,通过测量模型设定 8 个因子(潜变量),每个测项被指定载荷于某个特定的潜变量。我们看到,大部分测项在相应的潜变量上都具有超过 0.71 的载荷,t 值的范围在 8.87—20.14 之间,表明各变量之间具有独立性,支持各构念的单维度性检验,同时也表明它们具有足够的收敛效度。整个测量模型的总体拟合优度如下:$\chi^2_{(322)} = 638.75$, $\chi^2/df = 1.98$, $RMSEA = 0.055$, $GFI = 0.88$, $NNFI = 0.97$, $CFI = 0.97$, $PNFI = 0.81$, $PGFI = 0.70$。这些指标表明模型具有良好的接受水平(Hu and Bentler,1999)。

此外,表 8-5 还给出了各个潜变量的组合信度和平均方差抽取量。作为内部一致性的可靠度检验,8 个潜变量的组合信度在 0.75—0.91 之间,都满足 Bagozzi 和 Yi(1988)提出的大于 0.60 的要求。对于平均方差抽取量,除"消费沟通"略低外,其余 7 个潜变量都大于 0.50 的要求(Fornell and Larker,1981)。总体上,所有 28 个测项对于设定模型的 8 个研究构念是可靠和有效的。

表 8-5 测量操作与量表信度[a]

测 项		标准化路径系数	T 值
消费推荐	$Pc = 0.85$;$AVE = 0.60$		
CR1	我曾推荐母亲(父亲)使用或购买某个特定的品牌产品。[b]	0.91	20.4
CR2	我曾向母亲(父亲)推荐某个产品或品牌。[b]	0.88	19.37
CR3	我曾建议母亲(父亲)不要使用或购买某个特定的品牌产品。[c]	0.67	13.17
CR4	我直接要求过母亲(父亲)购买某个品牌的产品。[c]	0.58	10..95
消费沟通	$Pc = 0.75$;$AVE = 0.43$		
CC1	在购物时,我会主动提供意见。[d]	0.77	14.61
CC2	在母亲(父亲)购买某样产品以后,我会表达我的反馈意见。[d]	0.74	13.86
CC3	我和母亲(父亲)一同购买某个产品时,她(他)会寻求我的意见。[c]	0.57	10.05
CC4	当家里有多样物品需要购买时,母亲(父亲)会征询我的意见。[d]	0.51	8.87
消费创新	$Pc = 0.84$;$AVE = 0.57$		
CI1	我曾让母亲(父亲)第一次消费或体验了某个品牌产品。[c]	0.91	20.14
CI2	我让母亲(父亲)有机会接触到某个品牌并使用该品牌的产品。[c]	0.88	19.08
CI3	我曾经带母亲(父亲)去尝试他们从未体验过的消费。[c]	0.60	11.34
CI4	我曾经带母亲(父亲)去我喜欢的某个场所购物。[c]	0.58	11.04

（续表）

测 项		标准化路径系数	T 值
品牌意识	$Pc = 0.75$；$AVE = 0.50$		
BAW1	我从我的孩子那里了解到很多关于这个品牌的信息。[c]	0.74	13.82
BAW2	看到这个品牌我就想到这是我孩子向我推荐的。[c]	0.71	12.98
BAW3	我是从我的孩子那里知道这个品牌。[c]	0.66	11.94
情感联想	$Pc = 0.81$；$AVE = 0.59$		
BE1	使用这个品牌让我觉得自己像我的孩子一样，变年轻了。[e]	0.83	16.68
BE2	从这个品牌上我体会到我孩子对我的爱。[e]	0.83	16.75
BE3	这个品牌会让我想到与我的孩子在一起的时候。[e]	0.64	12.07
品牌忠诚	$Pc = 0.88$；$AVE = 0.71$		
BL1	我现在自己也会去购买这个品牌的产品。[c]	0.90	20.12
BL2	我自己以后还会再购买这个品牌的产品。[c]	0.89	19.67
BL3	我会向同龄人推荐这个品牌。[c]	0.73	14.81
感知质量	$Pc = 0.83$；$AVE = 0.61$		
PQ1	我认为我孩子推荐的这个品牌比我以前使用的别的品牌都好。[c]	0.81	16.92
PQ2	我的孩子让我相信要买高品质产品，选择这个品牌没错。[c]	0.79	16.27
PQ3	我用了我孩子推荐的这个品牌感觉确实不错。[c]	0.75	15.34
总体品牌资产	$Pc = 0.91$；$AVE = 0.71$		
BEQ1	如果有另外一个品牌和这个品牌一样好，我还是会购买这个品牌。[f]	0.89	19.82
BEQ2	即便其他品牌与这个品牌有同样的品质，我也宁愿购买这个品牌。[f]	0.86	18.9
BEQ3	如果另一个品牌在任何方面都和这个品牌一样，我觉得买这个品牌会是更明智的选择。[f]	0.84	18.27
BEQ4	质量价格都相同的情况下，没理由不买这个品牌而去买其他品牌。[f]	0.77	15.98

注：a. 测量模型的拟合优度指标如下：$\chi^2_{(322)} = 638.75$；$\chi^2/df = 1.98$；$RMSEA = 0.055$；$GFI = 0.88$；$NNFI = 0.97$；$CFI = 0.97$；$PNFI = 0.81$；$PGFI = 0.70$。

b. 根据 Bravo、Fraj and Martínez(2007a)定量研究翻译并修改。

c. 根据本研究定性文本发展。

d. 根据 Moore 和 Stephens(1975)定量研究直接翻译。

e. 根据 Bravo、Fraj 和 Montaner(2008)定量研究翻译并修改。

f. 根据 Yoo 和 Donthu(2001)定量研究直接翻译。

2. 结构模型

我们采用最大拟然法对图 8-3 的结构模型计算完全标准化结果，拟合优度统计显示结构模型总体上是良好的。其中,绝对指数 $\chi^2_{(337)} = 1\,015.31$,$\chi^2/df = 3.01$,$RMSEA = 0.072$,$GFI = 0.83$;相对指数 $NNFI = 0.94$,$CFI = 0.94$;简约指数 $PNFI = 0.82$,$PGFI = 0.69$。除 GFI 略低于 0.90 之外,其他各项指标都达到了良好模型的理想要求,可认为理论假设模型具有整体建构效度。我们检验的 9 个路径关系系数全部处于显著水平($p < 0.05$),这个结果不但证实了我们基于探索性研究提出的 7 个研究命题,而且证实了我们根据现有理论成果设定的 2 个研究假设。表 8-6 给出了结构模型的所有参数估计。

表 8-6 结构模型估计[a]

路径关系(命题或假设)	参数	标准化路径系数	T 值	结论
P1a 消费推荐→品牌意识(+)	γ_{11}	0.19	2.12	成立
P1b 消费沟通→品牌意识(+)	γ_{12}	0.25	2.71	成立
P1c 消费沟通→感知质量(+)	γ_{32}	0.27	4.07	成立
P1d 消费创新→情感联想(+)	γ_{23}	0.18	2.81	成立
P2a 品牌意识→品牌忠诚(+)	β_{41}	0.19	3.01	成立
P2b 感知质量→总体品牌资产(+)	β_{53}	0.74	10.87	成立
P2c 情感联想→品牌忠诚(+)	β_{42}	0.42	6.24	成立
H1 品牌意识→总体品牌资产(+)	β_{51}	0.19	2.34	成立
H2 品牌忠诚→总体品牌资产(+)	β_{54}	0.13	2.49	成立
消费推荐↔消费沟通(+)	Φ_{21}	0.59	12.50	—
消费创新↔消费推荐(+)	Φ_{31}	0.65	16.89	—
消费创新↔消费沟通(+)	Φ_{32}	0.60	12.55	—

注:a 结构模型的拟合优度指标如下:$\chi^2_{(337)} = 1\,015.31$;$\chi^2/df = 3.01$;$RMSEA = 0.072$;$GFI = 0.83$;$NNFI = 0.94$;$CFI = 0.94$;$PNFI = 0.82$;$PGFI = 0.69$。

根据图 8-3 的路径关系,我们可以计算出三种反向代际影响方式对于品牌忠诚以及总体品牌资产作用的大小。首先,对于品牌忠诚,消费推荐的作用大小是 $\gamma_{11} \times \beta_{41} = 0.04$,消费沟通的作用大小是 $\gamma_{12} \times \beta_{41} = 0.05$,消费创新的作用大小是 $\gamma_{23} \times \beta_{42} = 0.08$;其次,对于总体品牌资产,消费推荐的作用大小是 $\gamma_{11} \times \beta_{51} + \gamma_{11} \times \beta_{41} \times \beta_{54} = 0.03$,消费沟通的作用大小是 $\gamma_{12} \times \beta_{51} + \gamma_{12} \times \beta_{41} \times \beta_{54} + \gamma_{32} \times \beta_{53} = 0.24$,消费创新的作用大小是 $\gamma_{23} \times \beta_{42} \times \beta_{54} = 0.01$。

3. 结论

通过问卷调查并采用结构方程建模的方法,研究二揭示了不同反向代际影响方式对于品牌资产要素及其结果之间的路径影响关系,推广了研究一中采用探索性方法得到的发现和推断。我们的研究证实了下一辈对于上一辈的消费影响是上一辈形成品牌资产的来源。在三种影响方式中,消费创新对于品牌忠诚的作用力最大,而消费沟通对于总体品牌资产的作用力最大。值得指出的是,这种作用力既显著存在,又是比较微弱的。这在客观上反映了成人后的下一辈对于上一辈品牌态度影响的特征和规律。

四、 结论与战略指引

我们通过定性研究和定量研究相结合的方式,探索并验证了处于成人期的下一辈对上一辈的消费影响是如何导致上一辈形成品牌资产的。研究表明,下一辈对上一辈的消费推荐直接促使上一辈形成品牌意识;而上下辈之间的消费沟通既促使上一辈形成品牌意识,又影响上一辈对品牌的感知质量评价;至于下一辈主导上一辈产生的消费创新,则导致上一辈形成情感联想。这些品牌资产要素又进一步影响上一辈产生品牌忠诚及总体品牌资产。这表明,消费行为的反向代际影响是一种新的品牌资产来源,它具有特定的组成要素及结构关系。至此,本研究正式确立"反向代际品牌资产"(reverse intergenerational brand equity, RIBE)的定义:上一辈受下一辈的消费影响(如推荐、沟通和创新等)而形成的特定品牌态度及结果,包括品牌意识、情感联想、感知质量和品牌忠诚。

上述结论和定义不但得到定性访谈资料的支持,而且在基于大样本的上下一辈配对并行问卷调查中得到客观检验,因而有效增强了它的可靠性和普适性。本研究不但对消费行为的代际影响做出了新的理论贡献,而且蕴涵了在中国市场中如何有效开展家庭营销的诸多指引和丰富启示。

本研究在中国文化背景下构建并证实了基于反向代际影响的品牌资产来源结构,借助中国传统价值观(如节俭,孝道)和家族主义,作者对于影响方式和品牌资产要素之间存在的关系给予特定的解释,对理解中国社会变迁带来的家庭消费变革、洞察我国城市市场中年以上消费群的品牌消费动力提供了重要经验依据。总体上,本研究是对品牌资产来源的代际影响研究(Moore,Wilkie and Lutz,2002)的实质性推进。对于反向代际影响,本研究以成人期的下一辈与其上一辈为研究对象,经历了从现象探索和解释到经验数据实证的完整过程,具有开创性的意义。

首先,从代际影响的表现看,本研究不是聚焦于沟通的内容,而是从更广的影响方式角度提出了新的分类,得到了除通常的消费沟通(Viswanathan,Childers and Moore,2000)、消费推荐(Sorce,Loomis and Tyler,1989)之外的重要影响途径,即消费创新。这有助于我们更全面地理解反向代际影响的互动方式,以及中国文化背景下的独特性。其次,对照通常的品牌资产来源构成及影响结果(Aaker,1991;Yoo,Donthu and Lee,2000),本研究发现了基于反向代际影响的特殊品牌资产来源成分,它是经由品牌作为媒介而形成的上一辈与下一辈之间的情感联结,这种情感联想影响上一辈对品牌忠诚的形成。最后,本研究基于消费现象和理论解释构建的路径关系,揭示了反向代际品牌资产来源的真实特征与客观规律,这有助于我们理解中国文化背景下上一辈品牌态度的特定驱动力,例如消费创新形成情感联想。

本研究的结果对广大企业如何在中国市场中开展以中老年人为目标市场的营销具有重要意义。尽管从世代差异的角度看,他们属于传统的一代,消费价值观和消费方式比较保守,但是处于这个生命周期阶段的消费者,他们的子女已经工作或成家,生活负担减少,而且相对于年轻群体,他们有更多的时间用于购物、消费和娱乐。因此,这是一个极具潜力的消费市场。对于营销者来说,需要找到影响这个目标市场的观念、态度和行为的特定策略。相比于传统的营销手段,反向代际影响可能是一种潜在的有效途径,它通过下一辈对上一辈的消费推荐、沟通和创新而影响上一辈的品牌态度,从而更新了上一辈的购买选择范围、提升了上一辈的消费水平。作为基本营销策略,企业既可以把下一辈确定为倡议者、影响者或决策者,把上一辈确定为购买者,也可以把下一辈作为购买者,把上一辈当作使用者。

本研究的结果对如何实施有效的家庭营销也具有管理启示。在中国的城市家庭中,成人期后的子女与父母仍保持密切的互动,即便子女成家后，"新生家庭"与"原生家庭"也有较高的相互依赖度。营销者可以把父母和子女作为联合的目标市场，开发家庭用品和家庭包装产品，发展以家庭为主题和创意的传播活动，进行家庭促销。根据本研究的结论，营销者要利用各种反向代际影响的方式让上一辈产生积极的品牌态度，从而促成共同购买和消费意愿的产生。例如，在旅游、电信、健身、医疗等服务消费领域，可以推出以家庭为单位的产品和定价，设计针对家庭成员共同参与为前提的促销活动，把以家族主义为核心的中国传统价值观要素渗透于品牌传播活动中，提高家庭目标市场营销的说服效果，实现公司业务的有效增长。

　　本研究的结果还表明，很多经由下一辈之手而让上一辈使用的新品牌原本都是以年轻一代为目标市场，这实际上造成品牌概念与年长一代的自我概念并不一致，因而年长一代与这些品牌之间的关系十分特殊。要把这种特殊关系转变为合理关系，营销者需要从战略上评估进入年长市场的可行性与得失利弊，采用适当的品牌化模式（如副品牌策略）以及区分针对不同目标市场的营销方案，在保护品牌内涵和长期价值的同时，实现新的细分市场的业务增长。

工具应用篇

第九章
中国消费者品牌关系质量模型

在国际上,对于品牌资产(brand equity)评估已形成多元化的局面,近年被 Keller 和 Lehmann(2003)总结为"基于品牌价值链的测量系统",成为学术界的基本共识。首先,品牌资产不管如何定义,是要测量(或分离)出与一个名称与符号相连的品牌带来的独特贡献(Keller,2003a,p.483,490)。其次,不管在评估中倾向于选择何种要素,我们都可以从品牌资产的来源和结果的角度(Keller,1998,2003a)建立起各种评价方法的差别性联系。品牌资产来源的测量是针对"顾客心智集合"的测量,其优势在于揭示真正驱动品牌资产形成的消费者因素(Biel,1993),为管理决策提供丰富的信息和良好的诊断能力,并能预测一个品牌的发展潜力(Ailawadi,Lehmann and Neslin,2003)。

从来源角度的定义很好地揭示了品牌资产的本质,即"基于顾客的品牌资产"(customer-based brand equity,CBBE)构念,Keller(1993)把它定义为:消费者对品牌的知识(brand knowledge)而引起的对该品牌营销的不同反应。同时,研究者们也注意到,消费者不仅在如何感知品牌上存在差异,而且也在他们与品牌的关系上存在不同(如 Fournier 1994,1998;Muniz and O'Guinn 2001;Aggarwal,2004)。这在学术界形成了对品牌资产来源测量的基本研究格局:认知视角和关系视角。

在本章研究开始的阶段,国内学术界开展的评价研究集中于认知评价的视角,针对品牌资产来源的个别要素或整体要素建立测量方法,如品牌联想(范秀成,2000;范秀成、陈洁 2002;黄合水,2002)、品牌忠诚(范秀成、冷岩,2000;陆娟,2004)、品牌资产结构(于春玲,2004)等。关系视角的研究未真正有效开展,以致我们对中外品牌差距的认识仍停留在单一层面上(感知质量、原产地效应、品牌联想等)。那么,基于关系视角的品牌资产来源测量,能否弥补现有研究不足,有效地发现本土品牌存在的其他问题,并提供新的解释和预测力呢? 本章的目的是通过开发中国背景下的消费者—品牌关系质量(Chinese Consumer-Brand Relationship Quality,以下简称 CBRQ)量表,并进行广泛的效度验证,对此领域做出贡献。

第一节　品牌关系质量本土化模型的建立与验证

在开始构建契合中国本土的理论模型之前,有必要对先前的研究和背景做一回顾。综观近 20 年来国际营销学界对"品牌资产"的研究,其内容主要围绕品牌资产的创建、测量、管理和延伸等进行。其中,品牌资产的测量又是核心和关键。在针对品牌资产来源的测量上,从认知视角的奠基到关系视角的引入,是方法论演进的一条主线。

一、理论背景

（一）认知视角与关系视角的比较

认知视角和关系视角的基本差异在于,前者的研究以认知心理学为理论基础,后者则以社会心理学为理论基础。也就是,品牌资产不仅来自于消费者对品牌的感知差异,也来自于与品牌的关系差异。两者对品牌资产具有不同的解释能力和应用图景(何佳讯,2006a)。

认知心理学是当今科学界一个兴旺的领域,它研究包括注意、知觉、学习、记忆、语言、情绪、概念形成和思维在内的错综复杂的现象,其主导的研究范式是信息加工方法(Eysenck and Keane,2003,中译本(上),p.1)。认知心理学家已经提出多种理论模型解释人类记忆中的知识储存问题。这种知识就是已经储存在人脑中的外界输入的信息(黄合水,2002,p.19)。因此,认知心理学认为,消费者关于品牌知识(品牌意识和品牌联想)的结果形成消费者反应的差异,这就是品牌资产的来源

(Keller，1993，1998)。

社会心理学是从社会与个体相互作用的观点出发,研究特定社会生活条件下个体心理活动发生、发展及其变化规律的一门学科(胡寄南,1991，p.330)。社会心理学派以社会心理学为理论基础,主要使用了人际关系的借喻,来研究品牌和它的消费者之间的联结。在某些情况下,人与品牌之间的关系和人际关系具有显著的相似性(Fournier，1994)。

相对于认知视角,关系视角的途径还增强了对品牌忠诚度和品牌惠顾的理解(Blackston，1993；Fourier，1998),为探究复杂而又迷人的消费者—品牌交互作用的世界提供了超乎寻常的良机(Aggarwal，2004)。从两者的优势和联系中可得知,认知视角和关系视角的关系并非对立,但立足点和使用价值不同。认知视角面向交易营销范式,而关系视角面向关系营销范式,即揭示建立在品牌广告、研发和营销等累积财务投资上的长期顾客价值(Fournier，1994，p.125)。关系视角的兴起,在很大程度上是受到了关系营销范式(Grönroos，1994)对营销科学研究的根本性影响,以及现实环境中品牌忠诚度维护的迫切使命驱使(Fournier，1994，pp.1—2)。

(二)消费者—品牌关系质量

借助于社会心理学的有关理论和成果,关系视角已对品牌资产展开了广泛的研究。这些理论有社会认知理论、符号交互作用理论等,有关成果覆盖了人际关系、群体心理、自我意识(自我图式)等方面。作为关系方法对品牌资产来源的测量,其核心构念是消费者—品牌关系质量(consumer-brand relationship quality，BRQ)。这个构念吸收了以往关系质量研究的一般成果,又结合消费者与品牌关系的特定情形而发展。

Fournier(1994)认为,由于总体评价测量几乎不能捕捉关系质量构念的丰富信息,因此,只有开发多成分(构面)的模型,把关系质量的来源具体化,才能够提供诊断的洞察力,满足管理目标的需求。她在博士论文中,通过人际关系概念改造使之适合于品牌领域,并结合定性研究数据,提出 BRQ 由六个构面构成,它们分别是:行为依赖、依恋、亲密、爱与激情、个人承诺和伙伴质量,最后通过验证性因子分析,调整为热烈的依恋、个人承诺、怀旧依恋、自我概念联结、亲密、爱、伙伴质量七个构面。但在后来的研究中,Fournier(1998,2000)仍以六构面结构作为概念模型,并得到了实证结果的支持。这项成果已被广泛地写入教科书(例如:Aaker,1996;何佳讯,2000;Keller,2003a;Sheth 和 Mittal,2004 中文版),足见其影响力。除多构面研究外,还有一类研究是选择 BRQ 的个别要素来解释品牌资产,并进行量表开发和验证。如西班牙的 Delgado-Ballester、Munuera-Aleman 和 Maria Jesus Yague-Guillen(2003)开发了品牌信任量表,通过验证性因子分析得到量表由两个因子组成:品牌可靠性(brand reliability)和品牌意向(brand intentions),进一步分析与总体品牌满意和品牌忠诚这两个理论构念的相关性,确认量表具有建构效度。这个量表亦被证实具有跨品类(除臭剂和啤酒)的应用能力。

Fournier(1994)早期的实证研究已表明,高水平的多构面 BRQ 具有很好的关系维护和加强的结果,包括重复购买倾向、竞争性威胁的抵制、支持性的顾客反应(如肯定的口碑、品牌延伸品的适用和品牌违法的容忍)。此外,已有成果还显示 BRQ 在品牌价值链中起到的中介作用和调节作用。

(三)本土心理行为的研究取向

到目前为止,有关品牌研究的成果绝大多数是在西方发达国家进行的(陈洁光和黄月圆,2003)。这类由西方学者主导的研究,常是为了验证自己的理论或方法的跨文化或跨社会适用性,所采用的常是一种强加式客位研究的方法(imposed-etic approach)(Berry,1969),难以公平反映所比较的各文化或社会的特色(杨国枢,1998)。

中国作为极具市场潜力的新兴发展中国家,不仅存在着与西方发达国家不同的品牌消费历史和环境差异,而且还存在着影响品牌意义来源的文化价值观差异。例如,对很多新产品类别消费经验的缺乏导致品牌名称作用突出,品牌忠诚行为处于形成阶段(Batra,1997);消费者对外国货具有莫名的优越感(Sklair,1994),品牌的原产国不仅具有"质量晕轮"(quality halo)效应,对一些消费者在某些产品类别上,还起到提升社会地位的态度影响作用(Batra, et al.,2000)。这迫切需要我们开展中国社会文化背景下的本土化研究(indigenous perspective),在核心构念的研究上采用主位方法(emic approach),即从中国文化价值系统出发,探究研究构念的特殊性所在。这样的研究成果不但具有更强的解释能力,更重要的是它能对解决实际问题提供更切实有效的帮助。基于社会心理的关系视角则为这种研究取向带来了契机。

在中国社会中,社会行为最有力的决定因素并不在个体本身,而在个体以外的关系背景(何友晖、陈淑娟和赵志裕,1991,pp.58—59)。正如对应偏差(correspondent bias)的很多跨文化研究所表明的,中国人倾向于环境归因,而美国人倾向于内在归因(付建斌和焦书兰,1998)。在消费者—品牌关系的问题上,Hamilton 和 Lai(1989)、Tse(1996)、Eckhardt 和 Houston(2001)等指出,中国消费者把品牌(名称)作为建立社会关系的一种工具,因此,品牌对于中国消费者的根本意义,在于折射人与人之间相互作用的方式以及他们看待社会的方式。可见,中国人的人际关系基本取向,已被消费者自然而然地用于品牌关系的处理上。因此,把中国人的关系取向研究成果,作为揭示和表达消费者与品牌关系的理论基础,是立足中国文化探究品牌资产来源并建立评价依据的根本所在。

二、　理论建构

在源于中国文化背景的关系研究,或涉及中国人的跨文化的关系研究中,还未有学者直接对关系质量提出有关构念及模型。笔者把"关系质量"定义为:关系方在交往过程中主体对对方的主观感受的评价。相关的研究成果已隐含或涉及了关系质量的成分。笔者认为,可以从关系取向和关系分类两个方面去寻找影响关系质量的来源成分。关系取向隐含了中国人对关系质量评价的观念,它与关系质量的总体评价有关;关系分类反映了关系质量的输入因素,与态度模型的三成分(认知、情感和意动)相关。根据这两方面的经典结果和相关成果,并以"品牌作为关系伙伴"(Fournier,1994,1998)作为基本前提,考虑它们是否适用于消费者与品牌关系的情形,笔者提出 CBRQ 模型包括包括六个构面:"信任""相互依赖""承诺""自我概念联结""面子感"和"真有与应有之情"。对消费者—品牌关系质量(BRQ)的概念,笔者采用 Fournier(1994,p.124)的定义:

作为一种基于顾客的品牌资产测量,它反映消费者与品牌之间持续联结的强度和发展能力。从某种意义上说,它捕捉到了个人在面对抵制和压力时,仍然和品牌保持在一起的正面吸引力。高 BRQ 意味着个人与品牌之间的联结能够进一步发展。在有利的环境中,这种关系将兴旺发达。

（一）构面一:信任

与西方相比,信任在中国具有更加重要的地位(庄贵军和席酉民,2003),它成为中国人人际关系的基本特征(罗劲和应小萍,1998),是人际关系建立的心理起点(王晓霞和赵德华,2002,pp.191—192)。"信任"是在中国文化中衡量关系质量的一个基本指标。在消费者与品牌关系情形中,笔者把信任定义为:消费者对品牌行为按照自己期望发生的认知和感觉程度。它可以是多成分属性评价,也可能是总体性态度评价。在这个定义中,笔者明确了信任具有态度的认知(cognitive)和情感(affective)成分,但不包括行为(behavioral)成分。

按照中国人际关系中有关信任的成果,笔者认为,中国消费者对品牌的信任可能具有这样的一般性情形:与新品牌相比,消费者给予老品牌更多的信任。这主要是由于老品牌受口碑、历史、来源地和家庭传统的影响,与消费者之间大多形成了既定关系。新品牌立足于市场最基本的前提是建立消费者信任,其基于实际能力和可靠性的营销显得尤为重要。在信任缺失的中国市场环境中,建立消费者信任是一项长期任务,也是品牌资产的基本要素(何佳讯,2005)。

（二）构面二:相互依赖

相互依赖的本质是,人们想以最小的成本获得最大的回报,总是想得到最好的人际交往。但相互依赖理论的一个主要观点指出,结果是得是失并不重要,重要的是我们评判结果的两个标准:第一个标准是我们的期望;第二个是如果没有现在的伴侣,我们会过得怎样。如果给伴侣提供好的结果能够使想要的关系继续下去,即使需要努力和牺牲,最终也是利己的(Brehm et al.,2005,中文版,pp.141—169)。在中国集体主义的文化中,"相互依赖"在中国的人际关系中扮演着核心的角色,个人关系建立、保持和改善人际关系被认为是合乎期望的特质。"相互依赖"是在中国文化中衡量关系质量的又一个基本指标。

在本文中,笔者把反映消费者与品牌关系质量的"相互依赖"定义为:消费者基于成本和价值回报的比较,与品牌积极互动的心理期待和行为表现。这与Fournier(1998)的定义存在区别。后者的重点是考察行为层面的表现,反映品牌在消费者日常生活中根深蒂固的程度。笔者的定义则紧扣亲密关系研究中有关相互依赖的本质,强调"相互依赖"不仅体现在行为上,也包括在心理层面的反应,即"如果没有现在的品牌,我们会怎样"。同时,还引入"回报"与"成本"相比较的社会交换理论,相互依赖也体现在"只要最终是利己的,那么即使需要努力和牺牲,也值得付出"。

(三)构面三:承诺

Mavondo和Rodrigo(2001)的研究表明,长期时间取向对人际承诺和组织间承诺都有显著的直接影响。与西方国家相比,中国文化价值观具有更突出的长期时间取向。Hofstede(2001,p.356)在23个国家和地区开展的调查表明,中国大陆、中国香港和中国台湾的长期取向指数值分别为118、96和87,平均为100;而在西方国家美国、英国和澳大利亚,分别为29、25和31,平均为28。可见中西方在长期与短期时间取向上的差异非常大。笔者认为,在长期时间取向价值观的社会中,个体更可能具有有利于做出承诺的心理和行为。按庄贵军和席酉民(2003)的提法是,"中国人的承诺常常是一种文化上的默契"。因此,承诺是在中国文化中衡量关系质量的重要指标。

在消费者与品牌关系的情形中,Fournier(1998,p.365)认为,高水平的承诺同样存在于强势的品牌关系中,她把承诺定义为"不管环境是可预见还是不可预见,与品牌保持长久关系的行为意图",包括自认为的忠实和忠诚,常常表现为声明的誓约和公开的意图。但不单独以造成退出障碍的沉没成本和无法弥补的投资来定义。在本文中,笔者直接采用Fournier(1998)定义。在中国这样快速变化的环境中,强调"承诺"定义中的附加条件"不管环境是可预见还是不可预见"十分有意义。这样,才能深入地反映承诺测量的本质要求。

（四）构面四：自我概念联结

何友晖等人（1991）指出，中国人的自我是关系性自我，"别人在自己现实世界的出现与自我的浮现，已到了水乳交融的境界"。很多学者对此有相同或类似的观点。如孙隆基（2004，p.145—243）提出"人我界线不明朗"，认为"中国人的'个体'并没有清晰明朗的'自我'疆界"，"'和为贵'或'息争'的态度……造成'自我'的弱化……结果就形成自我压缩的人格"。杨国枢（1993a）提出"社会或角色一致性"，即在社会互动过程中，传统中国人不是以内在自我意向为重心强调个人或自我一致性，而是以外在社会情境为重心。因此，笔者认为，"（关系）自我概念联结（一致性）"是在中国文化中衡量关系质量的另一个重要指标。

在本文中，笔者直接采用Fournier（1998，p.364）对"自我概念联结"的定义："反映品牌传达重要的认同（identity）关注、任务或主题，从而表达了自我的一个重要方面的程度。"但对其内涵（测项）增加两个方面的补充。一是消费者希望品牌对自我的表达是个我和社会自我的和谐统一，这与"既是个人的也是社会的"有所不同。二是品牌对自我的表达重要地反映在消费者的社会性身份的表达上。何友晖等人（1991）以"非形式性的社会身份辨认"说明中西方的差异：例如，在美国文化里，个人特征较被注意；但在中国文化中，关系特征则较为重要。因此，一个人如何在顺应社会规范的情况下表现"自我"，成为相当有趣而重要的问题（杨中芳，1991，p.129）。这样，品牌就可能作为一种社会交换的符号象征，成为一个人的关系特征识别和社会身份认同的工具。

（五）构面五：面子感

"面子"是中国人社会心理中一个最基本、最细腻和微妙的准则（林语堂，1994，中译本，pp.199—206；翟学伟，1991），是解释中国人诸多行为的关键（Stover，1974）。面子具体地调整着中国人人际关系的方向和程度，成为中国人际关系的一个最基本的"调节器"（王晓霞和赵德华，2002，p.187）。"面子"是一个有多少、大小的"量"的概念（金耀基，1988），在量上面子之得失有其强弱度；在质上可分为有面子、没面子及丢脸三种（陈之昭，1988，p.181）。双方均无面子的人际关系不可能持久，关系愈亲密,双方所共有的面子也愈多(朱瑞玲,1988)。因此,面子可以作为关系质量的一个成分。笔者认为,"面子感"是在中国文化中衡量关系质量的一个特有指标。

"面子"是中国人进行社会互动的重要符号。在消费者与品牌关系的情形中,"面子感"是中国文化中用来反映品牌关系质量的独特成分。品牌作为一种象征(Levy,1959;McCracken,1986;Batra et al.,2000),充当了面子给予或加强面子(Bond and Hwang,1986,p.246)的角色和作用。在本文中,笔者把反映消费者与品牌关系质量的"面子感"定义为:消费者对品牌象征性地赋予自己社会地位、社会性赞赏和影响的知觉程度,它带给消费者的是愉悦性的骄傲情绪,如自豪、神气、得意、优异和受尊敬的等。这里所指的"社会地位",其更真实的内涵则是品位与风格。

（六）构面六:真有与应有之情

杨中芳(2001b)提出用"应有之情"(义务的、规范的情感,也称人情)和"真有之情"(真正的、自发的情感,也称感情)的双层结构对人际关系进行分类,并阐释中国人的情感世界(杨中芳,2001a)。这个构念得到了实证结果的某种印证,刘嘉庆等人(2005)的研究表明,华人人际关系中普遍存在的情感成分具有义务性质。"真有之情"和"应有之情"的成分多少都会影响关系质量的层次,而真正的情感质量需要在两者均衡发展的基础上综合考量。如果说,"真有之情"是影响关系强度的因素,那么,"应有之情"则是倾向于影响关系持久性的因素。因此,笔者认为,真有与应有之情是在中国文化中衡量关系质量的另一个重要指标。

在本文中,笔者采用"真有与应有之情"构念来反映消费者与品牌关系质量的情感构面,把它定义为:在对品牌使用中,消费者由对品牌喜爱产生的难以控制的正面情绪反应(真有之情),如高兴、愉快和乐趣等;以及受规范影响(如爱国主义、家庭和传统、场合和礼节)而产生的义务上的感情(应有之情)。我们有理由认为,揭示中国人的情感世界,应该考虑纯粹亲密关系之外的应有之情才显得合理和完整。

通过上述的学理性研究,笔者建立了中国消费者—品牌关系质量(CBRQ)的多构面模型,它由六个要素构成:信任、相互依赖、承诺、关系自我联结、面子感、真有与应有之情。在建构过程中,笔者采用的是主位方法,既以本土关系理论研究的代表性观点和成果为核心,又与西方理论进行比较分析,同时还结合中国市场环境和品牌消费行为的当前特征做出选择和判断。从构面名称看,与 Fournier(1994,1998,2000)建立并实证的模型相比,笔者的三个构面(相互依赖、承诺、自我概念联结)与之相同或基本相同,两个构面具有可比性(信任 vs 伙伴质量;真有之情与应有之情 vs 爱与激情),一个构面为独有(面子感)。从构面实质看,面子感、真有与应有之情和自我概念联结等三个构面,建立了中国文化背景的独特内涵。所有构面的概念内涵和成分均做出了新的讨论,或是肯定和相同,或是调整和补充。

三、 研究方法与数据收集

研究方法主要由两个部分组成。首先是定性研究设计,目的是发展基于发现导向的消费者—品牌关系质量(CBRQ)量表测项库。第二为主体研究设计,目的是借助问卷调研方法收集数据,对 CBRQ 模型进行实证研究。

(一) 定性研究:量表测项的产生和提炼

根据 Churchill(1979)对量表测项产生的有关建议,决定采用以定性调研为主,文献回顾为辅的方法来捕捉 CBRQ 测项群,而非单独采用来自文献的做法。采用的定性研究方法有两种:开放式问卷和焦点小组。

开放式问卷共收集得到有效品牌消费经历个案 340 份,文字篇幅达 20 万字。焦点小组总共采用三个小组(共 31 人),分别为 20 世纪 70 年代出生的已婚女性和未婚男性各一组,20 世纪 60 年代出生的已婚女性一组。每组座谈持续 120 分钟。现场进行录音,事后整理成文本,共约计篇幅 3.2 万字。笔者对 340 个品牌故事和三个焦点小组的访谈文本,采用解释学方法进行解读,最终提炼出表述 CBRQ 六个构面的测量语句,共 150 句。经过两轮筛选,共保留测项群 40 句,其中信任 6 句,相互依赖 7 句,承诺 6 句,自我概念联结 7 句,面子感 7 句,真有和应有之情 7 句。接下来,再通过文献回顾,对上述得到的 40 句原始测项群进行对照和补充,共选择符合本文构面定义的测项共 10 句,补充于各个构面中。通过这项工作,得到补充后的测项群50句。

最后,邀请二位心理测量研究专家和一位市场研究专家做最后甄别,讨论在提问上可能存在模棱两可和错综复杂性的测项。通过这项工作,删除17句。最后得到用于正式研究的测项33句,平均每个构面约5.5句。这符合在因子分析的样本中项目数与因子数之比一般要求大于5的要求(MacCallum,Widaman,Zhang and Hong 1999)。在33个测项中,24句(73%)是由本研究直接从定性研究中发展而来,其余9句(27%)则为引用已有的国外成果。所有的测项都符合相应的构面定义和测量主题要求,具有很好的内容效度(content validity)。

(二)定量研究:调研设计与数据收集

以探索和验证CBRQ模型的基本构面,以及CBRQ模型的实际应用效力为研究目的(另文报告此部分成果),采用问卷调查的方式进行数据收集。研究地点选择上海市,被试对象为生活和工作在上海的居民。抽样方法采用便利抽样,但控制样本的分布既能照顾到广的覆盖面(年龄、教育和收入差异),又能突出品牌消费的重要群体(中青年为主)。主要通过数个成人教育项目(MBA、研究生课程班等)的学员,以及在校大学生的家长和亲戚,及其他途径的补充样本混合组成。实际发放问卷400份,实际回收有效问卷380份,样本量与项目数(33个)之比为11.5。样本的人口统计特征构成如下:在性别上,男性36.6%,女性63.4%;在年龄上:19—25岁32.1%,26—35岁38.4%,36—45岁17.1%,46—59岁10.0%,60岁以上2.4%;教育程度为:高中或中专6.1%,大专30.5%,本科42.9%,硕士及以上20.5%;收入分布(家庭月收入)为:2 000元以下6.6%,2 001—3 500元17.4%,3 501—5 000元15.8%,5 001—8 000元19.5%,8 001—10 000元17.9%,10 001—20 000元16.3%,20 001元以上6.6%。

对每位被试测试两个品牌,第一个品牌属"亲密品牌关系",第二个品牌属"普通品牌关系",这种做法有助于从高质量品牌关系情形中抽取出关系质量的有效成分(Fournier,1994)。在对测试产品和品牌的选择上,根据定性调查中被试所提到的品牌和所属品类,并查阅《中国统计年鉴

2005年》中有关上海城镇居民消费性支出情况以及家庭耐用消费品拥有情况,参考《2004—2005IMI消费行为与生活形态年鉴》有关上海市场中的高占有率品牌,最终确定适合对上海市场调查的34种产品和80个品牌(国外品牌48个,国产品牌32个)作为测试对象。由于本研究的总体样本量有限,因此测试范围大大小于Chaudhuri和Holbrook(2001)研究中的49种产品和149个品牌。每份问卷实际平均完成时间在25—35分钟,共有150个数据。

四、数据分析与结果

CBRQ模型的生成和验证共经过三个阶段的工作:首先是CBRQ量表的生成与初步检验,主要使用探索性因子分析(EFA)方法;然后重点使用验证性因子分析(CFA)方法对CBRQ模型进行修正。这两个方面都进行了广泛的信度和效度评价。最后是CBRQ竞争性模型的比较,以验证适合中国本土的"最优"拟合模型是一阶六因子结构的饱和模型,但六因子之间还存在着与西方不同的关系。限于篇幅,本文只报告中间阶段的工作,即测量模型的建立和修正。其他工作将另文报告。

(一)CBRQ模型的验证和修正过程

CBRQ测量模型以探索性因子分析(EFA)的结果为基础。EFA主要利用高水平关系情形的数据,实际结果的测项归属与量表的理论构建基本相同,只在两个构面(第一个和第六个构面)上做了微调。最终CBRQ量表由"社会价值表达"(social value expression)、"信任"(frust)、"相互依赖"(interdependence)、"真有与应有之情"(real and assumed emotions)、"承诺"(commitment)和"自我概念联结"(self-concept connection)六个构面共31个测项组成。与Fournier(1998,2000)的BRQ模型对比,出现了两个独特的构面"社会价值表达"、"真有之情与应有之情"。量表具有良好的信度、建构效度和效标关联效度。因子命名与实际测项构成高度一致,而且因子命名的内涵是单一解释性的。

为了更好地验证CBRQ结构,并对量表做出必要修正,接下来采用验证性因子分析(CFA)方法做进一步研究。为了不重复使用EFA的数据,采用这样的方法抽取CFA的原始数据:在高关系水平情形中随机抽取 50%(190 份)的样本,再在余下的样本中全部选择低关系水平情形的数据(也为 50%,190 份),这样得到了不重复的两种品牌关系情形的混合独立样本。CBRQ 的原始模型共有 6 个潜变量(ξ),它们分别是:"社会价值表达""信任""相互依赖""真有与应有之情""承诺"以及"自我概念联结"。这 6 个潜变量对应的观察变量(x)共有 31 个,每个观察变量有一个测量误差(δ)。

首先进行原始 31 个观察变量的模型拟合度评价,结果显示各项指标均略低于一个"好"模型的指标要求(见表 9-1)。因此,CBRQ 的原始模型有必要进行修正。模型修正的依据是观察调整指数(modification index,MI),它表示放开观察变量对相应潜变量的约束后,模型对数据拟合的 χ^2 减少的数量。根据经验法则(rule of thumb),对调整指数大于 10 的测项进行识别,从高到低选择,逐步调整。前后共经过 7 个步骤,每一个步骤中模型的改变,其 $\Delta\chi^2$ 的改变均达到显著水平。最后,CBRQ 模型由 25 个测项组成,6 个潜变量分别由 2—5 个观察变量组成,平均为 4 个左右。各项拟合指数也基本达到一个"好"模型的要求,结束模型修正工作。全部过程见表 9-1。

表 9-1 CBRQ 模型修正过程中的拟合指数

模 型	$\chi^2 (df)$	χ^2/df	*RMSEA*	*NNFI*	*CFI*	*GFI*	下一步的修正	修正理由
MOD1 (31 句)	$1\,840.15_{(419)}$	4.39	0.088	0.86	0.87	0.78	删除 SCC2	共有 29 个 *MI* 大于 10。自我概念联结构面问题最大。
MOD2 (30 句)	$1\,527.62_{(390)}$	3.92	0.083	0.88	0.89	0.80	删除 SVE6	共有 18 个 *MI* 大于 10。
MOD3 (29 句)	$1\,413.26_{(362)}$	3.90	0.083	0.88	**0.90**	0.81	删除 SVE8	共有 14 个 *MI* 大于 10。
MOD4 (28 句)	$1\,285.96_{(335)}$	3.84	0.082	0.89	0.90	0.82	删除 TRU4	共有 9 个 *MI* 大于 10。
MOD5 (27 句)	$1\,160.92_{(309)}$	3.78	**0.080**	0.89	0.91	0.83	删除 SVE1	共有 8 个 *MI* 大于 10。
MOD6 (26 句)	$994.66_{(284)}$	3.50	0.078	**0.90**	0.92	0.84	删除 IDE1	共有 6 个 *MI* 大于 10。
MOD7 (25 句)	**$892.84_{(260)}$**	**3.43**	**0.076**	**0.91**	**0.92**	**0.85**	结束修正	

（二）CBRQ 整体模型的评价

接下来，首先进行整体模型的评价。在检验模型的拟合度之前，需要检视是否产生违反估计的现象。CBRQ 模型的所有标准化参数几乎都介于 0.17—0.89 之间，没有超过 0.90，只有两个是 0.91，表示它们并非是过大的参数。一阶因素之间的相关处于 0.57—0.88 之间，都未大于 0.95（黄芳铭，2005，p.279）。观察变量的测量误差值介于 0.15—0.51 之间，显示无过大的标准误差，同时也无负的误差变异数存在。从表 9-2 中看到，六个潜变量之间相关度很高，因此有必要置疑是否某两个变量属于同一潜在因素，这里通过区分效度（discriminant validaty）加以检验。在表 9-2 中，我们看到在 95％置信水平下，六因素两两之间的置信区间并没有包括 1，表示模型是六因素多维模型。

以上结果都表明无违反估计的现象出现，因此可以评价整体模型的拟合优度。

表 9-2　构面之间的区分效度与置信区间

构　　面	1. 社会价值交换	2. 信任	3. 相互依赖	4. 真有与应有之情	5. 承诺	6. 自我联结
1. 社会价值交换	1.00	0.58 ** (0.50，0.66)	0.66 ** (0.60，0.72)	0.66 ** (0.60，0.72)	0.57 ** (0.49，0.65)	0.80 ** (0.74，0.86)
2. 信任		1.00	0.77 ** (0.71，0.83)	0.85 ** (0.81，0.89)	0.88 ** (0.84，0.92)	0.71 ** (0.65，0.77)
3. 相互依赖			1.00	0.89 ** (0.85，0.93)	0.88 ** (0.84，0.92)	0.71 ** (0.63，0.79)
4. 真有之情与应有之情				1.00	0.88 ** (0.84，0.92)	0.83 ** (0.77，0.89)
5. 承诺					1.00	0.65 ** (0.57，0.73)
6. 自我联结						1.00

注：** 表示 0.01 显著性水平，下方为置信区间。

模型拟合度的评价有很多指标，基本上分为三大类（侯杰泰等人，2004；黄芳铭，2005）：一是绝对指数；二是相对指数，也称增值指数或比较指数；三是简约指数。下面运用这三大类指数对 CBRQ 模型进行综合评定。

在绝对拟合指数方面，$RMSEA$（近似误差均方根）为 0.076，未达到

0.05 以下的理想标准,但符合"好"模型小于 0.08 的要求(侯杰泰等人, 2004, p.45),处于"算是不错的适配"范围(0.05—0.08)之中(黄芳铭, 2005, p.151)。基于拟合函数的指数 χ^2/df 为 3.43,处于 2.0—5.0 之间 (侯杰泰等,2004, p.156),表示模型可以接受。近似误差指数 SRMR(标准化残差均方根)为 0.036,小于 0.05,表示模型可以接受。常用的还有 GFI(拟合优度指数)和 AGFI(调整的拟合优度指数),因备受争议(侯杰泰等,2004, p.156;黄芳铭,2005, p.149, 152),这里不做评估。

在相对拟合指数方面,NNFI(非规范拟合指数)和 CFI(比较拟合指数)分别为 0.91 和 0.92,均超过一个"好"模型大于 0.90 的要求(侯杰泰等人,2004, p.45)。简约指数 PNFI(简约规范拟合指数)和 PGFI(简约拟合优度指数)分别为 0.78 和 0.68,均大于 0.5 的标准(黄芳铭,2005, pp.157—158),表示模型可以接受。

综上所述,无论是绝对指数评价,还是相对指数评价,或是简约指数评价,一阶六因子 CBRQ 模型在各项常用的稳定评价指标上,均达到了可以接受的良好要求,证明理论假设模型具有整体建构效度。

(三)CBRQ 模型个别变量的检验

上述检验虽然表明整体模型的拟合可以接受,但是个别参数也可能是无意义的。因此接下来,按照 Bollen(1989)的建议,进行成分拟合测量 (component fit measures),通过观察变量在其所反映的因素上的标准化负荷量,以检验个别变量的效度。这种系数被称为标准化效度系数,如达到显著水平,即表示这些变量可以用来反映该因子(Bollen, 1989)。结果表明,所有标准化系数都达到 0.01 的显著性水平,因此,所有 25 个测项都可以有效地作为其所属因子的指标。进一步地,再按照 Bagozzi 和 Yi (1988)对于个别指标效果要求的高标准进行评价,他们认为个别观察变量的信度(reliability of individual observed variable)宜大于 0.50,也就是说,其标准化系数至少必须大于 0.71,其信度(R^2)才会大于 0.50。结果表明,本模型的 25 个测项除 RAM4"我常常情不自禁地关心这个品牌的新情况"($\lambda_{18,4}$)的负荷为 0.70,平方复相关系数 R^2 为 0.49 外,其他 24 个测项均达到并高于这个标准的要求。

　　具体地看,就第一个因子"社会价值表达"而言,"使用这个品牌,让我显得有品位"($\lambda_{2,1}=0.91$)具有最高的标准化效度系数,其次是"这个品牌带来了他人对我的赞许"($\lambda_{3,1}=0.88$)。这是反映该因子效度的最重要指标。对于第二个因子"信任","我觉得这个品牌是值得信赖的"具有最高的负荷量($\lambda_{8,2}=0.91$),而"我感觉这个品牌是诚实的"($\lambda_{10,2}=0.76$)具有最低的负荷量,这表明兼顾"可靠"和"善意"的双成分指标比"善意"这个单成分指标具有更高的效度。对于第三个因子"相互依赖","我宁愿费些周折,也要买到这个品牌"负荷最大($\lambda_{12,3}=0.88$),这表明,消费者愿意有额外付出,因为品牌带给他/她的回报仍大于付出成本,这衡量出了依赖性的程度。对于第四个因子"真有与应有之情",反映"真有之情"测项的平均负荷为 0.803($\lambda_{15,4}$,$\lambda_{18,4}$,$\lambda_{19,4}$),而反映"应有之情"的测项的平均负荷为 0.785($\lambda_{16,4}$,$\lambda_{17,4}$),两者较为接近,表明在反映消费者与品牌关系的情感方面,两者具有旗鼓相当的地位,印证了理论建构的有效性。对于第五个因子"承诺","我对这个品牌感到很忠诚"测项(Fournier,1994;Aaker,Fournier and Brasel,2004)具有凸显的负荷量,表明这是一个简单有效的经典指标。对于最后一个因子"自我概念联结",两个测项"这个品牌的形象与我自己追求的形象在很多方面是一致的"($\lambda_{24,6}=0.82$)和"这个品牌表达了与我相似的或我想成为的这类人的很多东西"($\lambda_{25,6}=0.84$),具有比较接近的负荷。

　　(四)CBRQ 模型因子信度和效度的评价

　　除个别变量的检验外,还需要检验因子的信度。这里,使用结构方程模型本身发展出的检验潜变量的信度指标"建构信度"(construct reliability),也称为组合信度(composite reliability)进行评价。经计算,六个因子的 ρ_c 处于 0.76—0.93 之间,均大大高于 Bagozzi 和 Yi(1988)提出的0.60 的要求(见表 9-3)。另外,使用平均方差抽取量(average variance extracted,ρ_v)指标评价收敛效度。平均方差抽取量是检验观察变量的总方差有多少是来自潜变量(因子)的方差,其他的方差则是由测量误差所贡献。经计算,六个潜变量的 ρ_v 处于 0.52—0.72 之间,均高于 Bagozzi 和 Yi(1988)提出的必须大于 0.50 的要求。

表 9-3 个别测项信度和潜变量的建构信度与平均方差抽取量

构 面	测 项	R^2	ρ_c	ρ_V
社会价值表达	SVE2 使用这个品牌,让我显得有品位($\lambda_{1,1}$)	0.69	0.93	0.72
	SVE3 这个品牌带来了他人对我的赞许($\lambda_{2,1}$)	0.82		
	SVE4 这个品牌折射了我对成功的渴望和追求($\lambda_{3,1}$)	0.77		
	SVE5 使用这个品牌,让我有了某种优越感($\lambda_{4,1}$)	0.73		
	SVE7 这个品牌既适合自己,也迎合了他人对我的看法($\lambda_{5,1}$)	0.69		
信任	TRU1 这个品牌让我感到安全和放心($\lambda_{6,2}$)	0.74	0.85	0.54
	TRU2 我知道这个品牌会对它的行为负责的($\lambda_{7,2}$)	0.63		
	TRU3 我觉得这个品牌是值得信赖的($\lambda_{8,2}$)	0.83		
	TRU5 这个品牌的实际表现正如我的期望($\lambda_{9,2}$)	0.66		
	TRU6 我感觉这个品牌是诚实的($\lambda_{10,2}$)	0.58		
相互依赖	IDE2 当我不用这个品牌时,我心里感觉好像失去了什么($\lambda_{11,3}$)	0.53	0.87	0.64
	IDE3 我宁愿费些周折,也要买到这个品牌($\lambda_{12,3}$)	0.78		
	IDE4 我对这个品牌有很强的依赖性($\lambda_{13,3}$)	0.76		
	IDE5 如果这个品牌的产品缺货,我愿意暂缓购买($\lambda_{14,3}$)	0.60		
真有与应有之情	RAM1 这个品牌对我有很大的吸引力($\lambda_{15,4}$)	0.78	0.84	0.52
	RAM2 为了一直使用这个品牌,我愿意做出小小的牺牲($\lambda_{16,4}$)	0.59		
	RAM3 我觉得自己应该使用这个品牌($\lambda_{17,4}$)	0.64		
	RAM4 我常常情不自禁地关心这个品牌的新情况($\lambda_{18,4}$)	0.49		
	RAM5 我一看到这个品牌,就有种亲切的感觉($\lambda_{19,4}$)	0.70		
承诺	COM1 即使我的生活发生了变化,我还是使用这个品牌($\lambda_{20,5}$)	0.57	0.82	0.53
	COM2 我不会因为潮流变化而更换掉这个品牌($\lambda_{21,5}$)	0.56		
	COM3 我对这个品牌感到很忠诚($\lambda_{22,5}$)	0.73		
	COM4 这个品牌能指望我一直使用它($\lambda_{23,5}$)	0.58		
自我概念联结	SCC1 这个品牌的形象与我自己追求的形象在很多方面是一致的($\lambda_{24,6}$)	0.67	0.76	0.61
	SCC3 这个品牌表达了与我相似的或我想成为的这类人的很多东西($\lambda_{25,6}$)	0.70		

五、 CBRQ 模型的应用

上面的检验结果表明,CBRQ 模型具有良好的因子结构效度。因此,中国消费者—品牌关系质量的本土化测量可以由一个具有高度相关的一阶六因子模型来承担。在因子构成上,CBRQ 模型与西方 Fournier

(1994，pp.144—145) 的 BRQ 模型相比,存在两个独特的构面:"社会价值表达"和"真有与应有之情"。这揭示了在中国社会文化背景中,消费者与品牌关系的特别之处。从模型拟合度看,与 BRQ 模型相比,同样是一阶六因子饱和模型,CBRQ 模型在两个重要指标上比它略好(CFI：0.92 vs.0.91；$NNFI$：0.91 vs.0.90),在 χ^2/df 上比它略差(3.43 vs.2.48)。与国内现有的品牌资产结构(SEM 方法)或维度(EFA 方法)的成果相比,本研究克服了几个常见的问题:潜变量与观察变量之间名实不符(侯杰泰等人,2004，p.148);选择高拟合度模型而放弃理论的合理性(侯杰泰等人,2004，p.52);不依赖理论的建构(理论先于统计)(黄芳铭,2005，p.32)。

CBRQ 模型的学术贡献主要有二。首先,验证了跨文化差异研究取向对于品牌资产测量的新贡献。跨文化方法的应用基本上有两种目的:验证跨文化的恒常性或揭示跨文化的差异性。国际上由西方学者主导的品牌资产测量研究,主要采用认知方法,立足于消费者行为的内部影响,倾向于选择跨文化恒常性的研究取向(例如：Yoo and Donthu，2001；Yoo and Donthu，2002)。本研究采用关系方法,立足于消费者行为的外部影响,得到了跨文化差异的研究结果,对于在发展中国家开展品牌理论研究具有启发意义,即在异质化的市场中,西方的理论架构和成果并不能完全照搬和适用。其次,为发展中国家的品牌资产研究提供了有价值的理论观点。本节的研究结论印证了 Tse(1996)的观点。他提出,中国消费者比西方消费者更重视品牌的社会价值,他们会在更大程度上把自己的社会地位和品牌名相匹配,品牌的社会价值与消费者对于社会地位的需求呈正相关。的确,对大多数中国消费者来说,品牌的基本目的是社交(Hamilton and Lai，1989),品牌的意义将折射人与人之间相互作用的方式以及他们看待社会的方式(Eckhardt and Houston，2001)。这就不难理解当前中国消费者青睐洋品牌的主要动机。正如 Clarke Ⅲ、Micken 和 Hart(2002)提出的观点,西方产品对于转型经济市场中的消费者具有象征性消费的意义,经济成熟后,象征作用才变得不重要。这似乎暗示了在当前国产品牌赶超洋品牌的呼声中,我们应该具备的客观认识。

　　CBRQ 模型还具有一些管理上的含义。它揭示了与中国消费者建立品牌强度的基本途径,对如何在中国市场上创建强势品牌提供了六个维度的基本方向。对于企业来说,应用 CBRQ 模型可以探究品牌资产的来源,预测顾客态度和行为的可能变化。从长期来看,基于 CBRQ 模型的评价可以跟踪品牌健康状况的变化,制定合适的营销投入方案。此外,对于行业来说,应用 CBRQ 模型可以进行品牌竞争力评价和排序,为企业确定标杆赶超提供有效的引导。

第二节　品牌关系质量模型的高阶因子结构与测量

　　在上节中,笔者以本土社会心理成果为理论基础,采用主位方法发展了中国消费者—品牌关系质量(CBRQ)量表(何佳讯,2006d)。该量表由"社会价值表达"(Social Value Expression)、"信任"(Trust)、"相互依赖"(Interdependence)、"真有与应有之情"(Real and Assumed Emotions)、"承诺"(Commitment)和"自我概念联结"(Self-Concept Connection)等六个构面组成,具有良好的信度、建构效度和效标关联效度($RMSEA = 0.076$、$NNFI = 0.91$、$CFI = 0.92$)。因子命名与实际测项构成高度一致,而且因子命名的内涵是单一解释性的。

　　CBRQ 模型与国际上受到广泛关注的 Fournier(1994,1998,2000)的 BRQ 模型相比,存在着跨文化的相似性和差异性。从一阶六因子结构看,在四个构面上倾向于跨文化的相似性,这四个构面分别为:"信任"、"相互依赖"、"承诺"和"自我概念联结"。尽管彼此的具体测项和定义仍有所不同,但未见文化上的明显差异。在两个构面上存在跨文化的差异性,它们分别是"社会价值表达"和"真有与应有之情",它们直接源于本土社会心理的理论成果,测项几乎全部来自定性研究的一手资料。这两个独特的构面揭示了中国市场品牌创建的本土化特征和机理。那么,在高阶结构上,CBRQ 模型具有哪些特征,它与西方的 BRQ 模型又可能有什么样的差别呢? 这种差异对中国市场的品牌管理带来哪些营销含义呢?下面通过多模型间的拟合比较进行验证,然后展开讨论。

一、实证研究与模型假设

(一)研究设计与数据收集

采用问卷调查的方式进行数据收集。样本分布、测试产品和品牌的选择同第一节。

对每位被试测试两个品牌:第一个品牌属"亲密品牌关系";第二个品牌属"普通品牌关系"。采用这样的方法抽取原始数据:在亲密品牌关系情境中随机抽取 50%(190 份)的样本,再在余下的样本中全部选择普通品牌关系情境的数据(也为 50%,190 份),这样得到了不重复的两种品牌关系情境的混合独立样本用于统计分析,同第一节。

(二)高阶因子结构模型的设立

本研究共设立 8 个高阶因子模型,通过理论模型与样本数据之间的拟合检验,比较不同模型的特征和优劣。

模型 1:二阶单因子模型(high-oder single-factor model):假设可能存在一个高阶因子主宰六个一阶因子的表现。

模型 2:二阶双因子模型(two correlated high-oder factors model):首先通过系统聚类法(hierarchical cluster)对六个因子进行聚类。如果分为两类的话,因子 2、3、4、5 为一组,因子 1 和 6 为另一组。另外从六个因子的相关矩阵看,因子 1、4 和 6 之间的相关度较高,另一组则为因子 2、3 和 5。综合以上情况,把六个一阶因子分为两个高阶因子:第一个因子更多地倾向于"情感和社会情感"(包括社会价值表达、真有与应有之情、自我概念联结);第二个因子则更多地包含"认知和行为意向"(包括信任、相互依赖、承诺)。同时设定这两个因子之间相关。

模型 3:二阶双因子模型(two uncorrelated high-oder factors model):在模型 2 的基础上,同样是两个高阶因子,但各自独立,相互之间不相关。

模型 4:在模型 2 的基础上,两个高阶因子略做调整,第一个高阶因子包括构面 1、2、3(社会价值表达、信任、相互依赖);第二个高阶因子包括构面 4、5、6(真有与应有之情、承诺、自我概念联结),也就是说"社会价值表达"和"承诺"做了对调。相对而言,第一个高阶因子中的构面可看作品牌消费初级阶段的主导因素,第二个高阶因子中的构面可看作品牌消费高级阶段的主导因素。

模型 5:类似于模型 3 的做法,在模型 4 的基础上,设立两个高阶因子不相关。与模型 4 比较,如果 $\Delta\chi^2$ 显著增加,其他拟合指数表现变差,说明模型 4 的两个高阶因子相关更合理。

模型 6:二阶三因子模型(three correlated high-oder factors model):在模型 2 的基础上,对六个一阶因子两两组合,形成三个自由相关的高阶因子。首先设定的三组是:构面 1 和 6($\Phi_{61}=0.80$);构面 2 和 5($\Phi_{52}=0.88$);构面 3 和 4($\Phi_{43}=0.89$)。设定的理由是,从数据看,它们为相关系数最高的三组构面;从理论看,构面 1 和 6(社会价值表达、自我概念联结)都表示品牌的象征价值,构面 2 和 5(信任、承诺)经常被放在一起讨论,是关系质量的两个关联因子(Morgan and Hunt,1994;Garbarino and Johnson,1999);而构面 3(相互依赖)中的某些测项明显地表达了情绪成分,如"当我不用这个品牌时,我心里感觉好像失去了什么",因此把它和构面 4(真有与应有之情)放在一起。

模型 7:在模型 6 的基础上,保持构面 1 和 6 这组的搭配不变,另外两组打乱,即构面 2 和 4 配对,构面 3 和 5 配对。"相互依赖"(构面 3)和"承诺"放在一起,这在亲密关系研究中有一定的理论依据,即依赖可以引起承诺(Brehm et al.,2005,中文版,p.164)。在自由度不变的情况,看其 χ^2 是否增加,其他拟合指数表现是否变差。如果是,说明模型 6 的三个高阶因子归类更优。

模型 8:在模型 6 的基础上,保持构面 2 和 5 这组的搭配不变,另外两组打乱,即构面 1 和 4 配对,构面 3 和 6 配对。同样测试在自由度不变的情况,看其 χ^2 是否增加,其他拟合指数表现是否变差。如是,进一步说明模型 6 的三个高阶因子归类更优。

二、 拟合数据结果评价

表 9-4 给出了上述 8 个高阶结构模型在绝对指数、相对指数和简约指数等三大方面的拟合结果。以一阶六因子结构模型为基础模型,进行多方位的比较,表明高阶因子结构模型的"优劣"程度。

表 9-4　竞争性模型的拟合指标

模型	绝　对　指　数								相对指数		简约指数	
	$\chi^2(df)$	χ^2/df	RMSEA	RMR	GFI	ECVI	AIC	CAIC	NNFI	CFI	PNFI	PGFI
一阶六因子												
	892.84(260)	3.43	0.076	0.052	0.85	2.52	955.10	1 276.21	0.91	0.92	0.78	0.68
二阶单因子												
模型 1	1 050.78(269)	3.91	0.083	0.074	0.83	2.86	1 085.70	1 362.35	0.89	0.90	0.79	0.69
二阶双因子												
模型 2	1 027.43(268)	3.83	0.082	0.070	0.83	2.80	1 061.15	1 342.74	0.90	0.91	0.79	0.69
模型 3	1 450.43(269)	5.39	0.090	0.51	0.81	3.17	1 203.00	1 479.65	0.84	0.86	0.74	0.67
模型 4	1 035.21(268)	3.86	0.082	0.072	0.83	2.82	1 069.53	1 351.12	0.90	0.91	0.78	0.69
模型 5	1 674.65(269)	6.23	0.094	0.54	0.80	3.38	1 282.51	1 559.16	0.81	0.83	0.72	0.66
二阶三因子												
模型 6	940.18(266)	3.53	0.079	0.055	0.84	2.68	1 013.88	1 305.35	0.91	0.92	0.79	0.69
模型 7	952.79(266)	3.58	0.080	0.060	0.84	2.71	1 025.62	1 317.09	0.91	0.92	0.79	0.69
模型 8	989.26(266)	3.72	0.079	0.068	0.84	2.67	1 011.75	1 303.22	0.90	0.91	0.78	0.69

　　我们看到,二阶单因子模型 1 与基础模型相比,χ^2 值上升改变($\Delta\chi^2_{(9)}=$ 157.94)达到了显著水平($p < 0.001$),但 NNFI、CFI 指标相差无几,这说明在六个一阶因子后面存在着一个统管它们的高阶因子 OBRQ(overall brand relationship quality,总体品牌关系质量)。模型 1 的各项参数见表 9-5。

表 9-5　各个 CBRQ 构面在模型 1 之高阶单因子上的负荷

模型 1	标准化参数	标准误差	T 值
1. 社会价值表达	0.70	0.05	13.16 **
2. 信任	0.88	0.05	17.82 **
3. 相互依赖	0.92	0.06	14.95 **
4. 真有与应有之情	0.97	0.05	20.59 **
5. 承诺	0.92	0.06	15.47 **
6. 自我概念联结	0.82	0.06	14.55 **

注:** 表示 0.01 显著性水平。

　　二阶双因子模型 2 与二阶单因子模型 1 相比,χ^2 值下降的改变($\Delta\chi^2_{(1)}=23.35$)也达到了显著水平($p < 0.001$),NNFI、CFI 指标略有上升,简约指标 PNFI 和 PGFI 相同。这表明二阶双因子模型与二阶单

因子模型相比,可以更好地表达 CBRQ 构面背后的高阶因子情况。虽然两个高阶因子之间的相关系数高达 0.95,但在 95％置信水平下,它的置信区间为(0.93,0.97),并未包含 1,说明两个高阶因子仍有一分为二的必要。这个结果与 Fournier(1994,p.146)的研究存在差异。后者的研究表明源自西方的 BRQ 二阶双因子模型与二阶单因子模型差异不显著,因此从简约的角度看,选择一个高阶因子模型更好。模型 2 的各项参数见表 9-6。

表 9-6　各个 CBRQ 构面在模型 2 之二个高阶因子上的负荷

模型 2	高阶因子"情感和社会情感"			高阶因子"认知和行为意向"		
	标准化参数	标准误差	T 值	标准化参数	标准误差	T 值
1. 社会价值表达	0.70	0.05	13.22**			
2. 信任				0.89	0.05	17.95**
3. 相互依赖				0.92	0.06	14.94**
4. 真有与应有之情	0.99	0.05	20.95**			
5. 承诺				0.95	0.06	15.88**
6. 自我概念联结	0.84	0.06	14.89**			
高阶因子"认知和行为意向"	0.95	0.01	69.24**			

注:** 表示 0.01 显著性水平。

同样是二阶双因子模型,模型 4 与模型 2 相比,χ^2 值增加的改变($\Delta\chi^2_{(1)}=7.78$)达到 $p < 0.05$ 的显著水平,但未达到 $p < 0.005$ 的显著水平。此外,$RMSEA$、GFI、$NNFI$、CFI 等指标相同。这表明,模型 4 可以与模型 2 媲美,具有合理性。而设定两个高阶因子不相关的模型 5 和模型 3,相应地与设定两个高阶因子相关的模型 4 和模型 2 相比,各项指标表现明显要差。尤其是模型 5 与模型 4 相比,变差的表现更突出。

从表 9-4 中,我们还可看出,模型 6 是在三大类拟合指标上表现第二好的模型。与基础模型相比,模型 6 增加的 $\Delta\chi^2$(=47.34)达到了显著水平($p < 0.001$)。从模型比较的指标看,在 RMR(残差均方根)、信息指数 $ECVI$、AIC、$CAIC$ 等上,基础模型比模型 6 更小,拟合度更好。从简约指数 $PNFI$、$PGFI$ 看,模型 6 比基础模型略有增加,说明模型 6 比基础模型更简约,但前者未达到 0.06—0.09 的显著差别要求(黄芳铭,2005,

p.157)。因此,综合上述评价,基础模型更为理想。在三个二阶三因子模型中,模型 6 比模型 7、模型 8 在各项拟合指标上表现更好。这说明,得到理论支持的二阶三因子模型与实际数据拟合度更好,表明六个一阶相关因子之间确实存在另外的解释和应用可能性。模型 6 的各项参数见表 9-7。

表 9-7　各个 CBRQ 构面在模型 6 之三个高阶因子上的负荷

模型 6	高阶因子 1			高阶因子 2			高阶因子 3		
	标参	标误	T 值	标参	标误	T 值	标参	标误	T 值
1. 社会价值表达	0.82	0.05	15.21**						
2. 信任				0.91	0.05	18.17**			
3. 相互依赖							0.92	0.06	14.96**
4. 真有与应有之情							0.97	0.05	20.65**
5. 承诺				0.97	0.06	16.10**			
6. 自我概念联结	0.98	0.06	17.38**						
高阶因子 2	0.73	0.03	22.06**						
高阶因子 3	0.84	0.03	33.25**	0.95	0.01	67.49**			

注:** 表示 0.01 显著性水平。

　　同样是二阶因子模型,三个高阶因子模型 6 与二个高阶因子模型 2 相比,χ^2 值下降改变($\Delta\chi^2_{(2)}=87.25$)达到了显著水平($p < 0.001$),并且 $NNFI$、CFI 指标略有上升,而简约指标 $PNFI$ 和 $PGFI$ 相同。这表明如果 CBRQ 模型要用高阶因子来表达,选择三个高阶因子比二个高阶因子更好。模型 6 的三个高阶因子分别命名为"象征价值因子"、"信任—承诺因子"和"亲密情感因子"。

三、 CBRQ 高阶因子模型的应用

　　通过 8 个模型的拟合度评价表明,在高阶因子结构模型中,中国消费者—品牌关系质量(CBRQ)的最优模型是二阶三因子结构,三个高阶因子分别为"象征价值因子"(包括社会价值表达、自我概念联结)、"信任—承诺因子"(包括信任和承诺)和"亲密情感因子"(包括相互依赖和真有与应有之情)。而在所有的因子结构模型中,最优模型是一阶六因子结构模型(基础模型),这与 Fournier(1994,p.146)的研究结果相同。但在后者的研究中,"次优模型"是二阶单因子模型。这表明,在中国背景中,对消

费者—品牌关系质量的性质和构成需要稍许复杂的解释。这三个高阶因子，分别代表了在中国建立品牌资产的三大基本战略选择：象征价值战略、信任—承诺战略和亲密情感战略。这三大战略都以企业关系营销导向(relationship marketing orientation，RMO)为基本前提，但在实施上存在着不同的侧重点。

仔细探究三个高阶因子的构面性质和组成，发现两两之间存在对应、连续和跃升关系。再结合模型 4 的拟合表现，可把 CBRQ 的六个构面划分为两个层面，"社会价值表达"、"信任"和"相互依赖"为一组，"真有与应有之情"、"承诺"和"自我概念联结"为另一组，相对而言，前者可视为品牌消费初级阶段的主导因子，后者则看作品牌消费高级阶段的主导因子(见图 9-1)。下面对之做出解释。

从品牌消费阶段的发展看，国际市场研究集团(Research International)从低到高划分出三个阶段：在初级阶段，消费者把"品牌作为保证和信任的标签"；走过这一阶段，品牌消费跃入中级阶段，这时消费者把"品牌作为生活方式的投射"；最后，在品牌消费的高级阶段，消费者把"品牌作为个人的投射"。这个划分具有普适性的规律。对照当前中国市场的状况，可认为处于第一阶段和第二阶段之间。

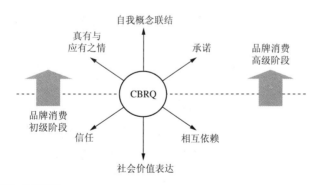

资料来源：本文作者。

图 9-1　CBRQ 二阶三因子模型的解释示意

首先，在总体上，中国消费者仍处在品牌忠诚度的形成阶段(Batra，1997)，而且消费者忠诚度低的状况将长期存在(林静聪和沙莎，2005)。

再从农村和城市消费的差距看,中国的小城市和农村市场处于第一阶段,大多数情况下购买和使用本土品牌,它们以悠久历史和可靠性为卖点;中国的一线和二线城市主要处于第二阶段,以国际品牌和少数本土品牌为消费主流,它们以社会性赞许(approval)为卖点,国际品牌的策略是注入西方价值观和高科技,本土品牌是建立爱国主义和与当地消费者的紧密关系。由于品牌竞争的起点不同,与西方跨国公司依靠市场拉力建立品牌所不同,中国先锋企业的成功战略是积极的渠道营销,在渠道推力的作用下融入各类市场推广手段(陈春花等,2004,pp.87—116)。因此,我们可认为"信任"、"社会价值表达"和"相互依赖",在当前中国市场的品牌消费中,明显地起到了主导作用。

由此可做出这样的推论,当前本土品牌建设的基本战略应该以建立消费者信任为基础,在赋予品牌社会价值的表现水平上找到突破口,通过成功的渠道建设增强消费者对品牌的依赖度。在中国文化中,安全的需要是基本的大众心理(唐锐涛,2005);在转型经济环境中,企业的诚信问题又十分突出。因此,建立消费者信任是创建品牌的基本战略。另一项研究表明,"社会价值表达"是中国消费者乐意为品牌支付溢价的主要原因(何佳讯,2006d),因此,本土企业如果在为品牌建立社会价值方面找到有效的途径和手段,无疑就会在很大程度上可以避免价格战的误区。如果在上述关系质量构面上提高消费者的评价水平,那么可以相信,本土品牌的竞争力总体上会有良好的改善。

附　录

中国消费者品牌关系质量(CBRQ)量表

社会价值表达
1. 使用这个品牌,让我显得有品位
2. 这个品牌带来了他人对我的赞许
3. 这个品牌折射了我对成功的渴望和追求
4. 使用这个品牌,让我有了某种优越感
5. 这个品牌既适合自己,也迎合了他人对我的看法

（续表）

信任

6. 这个品牌让我感到安全和放心

7. 我知道这个品牌会对它的行为负责的

8. 我觉得这个品牌是值得信赖的

9. 这个品牌的实际表现正如我的期望

10. 我感觉这个品牌是诚实的

相互依赖

11. 当我不用这个品牌时，我心里感觉好像失去了什么

12. 我宁愿费些周折，也要买到这个品牌

13. 我对这个品牌有很强的依赖性

14. 如果这个品牌的产品缺货，我愿意暂缓购买

真有与应有之情

15. 这个品牌对我有很大的吸引力

16. 为了一直使用这个品牌，我愿意做出小小的牺牲

17. 我觉得自己应该使用这个品牌

18. 我常常情不自禁地关心这个品牌的新情况

19. 我一看到这个品牌，就有种亲切的感觉

承诺

20. 即使我的生活发生了变化，我还是使用这个品牌

21. 我不会因为潮流变化而更换掉这个品牌

22. 我对这个品牌感到很忠诚

23. 这个品牌能指望我一直使用它

自我概念联结

24. 这个品牌的形象与我自己追求的形象在很多方面是一致的

25. 这个品牌表达了与我相似的或我想成为的这类人的很多东西

第十章
代际品牌资产的结构与测量

品牌资产概念自 20 世纪 80 年代后期被提出以来,一直是营销学研究领域热议的话题。企业家们纷纷致力于创建强大的品牌,以保证产品的差异化及获得长期的竞争优势(Aaker,1991;Keller,2003a)。在品牌化的过程中,企业通常运用多种多样的营销方式,常见的如广告、价格和促销等(Yoo,Donthu and Lee,2000;Villarejo and Sanchez-Franco,2005)。但是,营销者们却没有太多地注意到来自家庭的代际影响对建立品牌资产的作用。实际上,Miller(1975)早就提出了代际在品牌忠诚上可能存在一致性的问题,而 Moore、Wilkie 和 Lutz(2002)明确提出代际影响可以成为品牌资产来源这一观点,他们认为家庭成员一起生活、购物和讨论喜欢的品牌,这很容易使子女对家中经常使用的品牌建立起深刻的、积极的联想,上一辈对品牌的忠诚也就自然而然地传递给了下一辈。这个视角拓宽了"基于顾客的品牌资产"(CBBE)的认识和研究视野(何佳讯,2007b)。在本章中,我们把"代际品牌资产"(Intergenerational Brand Equity,IGBE)定义为:消费者受代际影响而形成的特定品牌态度,区别于其他途径形成的品牌资产来源。Bravo、Fraj 和 Martínez(2007a)建立并验证了家庭、广告、价格和促销对品牌资产各维度的影响路径模型,表明家庭确是品牌资产的来源途径,而我们考察的是家庭中纵向关系(相对于横向关系)影响导致的品牌态度,并且分离出受这种影响而形成的独有的品牌资产。

那么,代际品牌资产的构成维度应该是怎样的呢? Bravo、Fraj 和 Martínez(2007b)采用定性研究的方法,对 18—35 岁的年轻消费者进行了访谈,表明代际影响确实对品牌资产的四个维度(Aaker,1991)产生作用,包括品牌意识、品牌联想、感知质量和品牌忠诚。但是他们没有建立在代际品牌资产的构念上,因而无法明确区分代际品牌资产与一般品牌资产的差异。到目前为止,有关代际品牌资产构成的定量研究更是没有得到展开。本章的主要工作是在中国文化背景下把代际品牌资产构念从探索性阶段推进到实证研究阶段,开发并验证代际品牌资产的有效测量工具。

第一节 研究一:定性研究

值得指出的是,我们通常提到的代际品牌资产着眼于上一辈对下一辈的影响,这是消费行为代际影响研究中学者们通常关注的视角(何佳讯,2007b),即所谓的"正向代际品牌资产",我们把它定义为:家庭中下一辈受上一辈影响而形成的特定品牌态度。然而,下一辈对上一辈的代际影响即反向代际影响也是不能忽视的(Miller,1975)。在当下社会文化、科学技术高速发展变迁的时代,反向代际影响尤为普遍(周晓虹,1996),而在中国社会转型的环境中,由于世代之间差异大而造成的这种反向代际影响又特别突出(何佳讯,2007a)。目前,对消费行为反向代际影响的研究并不丰富,还未有学者明确提出反向代际品牌资产的概念。所以,本章的第二项工作是在通常的正向代际影响测量研究的基础上,同时提出反向代际品牌资产的构成维度,并开发相应的测量量表。在本章中,我们把"反向品牌资产"定义为:家庭中上一辈受下一辈影响而形成的特定品牌态度。

从现有成果看,目前尚缺乏完整的、包含正向和反向两个角度的代际品牌资产理论框架,正向与反向代际品牌资产结构内容的差异性也尚不明确。所以,本章首先采用定性研究的方法,初步确立维度框架,在此基础上编制问卷进行子女和父母的配对测量,经过探索性和验证性因子分析建立代际品牌资产的结构模型。我们期望该量表可以成为直接测量不同品牌代际资产的有效工具,这样就把代际影响随品类特征差异而变化的广泛讨论（Moore-Shay and Lutz，1988；Heckler，Childers and Arunachalam，1989；Childers and Rao，1992；Moore，Wilkie and Lutz，2002）推进到实际可以衡量的阶段。这无疑对不同行业的企业如何将家庭影响和代际互动作为品牌资产来源，进而开展有关营销活动具有实际指引作用。

一、 研究目的、样本与过程

由于目前对代际品牌资产特别是受反向代际影响的品牌资产，其结构维度尚不明确，而且在中国文化背景下尚无类似研究，所以我们在发展代际品牌资产量表的过程中，首先进行定性研究，以获得消费者关于品牌的感觉、动机和情感的丰富信息（Olsen，1993），作为发展量表测项的重要来源（Churchill，1979）。通过定性研究，我们建构正向和反向代际品牌资产的基本维度，探究代际影响下的品牌资产与通常的"基于顾客的品牌资产"相比，是否存在新的品牌资产元素和内涵，以及正向与反向的代际品牌资产之间是否存在差异。

通常消费行为的代际影响在母亲和女儿间表现得尤为突出（何佳讯，2007b），所以本研究与第八章的做法一样，即以 10 对母女为研究对象，对她们进行多阶段的深度访谈。在我们的访谈样本中，女儿的年龄为 24—38 岁，母亲的年龄为 53—62 岁，母亲和女儿目前均常住在上海。子辈群体中，学生样本 1 人，其他均已工作；未婚者 3 人，已婚有孩子的 3 人，其余 4 人为已婚无孩子；学历均为本科及以上。长辈样本中，已退休的 4 人，离婚 1 人。在经济条件上，9 对认为自己的家庭收入属于中等或中上，1 对认为中等（女儿）和偏低（母亲）。

每人访谈的时间是 1—4 小时。首先对女儿进行前后两次访谈：第一次是了解个人背景、价值观、家庭情况及她们的生活世界；第二次则专门针对消费行为代际影响的问题展开。第三次是专门针对她们的母亲进行，目的是从上一辈的角度客观地看待子辈的陈述，并且理解代际影响的互动过程。每次访谈都进行录音，结束后给予被访者 200 元报酬。累计总访谈 55 小时。

访谈提纲主要分为四个部分：(1)受访者背景情况；(2)受访者的家庭情况，如代际的价值观碰撞、家庭互动的模式、家庭经历的事件等；(3)个人消费习惯和家庭消费习惯;(4)在品牌资产上的代际影响。

全部访谈结束后将录音转成文字稿,总计 60 万字。由两名研究者分别对访谈资料进行分析。按照扎根理论的分析方法(Strauss,1987;Stratuss 和 Corbin,1990;陈向明,2000),进行了三级编码的资料分析工作。在每分析完一对母女的资料后,两位研究者都会进行讨论,以不断地统一编码原则,提高分析信度。

二、 研究结果

(一)正向代际品牌资产

通过定性研究,我们初步确立了正向代际品牌资产(Intergenerational Brand Equity-Forward, IGBE-F)的五个维度,其中品牌意识、感知质量、情感联想和品牌忠诚等四个维度与 Bravo, Fraj 和 Martínez(2007b)的定性研究结论基本一致,但品牌信任是本研究新发现的正向代际品牌资产维度。

1. 品牌意识

品牌意识是在消费者的联想网络记忆模型中品牌记忆节点的强度,它反映的是消费者在不同的情境中能够辨认和回忆出某品牌的能力(Rossiter and Percy,1987)。在"基于顾客的品牌资产"中,品牌意识是形成品牌知识差异化的必要条件,也是建立品牌资产的第一步(Keller,1993)。品牌意识的形成与长期的品牌暴露(如高频率的广告)有直接的关系(Alba and Hutchinson,1987),从代际影响的角度看,原生家庭就是品牌暴露的一个主要场所。在我们的访谈中,消费者可能说不清楚从什么时候起知道了某个品牌,也不知道为什么选购这个品牌,因为这些品牌从小就出现在她们的家庭,是母亲或父亲一直使用的;消费者不需要特别的认知加工,这些品牌就已经存储在她们的记忆系统中了(Coupland,2005)。还有另一种情况是,当年轻的子女刚刚开始离开家庭,独立生活的时候会显得手足无措,这时候他们往往会来征求家长的意见(Moore,Wilkie and Lutz,2002),从而形成了对某一品牌的初次印象。

"(买金银饰品)我不买老庙的,只买周大福的……是妈妈用的,她认可这个牌子,非常喜欢,而且(我)挑了(和妈妈)同款式同花型最重的一颗。"[王凌燕,24 岁,国企职员]

　　"我们当时买的时候首先去看的就是小天鹅的牌子。家里(原生家庭)一直用的,就觉得性价比也是蛮高的,经得住考验。"[李薇娜,28岁,公司职员]

　　2. 情感联想

　　除品牌意识外,通过强烈的、偏好性的和独特的品牌联想建立起来的品牌形象,是"基于顾客的品牌资产"的另一重要构成要素。与品牌意识一样,品牌联想的建立取决于消费者与品牌的频繁接触(Keller,2003a)。通过在原生家庭对品牌的使用,子女与品牌建立了深厚的情感联结。有研究已证明,家庭内传递的品牌信息往往会和家人之间的情感因素相联系,品牌可以勾起与家人相伴的回忆,形成特定的家庭品牌情结(Olsen,1993;Fournier,1998)。因而,通过代际影响建立的品牌联想更可能是非产品物理属性的,蕴含了更多的怀旧情愫和身份象征的意义。消费者通过品牌,联想到自己的童年经历、家族的身份、家乡传统的风俗,甚至直接与父亲和母亲的形象联系起来。在本研究中,我们把它具体界定为"情感联想",与通常的品牌联想有所区别。

　　"小时候我记得印象最深的就是淮海路上的皮鞋商店嘛,第一百货(即现在的上海妇女用品商店B馆)的皮鞋商店,现在还有,都是在那里买的皮鞋。"[曹瑾,29岁,公司职员]

　　"小时候(和妈妈)一起打(羽毛球)。以前也没有什么羽毛球场子,就在弄堂里打。羽毛拍子买的是YONEX。"[黄琦华,28岁,公司职员]

　　3. 感知质量

　　感知质量是消费者对一个品牌优越性的总体评价(Zeithaml,1988),企业要想建立一个强大的品牌,就必须从根本上提高产品质量,从而使消费者在品牌名称和感知质量之间形成积极的、强有力的联想(Aaker,1996)。消费者可以通过自己的直接经验形成对感知质量的评价,也可以通过从周围环境获得相关信息而形成对品牌的感知质量(Grönroos,1984;Yoo,Donthu and Lee,2000)。在代际影响中,父母的使用经验、评价和建议成为子女间接获得感知质量信息的来源。母亲会告诉女儿某个品牌好在哪里，以及如何辨别那些具有优良品质的品牌。

"我妈喜欢用肥皂，她要用扇牌的肥皂。她觉得外面那种奥妙啊其他什么的不好……她就觉得扇牌的肥皂不容易化，就是一块一块的那种，然后也经洗。(问：那你以后会用这个扇牌肥皂吗?)我也会用啊，可能成家以后也会买。"[王凌燕，24岁，国企职员]

4. 品牌忠诚

品牌忠诚是品牌资产的核心内容(Aaker，1996)，具有高度品牌忠诚的消费者，可以不受情境因素和营销活动的影响而重复地购买同一品牌(Oliver，1997)。这种重复购买行为又可分为态度忠诚和行为忠诚(Dick and Basu，1994；Taylor，Goodwin and Celuch，2004)。态度忠诚是消费者对品牌的真正认可和承诺，这源于品牌属性与消费者偏好之间的一致性(Dick and Basu，1994)。消费者受原生家庭消费习惯的影响，对某些品牌具有高度的熟悉度和认可度，建立了积极的品牌联想。在建立新家庭时，仍然首选这些"熟悉的""信得过"的品牌，这便是态度忠诚。另一方面，行为忠诚是由于消费者之前的购买经验，而产生的对某些品牌的购买习惯(Dick and Basu，1994)，特别是在个人卷入度比较低的决策过程中，消费者往往依据过去经验做出启发式的决策(Keller，1993)。子女习惯了家中使用的产品和品牌，当自己选购时也倾向于重复地购买这些固有的品牌，这是因为他们不想尝试因做出改变而可能带来的风险(Bravo，Fraj and Martínez，2007b)，同时也是为了节省品牌选择和比较所耗费的精力，特别是对于个人卷入度低的日用品，可以快速地做出决策。

"当然洗衣粉啊都是那个时候我妈跟我说雕牌啊什么，就是我第一次去买的时候，他们跟我说买雕牌，然后我就一直买一直买，到现在没换过。"[曹瑾，29岁，公司职员]

5. 品牌信任

与Bravo、Fraj and Martínez(2007b)的定性研究结果对照，品牌信任是我们在中国文化背景下发现的一个新维度。在诸多关于品牌信任的定义中,研究者们大多强调了在风险情境下,消费者对某品牌的信心、期望,以及对品牌绩效的积极预期(如:Lau and Lee,1999;Delgado-Ballester,Munuera-Alemán and Yagüe-Guillén,2003)。在影响品牌信任形成的诸多要素中,品牌经验和品牌熟悉度是两个主要因素(袁登华,2007)。品牌经验包括了直接经验(如试用、使用、消费满意等)和间接经验(如广告、口碑、品牌声誉等)(Keller,1993;Krishnan,1996)。在代际影响中,子女通过父母的口碑推荐、使用经验介绍会形成对品牌的间接经验,之后在自己的使用中又形成了直接经验,从而增加了品牌信任。品牌熟悉度可以视为品牌信任的前因变量,Laroche、Chankon and Zhou(1996)的实证研究即证明了品牌熟悉度对品牌信任的影响作用。原生家庭对品牌的长期使用,增加了子女对品牌的熟悉度,也可以提升品牌信任。

值得关注的是,受代际影响而形成的品牌信任,不仅是对品牌能力的认知结果(Dick and Basu,1994),同时也反映了消费者与品牌之间的情感关系(Elliot and Wattanasuwan,1998)。也就是说,子女对品牌的信任背后隐含着对父母的信任,他们相信长辈的经验和判断,乐于接受长辈这个"权威"人物的意见;而子女对品牌的情感也蕴含着对长辈的信赖和尊敬。

> "KAO 是花王的,以前我妈用的,很香的,她以前买过。然后,我后来也买了,我也觉得很好……"[罗冠劼,31 岁,事业单位职员]

> "这个(衣服)质量什么的我不会看的。我妈很在行,这个我得问她。她是一般不会看错的。"[潘吟艳,28 岁,警察]

(二)反向代际品牌资产

我们的研究发现,反向代际品牌资产(Intergenerational Brand Equity-Reverse,IGBE-R)存在四个维度:品牌意识、感知质量、情感联想和品牌忠诚。这四个维度与正向代际品牌资产具有一致性,而其内涵构成则需要具体探究。

1. 品牌意识

受制于中国特定的社会经济环境的影响,直到 20 世纪 80 年代后期,由于外资企业大量进入中国才引导消费领域出现品牌意识(何佳讯和卢泰宏,2004)。因此,对于本研究中的上代被访者,在他们消费意识和观念开始成熟的年代并没有"品牌"的概念。而他们的子女成长于改革开放后的时代,在社会化早期就受大众媒体的影响而具有普遍的品牌意识。因此,反向代际影响就成为年长辈转变消费观念的重要途径。我们的定性研究表明,子代通过与上代频繁的沟通、共同的购物、提供消费体验机会等方式,将品牌信息和品牌消费观念传递给上代;而上代通过学习和观察从子代那里获得了品牌知识,并逐渐发展成买东西"讲牌子"的消费理念。

"她现在都是被我带出来了,洗头膏是用力士的,因为我跟她说的。她们那个年代就是肥皂,自从她知道洗头膏,就开始洗力士的,最早是飘柔我想起来了,后来我说不好她就改成力士的。"[曹瑾,29岁,公司职员]

"比如说是服装什么的,她(女儿)讲品牌。以前我们这种人不讲的,只要款式好,料子和质地好就可以。但是我跟女儿逛街的时候她看见这个品牌了。我就受她影响也对这个品牌呢有种概念啦。"[张予凤(陈弘红母亲),54岁,国企职员]

2. 感知质量

我们的定性研究表明,由于时代背景的影响,上代和下代在消费意识和观念上存在着明显的差异,上代的消费经验主要集中于国货的领域,品牌消费的范围比较有限。而下一辈成长于改革开放的时代,受西方观念影响很大,导致他们对外资品牌具有更明显的偏好。因此在我们的被访对象中,下一辈对上一辈的消费推荐主要是外资品牌,而感知质量则是相当重要的改变他们对这些"新品牌"认识的因素。当母亲对女儿推荐的"新品牌"有了消费体验后,往往会形成积极的感知质量评价,认为是"物有所值"的,即所谓的"牌子好"。

"如果让我再选啊,我情愿选耐克……牌子好啊,本身这个牌子好,还有就是,以前我给王凌燕(女儿)买过一个什么牌子,忘记叫什么了,穿了一个多月,马上就裂开了,后来我再也不相信这个牌子了,再也不买了。现在国产的质量也好多了,我对安踏也是能认可的。假如我就是看见了安踏的没看见耐克的,可能会买安踏的。但是现在既然我看见了更好的,我想我还是会买耐克的。"[姚根妹(王凌燕母亲),52岁,退休]

3. 情感联想

我们的研究还表明,反向代际影响也是体现子女孝顺父母的一种途径。当子女经济独立后,他们有条件让父母来体验一些新的消费,主要表现为向父母赠礼,或共同消费时支付费用,这让上一辈有机会尝试到新的产品和品牌。在子女的影响和引导下,父母有了首次去咖啡厅、首次泡吧、首次使用高端品牌的创新性消费体验。由此,父母对受子女影响而消费的品牌形成了独特的情感,这种情感蕴含着对子女孝心的感受。

"前几天母亲节嘛,我女儿就给我买这个牌子(玉兰油)的,但是什么名字我记不清了。"[侯亚鸣(郁婕母亲),52岁,物业员工]

"(星巴克)最初也是她带我去的,我觉得蛮好,比较近,还有肯德基。"

"那个时候,她常带我们一起去外边吃饭,换着吃不断地吃,她甚至还带我们去泡过吧的。"[王文娟(曹瑾母亲),57岁,退休]

4. 品牌忠诚

品牌意识和感知质量评价都是形成品牌忠诚的重要前提,如 Chiou、Droge 和 Hanvanich(2002)将品牌忠诚视为消费者正面的感知质量评价的结果;Yoo、Donthu 和 Lee(2000)提出了品牌意识对形成品牌忠诚的可能性作用。在反向代际影响中,一旦母亲对女儿推荐的品牌有了深刻的印象,并且通过消费体验形成了积极的质量评价后,就容易产生长久的品牌忠诚。

"我女儿很喜欢这个牌子(Esprit)的,她带我去看,我后来也接受了,价格还蛮贵的……后来过了一段时间以后,我自己也到这边买

了一套套装吧。后来她爸爸也买了一件。"[张予凤(陈弘红母亲),53岁,国企职员]

三、结论

通过上述的定性研究,我们发现了正向和反向代际影响过程中形成的品牌资产要素,我们分别称之为正向代际品牌资产(IGBE-F)和反向代际品牌资产(IGBE-R)。前者包括品牌意识、感知质量、情感联想、品牌忠诚和品牌信任;后者包括品牌意识、感知质量、情感联想和品牌忠诚。这既表明品牌资产要素具有广泛的普适性,又显示在特定的情境中可能存在少许的特殊性。例如,在正向代际品牌资产中含有品牌信任要素,而这在通常的品牌资产来源中并不与品牌意识、感知质量等放在一起研究,但它确实是形成品牌忠诚的重要因素(Chaudhuri and Holbrook,2001)。此外,在代际品牌资产中,品牌联想主要来自于经由品牌消费为媒介的代际关系,我们称之为情感联想,这既不同于品牌情感(Chaudhuri and Holbrook,2001),又与通常的品牌联想存在差异(Aaker,1991;Keller,1993)。

值得指出的是,尽管先前的有关研究(Bravo,Fraj and Martínez,2007a;Bravo,Fraj and Montaner,2008)已证实了家庭沟通和影响是形成品牌资产的来源途径,但由于在对品牌资产各维度(如品牌意识、品牌联想、感知质量和品牌忠诚)进行实际测量的时候,借用的是通行的品牌资产量表(Yoo and Donthu,2001),因此,现有研究还只是证实了代际影响对品牌资产的贡献,而未能直接估量代际品牌资产的大小。本章的定量研究正是要解决这个问题,这以开发全新量表为基本前提。

第二节　研究二:定量研究

一、量表发展、问卷编制与调研设计

基于上述的定性研究及提出的代际品牌资产维度,结合 Bravo、Fraj 和 Martínez(2007a,2007b),Bravo、Fraj 和 Montaner(2008),Viswanathan、

Childers 和 Moore(2000)，及 Olsen(1993)等研究及有关测项，我们编制代际品牌资产初始量表，对其进行表面效度和内容效度检核后，最终形成了由25 题构成的正向代际品牌资产量表(IGBE-F)和17 题构成的反向代际品牌资产量表(IGBE-R)，共计 42 题，其中自行编写的为 27 题。

调查问卷共有两套，同第八章的研究设计，分别适用于下一辈(正向品牌资产)和上一辈(反向品牌资产)。主要内容包括：(1)代际品牌资产部分，我们基于定性研究和参考关于代际影响在品类差异上的文献(Moore-Shay and Lutz，1988；Heckler，Childers and Arunachalam，1989；Childers and Rao，1992；Moore，Wilkie and Lutz，2002)，选取了八大消费品作为测试品类，要求被试从这些品类中选取受父母或子女影响最大的品类，进而填写一个在该品类内印象最深刻的品牌名称，以此品牌进行代际品牌资产的评价，采用 Likert7 点量表；(2)选用 Yoo 和Donthu(2001)开发的总体品牌资产(overall brand equity，OBE)量表，作为效标效度，共 4 题，同样采用 Likert7 点量表进行评价；(3)背景资料，包括性别、年龄、教育程度、职业、收入，以及与父母分开居住的时间等基本信息。整个施测过程及样本情况同第八章的研究(详见表 8-1)。

二、 结果分析(一)：正向代际品牌资产量表(IGBE-F)

(一)探索性因子分析

首先进行项目—总体相关性分析，删除相关系数小于 0.4 的 3 个测项，保留 22 个测项。再进行因子负荷检验，根据 Nunnally 和 Bernstein (1994)的观点，对旋转后测项的因子负荷小于 0.40 或者同时在两个因子上的负荷都大于 0.40 者做删除处理，结合语义分析，最终保留 17 个测项。采用正交转轴的主成分因子分析法(KMO 值为 0.847；巴特利特球体检验的 $\chi^2 = 2\,575.061(df = 136,\ sig = 0.000)$)，得到四个因子。根据各个因子的测项构成，分别命名为品牌信任/忠诚、品牌意识、情感联想和感知质量。总量表的 Cronbach α 系数为 0.88，达到了 Nunnally 和Bernstein(1994)对量表开发信度的要求。表 10-1 为因子分析的相关统计量。

表 10-1　正向代际品牌资产的测项及因子负荷

测　　项	因子负荷[a]			
	品牌信任/忠诚	品牌意识	情感联想	感知质量
1. 我觉得我母亲(父亲)推荐的这个品牌确实很好	**0.850**	0.059	−0.015	0.158
2. 我接受母亲(父亲)的推荐后尝试这个品牌,确实不错	**0.823**	0.174	0.066	0.003
3. 因为我母亲(父亲)一直用这个品牌,我也会继续用	**0.762**	−0.100	0.349	0.137
4. 我购买这种产品的时候就认准这个品牌,因为母亲(父亲)告诉我质量有保证	**0.761**	0.119	0.252	0.115
5. 我相信我母亲(父亲)对这个品牌质量的评价	**0.744**	0.194	−0.087	0.160
6. 受我母亲(父亲)的影响,我使用这个品牌产品已经习惯了	**0.674**	−0.145	0.287	0.265
7. 我从母亲(父亲)那里知道这个品牌	0.074	**0.907**	0.117	0.162
8. 我最初从我母亲(父亲)那里了解到这个品牌	0.057	**0.896**	0.074	0.110
9. 我从母亲(父亲)那了解到关于这个品牌的信息	0.130	**0.804**	0.103	0.328
10. 每次看到这个品牌我就想到我的童年	0.010	0.105	**0.862**	−0.005
11. 这个品牌唤起我美好的回忆	0.160	0.191	**0.769**	0.096
12. 对我来说这个品牌就是某某产品的代名词	0.206	−0.100	**0.680**	0.123
13. 这个品牌让我想起我的母亲(父亲)	0.064	0.351	**0.551**	0.358
14. 我知道母亲(父亲)为什么喜欢这个品牌	0.089	0.092	−0.022	**0.816**
15. 我母亲(父亲)跟我介绍过这个品牌的优点	0.140	0.260	0.136	**0.800**
16. 购买母亲(父亲)推荐的这个品牌有很多好处	0.292	0.216	0.166	**0.543**
17. 我母亲(父亲)教我如何辨识这个品牌	0.204	0.128	0.397	**0.510**
初始特征值	5.82	2.56	1.84	1.23
抽取的方差贡献率%(累计 67.37%)	34.27	15.06	10.84	7.22
转轴后的方差贡献率%	22.47	28.40	15.38	13.61
测项数	6	3	4	4
平均值[b]	4.81	4.82	4.50	4.10
标准差	1.38	1.80	1.30	1.51
因子 Cronbach α 系数	0.89	0.90	0.74	0.76

注:a.抽取方法为主成分方法;转轴法:Kaiser 正规化最大变异法;转轴收敛于 6 次迭代。因素负荷量大于 0.4 者标以黑粗体。b.采用 Likert7 点量表,分值介于 1—7 之间。

（二）验证性因子分析

采用最大似然法进行验证性因子分析。首先以探索性因子分析得出的四因素模型为原始模型，进行验证性分析。根据拟合指数和修正指数，结合测项含义分析进行调整，删除了 2 个测项（即表 1 中测项 9 和测项 12），保留 15 个测项，得到四因素的修正模型。但修正模型的拟合指数仍然不够理想，RMSEA 为 0.094，相对指数均小于 0.9。详见表 10-2。

表 10-2　正向代际品牌资产模型的验证性因子分析

模　型	绝对指数				相对指数		简约指数	
	$\chi^2(df)$	χ^2/df	RMSEA	GFI	NNFI	CFI	PNFI	PGFI
四因子（原始）	288.29(113)	2.55	0.102	0.82	0.81	0.84	0.64	0.60
四因子（修正）	195.14(84)	2.32	0.094	0.85	0.85	0.88	0.65	0.60
五因子（原始）	252.03(109)	2.31	0.094	0.83	0.84	0.87	0.64	0.59
五因子（修正）	162.66(80)	2.02	0.083	0.87	0.88	0.91	0.64	0.58

根据我们通过定性研究得出的正向代际品牌资产五因素假设，再进行五因素模型的验证性因子分析，即将探索性因子分析中得出的"品牌信任/忠诚"维度分拆为两个因子"品牌信任"（测项 1、2 和 5）与"品牌忠诚"（测项 3、4 和 6），最后对五因子模型进行修正，同样逐步删除了测项 9 和测项 12，最终形成 15 个测项的修正模型，与四因子的修正模型相比，χ^2 减少了 32.48（$p<0.01$），其他指数均有所提高，成为四个模型中的最优模型，大部分拟合指数都达到了"良好"模型的要求，为此我们确定，五因子修正模型为最终的正向代际品牌资产量表的结构及测项构成。

（三）信度和效度分析

首先检验五因子结构的组合信度，五个潜变量的组合信度指标介于 0.69—0.81，高于 Bagozzi 和 Yi(1988)推荐的大于 0.6 的要求，除第四维度情感联想的组合信度为 0.69 外，其他四个维度的组合信度达到 Fornell 和 Larcker(1981)推荐的更理想的 0.70 的标准。15 个测项的标准化系数介于 0.55—0.90，T 值远大于 1.96，大部分测项的信度（平均复相关系数）都高于 Fornell 和 Larcker(1981)以及 Bagozzi 和 Yi(1988)推荐的高于 0.50 的要求。详见表 10-3。

使用平均方差抽取量(AVE)评价量表的收敛效度。经计算,五个因子的 AVE 值介于 0.43—0.79 之间,除第四维度情感联想的 AVE 值为 0.43外,其他四个维度均达到 Fornell 和 Larcker(1981)以及 Bagozzi 和 Yi(1988)提出的大于 0.50 的要求,这表明对于这四个维度来说,潜变量方差高于测量误差对于总方差的贡献。此外,五个潜变量相关系数在 0.15—0.64 之间,每个变量 AVE 值的平方根都大于该变量与其他变量之间的相关系数,这表明变量具有良好的区分效度。详见表 10-4。

表 10-3　正向代际品牌资产最优模型的变量载荷、组合信度和平均方差抽取量

潜变量	观察变量	标准化载荷(T 值)	标准误差	测量误差	ρ_c	AVE
品牌信任	项目 1($\lambda_{1,1}$)	0.74(11.65)	0.09	0.28	0.76	0.51
	项目 2($\lambda_{2,1}$)	0.62(7.86)	0.11	0.61		
	项目 5($\lambda_{3,1}$)	0.72(9.46)	0.09	0.48		
品牌忠诚	项目 3($\lambda_{4,2}$)	0.83(11.56)	0.11	0.30	0.81	0.58
	项目 4($\lambda_{5,2}$)	0.74(9.84)	0.11	0.45		
	项目 6($\lambda_{6,2}$)	0.71(9.32)	0.13	0.50		
品牌意识	项目 7($\lambda_{7,3}$)	0.88(10.46)	0.18	0.23	0.81	0.79
	项目 8($\lambda_{8,3}$)	0.90(10.69)	0.18	0.19		
情感联想	项目 10($\lambda_{9,4}$)	0.65(7.66)	0.14	0.58	0.69	0.43
	项目 11($\lambda_{10,4}$)	0.68(8.04)	0.14	0.54		
	项目 13($\lambda_{11,4}$)	0.64(7.55)	0.16	0.59		
感知质量	项目 15($\lambda_{12,5}$)	0.83(11.57)	0.13	0.30	0.81	0.53
	项目 14($\lambda_{13,5}$)	0.73(9.17)	0.13	0.46		
	项目 16($\lambda_{14,5}$)	0.76(10.25)	0.11	0.42		
	项目 17($\lambda_{15,5}$)	0.55(6.74)	0.13	0.70		

表 10-4　正向代际品牌资产各潜变量 AVE 值与相关系数

潜变量	品牌信任	品牌忠诚	品牌意识	情感联想	感知质量
品牌信任	0.71				
品牌忠诚	0.64 **	0.76			
品牌意识	0.18 **	0.15 **	0.89		
情感联想	0.26 **	0.39 **	0.34 **	0.66	
感知质量	0.34 **	0.39 **	0.38 **	0.43 **	0.73

注:** $p < 0.01$;对角线为 AVE 值的平方根。

将 Yoo 和 Donthu(2001)开发的总体品牌资产(OBE)量表作为效标,以验证我们开发的正向代际品牌资产的收敛效度。结果显示,品牌信任、品牌忠诚、品牌意识、情感联想、感知质量五个维度与效标之间的相关系数分别为 0.50、0.60、0.07、0.29 和 0.24,品牌意识与总体品牌资产之间未呈显著相关,其余均达到显著相关水平($p<0.01$)。正向代际品牌资产量表总分与效标之间的相关为 0.49($p<0.01$),为中等显著相关,证明正向代际品牌资产量表与总体品牌资产构念之间既有良好的收敛效度,又有明显的区分效度。

三、 结果分析(二):反向代际品牌资产量表(IGBE-R)

(一)探索性因子分析

采用与上述数据分析相同的步骤,对反向代际品牌资产量表进行探索性因子分析后,保留了 12 个题目,获得三因子维度,根据各个因子的测项构成,分别命名为品牌忠诚/感知质量、情感联想和品牌意识。KMO 值为0.887,巴特利特球体检验的 $\chi^2=1\,096.733(df=66,\,sig=0.000)$。总量表的 Cronbach α 系数为 0.90,达到了 Nunnally 和 Bernstein(1994)对量表开发信度的要求。表 10-5 为因子分析的相关统计量。

表 10-5　反向代际品牌资产的测项及因子负荷

测　　　项	因子负荷[a]		
	品牌忠诚/感知质量	情感联想	品牌意识
1. 我现在自己也会去购买这个品牌的产品	**0.849**	0.160	0.099
2. 我自己以后还会再购买这个品牌的产品	**0.834**	0.179	0.134
3. 我会向同龄人推荐这个品牌	**0.815**	0.071	0.144
4. 我认为我孩子推荐的这个品牌比我以前使用的别的品牌都好	**0.749**	0.277	0.185
5. 我用了我孩子推荐的这个品牌感觉确实不错	**0.646**	0.321	0.279
6. 我的孩子让我相信要买高品质产品,选择这个品牌没错	**0.610**	0.455	0.189
7. 使用这个品牌让我觉得自己像我的孩子一样,变年轻了	0.335	**0.795**	0.179
8. 从这个品牌上我体会到我孩子对我的爱	0.360	**0.777**	0.112
9. 这个品牌会让我想到与我的孩子在一起的时候	0.047	**0.708**	0.384

（续表）

测　　项	因子负荷[a]		
	品牌忠诚/ 感知质量	情感 联想	品牌 意识
10. 我是从我的孩子那里知道这个品牌	0.168	0.071	**0.861**
11. 我从我的孩子那里了解到很多关于这个品牌的信息	0.356	0.244	**0.690**
12. 看到这个品牌我就想到这是我孩子向我推荐的	0.085	0.403	**0.674**
初始特征值	5.87	1.52	0.92
抽取的方差贡献率%（累计69.25%）	48.92	12.65	7.69
转轴后的方差贡献率%	31.97	20.11	17.17
测项数	6	3	3
平均值[b]	4.92	4.54	5.06
标准差	1.40	1.55	1.45
因子Cronbach α 系数	0.90	0.79	0.73

注:a.抽取方法为主成分方法;转轴法:Kaiser正规化最大变异法;转轴收敛于5次迭代。因素负荷量大于0.5者标以黑粗体。b.采用Likert7点量表,分值介于1—7之间。

（二）验证性因子分析

采用最大似然法,以探索性因子分析得出的三因素模型为基础,进行验证性分析,作为三因子原始模型。根据拟合指数和修正指数进行调整,删除了第一个测项,即"我现在自己也会去购买这个品牌的产品",共保留11个题目,从而建立了三因子的修正模型。三因子模型的各项指标已经达到比较理想的水平,表现为RMSEA小于0.08,CFI和NNFI值也大于0.09。但是,由于我们在定性研究中提出的是四因子假设,因此接下来我们要再验证四因子模型,即将三因子的第一个维度拆分为品牌忠诚(测项1、2和3)和感知质量(测项4、5和6)。结果发现,四因子的模型经过修正后(同样删除了第一个测项),各项指标均比三因子的修正模型更为理想,表现在 χ^2 值和RMSEA均有所减少,而相对指数均有所增加(见表10-6)。因此在本研究中,我们认为四因子修正模型为最优模型。

表 10-6 反向代际品牌资产模型的验证性因子分析

模　　型	绝对指数				相对指数		简约指数	
	$\chi^2(df)$	χ^2/df	RMSEA	GFI	NNFI	CFI	PNFI	PGFI
三因子(原始)	173.21(51)	3.39	0.126	0.84	0.85	0.88	0.65	0.55
三因子(修正)	74.61(41)	1.82	0.074	0.92	0.93	0.95	0.67	0.57
四因子(原始)	90.53(48)	1.89	0.077	0.91	0.94	0.96	0.66	0.56
四因子(修正)	60.96(38)	1.60	0.063	0.93	0.95	0.97	0.64	0.54

（三）信度和效度分析

进一步验证四因子修正模型的信度,采用组合信度指标以及抽取的方差值进行检验。四个潜变量的组合信度介于 0.75—0.85 之间,均大于 0.7 的更优标准(Fornell and Larcker,1981);11 个测项的标准化系数介于 0.66—0.89 之间,绝大部分测项的信度(平均复相关系数)都高于 Fornell 和 Larcker(1981)以及 Bagozzi 和 Yi(1988)推荐的高于 0.50 的要求(详见表 10-7)。接下来,使用平均方差抽取量(AVE)评价量表的收敛效度。经计算,三个因子的 AVE 介于 0.55—0.66,符合 Fornell 和 Larcker(1981)以及 Bagozzi 和 Yi(1988)推荐的大于 0.50 的要求。这表明潜变量方差高于测量误差对于总方差的贡献。此外,四个潜变量相关系数在 0.34—0.71,每个变量 AVE 值的平方根都大于该变量与其他变量之间的相关系数,这表明变量具有良好的区分效度(见表 10-8)。

表 10-7 反向代际品牌资产最优模型的变量载荷、组合信度和平均方差抽取量

潜变量	观察变量	标准化载荷(T 值)	标准误差	测量误差	ρ_c	AVE
品牌忠诚	项目 2($\lambda_{1,1}$)	0.73(9.43)	0.13	0.46	0.75	0.59
	项目 3($\lambda_{2,1}$)	0.81(10.50)	0.15	0.35		
感知质量	项目 4($\lambda_{3,2}$)	0.82(11.66)	0.12	0.33	0.85	0.66
	项目 5($\lambda_{4,2}$)	0.82(11.72)	0.12	0.33		
	项目 6($\lambda_{5,2}$)	0.80(11.24)	0.10	0.37		
情感联想	项目 7($\lambda_{6,3}$)	0.76(10.21)	0.12	0.43	0.83	0.62
	项目 8($\lambda_{7,3}$)	0.89(12.68)	0.13	0.21		
	项目 9($\lambda_{8,3}$)	0.69(9.08)	0.13	0.52		
品牌意识	项目 10($\lambda_{9,4}$)	0.66(8.12)	0.17	0.56	0.78	0.55
	项目 11($\lambda_{10,4}$)	0.72(9.03)	0.13	0.48		
	项目 12($\lambda_{11,4}$)	0.89(9.80)	0.14	0.40		

表 10-8 反向代际品牌资产各潜变量 AVE 值与相关系数

潜变量	品牌忠诚	感知质量	情感联想	品牌意识
品牌忠诚	0.77			
感知质量	0.71**	0.81		
情感联想	0.41**	0.60**	0.79	
品牌意识	0.34**	0.50**	0.52**	0.74

注：** $p<0.01$；对角线为 AVE 值的平方根。

将总体品牌资产量表（Yoo and Donthu，2001）作为收敛效度的效标，反向代际品牌资产量表的品牌忠诚、感知质量、情感联想和品牌意识四个维度与效标之间的相关系数分别为 0.58、0.72、0.45 和 0.41，均达到显著水平（$p<0.01$）。反向代际品牌资产量表总分与效标之间的相关系数为 0.67（$p<0.01$），证明反向代际品牌资产量表与总体品牌资产构念之间既有良好的收敛效度，又有明显的区分效度。

四、结果分析(三)：代际品牌资产量表的应用

(一) 正向代际品牌资产量表(IGBE-F)的实际测评

为进一步验证量表在实际应用中的区分效度，我们将总样本中被试选择的八大品类按照个人用品（包括鞋帽和服饰、数码产品和个人护肤品）和家用公共品（包括家用电器、厨卫用品、家庭清洁用品、厨房调味品、食品），以及选购品（包括鞋帽和服饰、数码产品、家用电器、厨卫用品）和便利品（包括个人护肤品、家庭清洁用品、厨房调味品、食品）两种分类标准做进一步划分，采用独立样本 T 检验的方法，对品类上存在的正向代际品牌资产的差异性进行验证。结果发现在正向代际间的品牌忠诚上，家用公共品显著高于个人用品（$T=2.94$，$p<0.01$），这与 Heckler、Childers 和 Arunachalam(1989)以及郭朝阳和陈畅(2007)的研究结论一致；而在正向代际间的品牌忠诚、品牌意识、情感联想和总体品牌资产上，便利品均显著地高于选购品（$p<0.05$），这与 Childers 和 Rao(1992)以及郭朝阳和陈畅(2007)的研究结论一致。我们再采用方差分析的方法详细比较了总样本中被选频数较多（$n>30$）的 5 个品类上的品牌资产差异性。结果显示，厨房调味品在品牌信任、品牌忠诚和品牌意识上均显著较

高;而家用电器类在品牌意识上获得的评价显著较低。这揭示了不同的品类具有不同的品牌资产传承性,同时也验证了本研究发展的正向代际品牌资产量表具有实际应用上的区分效度(详见表10-9)。

表 10-9　各品类的正向品牌代际资产比较

	鞋类和服饰(a)	家庭清洁用品(b)	家用电器(c)	食品(d)	厨房调味品(e)	平均
品牌信任	5.10[e]	5.24	5.33	5.37	5.58[a]	5.31
品牌忠诚	4.03[a, d, e]	4.63[a]	4.42[e]	4.76[a]	5.15[a, c]	4.54
品牌意识	4.79[c]	5.07[c]	4.11[a, b, d, e]	4.84[c]	5.20[c]	4.78
情感联想	3.76[d]	4.18	3.77	4.24[a]	3.87	3.95
感知质量	4.38	4.37	4.39	4.28	4.55	4.39
正向品牌资产总体	4.36[d, e]	4.67[e]	4.42[e]	4.68[a]	4.83[a, c]	4.57
总体品牌资产(效标)	4.32[c, d, e]	4.60[d, e]	4.93[a]	5.11[a, b]	5.21[a, b]	4.80
样本量	70	41	49	60	41	261

注:表中数字代表平均值;a, b, c, d, e 分别代表各个品类,数值右上方的上标字母代表该品类与该列的品类相比存在显著差异性,显著性水平在 0.001—0.05 之间。

此外,我们还特别检验本土老字号品牌的代际传承情况,从总样本中筛选出子代评价的本土老品牌($n=68$),采用单样本 T 检验的方法与总体样本进行差异比较,发现在正向代际品牌资产的各个维度及总体上均不存在显著的差异。这一结果呼应了第六章第一节的研究结果,即本土老字号在品牌资产传承上已产生"隔断"现象。

(二)反向品牌资产量表(IGBE-R)的实际测评

进一步分析在不同品类上的反向代际品牌资产,结果发现在品牌忠诚上,家庭公用品显著高于个人用品($T=2.93$,$p<0.01$),说明在家庭公用品上父母受子女的影响相对较大,这与正向代际影响的结论相同;但是,在选购品和便利品上,反向代际品牌资产的各个维度和总体都不存在显著差异,也就是说,反向代际影响不受选购品或便利品的品类影响,这是与正向代际影响不同的方面。接下来,采用方差分析具体比较在被选频数较多($n>30$)的 4 个品类上反向代际品牌资产的差异性。结果发现,数码产品在品牌忠诚、感知质量和品牌意识上的得分显著较高,而鞋类和服饰在上述三个维度上获得的评价均显著较低。这揭示了不同的品类具有不同的反向品牌资产来源特征,同时也验证了本研究发展的反向代际品牌资产量表具有实际应用上的区分效度(详见表 10-10)。

表 10-10 各品类的反向品牌代际资产比较

	个人护肤品(a)	鞋类和服饰(b)	食品(c)	数码产品(d)	平均值
品牌忠诚	4.83[b, d]	4.13[a, c, d]	5.08[b]	5.33[a, b]	4.75
感知质量	5.36[b]	4.72[a, c, d]	5.22[b]	5.38[b]	5.11
情感联想	4.82	4.69	4.82	4.74	4.75
品牌意识	5.16[b]	4.68[a, d]	5.04	5.27[b]	4.99
反向品牌资产总体	5.07[b]	4.60[a, c, d]	5.01[b]	5.17[b]	4.91
总体品牌资产(效标)	5.25[b]	4.79[a, c, d]	5.42[b]	5.55[b]	5.19
样本数	55	107	48	81	291

注:表中数字代表平均值;a,b,c,d,e 分别代表各个品类,数值右上方的上标字母代表该品类与该列的品类相比存在显著差异性,显著性水平在 0.001—0.05 之间。

除此之外,我们还对具体品牌的反向代际资产进行检验,在总样本的上代样本中选择被选频数最高的两个品牌耐克($n = 33$)和诺基亚($n = 28$),采用单样本 T 检验的方法分别检验这两个品牌与总样本之间在反向代际资产上的差异。结果表明:耐克在品牌意识上达到边缘显著水平($T = 2.03$,$p = 0.051$),诺基亚在品牌忠诚($T = 2.20$,$p < 0.01$)、感知质量($T = 2.42$,$p < 0.01$)以及总体品牌资产($T = 2.08$,$p < 0.01$)上均达到显著差异水平,即其评价高于总样本的平均值。耐克和诺基亚均为著名的国外品牌,这提示我们国外品牌可能在反向代际影响中具有更突出的品牌资产生成特性。

五、 结论与 IGBE 量表的应用

本章详细介绍了代际品牌资产量表的开发过程。我们首先通过定性研究提出正向和反向代际品牌资产维度结构的假设,发现品牌意识、情感联想、感知质量和品牌忠诚这四个维度为正向和反向代际品牌资产所共有,此外,正向代际品牌资产还具有品牌信任这一独特维度。在定量研究中,我们采用探索性因子分析和验证性因子分析相结合的方法对量表结构和测项构成进行验证和修整,通过对信度和效度的检验,最终确定了量表的结构内容,结果与本章的定性研究一致。应用本研究开发的量表,对实际品类和品牌进行测评发现,不同品类及品牌具有不同特征的正向品牌资产或反向品牌资产。这进一步表明了本章所开发量表的有效性。

本章的理论贡献在于通过定性研究,在中国文化背景下进一步印证了 Moore、Wilkie 和 Lutz(2002)提出的代际影响可以成为一种重要的品牌资产来源的主张;更为重要的是,本章通过定量研究明确提出并验证了代际品牌资产的构成维度和测量方式,把理论构念推进到了实际应用的阶段。以往对构成维度问题的研究,我们仅发现有基于西班牙背景的定性研究探讨(Bravo,Fraj and Martínez,2007b),并没有对代际品牌资产的实际测量研究。

本章的理论贡献还在于,检验了通行的品牌资产结构(Aaker,1991;Keller,1993)在代际影响领域的适合性及可能存在的特殊性。本研究表明,在代际品牌资产领域,同样存在品牌意识、感知质量和品牌忠诚,但品牌联想则聚焦为情感联想。究其原因,主要是因为在中国社会背景中上下代之间存在明显的世代差异,他们的消费动机和评价方式并不相同,这导致他们对同一品牌所联想到的属性或利益并不一致。但是,由品牌这个载体所联结的情感具有上下代之间的共通性,因而这种情感联想就成为代际品牌资产的构成来源。此外,本章还表明,属于消费者—品牌关系领域的品牌信任明显地可以由上代传承至下代,成为正向代际品牌资产的构成。这表明关系理论(Fournier,1998)是对品牌资产研究的有益拓展,呼应了在品牌资产来源研究方面,需要融合认知心理和社会心理两大视角的观点(何佳讯,2006a)。

本章同时结合了正向和反向两大方面来研究代际品牌资产,这在消费行为代际影响领域并不多见。在中国转型社会环境,探究处于成人后阶段的子女影响父母的消费行为对开拓中老年消费市场具有重要管理含义。本章提出了反向代际品牌资产的概念,同时建构了其维度,发现与正向代际品牌资产并不完全一致。在应用反向代际资产量表进行实际测评的过程中,我们发现反向代际品牌资产强弱不受选购品/便利品的品类影响。此外,国外著名品牌的反向代际资产表现更强,这些结论并不存在于正向代际品牌资产领域。这表明,正向代际品牌资产与反向代际品牌资产具有不同的表现特征,它们既具有共同性,也存在差异性。

在管理方面,本章开发的代际品牌资产量表(IGBE)可以直接应用于不同品类和品牌的测评,这把代际影响是否成为品牌资产一般来源的讨论(Moore,Wilkie and Lutz,2002)推进到可以明确回答和客观衡量的阶段。营销者可以利用本量表方便地进行代际品牌资产的评估,确定代际影响在品牌资产生成过程中的作用强弱,以便为如何开展家庭营销提供基础性决策依据。不仅如此,营销者还可以了解到所管理的品牌在代际品牌资产各维度上的表现,具体地把握其构成成分与强度,以便有针对性地制定营销策略来提高品牌意识、唤起情感联想、强化感知质量、建立品牌忠诚,或是传承品牌信任。

附　录

消费者代际品牌资产量表(IGBE)

正向代际品牌资产量表(IGBE-F)

品牌意识

1. 我从母亲(父亲)那里知道这个品牌

2. 我最初从我母亲(父亲)那里了解到这个品牌

情感联想

3. 每次看到这个品牌我就想到我的童年

4. 这个品牌唤起我美好的回忆

5. 这个品牌让我想起我的母亲(父亲)

感知质量

6. 我知道母亲(父亲)为什么喜欢这个品牌

7. 我母亲(父亲)跟我介绍过这个品牌的优点

8. 购买母亲(父亲)推荐的这个品牌有很多好处

9. 我母亲(父亲)教会我如何辨识这个品牌

品牌信任

10. 我觉得我母亲(父亲)推荐的这个品牌确实很好

11. 我接受母亲(父亲)的推荐后尝试这个品牌,确实不错

12. 我相信我母亲(父亲)对这个品牌质量的评价

品牌忠诚

13. 因为我母亲(父亲)一直用这个品牌,我也会继续用

14. 我购买这种产品的时候就认准这个品牌,因为母亲(父亲)告诉我质量有保证

15. 受我母亲(父亲)的影响,我使用这个品牌产品已经习惯了

（续表）

反向代际品牌资产量表（IGBE-R）

品牌意识

1. 我是从我的孩子那里知道这个品牌

2. 我从我的孩子那里了解到很多关于这个品牌的信息

3. 看到这个品牌我就想到这是我孩子向我推荐的

情感联想

4. 使用这个品牌让我觉得自己像我的孩子一样，变年轻了

5. 从这个品牌上我体会到我孩子对我的爱

6. 这个品牌会让我想到与我的孩子在一起的时候

感知质量

7. 我认为我孩子推荐的这个品牌比我以前使用的别的品牌都好

8. 我用了我孩子推荐的这个品牌感觉确实不错

9. 我的孩子让我相信要买高品质产品，选择这个品牌没错

品牌忠诚

10. 我现在自己也会去购买这个品牌的产品[a]

11. 我自己以后还会再购买这个品牌的产品

12. 我会向同龄人推荐这个品牌

注：a. 在本章中做了删除处理。

第十一章
消费者怀旧倾向量表的开发与验证

"怀旧"既是一个时常被热议的社会话题,又是一个长期以来被心理学(Fodor,1950)、社会学(Davis,1979)、医学(Hirsch,1992)等多学科学者所关注的研究主题。在营销学领域,有关消费者怀旧的研究兴起于20世纪90年代前后(Holbrook and Schindler,1989;Belk,1990;Havlena and Holak,1991)。近20年来,学者们围绕它的概念、性质和形成机制(例如:Holbrook and Schindler,1991;Schindler and Holbrook,2003)、结构和测量(例如:Holbrook,1993;Pascal,Sprott and Muehling,2002;Schindler and Holbrook,2003),以及与消费行为和品牌态度之间的关系(例如:Zimmer,Little and Griffiths,1999;Rindfleisch,Freeman and Burroughs,2000;Muehling and Sprott,2004)等问题,发表了一批代表性研究成果,不仅奠定了这个领域的理论性基础,也对指导市场细分(Holbrook and Schindler,1996)、品牌复兴(Brown,Kozinets and Sherry,2003)和广告策略(Pascal,Sprott and Muehling,2002)等营销实践提供了独特的视角和重要的价值。

消费者怀旧涉及心理学中的自我、情绪/情感、记忆、认知等广泛领域(Wildschut et al.,2006;Ji et al.,2009),因而显示出这一构念的重要作用和经典地位。作为对这一议题的研究开展,如何对怀旧倾向进行测量和应用又是一项基础性工作。对此西方学者已开发出各具特色的多个量表(McKechnie,1977;Taylor and Konrad,1980;Holbrook,1993;

Batcho，1995)，其中要数 Holbrook(1993)的"怀旧倾向"量表最具影响力。Schindler 和 Holbrook(2003)的研究曾显示出这个量表在预测怀旧现象方面略具优势。然而，在国内开展的有关研究中(何佳讯等，2007；何佳讯和秦翕嫣，2008)，这个量表却并未显现出令人满意的甚至是合理的结果。因此，本章的目的试图解释其中存在的原因，在此基础上采用主位(emic)方法开发基于中国背景的消费者怀旧量表(CHINOS)，同时与来自西方的同类量表进行效度方面的比较，以表明在消费者行为的某些领域，相对于翻译(translation)、改编(adaptation)、去背景化(de-contextualization)等多种量表发展方法，以开发一个全新量表为目的的背景化(contextualization)方法(Farh，Cannella and Lee，2006)有时是必须且十分重要的。

第一节　理　论　背　景

一、　消费者怀旧的构成与怀旧倾向测量

一般地，怀旧是指对过去的渴望，对昨日的怀念，或是与对往昔岁月相关联的所有和活动的喜爱(Holbrook，1993)。它是一种情感记忆而非认知记忆(Belk，1990)，具有情感和记忆相结合的特点(Muehling and Spott，2004)。Holbrook 和 Schindler(1991)对之做出的定义是：怀旧是对客体(人、地方或事物)的一种偏好(总体喜爱、积极态度或赞许的情感)，而这些客体更常见(流行、时髦或广泛流传)于某人更年轻的时候(成年早期、青春期、儿童时代，甚至出生前)。为探究怀旧如何对消费偏好产生影响，Schindler 和 Holbrook(2003) 提出一个整合模型加以概括。在这个模型中，年龄、性别和产品类别等影响强烈的情感性消费，其间同时受到生物学机制和环境学机制的影响；强烈的情感性消费体验又导致形成怀旧性消费偏好，其间受到个体的怀旧倾向(nostalgia proneness)的调节性影响。这里的"怀旧倾向"，是指个体对过去的态度，它是一个心理特征变量，反映生活方式或顾客的一般性特征，可以区分出相同年龄消费者的差异程度 (Holbrook，1993)，属于消费者特定价值观的领域

(Steenkamp and de Jong，2010)。"怀旧倾向"构念引导我们对怀旧现象的研究进入到可以测量的个体层面,这对深入把握怀旧的性质和作用机制是十分关键的。

如何对怀旧倾向进行测量,需要探究怀旧的基本构成要素。尽管学者们的看法不完全相同,但 Havlena 和 Holak(1996)的四分法具有很好的概括性。在他们的研究中,怀旧被归纳为两个维度:基于个人(personal)经验或是集体(collective)经验,基于直接经验或是间接经验。个人经验强调个体的经历,每个人的"过去自我"存在差异;而集体经验指向对文化、历史、生活的共同体验和象征认同。这两个维度的结合得到四种不同的类型:个人怀旧(personal nostalgia)、人际怀旧(interpersonal nostalgia)、文化怀旧(cultural nostalgia),以及虚拟怀旧(virtual nostalgia)。上述这两个维度被Davis(1979)称为个人怀旧(personal nostalgia)和共有怀旧(communal nostalgia),真实怀旧(real nostalgia)和代际怀旧(intergenerational nostalgia,如与上代人的接触交流而产生对过去的怀念)。其中,间接经验的怀旧也被称为历史怀旧(historical nostalgia,参见:Stern，1992；Pascal，Sprott and Muehling，2002)或模仿怀旧(simulated nostalgia,参见:Baker and Kennedy，1994)。这些维度和类型界定了理解怀旧的基本范畴,涵盖了怀旧内容的实际构成,为测量怀旧倾向提供了理论基础和基本指向。

到目前为止,西方学者已开发出数个量表测量消费者的怀旧倾向,以及对过去态度的相关问题。其中影响较大的是 Holbrook(1993)开发的含有 20 个测项的怀旧指标。从这些测项的内涵看,这个量表都为集体经验指向,包括直接或间接的经验。Holbrook(1993)曾对之简化处理,通过探索性和验证性因子分析法提炼出含 8 个测项的怀旧倾向量表。在Reisenwitz、Iyer 和 Cutler(2004)的实证研究中,这 8 个测项区分出宏观和微观两个维度。此外,Batcho(1995)也开发含有 20 个测项的怀旧清单(nostalgia inventory),该量表的特点是只提示怀旧对象(人、事、物),让被试评价对它们的怀念程度。尽管通过探索性因子分析发现存在 5 个因子,但都属于个人直接经验的范畴。由此可见,在 Havlena 和 Holak

(1996)的框架下,这两个量表各显特色,具有很强的互补性。

除了上述量表外,以环境心理学为背景,McKechnie(1977)开发有古物兴趣(antiquarianism)量表,共有 20 个测项,Taylor 和 Konrad(1980)开发有体验量表(experience scale),共有 12 个测项。这两个量表的构成都主要属于个人经验维度。Schindler 和 Holbrook(2003)在研究怀旧倾向对消费偏好影响的关系中,曾比较了 Holbrook(1993)的怀旧倾向量表与上述两个量表的信度和效度。结果表明,Holbrook(1993)的量表($\alpha =$ 0.81)、Taylor 和 Konrad(1980)的量表($\alpha = 0.71$)具有良好的信度,而 McKechnie(1977)的量表信度处于边际接受水平($\alpha = 0.61$)。从区分效度看,含有三个量表所有 52 个测项的因子分析结果得到两个维度,McKechnie(1977)量表与 Taylor 和 Konrad(1980)量表的所有测项构成"古物维度"(antiques dimension),主要涉及对往昔事物的喜好;而 Holbrook(1993)量表的所有测项构成另一个"衰退维度"(decline dimension),主要指对过去的喜好,它倾向于关注这样的信念:时间的流逝伴随着环境(conditions)的衰退。这是可以理解的,因为前者的构成多属于个人经验指向,而后者属于集体经验指向。这三个量表被 Schindler 和 Holbrook(2003)同时用于预测评价消费者早期对汽车流行风格偏好的经历如何影响他们毕生的消费偏好。结果表明,与基于 McKechnie-Taylor-Konrad 指数的古物维度相比,基于 Holbrook 指数的衰退维度能更好地对之进行预测。而作为个体心理特征变量的"怀旧倾向"起到了调节作用。

从上可见,怀旧倾向量表并不在于是否全面涵盖怀旧的范畴,但预测效度的检验十分重要,这是衡量量表解释能力和应用价值的关键所在。

二、 中国人的过去时间取向、过去自我与怀旧倾向

那么,上述在西方世界形成的怀旧测量量表是否适用于中国文化背景? 中国消费者的怀旧内容构成是否存在一些侧重点? 这需要立足于中国文化背景,首先进行学理上的剖析。

站在文化价值观的角度,怀旧属于"过去时间取向"的范畴,而后者是中国文化价值观的核心构成要素之一(Yau, 1988)。历史上的中国是把过去时间取向放在首位的社会,祖先崇拜和强烈的家庭传统都表明了这

一偏好。以传统为中心,伴生出这样一种信念:当前和未来出现的新事物都已经发生过(Kluckhohn and Strodtbeck,1961)。从文化人类学的角度看,由于中国文化建立在农耕基础上,与西方的游牧民族相比,中国人不愿意冒险和革新。为了保证有稳定的食物供应,沿用数千年来被证明有效的传统方法更为安全可靠(Yau,1988)。这就说明了为什么中国人具有"过去式"的思维方式:尊重历史事实;尊敬长者的意见;不轻易打破传统和固有格局。由于传统需要被很好地维护,因而中国人在评价事物时,来源、出身和背景变得非常重要。Ji 等人(2009)的研究表明,在处理和描述时间信息方面,中国人比加拿大人更注意过去信息。结合市场营销学的应用看,我们可以推断,品牌的历史和诞生时间长短成为消费者评价的重要因素,老品牌拥有独特的顾客信任基础,因此作为个体层面的怀旧倾向指标,将对消费者评价老品牌起到良好的正向预测作用。另一方面,由于在中国文化环境中,怀旧倾向反映了与本土文化相一致的价值取向,因此我们还可以推断,与折射西方文化价值的国外品牌相比,消费者的怀旧倾向更好地与体现本土文化价值的国产品牌的态度评价产生联系。

但我们先前的研究表明,在中国消费者群体中应用 Holbrook(1993)开发的怀旧倾向量表进行测量并不具有良好的信度(何佳讯等,2007),甚至出现怀旧倾向与老品牌态度评价出现负相关的结果(何佳讯和秦翕嫣,2008)。笔者认为,其原因可能是国外的怀旧量表并不适合国内消费者的缘故。如前所述,Holbrook(1993)的量表主要反映集体经验指向,它是消费者所处的社会、经济和文化环境的产物。众所周知,作为发展中国家,中国的政治制度、经济体制和社会发展历程与西方世界存在根本性差异,就过往的时代而言,这种差异更大。因而中西方民众的社会心理也存在相应差异。不仅如此,即便是个人经验指向,由于历史文化和物质基础的差异,作为建构和维持个人对过去感觉的"拥有物"(Belk,1990)也存在传统上的差异。这些差异表现在怀旧方面,就是中国人的怀旧"对象"与西方人存在区别,即便是相同的怀旧"对象",其重要性也存在差别。在第三章第二节的研究中,所使用的 Holbrook

（1993）怀旧量表，其大部分测项因项目—总体相关度太低而被删除处理，而且留下的测项都是反向句，都是着眼于未来而非过去的角度，一些句子测量的是人们有关经济和技术问题的看法和态度。在中国的"过去"年代中，这些并不能成为引发中国人"怀旧"情感的对象。因此可以说，Holbrook（1993）的"怀旧"量表并不能真正测量到中国人的"怀旧倾向"。

　　从心理学的角度看，怀旧本质上是消费者对"过去自我"的表达需要。本土社会心理学研究成果表明，传统中国人在心理和行为上存在十分容易受他人影响的强烈倾向，对他人系统的注意程度远高于对自己系统的注意程度，将社会观众对自己的看法看得比自己对自己的看法更为重要，外在的社会关系与社会压力在个人心灵中造成的比重，远远地压倒个人对自我心理状态的知觉程度（孙隆基，2004，p.236）。这种看法在 Hsu（1963）的情景决定论、何友晖等人（1991）的关系取向论，以及杨国枢（1993a）的他人取向与社会取向论中都得到了明确阐述。因此，中国人的自我是关系性自我，即个人超越自身实体，并使之与外在社会关系相结合，以追求两者间的和谐一致为目的，所界定的对自己的期许。在这里，私人的自我（私我）与社会的自我通常交织在一起，融为一体，甚至以社会自我覆盖私人自我。而在西方文化中，私人的自我与社会的自我明确区别并独立开来。这两者的差异源自中西文化中对"个人"与"社会"关系构想的不同（杨中芳，1991）。在中国背景中，《辞海》（2000）对怀旧的解释是"怀念往昔，怀念旧友"，可见"旧日有来往的人"是人们怀旧的主要内容之一。由于我们可以推断，在中国人的"过去自我"中，不可能脱离个体与社会关系联结方面的内容，也就是说，在中国文化背景的怀旧倾向构成要素及测量中，应该反映出中国人有关关系自我取向的维度。进一步地，对于中国本土背景下开发的怀旧倾向量表，应该在预测效度上表现出比西方量表来得更优的证据。

　　基于上述背景和考虑，本章试图立足中国文化背景，采用主位方法，开发全新的中国消费者怀旧倾向量表（Chinese nostalgia scale，CHINOS），并多方位地与西方同类量表进行比较，以验证本土化量表是否具有更优的预测效度,从而在一般意义上表明,在消费者行为研究的某些领域,本土化研究取向是必须且十分重要的。

第二节　研究方法与设计

一、 测项产生、初测与调整

作为量表开发的准备工作,采用定性研究的方法发展测项(Churchill,1979)。具体使用焦点小组,共4组,参与者全部为女性。其中18—24岁2组,共10人;25—30岁2组,共10人,总共为20人。通过围绕事前准备的问题展开讨论,激发出群体动力,深入引出参与者心中对怀旧的理解以及内容构成。主要讨论的问题包括:(1)如果提到"怀旧"这个词,你会想到什么?(2)选出能够代表怀旧情感的图片,并说明这张图片使你想到了什么? 代表了你哪些怀旧的感情? 为配合这一问题的讨论,特事先根据文献中提到的怀旧内容并结合中国背景,挑选出相关图片共50幅用于讨论。(3)如果现在要播放一个关于怀旧题材的电影,你认为什么样的电影才符合你心中有关怀旧电影的形象?(4)谈谈你是如何看待自己的过去的? 有无难忘的经历? 用具体事例说明。(5)现在生活的时代与你小时候生活的时代有无区别? 用具体事例说明。全部讨论都进行录音,事后转录成文本,共约计59 000字。

上述工作完成后,按照扎根理论的分析方法(Strauss, 1987;Stratuss and Corbin, 1990;陈向明,2000),进行了三级编码的资料分析工作,再由本书作者对测项做表面效度和内容效度的检核。结果发现,中国背景中消费者的怀旧也遵循个人怀旧与集体(社会)怀旧的基本维度,但除此之外,还存在"个人与社会结合的怀旧"维度,包括个人与亲朋好友、个人与团体/组织、个人与社会/环境等关系方面。也就是说,中国消费者对过去的怀念,无法不涉及个人的家庭生活和人际交往经历。这是中国人的关系自我在过去时间取向上的突出表现。

所有三个维度共包括14个子类,在预研究中,针对它们共开发出26个测项,并进行了一个有效样本为250份的初测。在本次的正式研究中,根据预研究结果对部分测项的描述进行了调整,并删改和增写有关句子,最后形成由 35 个句子构成的新测项群,完成本次作为正式量表编制和验证的准备工作。

二、 正式研究的问卷设计与测试样本

为本章研究目标的需要,首先设计三套问卷进行消费者调研。每套问卷都分为三大部分。第一部分为测试品类和品牌,共设餐饮、配镜、牙膏、护肤品、服装、食品六大品类 37 个品牌,其中包括 17 个中国国产老品牌(1956 年前诞生的品牌)、8 个国产新兴品牌(1978 年后诞生的品牌)以及 12 个国外品牌。要求被试分别圈出最近一年内购买过的品牌,并优先选定其中的一个中国本土老品牌,对其进行品牌信任和喜爱态度的评价。如在圈出的品牌中没有本土老品牌,则选定其他两类品牌中的一个进行态度评价。第二部分为问卷的主体部分,包括本土化怀旧倾向量表的 35 个测项,以及用于效度验证比较的国外量表。第三部分为被试的背景资料。

三套问卷除第二部分中有关国外量表的题项不同外,其余部分内容都相同。这三套问卷在本研究中分别称为样本 1、样本 2 和样本 3。这三个样本分别用于效度比较验证(即研究五、研究六和研究七)。对这三个样本主体部分的 35 个本土化怀旧测项总分进行 ANOVA 分析,表明无显著差异($F=0.625$,$df=2$,$p=0.536$),于是对三个样本(除国外量表部分)进行合并处理,得到样本 4。这个总样本用于专门的预测效度检验(即研究三)。对样本 4 进行近似 50% 样本的随机分割,得到样本 5 和样本 6。前者用于探索性因子分析(即研究一),后者用于验证性因子分析(即研究二)。

样本 7 为新的数据,用于以"长期取向"(Bearden, Money and Nevins, 2006)为效标变量进行法理效度的检验(即研究四)。分别从年老辈(年龄大于等于 50 岁)和年轻辈(年龄介于 18—29 岁)的角度收集数据。前者共得有效问卷 118 份,后者为 152 份,共计 270 份。所有七大样本的人口特征分布情况见表 11-1,总计不重复有效样本为 1 434 份。

表 11-1 样本特征分布

	样本 1 (N=387)	样本 2 (N=381)	样本 3 (N=396)	样本 4 (N=1 164)	样本 5 随机 50% (N=572)	样本 6 随机 50% (N=592)	样本 7 (N=270)
	研究五	研究六	研究七	研究三	研究一	研究二	研究四
性别(%)							
男	41.9	42.3	43.7	42.6	43.9	41.4	31.6%
女	58.1	57.7	56.3	57.4	56.1	58.6	67.7%
婚姻(%)							
未婚/单身	59.7	50.9	47.5	52.7	54.2	51.2	—
已婚	40.3	49.1	52.5	47.3	45.8	48.8	—
年龄(%)							
18—24 周岁	49.9	35.7	29.8	38.4	37.8	39.0	37.5%
25—29 周岁	14.2	15.5	19.2	16.3	17.3	15.4	56.1%
30—39 周岁	12.9	14.4	19.9	15.8	15.7	15.9	0
40—49 周岁	13.4	16.3	17.9	15.9	15.4	16.4	0
50 周岁及以上	9.6	18.1	13.3	13.6	13.8	13.3	43.9%
平均年龄(SD)	30.8(12.1)	34.9(12.8)	33.5(11.9)	33.1(12.3)	33.2(12.4)	33.0(12.3)	38.9(19.0)
教育(%)							
大专以下	21.4	28.9	27.5	25.9	25.3	26.5	30.4%
大专	15.5	22.3	24.0	20.6	18.5	22.6	20.4%
本科	55.8	39.6	39.6	45.0	48.3	41.9	30.0%
研究生及以上	7.2	9.2	8.8	8.4	7.9	9.0	19.2%
职业(%)							
在校学生	46.8	32.6	25.8	35.0	35.1	34.9	—
在职人员	44.7	56.8	65.7	55.8	55.9	55.7	—
其他(退休/下岗等)	8.5	10.5	8.6	9.2	8.9	9.5	—

三、 效度验证变量

本研究共确定 6 个效标变量。对于预测效度的验证,选用品牌信任和品牌喜爱两个变量。之所以选用这两个变量,是因为它们代表消费者对理性和感性这两大品牌创建路径的基本反应(Keller,2001;Chaudhuri and Holbrook,2001)。其中品牌信任共有 5 个测项,量表来自作者开发的消费者—品牌关系质量(CBRQ)量表中的信任维度(何佳讯,2006d),包括"这个品牌让我感到安全和放心""我知道这个品牌会对它的行为负责""我觉得这个品牌是值得信赖的""这个品牌的实际表现正如我的期望""我感觉这个品牌是诚实的"5个测项,采用Likert7点测量;品牌喜爱的测量共有4个测项,选自Carroll和Ahuvia(2006)、Thomson,MachInnis和Park(2005)、Chaudhuri和Holbrook(2001)有关量表中的测项,包括"我对这个品牌有偏好""我认为这个品牌是好的""这个品牌是令人赞喜的""我不喜欢这个品牌(反向句)",也采用Likert7点测量。尽管这四个测项选自国外量表,但从其内涵看,并不具有跨文化的差异性,因而也适用于对本土量表的效度验证。笔者认为,由于中国过去的消费环境都是本土品牌为主,直到20世纪90年代之后国外品牌才大量进入中国市场,而"怀旧"是渴望回到过去的态度,因此就个体而言,怀旧倾向越强,其对国产老品牌的态度(信任和喜好)越积极;另一方面,由于怀旧倾向反映了与中国本土文化相一致的价值取向,因此消费者的怀旧倾向越强,其对国产品牌的态度(信任与喜好)评价越积极,而对于国外品牌则并无此正相关关系。

　　上文已指出,"怀旧"属于时间取向范畴,故本研究采用Bearden、Money和Nevins(2006)开发的"长期取向"(long-term orientation,LTO)量表作为法理效度检验的变量。该构念来源于儒家价值观中有关时间、传统、坚持不懈和节俭的观念(Hofstede and Bond,1988;Hofstede,2001)。Bearden、Money和Nevins(2006)把"长期取向"定义为:总体上看待时间的文化价值观,与其仅从现在或短期效果出发看待行动的重要性,还不如既重视过去又重视将来。他们所开发的LTO量表包含传统(tradition)和规划(planning)两个维度共8个测项。值得指出的是,该量表在日本和美国背景中验证了其跨文化的适用性。因此,尽管在不同的文化中,人们着眼于过去、现在和未来的看法存在差异(Spears,Lin and Mowen,2001),但LTO量表可以用来检验基于中国本土开发的量表的效度。笔者认为"怀旧倾向"与"长期取向"应该存在中度的相关性。

　　在中国文化背景中,目前还没有测量个体有关过去时间取向的量表,而本研究的重要目的之一是检验基于主位方法开发的消费者怀旧倾向量表的有效性,由于因此本研究选用国外对怀旧倾向测量的三个量表,进行比较验证(区分效度),分别放置于三套问卷中。一是 Holbrook(1993)的怀旧倾向量表(nostalgia index),共有 20 句陈述(其中 10 句为反向),在其对有关电影消费偏好的研究中,最后抽取得到由其中 8 个测项组成的单因子结构。二是 McKechnie(1977)的古物兴趣量表(antiquarianism scale),来自其环境反应测项库(environmental response inventory,ERI)中 8 大独立量表之一,共有 20 句陈述(其中 4 句为反向)。三是 Taylor 和 Konrad(1980)的体验量表,来自于其对过去倾向测量量表的 4 个维度之一,共有 12 句陈述(其中 6 句为反向)。笔者认为,在预测消费者对本土品牌的态度方面,基于本土化开发的消费者怀旧倾向量表应该比国外同类量表来得更优,这样才显现出本土化开发的必要性。

第三节 定 量 研 究

一、研究一:测项降维与探索性因子分析

(一)目的与方法

本研究使用样本 5,采用项目分析和探索性因子分析方法对原始 35 个测项进行筛选,初步探明其因子结构及关系,并以品牌信任和喜爱为效标变量,初步检验 CHINOS 量表的预测效度。统计软件为 SPSS13.0。样本 5 的基本情况见表 11-1。

(二)初始因子分析

首先进行项目分析,对量表 35 个测项的总分按高低 27% 选出高低分两组,独立样本 T 检验表明 35 个测项的高低分组都存在显著差异($p < 0.01$),具有项目鉴别力。接着通过量表信度分析,对项目—总体相关系数小于 0.4 的 7 个测项做删除处理,保留 26 个测项。再进行因子负荷检验,根据 Nunnally 和 Bernstein(1994)的观点,对旋转后测项的因子负荷小于 0.40 或者同时在两个因子上的负荷都大于 0.40 者做删除处理,最终保留 14 个测项。采用正交转轴的主成分因子分析法(KMO 值为 0.855;巴特利特球体检验的 $\chi^2 = 2\,206.116(df = 91)$,$sig = 0.000$),得到三个因子。表 11-2 给出因子分析的相关统计量。

表 11-2　中国消费者怀旧量表(CHINOS)的测项及因子负荷

测　项	因子负荷[a]		
	人际怀旧 IN	家庭怀旧 FN	个人怀旧 PN
1. 现在的人变得越来越功利了。	**0.774**	0.172	−0.013
2. 现在的人活得比以前累多了。	**0.743**	0.007	0.183
3. 现在的人不如以前朴实了。	**0.704**	0.095	0.167
4. 现在的人际关系比以前复杂得多。	**0.628**	0.166	0.119
5. 现在人们的生活节奏太快了。	**0.621**	0.037	0.225
6. 过去和家人在一起的时光是值得珍惜的。	0.112	**0.776**	0.123
7. 我经常想起小时候家人对我的关爱。	0.091	**0.736**	0.141
8. 我对自己过去的经历充满感恩。	0.151	**0.733**	0.106
9. 小时候的家庭生活让我感觉幸福。	0.032	**0.640**	0.307
10. 过去的那些老歌,现在听起来让人回味无穷。	0.251	−0.052	**0.704**
11. 我经常想起小时候难忘的事。	0.115	0.357	**0.696**
12. 很久以前的那些电视剧/电影,至今我仍然喜欢看。	0.187	0.160	**0.650**
13. 小时候吃过的那个口味,我至今仍然喜欢。	0.041	0.339	**0.623**
14. 我怀念过去生活过的地方。	0.246	0.391	**0.439**
初始特征值	4.51	1.85	1.12
抽取的方差贡献率%(累计 53.40%)	32.20	13.22	7.98
转轴后的方差贡献率%	18.89	18.45	16.07
测项数	5	4	5
平均值[b]	5.56	5.44	5.34
标准差	0.88	1.01	0.96
因子 Cronbach α 系数	0.76	0.76	0.73

注:a.抽取方法为主成分方法;转轴法:Kaiser 正规化最大变异法;转轴收敛于 5 次迭代。因素负荷量大于 0.4 者标以黑粗体。b.采用 Likert7 点量表,分值介于 1—7。

根据各个因子的测项构成,分别命名为"人际怀旧"(interpersonal nostalgia, IN)、"家庭怀旧"(family nostalgia, FN)和"个人怀旧"(personal nostalgia, PN),三个因子的信度都在 0.7—0.8 之间,同时具有良好的内容效度。三个因子与量表总体(CHINOS)的相关系数分别为 $r_{IN\text{-}CHINOS}=0.74(p<0.01)$, $r_{IN\text{-}CHINOS}=0.76(p<0.01)$, $r_{FN\text{-}CHINOS}=0.86$ $(p<0.01)$,表明它们会聚于共同的构念;三个因子之间的相关系数分别为 $r_{IN\text{-}FN}=0.29(p<0.01)$, $r_{IN\text{-}PN}=0.44(p<0.01)$, $r_{FN\text{-}PN}=0.53(p<0.01)$,为中度显著相关,表明既有良好的收敛效度,也有明显的区分效度。

另外,总量表的 Cronbach α 系数为 0.84,达到了 Nunnally(1978)对量表开发信度的要求。总体上,量表具有良好的建构效度。

(三) CHINOS 的预测效度

把样本 5 按测试品牌的不同分为国产老品牌、国产新兴品牌和国外品牌三组,对上述得到的 14 个测项进行加总平均,得到"总体怀旧"变量,以及以三个因子的平均分作为怀旧构念的三个自变量,分别对品牌信任($\alpha=0.87$;$\rho_c=0.90$;$AVE=0.63$)和品牌喜爱($\alpha=0.69$;$\rho_c=0.79$;$AVE=0.50$)这两个效标变量进行一元回归和多元回归分析,结果见表 11-3。

表 11-3　CHINOS 及三个维度对品牌信任与喜爱的回归分析

	国产老品牌($n=412$)		国产新兴品牌($n=120$)		国外品牌($n=40$)	
	品牌信任	品牌喜爱	品牌信任	品牌喜爱	品牌信任	品牌喜爱
总体怀旧	0.31 ***	0.23 ***	0.37 ***	0.36 ***	0.28	0.20
Ad R^2	0.10 ***	0.05 ***	0.13 ***	0.12 ***	0.05	0.01
人际怀旧	0.04	0.02	0.15	0.28 **	0.15	0.15
家庭怀旧	0.18 ***	0.22 ***	0.13	0.12	0.10	0.24
个人怀旧	0.17 **	0.06	0.21 *	0.10	0.13	−0.09
Ad R^2	0.10 ***	0.06 ***	0.11 ***	0.12 ***	0.00	0.00

注:* 表示显著性水平小于 0.05;** 表示显著性水平小于 0.01;*** 表示显著性水平小于 0.001。

从表 11-3 的结果看,CHINOS 对国产品牌的信任和喜爱都有预测效度,而且与国产老品牌相比,对国产新兴品牌的预测效用更大。但对国外品牌无预测效用。从 CHINOS 三个因子的作用看,它们对国产老品牌和新兴品牌的信任和喜爱,具有不同的影响力,印证了 CHINOS 三维度的区分效度。

二、 研究二:验证性因子分析

(一)目的与方法

本研究以另一个独立样本 6 为分析数据,采用最大似然法进行验证性因子分析,评估 CHINOS 的构念效度。统计软件为 LISERL8.51。

尽管研究一得到的三因子结构与理论建构一致,但由于三个因子与量表总体之间具有较高的相关度,也有可能这三个一阶因子归属于更高的二阶因子。另外,在三个因子中是否存在两个因子合并的可能,使模型更为简练? 本研究拟通过多模型比较进行验证。

(二) 多模型比较

本研究共设置 6 个模型,通过理论模型与样本数据之间的拟合检验,比较不同模型的特征和优劣。

首先是一因子模型,即所有 14 个测项的协方差由一个单因子来解释;然后是三个二因子模型,假设三个因子中的两个合并为因子,并与另一个因子相关;再是三因子相关模型,最后是二阶单因子模型,即存在一个高阶因子主宰三个一阶因子的情况。表 11-4 集中对比了各模型的拟合指标。

表 11-4　CHINOS 各模型的拟合指标

竞争性模型	$\chi^2(df)$	χ^2/df	RMSEA	GFI	NNFI	CFI	χ^2 变化检验
一因子模型	799.71(77)	10.39	0.14	0.80	0.65	0.70	—
二因子相关模型(IN 与 FN 联合,PN)	773.07(76)	10.17	0.14	0.80	0.66	0.71	26.64 ***
二因子相关模型(IN 与 PN 联合,FN)	627.61(76)	8.26	0.12	0.85	0.73	0.77	145.46 ***
二因子相关模型(FN 与 PN 联合,IN)	465.59(76)	6.13	0.095	0.90	0.81	0.84	162.02 ***
三因子相关模型	**390.84(74)**	**5.28**	**0.086**	**0.91**	**0.84**	**0.87**	**74.75 *****
二阶单因子模型	393.23(75)	5.24	0.086	0.91	0.84	0.87	2.39

注:*** 表示显著性水平小于 0.001。

从表 11-4 可看出,从一因子模型到二因子模型,再到三因子模型,χ^2 不断减小,其与自由度对应变化的检验均为显著,二因子模型与一因子模型相比,χ^2 显著减少 26.64($p<0.001$),三因子模型与三个二因子相比,χ^2 分别显著减少 382.23($p<0.001$),236.77($p<0.001$),74.75($p<0.001$)。同时绝对指数(RMSEA、GFI)、相对指数(NNFI、CFI)也逐步提高。这表明,把三个因子作为个别维度存在要比它们合并更优。这个结果实质上支持了三因子模型的区分效度。

二阶单因子模型与三因子模型相比,χ^2 略有增加,与增加 1 个自由度相比,其变化的检验不显著,同时其他拟合指数都等同,表明二阶单因子模型与三因子模型旗鼓相当。本结果验证了构想模型的合理性。

（三）CHINOS 的心理计量特征

首先评价 CHINOS 的信度，采用组合信度指标以及要求更高的个别测项（观察变量）抽取的方差值进行检验（Hair et al.，1998）。首先三个潜变量的组合信度介于 0.72—0.77 之间，高于 Bagozzi 和 Yi(1988)推荐的大于 0.6 的要求，以及 Fornell 和 Larcker(1981)推荐的要求更高的 0.70 的标准。14 个测项的标准化系数介于 0.52—0.75，平均为 0.62，T 值远大于 1.96，因此抽取的方差值低于 Fornell 和 Larcker(1981)以及 Bagozzi 和 Yi(1988)推荐的大于 0.50 的要求。但对于新开发的量表来说，Chin(1998)指出标准化负荷为 0.5—0.6 之间是可以接受的。

接下来使用平均方差抽取量（AVE）评价量表的收敛效度。经计算，三个因子的 AVE 介于 0.34—0.45，此项指标低于 Fornell 和 Larcker(1981) 以及 Bagozzi 和 Yi(1988)提出的大于 0.50 的要求（参见表 11-5）。这表明测量误差高于潜变量方差对于总方差的贡献。

表 11-5　CHINOS 的验证性因子分析结果：变量载荷、组合信度和平均方差析出量

	标准化载荷(T 值)	标准误差	测量误差	ρ_c	AVE
IN1($\lambda_{1,1}$)	0.63(15.10)	0.10	0.61		
IN2($\lambda_{2,1}$)	0.65(16.03)	0.08	0.57		
IN3($\lambda_{3,1}$)	0.64(15.41)	0.10	0.59	0.77	0.40
IN4($\lambda_{4,1}$)	0.64(15.54)	0.13	0.59		
IN5($\lambda_{5,1}$)	0.62(14.86)	0.12	0.62		
FN1($\lambda_{6,2}$)	0.75(19.56)	0.07	0.42		
FN2($\lambda_{7,2}$)	0.68(17.04)	0.06	0.54	0.76	0.45
FN3($\lambda_{8,2}$)	0.58(13.89)	0.06	0.67		
FN4($\lambda_{9,2}$)	0.66(16.24)	0.08	0.57		
PN1($\lambda_{10,3}$)	0.51(12.15)	0.12	0.74		
PN2($\lambda_{11,3}$)	0.73(18.44)	0.09	0.47		
PN3($\lambda_{12,3}$)	0.52(12.37)	0.10	0.73	0.72	0.34
PN4($\lambda_{14,3}$)	0.55(13.14)	0.10	0.70		
PN5($\lambda_{15,3}$)	0.58(13.95)	0.09	0.66		

对于区分效度的检验，我们采用多种独立的方法。除了上述检验比

较 CHINOS 的三因子模型与因子更少的替代性测量模型之间的 χ^2 统计量变化的方法外,还采用两种方法。第一种方法是检验比较每个因子的 AVE 与因子之间相关系数的平方,区分效度要求 AVE 大于所有 Φ^2 的估计(Fornell and Larcker,1981)。结果显示,人际怀旧与家庭怀旧之间的 Φ_{21} 为 0.45($T=9.87$),人际怀旧与个人怀旧之间的 Φ_{31} 为 0.63($T=15.86$),家庭怀旧与个人怀旧之间的 Φ_{32} 为 0.82($T=27.28$),AVE 并不全部大于这三个参数的平方。这个评价没有得到支持。第二种方法是检验量表因子两两之间的相关性,为了表明因子之间具有独立性,这种相关性应该小于1(Anderson and Gerbing,1988)。经计算,在 95% 置信水平下,人际怀旧与家庭怀旧的置信区间为(0.37,0.53),人际怀旧与个人怀旧的置信区间为(0.55,0.71),家庭怀旧与个人怀旧的置信区间为(0.76,0.88)。所有的置信区间并没有包括1,这项评估支持 CHINOS 的区分效度。

三、 研究三：总样本 CHINOS 预测效度检验

(一) 目的与方法

在以往的研究中,年龄和性别两大人口统计变量经常与怀旧倾向一起讨论。但有关结论不尽相同。一些学者研究表明,怀旧与年龄相关(Holak and Havlena,1992；Reisenwitz,Iyer and Cutler,2004),但 Holbrook(1993)认为,怀旧倾向与年龄之间不存在直接的相关关系,不同年龄阶段的人们都可能有怀旧倾向,而同年龄的人们具有的怀旧倾向是不同的。对于性别,Stern(1992)认为不同的性别会引发不同强度的怀旧反应,Reisenwitz、Iyer 和 Cutler(2004)认为女性比男性更为怀旧,而 Havlena 和 Holak(1991)认为男性比女性更为怀旧。但 Sherman 和 Newman(1977,1978)认为怀旧倾向不存在性别上的差异。

无论年龄、性别与怀旧倾向的关系如何,本研究的目的是,把年龄和性别作为控制变量后,检验怀旧倾向对效标变量品牌信任和品牌喜爱的解释能力是否有显著提高。本研究采用层次回归方法对样本 4(即总样本)进行统计分析。

(二) 结果

从表 11-6 可以看出,在控制了人口统计变量性别和年龄后,无论对

于国产老品牌还是国产新兴品牌,CHINOS 它们的信任和喜爱明显都做出了新的解释贡献。而且我们发现,CHINOS 的三个维度对于国产老品牌的信任与喜爱,以及国产新兴品牌的信任与喜爱,具有不同的预测关系。对于国产老品牌,个人怀旧对其信任具有最大的影响,家庭怀旧和个人怀旧对其喜爱都有显著影响;对于国产新兴品牌,家庭怀旧和人际怀旧对其信任和喜爱都具有显著影响,家庭怀旧影响更大,而个人怀旧都不存在显著影响。这从另一个角度证实了 CHINOS 的区分效度(即人际怀旧、家庭怀旧和个人怀旧之间的差异性)和预测效度。

表 11-6　CHINOS 与品牌态度的层次回归结果

	国产老品牌($n=819$)				国产新兴品牌($n=245$)			
	品牌信任		品牌喜爱		品牌信任		品牌喜爱	
	第一步	第二步	第一步	第二步	第一步	第二步	第一步	第二步
1 人口统计变量								
性别	0.06	0.05	0.00	−0.01	0.07	0.06	0.08	0.06
年龄	0.18***	0.16***	0.18***	0.17***	0.02	0.03	−0.00	0.01
2 CHINOS 三维度								
人际怀旧		0.02		−0.02		0.14*		0.18**
家庭怀旧		0.09*		0.17***		0.25***		0.23**
个人怀旧		0.22***		0.12**		0.07		0.04
Ad R^2	0.03	0.11	0.03	0.09	−0.00	0.12	−0.00	0.11
F 值	14.88***	21.92***	13.86***	16.79***	0.64	7.65***	0.74	7.01***
ΔR^2		0.08		0.06		0.13		0.12
$\Delta R^2 F$		25.71***		18.16***		12.27***		11.12***

注:* 表示显著性水平小于 0.05,** 表示显著性水平小于 0.01,*** 表示显著性水平小于 0.001。

四、研究四:CHINOS 的法理效度验证

(一)目的与方法

作为对 CHINOS 法理效度的验证,我们采用 Bearden、Money 和 Nevins(2006)开发的、具有跨文化适用性的"长期取向"(LTO)量表进行相关分析。从理论上推断,"怀旧"属于时间取向的范畴,因此它应该与其他时间取向的测量存在相关性。

为了更稳定地检验"怀旧取向"与"长期取向"两者之间的相关性,本

研究特从年老辈(年龄大于等于 50 岁)和年轻辈(年龄在 18—29 岁之间)两个角度(即样本七,详见表 11-1)收集数据。对这两个样本的主要测项进行 T 检验,发现存在显著差异,故应该分开统计。有关结果见表 11-7。

表 11-7　CHINOS 与长期取向的相关性

变　　量	Mean	S.D.	t-value	1	2	3	4	5	6
1. CHINOS	5.83[a]	0.76	3.53 ***						
	5.50[b]	0.73							
2. 长期取向(LTO)	5.74	0.91	4.19 ***	0.57 **					
	5.30	0.80		0.47 **					
3. 人际怀旧(IN)	5.77	1.08	0.76	0.77 **	0.30 **				
	5.68	0.91		0.66 **	0.19 *				
4. 家庭怀旧(FN)	5.75	0.92	−0.54	0.72 **	0.56 **	0.23 *			
	5.81	0.93		0.75 **	0.47 **	0.25 **			
5. 个人怀旧(PN)	5.96	0.88	7.15 ***	0.85 **	0.52 **	0.43 **	0.58 **		
	5.07	1.08		0.82 **	0.40 **	0.23 **	0.52 **		
6. 传统(TRA)	5.76	1.00	5.81 ***	0.58 **	0.91 **	0.31 **	0.52 **	0.55 **	
	5.03	1.05		0.45 **	0.81 **	0.18 *	0.42 **	0.40 **	
7. 规划(PLA)	5.71	1.00	1.11	0.45 **	0.91 **	0.21 *	0.49 **	0.38 **	0.66 **
	5.57	0.97		0.28 **	0.77 **	0.11	0.32 **	0.22 **	0.24 **

注:a. 上行的数据表示为年老辈的测量($n=118$);
　　b. 下行的数据表示为年轻辈的测量($n=152$);
　　* $p<0.05$, ** $p<0.01$, *** $p<0.001$(双尾)。

(二) 结果

从表 11-7 中可看出,CHINOS 与长期取向之间的关系属于显著中度相关($r_{年老辈}=0.57$, $p<0.01$, $r_{年轻辈}=0.47$, $p<0.01$),表明两者既有联系又有区别。具体看,在年老辈样本中,CHINOS 与"传统(TRA)"($r_{年老辈}=0.58$, $p<0.01$)和"规划(PLA)"($r_{年老辈}=0.48$, $p<0.01$)之间的都存在显著中度显著相关,但在年轻辈样本中,CHINOS 与"规划(PLA)"($r_{年轻辈}=0.28$, $p<0.01$)之间的相关性为低度显著。这表明与年轻辈相比,年老辈显示出对过去和将来的更强联系。与人际怀旧相比,家庭怀旧和个人怀旧与长期取向(包括与属于其的传统和规划两个维度)之间的相关性更强。

从年老辈与年轻辈的对比看,CHINOS 能够显著区分出两个群体之间的评价差异($t=3.53$，$p<0.001$)，但从具体维度看，仅在个人怀旧评价上存在显著差异($t=7.15$，$p<0.001$)，而在人际怀旧($t=0.76$，$p>0.05$)和家庭怀旧($t=-0.54$，$p>0.05$)评价上并没有显著差异。

五、 研究五：效度比较验证之一

(一)目的与方法

本研究样本 1 为分析数据，采用因子分析技术进一步评价 CHINOS 量表的区分效度。这种方法的潜在假设是，当测项用来分析不同构念的因素时，它们不应该负载于同一维度上(Hinkin，1995)。本研究认为基于中国文化背景的 CHINOS 不同于西方文化背景的怀旧量表。因此，在本研究中，我们选择 Holbrook(1993)开发的怀旧倾向量表与 CHINOS 量表放在一起进行因子分析，看它们是否负荷于不同的维度，对 CHINOS 进行跨文化的区分效度验证。

同时，本研究还以品牌信任和品牌喜爱为效标变量，使用回归分析方法比较 CHINOS 量表和国外的 Holbrook(1993)量表对于品牌态度所存在的预测效度差异。

(二)区分效度

Holbrook(1993)量表共有 20 个测项(其中 10 句为反向句)。首先进行项目分析，对量表 20 个测项的总分按高低 27% 选出高低分两组，独立样本 T 检验表明 20 个测项的高低分组都存在显著差异($p<0.01$)。再进行量表信度分析，总量表的 Cronbach α 系数为 0.71，但发现很多测项的项目—总体相关系数很低，对该系数小于 0.4，删除后信度提高的测项做删除处理，最后保留 8 个测项，量表的 Cronbach α 系数提高到 0.83。我们把这 8 个测项以及 CHINOS 的三个维度变量放在一起，进行探索性因子分析，采用正交转轴的主成分因子分析法(KMO 值为 0.837；巴特利特球体检验的 $\chi^2=1\,161.253$($df=55$)，$sig=0.000$)，得到两个因子(见表 11-8)。从表中可清楚地看到，Holbrook(1993)的 8 个测项和 CHINOS 的三个维度分属于两个因子，这表明与国外同类量表相比，CHINOS 具有明显的区分效度。

表 11-8　精简后的 Holbrook(1993)的怀旧量表与 CHINOS 维度的探索性因子分析

测　　项	因　　子[a]	
	Holbrook(1993)	CHINOS
我相信前进的步伐永不停止。[b]	**0.792**	−0.053
国民生产总值的持续增长使人类更为幸福。[b]	**0.726**	−0.074
我必须承认,一切正变得、也总变得越来越好。[b]	**0.714**	−0.135
技术的变革定会带来更美好的明天。[b]	**0.687**	0.136
将来人们生活得更好。[b]	**0.651**	−0.088
和父母相比,我们的生活好得多。[b]	**0.608**	0.031
从历史看,人类的生活总是在不断地改善。[b]	**0.599**	−0.301
现代商业正创造着一个更美好的明天。[b]	**0.590**	−0.206
人际怀旧	−0.121	**0.833**
家庭怀旧	−0.076	**0.763**
个人怀旧	−0.012	**0.665**
初始特征值	3.85	1.72
抽取的方差贡献率%(累计 50.56%)	34.97	15.59
转轴后的方差贡献率%	33.25	17.31
平均值[c]	2.59	5.44
标准差	0.84	0.73

注:a.抽取方法为主成分方法;转轴法:Kaiser 正规化最大变异法;转轴收敛于 3 次迭代。因素负荷量大于 0.4 者标以黑粗体。b.为反向句,计算时对分值已作反转处理。c.采用 Likert7 点量表,分值介于 1—7 之间。

Holbrook(1993)量表与 CHINOS 总量表的相关系数为−0.20($p<$ 0.01),与 CHINOS 三个因子之间的相关系数分别为−0.10($p>$0.05),−0.16($p<$0.01),−0.21($p<$0.01)。这表明,CHINOS 构念与 Holbrook(1993)的怀旧构念正好是相反的。仔细分析表 11-8 中 Holbrook(1993)的 8 个测项,它们都是反向句。在 Schindler 和 Holbrook(2003)的研究中,认为它们都是与对过去喜爱相关的衰退信念,因而把它们命名为"衰退"维度。但如果不进行反转处理,它们即为表达未来时间取向的"成长"构念,与 CHINOS 总量表的相关系数变为 0.20($p<$0.01)。这表明,中国人的怀旧取向与面向未来的积极乐观信念并不矛盾,相反,正是这种"过去"取向与"未来"取向之间存在的关联性,为进一步揭示中国人"长期取向"的真正内涵提供了可能(Hofstede, 2001, pp.351—355;Fang, 2003)。

（三）预测效度

接下来检验对比 CHINOS 量表与 Holbrook 量表的预测效度。对于 CHINOS 量表，其预测效度的结果与研究一（见表 11-9）的结果一致，即 CHINOS 对国产品牌的信任和喜爱都有预测和解释力，但对国外品牌的态度无显著关系；与国产老品牌相比，对国产新兴品牌的预测和解释力更大。与 CHINOS 量表相比，Holbrook（1993）量表只对国产老品牌态度具有显著影响作用，但是负向的，这与我们以前的研究结果一致（何佳讯和秦翕嫣，2008），但与理论性推测恰恰相反。

表 11-9　Holbrook(1993)怀旧量表、CHINOS 量表与品牌信任和喜爱的回归分析

	国产老品牌 ($n=270$)		国产新兴品牌 ($n=71$)		国外品牌 ($n=46$)	
	品牌信任	品牌喜爱	品牌信任	品牌喜爱	品牌信任	品牌喜爱
中外对比						
CHINOS 量表	0.29 ***	0.22 **	0.44 ***	0.38 ***	0.04	−0.09
Ad R^2	0.08 ***	0.05 ***	0.18 ***	0.14 ***	−0.02	−0.01
Holbrook 量表	−0.24 ***	−0.15 *	−0.12	−0.13	−0.07	−0.07
Ad R^2	0.05 ***	0.02 ***	0.00	0.00	−0.02	−0.02
CHINOS 三维度						
人际怀旧	0.10	−0.02	0.28 *	0.34 **	−0.06	−0.05
家庭怀旧	0.02	0.15 *	0.04	−0.05	−0.14	−0.23
个人怀旧	0.23 **	0.15 *	0.25	0.21	0.21	0.12
Ad R^2	0.08 ***	0.05 ***	0.17 **	0.15 **	−0.04	−0.03

注：* 表示显著性水平小于 0.05，** 表示显著性水平小于 0.01，*** 表示显著性水平小于 0.001。

六、研究六：效度比较验证之二

（一）目的与方法

在本研究中，我们采用 McKechnie(1977)开发的古物兴趣量表进行第二个跨文化效度验证，即使用样本 2 为分析数据，同样采用因子分析技术评价 CHINOS 量表的区分效度。同时，本研究还以品牌信任和品牌喜爱为效标变量，使用回归分析方法比较 CHINOS 量表和国外的古物兴趣量表对于品牌态度所存在的预测效度差异。

（二）区分效度

McKechnie(1977)的古物兴趣量表共有 20 个测项（其中 4 句为反向句）。首先进行项目分析，其中对"我喜爱东方地毯"无法回答的人占样本总数的 11.55%，首先做删除处理，其实无法回答的人数均在 5% 以下，用平均值替代。对量表 19 个测项的总分按高低 27% 选出高低分两组，独立样本 T 检验表明"老建筑通常令人压抑""我对芭蕾舞一点都不感兴趣"两个测项的高低分组不存在显著差异（$p>0.1$），也做删除处理。再进行量表信度分析，总量表的 Cronbach α 系数为 0.81，但发现另两个测项"和传统风格家具比，我更喜欢现代家具""我想要住在一个现代的、规划好的社区"的项目—总体相关系数很低（0.03，0.06），且删除后能提高信度，故做删除处理，这样最终保留 15 个测项，量表的 Cronbach α 系数提高到 0.83。我们把这 15 个测项以及 CHINOS 的三个维度变量放在一起，进行探索性因子分析，采用正交转轴的主成分因子分析法（KMO 值为 0.852；巴特利特球体检验的 $\chi^2=1\ 688.158$（$df=153$，$sig=0.000$），得到五个因子（见表 11-10）。从表 11-10 中可清楚地看到，CHINOS 的三个维度独立为一个因子，而 McKechnie(1977)分属另外 4 个因子。这同样表明与国外量表相比，CHINOS 具有明显的区分效度。

表 11-10　精简后的 McKechnie(1977)的量表与 CHINOS 维度的探索性因子分析

测　项	因子[a]				
	因子 1	因子 2	因子 3	因子 4	因子 5
我喜欢有古老感觉的地方。	**0.785**	0.030	0.199	0.105	0.113
我喜欢住在一座有历史意义的房子里。	**0.692**	0.085	0.014	0.342	0.098
我喜欢了解一个地方的历史。	**0.669**	0.020	0.056	−0.038	0.399
城市里的老街区比新地方有趣。	**0.613**	0.259	0.219	0.191	−0.163
拥有一些老式衣服是件有趣的事。	**0.550**	**0.455**	0.046	−0.098	0.080
我喜欢逛古董商店。	**0.465**	**0.411**	−0.053	0.274	0.178
我喜欢看 15 年或 20 年前拍的电影。	0.103	**0.683**	0.308	0.089	0.032
我喜欢看歌剧。	0.067	**0.679**	−0.033	0.170	0.266
我喜欢收集很多人认为是破烂货的东西。	0.132	**0.677**	−0.021	0.224	0.007
我宁愿改造一所旧房子而非建造一所新房子。	**0.408**	**0.423**	−0.091	0.318	−0.154
个人怀旧	0.252	0.201	**0.802**	−0.008	0.012
人际怀旧	−0.045	−0.056	**0.763**	0.205	−0.095
家庭怀旧	0.126	0.012	**0.705**	−0.089	0.336

（续表）

测 项	因 子[a]				
	因子1	因子2	因子3	因子4	因子5
现代建筑很少像老建筑那样吸引人。	0.097	0.230	0.159	**0.668**	−0.099
我喜欢在花园里干活。	−0.007	0.200	−0.051	**0.589**	0.379
我喜欢石头铺地的住宅。	0.223	0.144	0.007	**0.583**	0.053
我喜欢逛书店。	0.128	0.251	0.049	0.019	0.730
我对建筑物的"个性"很敏感。	0.185	−0.113	0.163	0.404	**0.484**
初始特征值	4.85	1.82	1.35	1.16	1.05
抽取的方差贡献率%（累计56.85%）	26.95	10.10	7.47	6.47	5.86
转轴后的方差贡献率%	15.72	12.50	11.00	9.92	7.71

注：a. 抽取方法为主成分方法；转轴法：Kaiser 正规化最大变异法；转轴收敛于 7 次迭代。因素负荷量大于 0.4 者标以黑粗体。

McKechnie(1977)量表与 CHINOS 总量表的相关系数为 $0.28(p<0.01)$，与 CHINOS 三个因子之间的相关系数分别为 $0.11(p<0.05)$，$0.21(p<0.01)$，$0.34(p<0.01)$。这表明 CHINOS 与古物兴趣量表具有一定的同时效度。

（三）预测效度

对于 CHINOS 的预测效度，本研究的结果与研究一（见表 11-13）、研究五（见表 11-5）的结果一致，即 CHINOS 对国产品牌的信任和喜爱都有预测力，对国外品牌态度无影响关系。与 CHINOS 量表相比，McKechnie(1977)量表对国产老品牌态度具有显著影响作用，而且是正向的，与理论推测一致，但影响系数比 CHINOS 来得小。因此总体看，CHINOS 比古物兴趣量表对国产品牌态度具有更好的预测效度（见表 11-11）。

表 11-11 精简后的 McKechnie(1977)的量表、CHINOS 量表与品牌态度的相关关系

	国产老品牌 ($n=287$)		国产新兴品牌 ($n=64$)		国外品牌 ($n=30$)	
	品牌信任	品牌喜爱	品牌信任	品牌喜爱	品牌信任	品牌喜爱
中外对比						
CHINOS 量表	0.27 ***	0.21 ***	0.33 **	0.32 **	0.15	−0.16
Ad R^2	0.07 ***	0.04 ***	0.09 **	0.09 **	−0.01	0.00
McKechnie 量表	0.21 ***	0.17 **	0.19	0.14	−0.11	−0.11
Ad R^2	0.04 ***	0.03 **	0.02	0.00	−0.02	−0.02

（续表）

	国产老品牌 （$n=287$）		国产新兴品牌 （$n=64$）		国外品牌 （$n=30$）	
	品牌信任	品牌喜爱	品牌信任	品牌喜爱	品牌信任	品牌喜爱
CHINOS 维度						
人际怀旧	−0.04	0.04	−0.04	−0.01	−0.06	−0.03
家庭怀旧	0.06	0.09	0.17	0.20	0.04	0.27
个人怀旧	0.29 ***	0.13	0.26	0.21	0.21	−0.03
Ad R^2	0.09 ***	0.04 **	0.10 *	0.09 *	−0.07	−0.05

注：* 表示显著性水平小于 0.05，** 表示显著性水平小于 0.01，*** 表示显著性水平小于 0.001。

七、 研究七：效度比较验证之三

（一）目的与方法

作为对 CHINOS 的第三个跨文化验证，我们采用 Taylor 和 Konrad（1980）开发的体验量表进行对比分析，还是采用因子分析技术对样本 3 的数据进行验证。此外，本研究同样以品牌信任和品牌喜爱为效标变量，使用回归分析方法比较 CHINOS 量表和国外的体验量表对于品牌态度所存在的预测效度差异。

（二）区分效度

Taylor 和 Konrad（1980）的体验量表共有 12 个测项（其中 6 句为反向句）。首先进行项目分析，其中对"远古人居住地的复制建筑比书中的记载更让我感兴趣"无法回答的人占样本总数的 16.16%，首先做删除处理，其实无法回答的人数均在 5% 以下，用平均值替代。对量表 11 个测项的总分按高低 27% 选出高低分两组，独立样本 T 检验表明这些测项的高低分组都存在显著差异（$p<0.01$）。再进行量表信度分析，总量表的 Cronbach α 系数为 0.58，但发现测项"我走遍了城市中的老地方""我希望知道这个地区的人们在史前时期是怎样生活的""往事在书中被很好地记载""我愿意居住在一个充满古董家具以及旧时纪念品的老房子里"的项目—总体相关关系很低，且删除后能提高信度，故做删除处理，这样最终保留 7 个测项，量表的 Cronbach α 系数提高到 0.65。我们把这 7 个测项以及 CHINOS 的三个维度变量放在一起，进行探索性因子分析，采用正交转轴的主成分因子分析法（KMO 值为 0.686）；巴特利特球体检验

的 $\chi^2 = 816.631(df = 45,sig = 0.000)$,表明不适合因子分析。于是调整策略,把 CHINOS 的 14 个测项与精简后的 Taylor 和 Konrad(1980)的 7 个测项放在一起进行因子分析,KMO 值为 0.836;巴特利特球体检验的 $\chi^2 = 2\ 193.784(df = 210,sig = 0.000)$。我们看到,CHINOS 量表的测项分属于因子 1、2 和 5,Taylor 和 Konrad(1980)量表的测项分属于因子 3 和 4,只有在因子 4 中出现一个 CHINOS 量表的测项,且另一个 CHINOS 的测项在该因子上负荷较大(见表 11-12)。这表明用于国内外对比的这两个构念是明显存在差别的,再次证实了 CHINOS 的区分效度。

表 11-12 精简后的 Taylor 和 Konrad(1980)的量表与 CHINOS 量表的探索性因子分析

测 项	因 子[a]				
	因子 1	因子 2	因子 3	因子 4	因子 5
过去和家人在一起的时光是值得珍惜的。	**0.787**	0.123	0.038	0.054	0.070
我经常想起小时候家人对我的关爱。	**0.731**	0.088	0.032	0.117	0.069
小时候的家庭生活让我感觉幸福。	**0.686**	0.071	−0.066	0.002	0.037
我对自己过去的经历充满感恩。	**0.650**	0.116	0.128	0.175	0.204
我经常想起小时候难忘的事。	**0.467**	0.236	−0.028	**0.459**	0.248
小时候吃过的那个口味,我至今仍然喜欢。	**0.431**	0.190	0.007	0.394	0.250
现在的人不如以前朴实了。	0.081	**0.736**	−0.034	0.203	−0.074
现在的人活得比以前累多了。	0.036	**0.719**	−0.022	0.008	0.250
现在的人变得越来越功利了。	0.122	**0.710**	−0.046	0.247	0.008
现在的人际关系比以前复杂得多。	0.204	**0.657**	0.134	−0.064	0.198
现在人们的生活节奏太快了。	0.185	**0.593**	−0.142	0.103	0.174
大多数古董都是一些旧的破烂货。[b]	0.129	−0.092	**0.709**	0.023	−0.139
我从不考虑购买老的东西。[b]	−0.067	0.027	**0.676**	0.094	0.149
我不理解为什么人们要保留过去的老东西。[b]	0.008	0.204	**0.660**	0.054	−0.276
城市的旧街区是没落而且脏乱的。[b]	0.196	−0.309	**0.562**	−0.127	0.098
我不喜欢被古老事物包绕的感觉。[b]	−0.282	−0.062	**0.560**	0.310	0.194
我更喜欢去参观一个历史古迹而不仅仅从书上了解它。	0.117	0.130	0.173	**0.772**	−0.128
当我在街头漫步时,古老的东西吸引了我的眼球。	0.088	0.084	0.100	**0.760**	0.273
我怀念过去生活过的地方。	0.373	0.239	−0.086	**0.419**	0.160
过去的那些老歌,现在听起来让人回味无穷。	0.202	0.148	−0.039	0.128	**0.708**
很久以前的那些电视剧/电影,至今我仍然喜欢看。	0.179	0.226	0.027	0.112	**0.696**
初始特征值	5.03	2.32	1.80	1.25	5.06
抽取的方差贡献率%(累计 54.57%)	23.94	11.04	8.57	5.95	5.06
转轴后的方差贡献率%	13.92	13.26	10.19	9.67	7.53

注:a.抽取方法为主成分方法;转轴法:Kaiser 正规化最大变异法;转轴收敛于 6 次迭代。因素负荷量大于 0.4 者标以黑粗体。b.为反向句,计算时对分值已做反转处理。

此外,Taylor 和 Konrad(1980)量表与 CHINOS 总量表的相关系数为 0.16($p<0.01$),与 CHINOS 三个因子之间的相关系数分别为 0.05($p>0.05$),0.14($p<0.01$),0.19($p<0.01$)。这表明 CHINOS 与体验量表具有一定的同时效度。

（三）预测效度

本研究结果表明,CHINOS 对国产老品牌和新兴品牌具有相似的显著正向预测效用,而 Taylor 和 Konrad(1980)量表基本上对品牌态度不具有预测效用(见表 11-13)。本研究与研究一(见表 11-3)、研究五(见表 11-9)、研究六(见表 11-11)的结果具有重要的一致性,包括 CHINOS 对国产品牌的信任和喜爱都有预测效度,对国外品牌无预测效用;在同样能够预测国产品牌态度的情况下,本土化的 CHINOS 量表大大优于国外量表。

表 11-13　精简后的 Taylor 和 Konrad(1980)量表、CHINOS 量表与品牌态度的相关关系

		国产老品牌 ($n=262$)		国产新兴品牌 ($n=110$)		国外品牌 ($n=24$)	
		品牌信任	品牌喜爱	品牌信任	品牌喜爱	品牌信任	品牌喜爱
中外对比							
	CHINOS 量表	0.32***	0.28***	0.32***	0.32***	0.35	0.31
	Ad R^2	0.10***	0.07***	0.09***	0.09***	0.08	0.05
	Taylor 和 Konrad 量表	−0.07	−0.02	0.16	0.20*	−0.23	−0.16
	Ad R^2	0.00	0.00	0.02	0.03*	0.01	−0.02
CHINOS 三维度							
	人际怀旧	−0.01	−0.06	0.11	0.14	−0.14	−0.19
	家庭怀旧	0.14*	0.20**	0.40***	0.40***	0.38	0.26
	个人怀旧	0.25**	0.20*	−0.10	−0.14	0.19	0.27
	Ad R^2	0.11***	0.10***	0.13***	0.14***	0.15	0.10

注:* 表示显著性水平小于 0.05,** 表示显著性水平小于 0.01,*** 表示显著性水平小于 0.001。

八、 结论与 CHINOS 量表应用

（一）结论

通过七个研究,本章详细介绍了 CHINOS 量表的开发和验证过程。研究表明,CHINOS 量表由三维度共十四个测项构成,三个维度分别是

人际怀旧、家庭怀旧和个人怀旧。除个别心理计量指标略差外(AVE值),CHINOS量表具有良好的信度和效度,后者包括收敛效度、区分效度、预测效度和法理效度。

本章研究表明,CHINOS量表明显不同于西方的 Holbrook(1993)怀旧倾向量表、McKechnie(1977)的古物兴趣量表、Taylor 和 Konrad(1980)的体验量表。与它们相比,CHINOS量表对国产老品牌和新兴品牌的态度评价具有明显更优的预测解释能力。McKechnie(1977)量表可以预测国产老品牌的态度,但 Holbrook(1993)量表、Taylor 和 Konrad(1980)量表不适合用于国产老品牌态度的相关研究。

(二)理论与管理含义

本章研究做出了若干方面的理论贡献。首先,发现和验证了中国背景中消费者怀旧的重要内容"个体与社会联结"的方面,在量表中分拆为"人际怀旧"和"家庭怀旧"维度,此外,即便是中西方通行的"个人怀旧"维度,在具体测项上也存在很大不同。这表明,在中国的消费者行为研究中,以社会心理学为理论基础的领域,必须注意到因社会、文化、历史、科技、经济等环境因素不同而造成的根本差异。第二,本章研究发现,与西方有关怀旧的同类量表相比,基于本土主位方法开发的CHINOS量表在预测效度上明显更优。相反,个别来自西方的量表(Holbrook,1993)在中国背景中使用得到了南辕北辙的结果。这提醒我们在消费者行为研究的某些方面,对来自西方的测量工具甚至理论,要明辨和慎用。第三,本章研究的结果表明,中国消费者的怀旧倾向不但可以解释国产老品牌的态度,而且还可以预测国产新兴品牌的态度,但与国外品牌态度评价无关。这支持了本研究提出的理论推断,即由于怀旧倾向反映了与中国本土文化相一致的价值取向,因此在解释和预测品牌态度方面,与折射西方文化价值的国外品牌相比,消费者怀旧倾向能够更好地与体现本土文化价值的国产品牌产生联系。这清楚地说明,怀旧倾向是反映和区分消费者价值观的特征变量(Steenkamp et al.,2010)。最后,本章研究对消费者领域的怀旧和时间取向研究提供了变量关系方面的若干新证据。本章研究表明,年龄与怀旧倾向存在正向关系(研究三),这为两者关系的争论提供了来自中国的证据；怀旧倾向与长期取向存在中度正相关关系（研究四），这表明在文化价值观的"时间取向"维度上，中国消费者在具有怀旧倾向的同时，还具有持续性取向（Yau，1988）。

　　本章研究的多样本研究已表明，CHINOS 量表具有实际的应用价值。其中，"个人怀旧"对国产老品牌的信任或喜爱具有良好的预测解释力，"家庭怀旧"对国产新兴品牌的信任或喜爱具有预测解释力（研究三），而 CHINOS 量表的三个维度对国外品牌的态度均没有预测解释力。这不仅表明了 CHINOS 量表的应用领域，也揭示了怀旧策略的使用对象。对于国产品牌，借助 CHINOS 量表不仅可以进行市场细分，而且可以帮助形成营销沟通方案。

附　　录

中国消费者怀旧量表（CHINOS）

人际怀旧

1. 现在的人变得越来越功利了
2. 现在的人活得比以前累多了
3. 现在的人不如以前朴实了
4. 现在的人际关系比以前复杂得多
5. 现在人们的生活节奏太快了

家庭怀旧

6. 过去和家人在一起的时光是值得珍惜的
7. 我经常想起小时候家人对我的关爱
8. 我对自己过去的经历充满感恩
9. 小时候的家庭生活让我感觉幸福

个人怀旧

10. 过去的那些老歌，现在听起来让人回味无穷
11. 我经常想起小时候难忘的事
12. 很久以前的那些电视剧/电影，至今我仍然喜欢看
13. 小时候吃过的那个口味，我至今仍然喜欢
14. 我怀念过去生活过的地方

参 考 文 献

"北京老字号发展研究"课题组(2004),北京市老字号的发展现状及对策研究,《北京行政学院学报》,3,40—44。

Brehm, Sharon S., Rowland S. Miller, Daniel Perlman, Susan M. Campbell (2005):《亲密关系》(第3版),郭辉、肖斌译,北京:人民邮电出版社。

边馥琴、John Logan(2002):中美家庭代际关系比较研究,《社会学研究》,2, 85—95。

蔡国田、陈忠暖(2004):新时期广州"老字号"的困境与发展探讨,《云南地理环境研究》,1,47—51。

陈之昭(1988):"面子心理的理论分析与实际研究,"载杨国枢主编《中国人的心理》,台湾:桂冠图书股份有限公司,155—237。

陈春花、赵曙明、赵海然(2004):《领先之道》,北京:中信出版社,87—116。

陈洁光、黄月圆(2003):中国的品牌命名——十类中国产品品牌名称的语言学分析,《南开管理评论》,(2),47—54。

陈向明(2000):《质的研究方法与社会科学研究》,北京:教育科学出版社,1, 332—350。

陈卓浩、鲁直(2008):品牌个性匹配对品牌延伸态度影响研究——基于感知匹配度内涵的分析,《中国工业经济》,10,85—96。

Eysenck, Michael, Mark T.Keane(2003):《认知心理学》(第4版),高定国,肖晓云译,上海:华东师范大学出版社。

范秀成(2000):基于顾客的品牌权益测评:品牌联想结构法,《南开管理评论》,6, 9—13。

范秀成、陈洁(2002):品牌形象综合测评模型及其应用,《南开学报(哲社版)》,3,65—71。

范秀成、冷岩(2000):品牌价值评估的忠诚因子法,《科学管理研究》,18(5),50—56。

费孝通(1947/1985):《乡土中国》,北京:生活、读书、新知三联书店。

符国群(2003):品牌延伸研究:回顾与展望,《营销科学学报》,1,75—81。

付建斌、焦书兰(1998):对应偏差的跨文化研究述评,《心理学报》,30(3),353—358。

郭朝阳、陈畅(2007):代际影响在消费者社会化中的作用——以我国城市母女消费者为例,《经济管理》,29(8),40—48。

郭德俊(2005):《动机心理学:理论与实践》,北京:人民教育出版社,176—219。

贺爱忠、彭星间(2005):中华老字号企业复兴的关键:创新力与控制力的动态统一,《商业经济与管理》,7,24—28。

何佳讯(2000):《品牌形象策划——透视品牌经营》,上海:复旦大学出版社,318—319。

何佳讯(2005):国际品牌信任危机的背后,《文汇报》,6月24日,第5版。

何佳讯(2006a):品牌资产测量的社会心理视角评介,《外国经济与管理》,4,48—52。

何佳讯(2006b):中外企业的品牌资产差异及管理建议——基于 CBRQ 量表的实证研究,《中国工业经济》,8,109—116。

何佳讯(2006c):消费者研究:存在主义现象学方法及应用,《心理科学进展》,14(5),729—736。

何佳讯(2006d):品牌关系质量本土化模型的建立与验证,《华东师范大学学报(哲学社会科学版)》,3,100—106。

何佳讯(2006e):《中国城市消费者的品牌态度与市场细分轮廓:一项来自上海的实证研究》,载上海市社会科学联合会编《中国的前沿　文化复兴与秩序重构》,上海:上海人民出版社。

何佳讯、李耀(2006):品牌活化原理与决策方法探窥——兼谈我国老字号品牌的振兴,《北京工商大学学报(社科版)》,6,50—55。

何佳讯(2007a):传承与隔断:基于代际影响的老字号品牌关系质量——一项来自上海的探索性研究,《营销科学学报》,3(2),1—19。

何佳讯(2007b):消费行为代际影响与品牌资产传承研究述评,《外国经济与管理》,29(5),47—54。

何佳讯(2008a):老字号:创新还是怀旧,《北大商业评论》,5,114—117。

何佳讯(2008b):中国文化背景下品牌情感的结构及对中外品牌资产的影响效用,《管理世界》,6,95—108。

何佳讯、卢泰宏(2004):《中国营销25年》,北京:华夏出版社。

何佳讯、卢泰宏(2007):中国文化背景中的消费者—品牌关系:理论建构与实证研究,《商业经济与管理》,(11),41—49。

何佳讯、丛俊滋(2008):"仁和"与"时新":中国市场中品牌个性评价的关键维度及差异分析——以一个低涉入品类为例,《华东师范大学学报(哲学社会科学版)》,40(5),82—89。

何佳讯(2010):"仁和"、"时新"与"高雅":品牌个性认知对品牌延伸评价影响的研究,《营销科学学报》,6(1),59—70。

何佳讯、才源源、王莹(2009):中国文化背景下代际沟通对代际品牌态度的作用:权力距离的调节效应,《营销科学学报》,5(4),64—75。

何佳讯、才源源、秦翕嫣(2011):中国文化背景下消费者代际品牌资产的结构与测量:基于双向影响的视角,《管理世界》,(10),70—83。

何佳讯、秦翕嫣、才源源(2012):中国文化背景下消费行为的反向代际影响:一种新的品牌资产来源及结构,《南开管理评论》,15(4),129—140。

何佳讯、秦翕嫣(2008):中西价值观碰撞:"消费者的物质主义、怀旧倾向与中外品牌态度,"载上海市社会科学联合会编《改革开放　制度·发展·管理:上海市社会科学界第六届学术年会文集(2008年度):经济、管理学科卷》,上海人民出版社,11,210—221。

何佳讯、秦翕嫣、杨清云、王莹(2007):创新还是怀旧? 长期品牌管理"悖论"与老品牌市场细分取向,《管理世界》,11,96—107。

何佳讯、胡颖琳(2010):何为经典? 品牌科学研究的核心领域与知识结构——基于SSCI数据库(1975—2008)的科学计量分析,《营销科学学报》,6(2),111—136。

何友晖、陈淑娟、赵志裕(1991):"关系取向:为中国社会心理方法论求答案,"载杨国枢、黄光国主编《中国人的心理与行为》,台北:桂冠图书股份有限公司,49—66。

何友晖、彭泗清、赵志裕(2007):《世道人心——对中国人心理的探索》,北京:北京大学出版社。

侯杰泰、温忠麟、成子娟(2004):《结构方程模型及其应用》,北京:教育科学出版社。

黄芳铭(2005):《结构方程模式:理论与应用》,北京:中国税务出版社,157。

黄静、雷柳桢(2005):品牌关系倾向对消费者态度及行为的影响,《2005JMS中国营销科学学术会议论文集》,430—442。

黄光国(1995):儒家价值观的现代转化:理论分析与实证研究,《本土心理学研究》,3,276—338。

黄光国(2006a):"中国人的人情关系,"载文崇一、萧新煌主编《中国人:观念与行为》,南京:江苏出版社,30—50。

黄光国(2006b):"儒家价值观的现代转化:理论分析与实证研究,"载《儒家关系主义:文化反思与典范重建》,北京大学出版社,139—184。

黄合水(2002):品牌资产:一个认知模型及其验证,博士论文,北京师范大学。

黄胜兵、卢泰宏(2003):品牌个性维度的本土化研究,《南开管理评论》,(1),4—9。

胡寄南(1991):《中国大百科全书·社会心理学卷》,中国大百科全书出版社。

胡维平(2006):《都市消费者行为》,上海:上海财经大学出版社。

James U. McNeil、张红霞(2003):《儿童市场营销》,北京:华夏出版社。

蒋廉雄、冯睿(2010):品牌不是空心的!产品相关的品牌知识的理论发展与管理含义,《2010JMS中国营销科学学术年会论文集(光盘中册)》,213—241。

金耀基(1988):"人际关系中人情之分析,"载杨国枢主编《中国人的心理》,台北:桂冠图书股份有限公司,75—104。

冷志明(2004):"中华老字号"品牌发展滞后原因及其对策研究,《北京工商大学学报(社会科学版)》,1,55—63。

李美枝(1993):从有关公平判断的研究结果看中国人之人己关系,《本土心理学研究》(台),创刊号。

李颢、王高、赵平(2009):品牌延伸评价的影响因素:文献综述与研究展望,《营销科学学报》,5(2),55—71。

李小华、何存道、董军(1999):消费者产品质量知觉研究,《心理科学》,22(1),18—21。

林静聪、沙莎(2005):中国式品牌管理,《世界经理人》,(5),66—70。

刘嘉庆、区永东、吕晓薇、蒋毅(2005):华人人际关系的概念化——针对中国香港地区大学生的实证研究,《心理学报》,37(1),122—125。

刘世雄、周志民(2002):从世代标准谈中国消费者市场细分,《商业经济文荟》,(5),19—21。

刘世雄(2005):基于文化价值的中国消费区域差异实证研究,《中山大学学报(社会科学版)》,45(5),99—103。

刘汶蓉(2008):"中国家庭价值观的变迁与趋势——以80后年龄组为参照的经验研究,"载上海市社会科学界联合会编《当代中国　道路·经验·前瞻:上海市社会科学界第六届学术年会文集(2008年度)》,上海人民出版社,368—380。

刘艳彬、王明东、袁平(2008):家庭生命周期与消费者行为研究——国际进展与展望,《中国管理信息化》,2,103—105.

罗劲、应小萍(2002.7):熟人社会中的人际关系与认知风格,《社会心理研究》,1998(3),6—10。

卢泓、徐光芳(2008):青少年反向社会化的动力机制探析,《山东省青年管理干部学院学报》,11(6),44—46。

陆娟(2004):消费者品牌忠诚影响因素实证分析,《财贸研究》,(6),13—16。

卢泰宏等(2005):《中国消费者行为报告》,北京:中国社会科学出版社。

陆定光(2002):国内企业品牌管理的常见错误,《中国企业家》,(9),100—102。

Lin,Yutang 著(1994):《中国人》,郝志东、沈益红译,上海:上海学林出版社。

Malhotra,N.K.(2002):《市场营销研究:应用导向》(第3版),涂平等译,北京:电子工业出版社,106。

McDaniel,C.Jr,R.Gates(2000):《当代市场调研》(第4版),范秀成等译,北京:机械工业出版社,74。

Petri,H.L.,J.M.Govern(2005):《动机心理学》,郭本禹等译,陕西师范大学出版社,291—295。

彭泗清(1997):中国人真的对人不对事吗?,《本土心理学研究》(中国台湾),(7),340—356。

Santrock,J.W.(2009):《毕生发展》,桑标等译,上海人民出版社,478—488.

Sheth,J.H.,Mittal,B.(2004):《消费者行为学:管理视角》(第2版),罗立彬译,北京:机械工业出版社。

Smith,P.B.,M.H.Bond,C.Kagitcibasi(2004):《跨文化社会心理学》,严文华、权大勇等译,北京:人民邮电出版社,97—125。

宋永高、水常青(2004):国内消费者对本国品牌的态度及其改变的可能性研究,《南开管理评论》,7(2),41—45。

孙隆基:《中国文化的深层结构》,桂林:广西师范大学出版社,2004年5月。

唐锐涛(2003):中国品牌:离真正崛起还有多远?,《商业评论(中文版)》,(9),22—24。

唐锐涛(2005):对消费大众的心理探索,《国际广告》,(7),118—121。

王成荣(2005):老字号的历史传承和品牌创新,《北京市财贸管理干部学校学报》,21(3),4—8。

王海忠(2002):《消费者民族中心主义——中国实证与营销诠释》,北京:经济管理出版社。

王海忠(2003):消费者民族中心主义的中国本土化研究,《南开管理评论》,(4),31—36。

王海忠、赵平(2004):品牌原产地效应及其市场策略建议———基于欧、美、日、中四地品牌形象调查分析,《中国工业经济》,1,78—86。

王海忠、于春玲、赵平(2006):品牌资产的消费者模式与产品市场产出模式的关系,《管理世界》,1,106—119。

王静龙、梁小筠(2006):《非参数统计分析》,北京:高等教育出版社。

王艇、郑全全(2009):自我决定理论:一个积极的人格视角,《社会心理科学》,2(24),11—16。

王晓霞、赵德华:"从文化解析人际关系(第四章),"载乐国安(2002)主编《当前中国人际关系研究》,天津:南开大学出版社,153—214。

王跃生(2006):当代中国家庭结构变动分析,《中国社会科学》,(1),96—108。

魏拴成(2006):我国传统"老字号"衰败的根源与复兴的路径分析,《江苏论坛》,6,16—17,54。

王兆峰(2005):"中华老字号"品牌企业创新策略,《湖南商学院学报》,12(6),29—31。

温忠麟、侯杰泰、张雷(2005):调节效应与中介效应的比较和应用,《心理学报》,37(2),268—274。

吴鲁平:"转型社会中的青年心态,"载黄志坚、潘岳、李晨(1996)主编《走向新世纪的中国青年》,北京:中国和平出版社。

吴鲁平:"传统价值观与现代价值观和后现代价值观能否同时并存——中国青年

价值结构的'多重性'及其中日韩青年价值结构模式比较,"载君塚大学、吴鲁平、金哲秀(2001)主编《东亚社会价值的趋同与冲突——中日韩青年社会意识比较》,社会科学文献出版社。

谢毅、彭泗清(2005):消费者—品牌关系影响因素的探索性研究,《2005JMS中国营销科学学术会议论文集》,662—670。

徐岚、崔楠、熊晓琴(2010):父辈品牌代际影响中的消费者社会化机制,《管理世界》,4,83—98。

于春玲(2004):基于顾客的品牌权益结构研究,博士论文,清华大学。

于春玲、王海忠、赵平、林冉(2005):品牌忠诚驱动因素的区域差异分析,《中国工业经济》,(12),115—121。

于洪彦、刘艳彬(2007):中国家庭生命周期模型的构建及实证研究,《管理科学》,12,45—53。

杨国枢(1965):现代心理学中有关中国国民性的研究,《思与言》(中国台湾),2(3),3—19。

杨国枢(1984):中国人孝道的概念分析,载杨国枢(1984)《中国人的心理》,桂冠图书股份有限公司,39—72。

杨国枢(1993a):"传统价值观与现代价值观能否同时并存,"载杨国枢(1993a)《中国人的价值观——社会科学的观点》,台北:桂冠图书公司。

杨国枢(1993b):"中国人的社会取向:社会互动的观点,"载杨国枢、余安邦(1993b)《中国人的心理与行为——理念及方法(1992)》,台北:桂冠图书公司,87—142。

杨国枢、郑伯埙(1987):传统价值观、个人现代性及组织行为:后儒家假说的一项微观验证,《"中央研究院"民族学研究所集刊》(中国台湾),(64),1—49。

杨国枢、叶明华(1997):中国人的家族主义:概念分析与实证衡鉴,《中央研究院民族学研究所集刊》,82,169—225。

杨国枢:"台湾社会科学的发展:困境与超越",载中国社会科学院学术交流委员会、中国社会科学院哲学研究所,北京九州图书出版社。

杨国枢(2006):《中国人的心理》,凤凰出版传媒集团,20—32。

叶光辉、杨国枢(2008):《中国人的孝道:心理学的分析》,台北:台湾大学出版社,530—540。

杨宜音(2001):"'自己人':一项有关中国人关系分类的个案研究,"载杨中芳

(2001)主编《中国人的人际关系、情感与信任——一个人际交往的观点》,中国台湾:
远流出版事业股份有限公司,131—157。

杨扬子、黄锡慧、施俊琦(2008):中国消费者对本国/日本品牌的外显和内隐态
度——内隐联想测验在来源国效应研究中的应用,《营销科学学报》,4(2),
130—140。

杨中芳、彭泗清(1999):中国人人际信任的概念化:一个人际关系的观点,《社会
学研究》,2,1—21。

杨中芳(2001a):"人际关系与人际情感的构念化,"载杨中芳主编《中国人的人际
关系、情感与信任——一个人际交往的观点》,中国台湾:远流出版事业股份有限公
司,337—370。

杨中芳(2001b):"'情'与'义':中国人真是重情的吗?"载杨中芳著《如何理解中
国人:文化与个人论文集》,中国台湾:远流出版事业股份有限公司,437—461。

杨中芳(1991):"试论中国人的'自己':理论与研究方向,"载杨中芳、高尚仁合编
《中国人·中国心:人格与社会篇》,中国台湾:远流出版事业股份有限公司,93—145。

于春玲、赵平、王海忠(2007):基于顾客的品牌资产模型实证分析及营销借鉴,
《营销科学学报》,3(2),31—42。

袁登华(2007):品牌信任研究脉络与展望,《心理科学》,30(2),434—437。

张剑、郭德俊(2003):内部动机与外部动机的关系,《心理科学进展》,11(5),
545—550。

章志光(1996):《社会心理学》,北京:人民教育出版社,186—238。

翟学伟(1991):中国人际心理初探——"脸"与"面子"的研究,《江淮学刊》,(2),
57—64。

翟学伟(1993):中国人际关系的特质——本土的概念及其模式,《社会学研究》,
(4),74—83。

翟学伟(2005):《人情、面子与权力的再生产》,北京:北京大学出版社,162—178。

庄贵军、席酉民(2003):关系营销在中国的文化基础,《管理世界》,(10),
98—109。

朱瑞玲:"中国人的社会互动:论面子的问题,"载杨国枢主编《中国人的心理》,中
国台湾:桂冠图书股份有限公司,1988年3月,239—288。

周晓虹(1996):《现代社会心理学》,上海:上海人民出版社,122—157。

周懿瑾、卢泰宏(2007):品牌延伸的反馈效应改变老字号品牌个性,《2007年中

国营销科学学术年会论文集》。

周懿瑾、卢泰宏（2008）：品牌延伸反馈效应研究述评，《外国经济与管理》，30（10），45—51。

周志民（2006）：品牌关系指数模型研究：一个量表开发的视角，《营销科学学报》，2（2），24—40。

周志民（2007）：品牌关系型态之本土化研究，《南开管理评论》，（2），69—75。

"中国代际关系研究"课题组（1999）：中国人的代际关系：今天的青年人和昨天的青年人——实证研究报告，《人口研究》，23（6），56—62。

Aaker，D. A. and K. L. Keller（1990），"Consumer Evaluations of Brand Extensions," *Journal of Marketing*，54，27—41.

Aaker，D. A.（1991），*Managing Brand Equity*. New York：The Free Press，238—262.

Aaker，D. A.（1996），*Building Strong Brands*. New York：The Free Press.

Aaker，D. A.（1996），"Measuring Brand Equity Across Products and Markets," *California Management Review*，38（3），102—120.

Aaker，J.（1997），"Dimensions of Brand Personality," *Journal of Marketing Research*，34（August），342—352.

Aaker，J.，V. Benet-Martinez and J. Garolera（2001），"Consumption Symbols as Carriers of Culture：A Study of Japanese and Spanish Brand Personality Constructs," *Journal of Personality and Social Psychology*，81（3），492—508.

Aaker J.，S. Fournier and S. A. Brasel（2004），"When Good Brands Do Bad," *Journal of Consumer Research*，31（June），1—16.

Aaker，D. A.（2007），"Innovation：Brand It or Lose It," *California Management Review*，50（1），8—24.

Aaker，J. L. and P. Williams（1998），"Empathy versus Pride：The Influence of Emotional Appeals across Cultures," *Journal of Consumer Research*，25（3），241—261.

Aberson，L. C.，C. Shoemaker and C. Tomolillo（2004），"Implicit Bias and Contact：The Role of Interethnic Friendships," *The Journal of Social Psychology*，144（3），335—347.

Agarwal，J. and N. K. Malhotra（2005），"An Integrated Model of Attitude and

Affect: Theoretical Foundation and An Empirical Investigation," *Journal of Business Reseaarch*, 58, 483—493.

Aggarwal, P.(2004), "The Effects of Brand Relationship Norms on Consumer Attitudes and Behavior," *Journal of Consumer Research*, 31(June), 87—101.

Aggarwal, P. and S. Law(2005), "Role of Relationship Norms in Processing Brand Information," *Journal of Consumer Research*, 32(December), 453—464.

Aggarwal, P. and M. Zhang (2006), "The Moderating Effect of Relationship Norm Salience on Consumers' Loss Aversion," *Journal of Consumer Research*, 33 (December), 413—419.

Ahuja, R., L.M. Capella and R.D.Taylor(1998), "Child Influences, Attitudinal and Behavioral Comparisons Between Single Parent and Dual Parent Households in Grocery Shopping Decision," *Journal of Marketing Theory and Practice*, 6(1), 48—62.

Ailawadi, K.L., D.R.Lehmann, and S.A.Neslin(2003), "Revenue Premium as an Outcome Measure of Brand Equity," *Journal of Marketing*, 67 (October), 1—17.

Alba, J.W. and J.W.Hutchinson(1987), "Dimensions of Consumer Expertise," *Journal of Consumer Research*, 13(3), 55—59.

Anderson, J. C. and D. W. Gerbing (1988), "Structural Equation Modeling in Practice: A Review and Recommended Two—Step Approach," *Psychological Bulletin*, 103(3), 222—234.

Arndt, J. (1972), "Intrafamilial Homogeneity for Perceived Risk and Opinion Leadership," *Journal of Advertising*, 1(1), 40—47.

Bagozzi, R.P. and Y.Yi(1988), "On the Evaluation of Structural Equation Models," *Journal of the Academy of Marketing Science*, 16, 74—94.

Bagozzi, R. P., M.Gopinath and P. U. Nyer(1999), "The Role of Emotions in Marketing," *The Journal of the Academy of Marketing Science*, 27(2), 184—206.

Bagozzi, R. P. and U. M. Dholakia (2006), "Antecedents and Purchase Consequences of Customer Participation in Small Group Brand Communities," *International Journal of Research in Marketing*, 23, 45—61.

Baker, S. M. and P. F. Kennedy (1994), "Death by Nostalgia: A Diagnosis of

Context-Specific Cases," *Advances in Consumer Research*, 21, 169—174.

Batra, R. and O. T. Ahtola (1990), "Measuring the Hedonic and Utilitarian Sources of Consumer Attitudes," *Marketing Letters*, 2(2), 159—170.

Batcho, K.I.(1995), "Nostalgia: a Psychological Perspective," *Perceptual and Motor Skills*, 80, 131—143.

Batra, R.(1997), "Marketing Issues and Challenges in Transtional Economies," *Journal of International Marketing*, 5(4), 95—114.

Batra, R., V.Ramaswamy, D.L.Alden, Jan-Benedict E.M.Steenkamp and S.Ramachander(2000), "Effects of Brand Local and Nonlocal Origin on Consumer Attitudes in Developing Countries," *Journal of Consumer Psychology*, 9(2), 83—95.

Baumrind, D.(1966), "Effects of Authoritative Parental Control on Child Behavior," *Child Development*, 37(4), 887—907.

Bearden, W.O., R.B.Money and J.L.Nevins(2006), "A Measure of Long-Term Orientation: Development and Validation," *Journal of the Academy of Marketing Science*, 34(3), 456—467.

Beatty, S. E. and S. Talpad (1994), "Adolescent Influence is Family Decision Making: A Replication with Extension," *Journal of Consumer Research*, 21 (September), 332—341.

Belk, R. W. (1985), "Materialism: Trait Aspects of Living in the Material World," *Journal of Consumer Research*, 12, 265—280.

Belk, R.W.(1990), "The Role of Possessions in Constructing and Maintaining a Sense of Past," *Advances in Consumer Research*, 17, 669—676.

Berry, J.W.(1969), "On Cross-Cultural Comparability," *International Journal of Psychology*, 4, 119—128.

Berry, N.C.(1988), "Revitalizing Brands," *Journal of Consumer Marketing*, 5(3), 15—20.

Bhat, S. and S.K.Reddy(2001), "The Impact of Parental Brand Attribute Associations and Affect on Brand Extension Evaluation," *Journal of Business Research*, 2001, 53(3), 111—122.

Biel, A.L.(1993), "Converting Image Into Equity," in *Brand Equity and Advertising: Advertising's Role in Building Strong Brands*, ed. David Aaker and Alexander Biel, Hillsdale, NJ: Erlbaum, 67—82.

Blackston, M.(1992), "Observations: Building Brand Equity by Managing the Brand's Relationships," *Journal of Advertising Research*, 32(May-June), 79—83.

Blackston, M. (1993), " Beyond Brand Personality: Building Brand Relationships," in *Brand Equity and Advertising: Advertising's Role in Building Strong Brands*, ed. David Aaker and Alexander Biel, Hillsdale, NJ: Erlbaum, 113—124.

Bollen, K.A.(1989), *Structural Equations with Latent Variables*. New York: Wiley.

Bond, M.H. and K.-K.Hwang(1986), *"The Social Psychology of Chinese People,"* in *The Psychology of the Chinese People*, *ed*. Michael Harris Bond, New York: Oxford University Press Inc., 213—266.

Bosnjak, M., V.Bochmann and T.Hufschmidt(2007), "Dimensions of Brand Personality Attributions: A Person-Centric Approach in the German Cultural Context," *Social Behavior and Personality*, 35(3), 303—316.

Boush, D.M., S.Shipp, B.Loken, et al.(1987), "Affect Generalization to Similar and Dissimilar Brand Extensions," *Psychology and Marketing*, 4(3), 225—237.

Boush, D.M. and B.Loken(1991), "A Process-Tracing Study of Brand Extension Evaluation," *Journal of Marketing Research*, 28(February), 16—28.

Bravo, R., E.Fraj and E.Martínez(2007a), "Family as a Source of Consumer-based Brand Equity," *Journal of Product & Brand Management*, 16(3), 188—199.

Bravo, R., E.Fraj and E.Martínez(2007b), "Intergenerational Influences on the Dimensions of Young Customer-Based Brand Equity," *Young Consumers*, 8(1), 58—64.

Bravo, R., E.Fraj and T.Montaner(2008), "Family Influence on Young Adult's Brand Evaluation. An Empirical Analysis Focused on Parent-Children Influence in Three Consumer Packaged Goods," *The International Review of Retail, Distribution and Consumer Research*, 18(3), 255—268.

Brian, W. (1997), " Making Old Brand New," *American Demographics*, 19(December), 53—60.

Brian, W. and J.Marie(1999), "New Uses that Revitalize Old Brands," *Journal of Advertising Research*, (March/April), 90—98.

Broniarczyk, S.M. and J.W.Alba(1994), "The Importance of the Brand in Brand Extension," *Journal of Marketing Research*, 31(May), 214—228.

Brown, S., R.V.Kozinets and J.F.Sherry Jr(2003), "Teaching Old Brands New Tricks: Retro Branding and the Revival of Brand Meaning," *Journal of Marketing*, 67(July), 19—33.

Brown, D.(1992), "Breathe New Life into Your Old Brand," *Management Review*, (August), 10—14.

Browne, B.A. and D.O.Kaldenberg(1997), "Conceptualizing Self-monitoring: Links to Materialism and Product Involvement," *Journal of Consumer Marketing*, 14(1), 31—44.

Brunel, F.F., B.C.Tietje, A.G.Greenwald(2004), "Is the Implicit Association Test a Valid and Valuable Measure of Implicit Consumer Social Cognition?," *Journal of Consumer Psychology*, 14(4), 385—404.

Burroughs, J.E. and A.Rindfleisch (2002), "Materialism and Well-being: A Conflicting Values Perspective," *Journal of Consumer Research*, 29, 348—370.

Carlson, L., A.Walsh, R.N.Laczniak, and S.Grossbart(1994), "Family Communication Patterns and Marketplace Motivations, Attitudes and Behaviors of Children and Mothers," *Journal of Consumer Affairs*, 28, 25—53.

Carter, B. and M.McGldrick(1999), "Overview: The Expanded Family Life Cycle: Individual, Family, and Social Perspectives," In B.Carter, M.Mcgoldrick(Eds.), *The Expanded Family Life Cycle: Individual, Family, and Social Perspectives* (3*rd* ed.) Boston: Allyn, Bacon.

Carroll, B.A. and A.C.Ahuvia (2006), "Some Antecedents and Outcomes of Brand Love," *Marketing Letters*, 17, 79—89.

Chaudhuri, A.(1997), "Consumption Emotion and Perceived Risk: A Macro-Analytic Approach," *Journal of Business Research*, 39, 81—92.

Chaudhuri, A. and M.B.Holbrook(2001), "The Chain of Effects from Brand Trust and Brand Affect to Brand Performance: The Role of Brand Loyalty," *Journal of Marketing*, 65(April), 81—93.

Chaudhuri, A. and M.B.Holbrook (2002), "Product-Class Effects on Brand

Commitment and brand Outcomes: The Role of Brand Trust and brand Affect," *Journal of Brand Management*, 10(1), 33—58.

Chebat, Jean-Charles, W. Slusarczyk (2005), "How Emotions Mediate the Effects of Perceived Justice on Loyalty in Service Recovery Situations: An Empirical Study," *Journal of Business Research*, 58, 664—673.

Childers, T.L. and A.R.Rao(1992), "The Influence of Familial and Peer-Based Reference Groups on Consumer Decisions," *Journal of Consumer Research*, 19(2), 198—211.

Chin, W.W.(1998), "Issues and Opinion on Structural Equation Modeling," *MIS Quarterly*, 22(1), 7—16.

Chiou, J.S., C.Droge and S.Hanvanich(2002), "Does Customer Knowledge Affect How Loyalty is Formed?" *Journal of Services Research*, 5(2), 113—125.

Churchill, G.A.(1979), "A Paradigm for Developing Better Measures of Marketing Constructs," *Journal of Marketing Research*, 16(February), 64—73.

Cicirelli, V.G.(1983), "A Comparison of Helping Behavior to Elderly Parents of Adult Children with Intact and Disrupted Marriages," *Gerontologist*, 23 (6), 619—625.

Clarke Ⅲ, Irvine, K.S.Micken and H.S.Hart(2002), "Symbols for Sale...at Least for Now: Symbolic Consumption in Transition Economies," *Advances in Consumer Research*, 29, 25—30.

Cohen, J.B. and K.Basu(1987), "Alternative Models of Categorization: Towards a Contingent Processing Framework," *Journal of Consumer Research*, 13, 455—472.

Coulter, R.A., L.L.Price and L.Feick(2003), "Rethinking the Origins of Involvement and Brand Commitment: Insights from Postsocialist Central Europe," *Journal of Consumer Research*, 30(September), 151—169.

Coupland, J.C.(2005), "Invisible brands: An Ethnography of Households and Their Kitchen Pantries," *Journal of Consumer Research*, 32(6), 106—119.

Crockenberg, S. and C.Litman(1990), "Autonomy as Competence in 2-year-olds: Maternal Correlates of Child Defiance, Compliance, and Self-assertion," *Developmental Psychology*, 26, 961—971.

Crosby, L.A., K.R.Evans, and D.Cowles(1990), "Relationship Quality in Services Selling: An Interpersonal Influence Perspective," *Journal of Marketing*, 54(3), 68—81.

Czellar, S. (2003), "Consumer Attitude toward Brand Extensions: An Integrative Model and Research Propositions," *International Journal of Research in Marketing*, 20, 97—155.

Dacin, P. A. and D. C. Smith (1994), "The Effect of Brand Portfolio Characteristics on Consumer Evaluations of Brand Extensions," *Journal of Marketing Research*, 31(May), 229—242.

Daly, A. and D.Moloney(2004), "Management Corporate Rebranding," *Irish Marketing Review*, 17(1—2), 30—36.

Daniels, F.(1985), "Nostalgia and Hidden Meaning," *American Image*, 42 (winter), 371—382.

Dash, S., E.Bruning and K.K.Guin(2006), "The Moderating Effect of Power Distance on Perceived Interdependence and Relationship Quality in Commercial Banking: A Cross-Cultural Comparison," *International Journal of Bank Marketing*, 24(5), 307—326.

Davies G., R.Chun, Rui Vinhas da Silva, and S.Roper(2003), *Corporate Reputation and Competitiveness*. Routledge, London, UK.

Davis, Deborah, ed. (2000), *The Consumer Revolution in Urban China*. Berkeley. CA: University of California Press.

Davis, F.(1979), *Yearning for Yesterday: Sociology of Nostalgia*. New York: The Free Press.

De Ruyter, K. and J.Bloemer(1997), "Merging Service Quality and Satisfaction: An Empirical Test of an Integrative Model," *Journal of Economic Psychology*, 18(4), 387—406.

Deci, E.L. and R.M.Ryan(1972a), "Effects of Contingent and Non-contingent Rewards and Controls on Intrinsic Motivation," *Organizational Behavior and Human performance*, 8, 217—229.

Deci, E.L. and R.M.Ryan(1972b), "Intrinsic Motivation, Extrinsic Reinforcement, and Inequity," *Journal of Personality and Social Psychology*, 22, 113—120.

Delgado-Ballester, E., Jose Luis Munuera-Alemán and María Jesús Yagüe-Guillén(2003), "Development and Validation of a Brand Trust Scale," *International Journal of Market Research*, 45(1), 35—53.

Dick, A.S. and K.Basu(1994), "Customer Loyalty: Toward an Integrated Conceptual Framework," *Journal of Academy of Marketing Science*, 22(2), 99—113.

Doctoroff, T.(2004), Tigers? A Perspective on Local Brands in China, Excerpts from the speech given at CEIBS, June 3.

Dodor, B.A. and B.A.Woods(2010), "Family and Consumer Sciences Theses and Dissertations: 2009 Graduate Research Productivity," *Family and Consumer Sciences Research Journal*, 39(2), 194—199.

Donthu, N. and B.Yoo(1998), "Cultural Influences on Service Quality Expectations," *Journal of Service Research*, 1(2), 178—186.

Dorsch, M.J., S.R.Swanson, and S.W.Kelley(1998), "The Role of Relationship Quality in the Statisfication of Vendors as Perceived by Customers," *Journal of the Academy of Marketing Science*, 26(2), 128—142.

Dou, W., G.Wang, and N.Zhou(2006), "Generational and Regional Differences in Media Consumption Patterns of Chinese Generation X Consumers," *Journal of Advertising*, 35(2), 101—110.

Dubois, B. and P.Duquesne(1993), "The Market of Luxury Goods: Income versus Culture," *European Journal of Marketing*, 27(1), 35—45.

Dwyer, F. and S.Oh(1987), "Output Sector Munificence Effects on the Internal Political Economy of Marketing Channels," *Journal of Marketing Research*, 24(November), 347—358.

Eckhardt, G.M. and M.J.Houston(2001), "Cultural Paradoxes Reflected in Brand Meaning: McDonalds's in Shanghai, China," *Journal of International Marketing*, 10(2), 68—82.

Ekstrom, K.M.(2007), "Parental Consumer Learning or 'Keeping up with the Children'," *Journal of Consumer Behavior*, 6, 203—217.

Elliot, R. and K.Wattanasuwan(1998), "Brands as Symbolic Resources for the Construction of Identity," *International Journal of Advertising*, 17(2), 131—144.

Epp, A.M. and L.L.Price(2008), "Family Identity: A Framework of Identity

Interplay in Consumption Practices," *Journal of Consumer Research*, 35 (June), 50—72.

Erdem, T., J. Swait and A. Valenzuela (2006), "Brands as Signals: A Cross-Country Validation Study," *Journal of Marketing*, 70(1), 34—49.

Erevelles, S. (1998), "The Role of Affect in Marketing," *Journal of Business Research*, 42, 199—215.

Ewing, M. T., D. A. Fowlds and I. R. B. Shepherd (1995), "Renaissance: A Case Study in Brand Revitalization and Strategic Realignment," *Journal of Product and Brand Management*, 4(3), 19—26.

Fang, T. (2003), "A Critique of Hofstede's Fifth National Culture Dimension," *International Journal of Cross Cultural Management*, 3(3), 347—368.

Farh, J., A. A. Cannella, Jr, and C. Lee (2006), "Approcaches to Scale Developing in Chinese Management Research," *Management and Organization Review*, 2(3), 301—318.

Fennis, B. M., A. T.. H. Pruyn and M. Maasland (2005), "Revisiting the Malleable Self: Brand Effects on Consumer Self-Perceptions of Personality Traits," *Advances in Consumer Research*, 32, 371—377.

Fiske, S. T. and M. A. Pavelchak (1986), "Category-Based versus Piecemeal-Based Affective Responses: Developments in Schema-Triggered Affect," in Sorrentino R M, E. T. Higgins ed., *The Handbook of Motivation and Cognition: Foundations of Social Behavior*, New York: Guilford, 1986:167—203.

Fitzmaurice, J. and C. Comegys (2006), "Materialism and Social Consumption," *Journal of Marketing Theory and Practice*, 14(4), 287—299.

Fodor, N. (1950), "Varieties of nostalgia," *The Psychoanalytic Review*, 37(1), 25—38.

Fornell, C. and D. F. Larcker (1981), "Evaluating Structural Equation Models with Unobservable Variables and Measurement Error: Algebra and Statistics," *Journal of Marketing Research*, 18(1), 39—50.

Fournier, S. (1994), "A Consumer-Brand Relationship Framework for Strategic Brand Management," Unpublished doctoral dissertation, University of Florida.

Fournier, S. (1998), "Consumers and Their Brands: Developing Relationship

Theory in Consumer Research," *Journal of Consumer Research*, 24, 343—368.

Fournier, S. (2000), "Dimensioning Brand Relationships Using Brand Relationship Quality," Paper presented at the Association for Consumer Research annual conference, Salt Late City, UT.October.

Foxman, E.R., P.S.Tansuhaj and K.M.Ekstrom(1989), "Adolescents' Influence in Family Purchase Decisions: A Socialization Perspective," *Journal of Business Research*, 18(2), 159—172.

Francis, S. and L. D. Burns (1992), "Effects of Consumer Socialization on Clothing Shopping Attitude, Clothing Acquisition, and Clothing Satisfaction," *Clothing and Textile Research Journal*, 10, 35—39.

Freling, T.H. and L.P.Forbes(2005), "An Examination of Brand Personality through Methodological Triangulation," *Journal of Brand Management*, 13(2), 148—162.

Friedman, M.(1991), *A Brand New Language: Commercial Influences in Literature and Culture*. Greenwood Press, New York.

Furrer, O., B.Liu, and D.Sudharshan(2000), "The Relationships between Culture and Service Quality Perceptions: Basis for Cross-Cultural Market Segmentation and Resource Allocation," *Journal of Service Research*, 2(4), 355—371.

Garbarino, E. and M.S.Johnson(1999), "The Different Roles of Satisfaction, Trust, and Commitment in Customer Relationships," *Journal of Marketing*, (April), pp.70—78.

Gordon, G. L., R. J.Calantone and C. Anthony di Benedetto (1999), "Mature Markets and Revitalization Strategies: An American Fable," *Business Horizons*, (May/July), 39—49.

Gonsalkorale, K., J. A. Allen, W. J. Sherman and C. K. Klauer (2010), "Mechanisms of Group Membership and Exemplar Exposure Effects on Implicit Attitudes," *Social Psychology*, 41(3), 158—168.

Greenwald, A.G. andM. R.Banaji(1995), "Implicit Social Cognition, Attitudes, Self-Esteem and Stereotypes," *Psychological Review*, 102(1), 4—27.

Greenwald, A.G., D.Mcghee and J.I.K.Schwartz(1998), "Measuring Individual Differences in Implicit Cognition: The Implicit Association Test," *Journal of Per-*

sonality and Social Psychology, 74(6), 1464—1480.

Grime, I., A. Diamantopoulos and G. Smith(2002), "Consumer Evaluations of Extensions and Their Effects on the Core Brand: Key Issues and Research Propositions," *European Journal of Marketing*, 36(11/12), 1415—1438.

Grönroos, C. (1984), " A Service Quality Model and Its Marketing Implications," *European Journal of Marketing*, 18(4), 36—45.

Grönroos, C.(1994), "From Marketing Mix to Relationship Marketing," *Management Decision*, 32(2), 4—19.

Gürhan-Canli, Z. and D. Maheswaran(1998), "The Effects of Extensions on Brand Name Dilution and Enhancement," *Journal of Marketing Research*, 35(November), 464—473.

Gurhan-Canli, Z. and R. Ahluwalia (1999), " Cognitive and Relational Perspectives on Brand Equity," *Advances in Consumer Research*, 26, 343.

Hair, J.F., R.E. Anderson, R.L. Tatham, and W.C. Black(1998), *Multivariate Data Analysis*. Upper Saddle River(NJ): Prentice Hall.

Hamilton, G. and C. Lai (1989), Consumerism Without Capitalism: Consumption and Brand Names in Late Imperial China[A]. In: Henry Rutz and Benjamin Orlove. The Social Economy of Consumption: Monographs in Economic Anthropology, No.6[C]. Lanham, MD: University Press of America, 253—279.

Havlena, W.J. and S.L. Holak(1991), "The Good Old Days: Observation on Nostalgia and Its Role in Consumer Behavior," *Advances in Consumer Research*, 18, 323—329.

Havlena, W.J. and M.B. Holbrook(1986), "The Varieties of Consumption Experience: Comparing Two Typologies of Emotion in Consumer Behavior," *Journal of Consumer Research*, 13(December), 394—404.

Havlena, W.J. and S.L. Holak(1996), "Exploring Nostalgia Imagery Through The Use of Consumer Collages," *Advances in Consumer Research*, 23, 35—42.

Hayes, J.B., B.L. Alford, L. Silver, et al.(2006), "Looks Matter in Developing Consumer-Brand Relationships," *Journal of Product and Brand Management*, 15(5), 306—315.

Hayta, Ates, Bayazit (2008), "Socialization of the Child as a Consumer,"

Family and Consumer Sciences Research Journal, 37(2), 167—184.

He, Jiaxun(2008), "Transference or Severance: An Exploratory Study on Brand Relationship Quality of China's Time-Honored Brands Based on Intergenerational Influence," *Frontiers of Business Research in China*, 2(4), 518—552.

Heckler, S.E., T.L.Childers, and R.Arunachalam(1989), "Intergenerational Influences in Adult Buying Behaviors: An Examination of Moderating Factors," *Advances in Consumer Research*, 16, 276—284.

Hennig-Thurau, T., and A.Klee(1997), "The Impact of Customer Satisfaction and Relationship Quality on Customer Retention: A Critical Reassessment and Model Development," *Psychology & Marketing*, 14(8), 737—763.

Hess, J. and J.Story(2005), "Trust-Based Commitment: Multidimensional Consumer-Brand Relationship," Journal of Consumer Marketing, 22(6), 313—322.

Hetts, J. J., M. Sakuma and B. W. Pelham (1999), "Two Roads to Positive Regard: Implicit and Explicit Self-evaluation and Culture," *Journal of Experimental Social Psychology*, 35(6), 512—559.

Hill, Reuben(1970), *Family Development in Three Generations*. Cambridge, MA: Schenkman.

Hinkin, T.R.(1995), "A Review of Scale Development Practices in the Study of Organization," *Journal of Management*, 21(5), 967—988.

Hirsch, A. R. (1992), "Nostalgia: A Neuropsychiatric Understanding," *Advances in Consumer Research*, 19, 390—395.

Hirschman, E. C., and M. B. Holbrook (1982), "Hedonic Consumption: Emerging Concepts, Methods and Propositions," *Journal of Marketing*, 46(Summer), 92—101.

Ho, D.Y.F.(1998), "Interpersonal Relationships and Relationship Dominance: An Analysis Based on Methodological Relationalism," *Asian Journal of Social Psychology*, 1, 1—16.

Hofstede, G.(1983), "National Cultures in Four Dimensions: A Research-Based Theory of Cultural Differences among Nations," *International Studies of Management and Organizaiton*, 13(1—2), 46—74.

Hofstede, G. (2001), *Culture's Consequence: Comparing Values, Behaviors,*

Institutions, and Organizations across Nations(2nd ed). Thousand Oaks: Sage Publications, Inc.

Hofstede, G. and M.H.Bond(1988), "The Confucius Connection: From Cultural Roots to Economic Growth," *Organnizational Dynamics*, 16(Spring), 5—21.

Holak, S. I. and W. J. Havlena(1992), "Nostalgia: An Exploratory Study of Themes and Emotions in the Nostalgic Experience," *Advances in Consumer Research*, 19, 380—387.

Holbrook, M.B. and R.Batra(1987), "Assessing the Role of Emotions as Mediators of Consumer Responses to Advertising," *Journal of Consumer Research*, 14 (December), 404—420.

Holbrook, M.B. and R.M.Schindler(1989), "Some Exploratory Findings on the Development of Musical Tastes," *Journal of Consumer Research*, 16(6), 119—124.

Holbrook, M.B. and R.M.Schindler(1991), "Echoes of the Dear Departed Past: Some Work in Progress on Nostalgia," *Advances in Consumer Research*, 18, 330—333.

Holbrook,M.B.(1993), "Nostalgia and Consumption Preferences: Some Emerging Patterns of Consumer Tastes," *Journal of Consumer Research*, 20 (September), 245—256.

Holbrook, M.B. and R.M.Schindler(1994), "Age, Sex, and Attitude toward the Past as Predictors of Consumers' Aesthetic Tastes for Cultural Products," *Journal of Marketing Research*, 31(3), 412—422.

Holbrook, M. B. and R. M. Schindler(1996), "Market Segmentation Based on Age and Attitude toward the Past: Concepts, Methods, and Finding Concerning Nostalgic Influences on Customer Tastes," *Journal of Business Research*, 37, 27—39.

Holbrook, M. B. and R. M. Schindler(1996), "Market Segmentation Based on Age and Attitude toward the Past Concepts, Methods, and Findings Concerning Nostalgic Influences on Customer Tastes," *Journal of Business Research*, 37, 27—39.

Holbrook, M.B. and R.M.Schindler(2003), "Nostalgic Bonding: Exploring the Role of Nostalgia in the Consumption Experience," *Journal of Consumer Behavior*, 3(2), 107—127.

Holt, D. B. (1997), "Poststructuralist Lifestyle Analysis: Conceptualizing the

Social Patterning of Consumption in Post-Modernity," *Journal of Consumer Research*, 23, 326—350.

Holt, D. B. (1998), "Does Cultural Capital Structure American Consumption?" *Journal of Consumer Research*, 25(6), 1—25.

Ho, S.-C. (2001), "Growing Consumer Power in China: Some Lessons for Managers," *Journal of International Marketing*, 9(1), 64—83.

Hsu, F. L. K. (1963), *Clan, Caste and Club*. New York: Van Nostrand Reinhold Company.

Hsu, F. L. K. (1971), *Eros, Affect, and Pao, in Kinship and Culture*, ed. F. L. K. Hsu, Chicago: University of Chicago Press.

Hu, Li-tze and P. M. Bentler (1999), "Cutoff Criteria for Fit Indexes in Covariance Structural Analysis: Conventional Criteria versus New Alternatives," *Structural Equation Modeling: A Multidisciplinary Journal*, 6(1), 1—55.

Hu, H. C. (1949), *Emotions, Real and Assumed, in Chinese Society. Institute for Intercultural Studies*. Columbia University, New York, No.RCC-CH-PR4.

Isler, L., E. T. Popper, and S. Ward (1987), "Children's Purchase Requests and Parental Responses," *Journal of Advertising Research*, 27 (October-November), 28—39.

Izard, C. E. (1977), *Human Emotions*. Plenum, New York.

Ji. L., T. Guo, and Z. Zhang (2009), "Looking Into the Past: Cultural Differences in Perception and Representation of Past Information," *Journal of Personality and Social Psychology*, 96(4), 761—769.

John, D. R. (1999), "Consumer Socialization of Children: A Retrospective Look at Twenty-Five Years of Research," *Journal of Consumer Research*, 26(December), 183—213.

Joiner, C. (2006), "Existing Products and Brand Extension Judgments: Does Brand Category Context Matter," *Advances in Consuemr Research*, 33, 76—81.

Kagitcibasi and Cigdem (2005), "Autonomy and Relatedness in Cultural Context: Implications for Self and Family," *Journal of Cross-Cultural Psychology*, 36(4), 403—422.

Kaikati, J. G. (2003), "Lessons from Accenture's 3Rs: Rebranding, Restructing and Repositioning," *The Journal of Product and Brand Management*, 12(6/7), 477—490.

Kaikati, J.G., A.M.Kaikati(2003), "A Rose by Any Other Name: Rebranding Campaigns that Work," *Journal of Business Strategy*, 24(6), 17—23.

Kamineni, R.(2005), "Influence of Materialism, Gender and Nationality on Consumer Brand Perceptions," *Journal of Targeting*, *Measurement and Analysis for Marketing*, 14(1), 25—32.

Kapferer, Jean-Noel(1992), "*Strategic Brand Management: New Approaches to Creating and Evaluating Brand Equity*," London: Kogan Page Limited.

Kapferer, Jean-Noël(2004), *The New Strategic Brand Management* (3rd Edition). London and Sterling: Kogan Page.

Keller, K.L.(1993), "Conceptualizing, Measuring, and Managing Customer-Based Brand Equity," *Journal of Marketing*, 57(January), 1—22.

Keller, K.L.(1998), *Strategic Brand Management: Building*, *Measuring*, *and Managing Brand Equity* (1st *Edition*), Pearson Education.

Keller, K.L.(1999), "Managing Brands for Long Run: Brand Reinforcement and Brand Revitalization Strategies," *California Management Review*, 41 (3), 102—124.

Keller, K.L. and D.A.Aaker(1992), "The Effects of Sequential Introduction of Brand Extensions," *Journal of Marketing Research*, 29(2), 35—50.

Keller, K.L.(2001), "Building Customer-Based Brand Equity," *Marketing Management*, 10(July—August), 14—18.

Keller, K.L. and D.R.Lehmann(2003), "How do brands create value?" *Marketing Management*, May—June, 26—31.

Keller, K.L.(2003a), Strategic Brand Management: Building, *Measuring and Managing Brand Equity*, 2nd ed. Prentice-Hall, Upper Saddle River, NJ.

Keller, K.L.(2003), "Brand Synthesis: The Multidimensionality of Brand Knowledge," *Journal of Consumer Research*, 29(March), 595—600.

Kilbourne, W., M. Grunhagen and J. Foley (2005), "A Cross-Cultural Examination of the Relationship between Materialism and Individual Values," *Journal of Economic Psychology*, 26, 624—641.

Kim, C., H.Lee and M.A.Tomiuk(2009), "Adolescents' Perception of Family Communication Patterns and Some Aspects of Their Consumer Socialization," *Psychology and Marketing*, 26(10), 888—907.

Kim, C., H.Lee and K.Hall(1991), "A Study of Adolescents' Power, Influence Strategy, and Influence on Family Purchase Decisions," in 1991 AMA Winter Educators' Proceedings, ed. Terry L.Childers et al., Chicago: American Marketing Association, 37—45.

Kirmani, A., S.Sood and S.Bridges(1999), "The Ownership Effect in Consumer Responses to Brand Line Stretches," *Journal of Marketing*, 63(January), 88—101.

Klukholn, F.R. and F.L.Strodbeck(1961), *Variations in Value Orientation.* Row, Paterson and Co Illinois.

Krishnan, H.S.(1996), "Characteristics of Memory Associations: A Consumer-Based Brand Equity Perspective," *International Journal of Research in Marketing*, 13, 389—405.

Labrecque, J. and L.Ricard(2001), "Children's Influence on Family Decision Making: A Restaurant Study," *Journal of Business Research*, 54(2), 173—176.

Lachance, Marie J., Frédéric Legault and Nérée Bujold(2000), "Family Structure, Parent-Child Communication, and Adolescent Participation in Family Consumer Tasks and Decisions," *Family and Consumer Sciences Research Journal*, 29(2), 125—152.

Lambkin, M., L.Muzellec and M.Doogan(2003), "Corporate Rebranding: An Exploratory Review," *Irish Marketing Review*, 16(2), 31—40.

Landon, E.L.(1974), "Self-concept, Ideal Self-concept and Consumer Purchase Intentions," *Journal of Consumer Research*, 1, 44—51.

Laroche, M., K.Chankon and L.Zhou(1996), "Brand Familiarity and Confidence as Determinants of Purchase Intention: An Empirical Test in a Multiple Brand Context," Journal of Business Research, 37, 115—120.

Laros, F.J.M. and Jan-Benedict E.M.Steenkamp(2005), "Emotions in Consumer Behavior: A Hierarchical Approach," *Journal of Business Research*, 58, 1437—1445.

Lau, G.T. and S.H.Lee(1999), "Consumers' Trust in a Brand and the Link to

Brand Loyalty," *Journal of Market Focused Management*, 4, 344—360.

Lau, K.C. and I.Phau(2007), "Extending Symbolic Brands Using Their Personality: Examining Antecedents and Implications towards Brand Image Fit and Brand Dilution," *Psychology and Marketing*, 24(5), 421—444.

Leavitt, C. and J.Walton(1975), "Development of a Scale for Innovativeness," *Advances in Consumer Research*, 2, 545—554.

Lee, Christina Kwai-Choi and B.A.Collins(2000), "Family Decision Making and Coalition Patterns," *European Journal of Marketing*, 34(9/l0), 1181—1198.

Lee, Yong-Ki, C. Lee, S. Lee, and B. J. Babin (2008), "Festivalscapes and Patrons' Emotions, Satisfaction, and Loyalty," *Jounal of Business Research*, 61, 56—64.

Lehu, J.(2004), "Back to Life! Why Brands Grow Old and Sometimes Die and What Managers then Do: An Exploratory Qualitative Research Put into the French Context," *Journal of Marketing Communication*, 10(June), 133—152.

Levy, S. J. (1959), "Symbols for Sale," *Harvard Business Review*, 37(4), 117—124.

Loken B. and J.Ward(1990), "Alternative Approaches to Understanding the Determinants of Typicality," *Journal of Consumer Research*, 17 (September), 111—126.

Loken, B. and D.R.John(1993), "Diluting Brand Beliefs: When Do Brand Extensions Have a Negative Impact?" *Journal of Marketing*, 57(July), 71—84.

Loken, B., C.Joiner and M.J.Houston(2010), "*Leveraging a Brand through Brand Extension: A Review of Two Decades of Research*," in Loken, B., R.Ahluwalia and M.J.Houston ed. Brand and Brand Management, New York: Taylor and Francis Group, LLC.11—41.

Loulis, S. and L.Kuczynski(1997), "Beyond One Hand Clapping: Seeing Bidirectionality in Parent-Child Relations," *Journal of Social and Personal relationships*, 14, 441—461.

Low, G.S. and R. A. Fullerton(1994), "Brands, Brand Management, and the Brand Manager System: A Critical-Historical Evaluation," *Journal of Marketing Research*, 31(May), 173—190.

Luk, S., L. Fullgrabe, and S. Li(1996), "Managing Direct Selling Activities in China: A Cultural Explanation," Paper Presented to EIRASS, Third Recent Advances in Retailing and Consumer Sciences Conference, Telfs, Austraia, June, 1—18.

Lyon, P. and A. Colquhoun(1999), "Selectively Living in the Past: Nostalgia and Lifestyle," *International Journal of Consumer Studies*, 23(3), 191—196.

MacCallum, R.C., K.F. Widaman, S. Zhang and S. Hong(1999), "Sample Size in Factor Analysis," *Psychological Methods*, 4, 84—89.

Maison, D., A.G. Greenwald and R.H. Bruin(2004), "Predictive Validity of the Implicit Association Test in Studies of Brands, Consumer Attitudes, and Behavior," *Journal of Consumer Psychology*, 14(4), 405—415.

Mandrik, C. A. (1996), "Consumer Heuristics: The Tradeoff between Processing Effort and Value in Brand Choice," *Advances in Consumer Research*, 23, 301—307.

Mandrik, C.A., E.F. Fern and Y. Bao(2005), "Intergenerational Influence: Roles of Conformity to Peers and Communication Effectiveness," *Psychology & Marketing*, 22(10), 813—832.

Mavondo, F. T. and E. M. Rodrigo (2001), "The Effect of Relationship Dimensions on Interpersonal and Interorganizational Commitment in Organizations Conducting Business Between Australia and China," *Journal of Business Research*, 52, 111—121.

McCracken, G. (1986), "Culture and Consumption: A Theoretical Account of the Structure and Movement of the Cultural Meaning of Consumer Goods," *Journal of Consumer Research*, 13, 71—84.

McEwen, W. (2005), "Marketing to China's 'Generation Y'," *The Gallup Organization*, March 15, 1—3.

McEwen, W., X. Fang, C. Zhang, and R. Burkholder(2006), "Inside the Mind of the Chinese Consumer," *Harvard Business Review*, 84(March), 68—76.

McKechnie, G. E. (1977) "The Environmental Response Inventory in Application," *Environment and Behavior*, 9(2), 255—276.

McLeod, J.M. and S.H. Chaffee(1972), *The Construction of Social Reality*. In:

J. T. Tiedeschi. The Social Influence Process. Chicago: Aldine-Atherton, 50—99.

Merrilees, B. and D. Miller(1999), "Direct Selling in the West and East: The Relative Roles of Product and Relationship(Guanxi) Drivers," *Journal of Business Research*, 45, 267—273.

Morgan, M. and S. Hunt (1994), "The Commitment-Trust Theory of Relationship Marketing," *Journal of Marketing*, 58(July), 20—38.

Muniz, A. M. Jr. and T. C. O'Guinn(2001), "Brand Community," *Journal of Consumer Research*, 27(March), 412—432.

Merrilees, B. (2005), "Radical Brand Evolution: A Case-Based Framework," *Journal of Advertising Research*, (June), 201—210.

Micken, K. S. and S. D. Roberts(1999), "Desperately Seeking Certainty: Narrowing the Materialism Construct," E. Arnould, & L. Scott(Eds.), *Proceedings of the Association for Consumer Research*, 513—518.

Milberg, S. J., C. W. Park and M. S. McCarthy(1997), "Managing Negative Feedback Effects Associated with Brand Extension: The Impact of Alternative Branding Strategies," *Journal of Consumer Psychology*, 6, 119—140.

Miller, B. C. (1975), "Intergenerational Patterns of Consumer Behavior," *Advances in Consumer Research*, 2, 93—101.

Minahan, S., P. Huddleston(2010), "Shopping with Mum-Mother and Daughter Consumer Socialization," *Young Consumers: Insight and Ideas for Responsible Marketers*, 11(3), 170—177.

Mittal, B. and M. B. Royne(2010), "Consuming as a Family: Modes of Intergenerational Influence on Young Adults," *Journal of Consumer Behavior*, 9 (4), 239—257.

Moore, J. (1993), "Building Brand across Markets: Cultural Differences in Brand Relationships within the European Community," in *Brand Equity and Advertising: Advertising's Role in Building Strong Brands*, ed. David Aaker and Alexander Biel, Hillsdale, NJ: Erlbaum, 31—49.

Moore, R. L., L. F. Stephens(1975), "Some Communication and Demographic Determinants of Adolescent Consumer Learning," *The Journal of Consumer Research*, 2(2), 80—92.

Moore-Shay, E.S. and R.J.Lutz(1988), "Intergenerational Influences in the Formation of Consumer Attitudes and Beliefs about the Marketplace: Mother and Daughters," *Advances in Consumer Research*, 1988, 15, 461—467.

Moore-Shay, E.S. and B.M.Berchmans(1996), "The Role of the Family Environment in the Development of Shared Consumption Values: An Intergenerational Study," *Advances in Consumer Research*, 23, 484—490.

Moore, E.S., W.L.Wilkie, and J.A.Alder(2001), "Lighting the Torch: How Do Intergenerational Influences Develop," *Advances in Consumer Research*, 28, 287—293.

Moore, E.S., W.L.Wilkie, and R.J.Lutz(2002), "Passing the Torch: Intergenerational Influence as a Source of Brand Equity," *Journal of Marketing*, 66(April), 17—37.

Moorman, C., G.Zaltman and R.Deshpande(1992), "Relationships Between Providers and Users of Market Research," *Journal of Marketing Research*, 29(August), 314—328.

Morgan, R.M. and S.D.Hunt(1994), "The Commitment-Trust Theory of Relationship Marketing," *Journal of Marketing*, 58(3), 20—38.

Moschis, G.P. and Jr.G.A.Churchill(1978), "Consumer Socialization: A Theoretical and Empirical Analysis," *Journal of Marketing Research*, 15(11), 599—609.

Moschis, G.P.(1985), "The Role of Family Communication in Consumer Socialization of Children and Adolescents," *Journal of Consumer Research*, 11(March), 898—913.

Moschis, G.P., R.L.Moore and R.B.Smith(1984), "The Impact of Family Communication on Adolescent Consumer socialization," *Advances in Consumer Research*, 11, 314—319.

Moschis, G.P. and L.G.Mitchell(1986), "Television Advertising and Interpersonal Influences on Teenagers' Participation in Family Consumer Decisions," *Advances in Consumer Research*, 13, 181—186.

Moschis, G.P.(1988), "Methodological Issues in Studying Intergenerational Influences on Consumer Behavior," *Advances in Consumer Research*, 15, 569—573.

Mowen, J. and M.Minor(1998), *Consumer Behavior*. 5th Edition, Prentice-

Hall, Upper Saddle River, NJ.

Muehling, D.D. and D.E.Sprott(2004), "The Power of Reflection: An Empirical Examination of Nostalgia Advertising Effects," *Journal of Advertising*, 33(3), 25—35.

Murphy G.L. and D.L.Medin(1985), "The Role of Theories in Conceptual Coherence," *Psychological Review*, 92(July), 289—316.

Netemeyer, R.G. et al.(2004), "Developing and Validating Measures of Facets of Customer-Based Brand Equity," *Journal of Business Research*, 57, 209—224.

Nunnally, J.(1978), *Psychometric Theory*(2nd *ed*). New York: McGraw-Hill.

Nunnally, J.C. and I.H.Bernstein(1994), *Psychometric Theory*(3rd *ed.*). New York: McGraw-Hill.

O'Cass, A. and T.T.Muller(1999), "A study of Australian Materialistic Values, Product Involvement and Self-image/Product-image Congruency Relationships for Fashion Clothing," Proceedings of The Ninth Biennial World Marketing Congress, *Academy of Marketing Science*, 402—404.

Ogden, D., J.Ogden and H.J.Schau(2004), "Exploring the Impact of Culture and Acculturation on Consumer Purchase Decisions: toward a Microcultural Perspective," *Academic Marketing Science Review*, 8, 1—22.

Oliver, R.L.(1997), *Satisfaction: A Behavioral Perspective on the Consumer*. New York: McGraw-Hill.

Olsen, B(1993), "Brand Loyalty and Lineage: Exploring New Dimensions for Research," *Advances in Consumer Research*, 20, 575—579.

Olsen, B(1995), *Brand Loyalty and Consumption Patterns: The Lineage Factor*. In: Kohn F.Sherry, Jr.Contemporary Marketing and Consumer Behavior: An Anthropological Sourcebook. Thousand Oaks, CA: Sage Publications, Inc., 245—281.

Osborne, L.N. and F.D.Fincham(1994), *"Conflict Between Parents and Their Children*," In D.D.Cahn(Ed.), Conflict in personal relationships. New Jersey: Lawrence Erlbaum Associates.

Özgen, Ö.(1995), "The Living Period Approach towards the Socialization of Consumer," *Standard Economic and Technique Magazine*, 34(402), 85—91.

Palan, K.M. and R.E.Wilkes(1997), "Adolescent-Parent Interaction in Family Decision Making," *Journal of Consumer Research*, 24(September), 159—170.

Park, C.W., S.Milberg and R.Lawson(1991), "Evaluation of Brand Extension: the Role of Product Level Similarity and Brand Concept Consistency," *Journal of Consumer Research*, 18(September), 185—193.

Park, C.S. and V.Srinivasan(1994), "A Survey-Based Method for Measuring and Understanding Brand Equity and Its Extendibility," *Journal of Marketing Research*, 31(5), 271—288.

Pascal, J.V., D.E.Sprott and D.D.Muehling(2002), "The Influence of Evoked Nostalgia on Consumers' Responses to Advertising: An Exploratory Study," *Journal of Current Issues and Research in Advertising*, 24(1), 39—49.

Pitta, D. A. and L. P. Katsanis (1995), "Understanding Brand Equity for Successful Brand Extension," *Journal of Consumer Marketing*, 12(4), 51—64.

Plummer, J. T.(1985), "How Personality Makes a Difference," *Journal of Advertising Research*, 24, 27—31.

Plutchik, R. (1980), *Emotion: A Psychoevolutionary Synthesis*. New York: Harper and Row.

Price, L.(2008), "Doing Family: The Temporal and Spatial Structuring of Family Consumption," Advances in Consumer Research, 35,189—193.

Quelch, J.A. and D.Kenny(1994), "Extend Profits, Not Product Lines," *Harvard Business Review*, 72(5), 153—160.

Ramaseshan, B. and H.Tsao(2007), "Moderating Effects of the Brand Concept on the Relationship between Brand Personality and Perceived Quality," *Journal of Brand Management*, 14(6), 458—466.

Ram, S. and H.Jung(1994), "Innovativeness in Product Usage: A Comparison of Early Majority," *Psychology and Marketing*, January-February, 57—68.

Ratneshwar, S. and A.D.Shocker(1991), "Substitute in Use and the Role of Usage Context in Product Category Structures," *Journal of Marketing Research*, 28, 281—295.

Reisenwitz, T.H., R.Iyer and B.Cutler(2004), "Nostalgia Advertisement and the Influence on Nostalgia Proneness," *Marketing Management Journal*, 14(2),

55—66.

Richins, M.L. and S.Dawson(1992), "A Consumer Values Orientation for Materialism and Its Measurement: Scale Development and Validation," *Journal of Consumer Research*, 19(12), 303—316.

Richins, M.L.(1997), "Measuring Emotions in the Consumption Experience," *Journal of Consumer Research*, 24(September), 127—146.

Richins, M.L.(1994), "Special Possessions and the Expression of Material Values," *Journal of Consumer Research*, 21(December), 522—533.

Rindfleisch, A., D.Freeman and J.E.Burroughs(2000), "Nostalgia, Materialism and Product Preference: An Initial Inquiry," *Advances in Consumer Research*, 27, 36—41.

Rindfleisch, A., J.E.Burroughs and F.Denton(1997), "Family Structure, Materialism, and Impulsive Consumption," *Journal of Consumer Research*, 23 (3), 312—325.

Roberts, K.(2004), *Lovemarks: The Future Beyond Brands*. New York: Powerhouse Books.

Rogers, E.M.(1983), *Diffusion of Innovations*(3rd edition). New York: The Free Press, 1992.

Rossiter, J.R. and L.Percy(1987), *Advertising and Promotion Management*. New York: McGraw-Hill Book Company.

Roth, M.S.(1995), "The Effects of Culture and Socioeconomics on the Performance of Global Brand Image Strategies," *Journal of Marketing Research*, 17(May), 163—175.

Ruth, J.A.(2001), "Promoting a Brand's Emotion Benefits: The Influence of Emotion Categorization Processes on Consumer Evaluations," *Journal of Consumer Psychology*, 11(2), 99—113.

Schiffman, L.G. and L.L.Kanuk(1995), *Consumer Behavior*(5th Edition). Prentice-Hall.

Schindler, R.M. and M.B.Holbrook(2003), "Nostalgia for Early Experience as a Determinant of Consumer Preferences," *Psychology and Marketing*, 20 (4), 275—302.

Schütte, H. and D.Ciarlante(1998), *Consumer Behavior in Asian*. New York University Press.

Shah, R. H. and B. Mittal (1997), "Toward a Theory of Intergenerational Influnece in Consumer Behavior: An Exploratory Essay," *Advances in Consumer Research*, 24, 55—60.

Shama, A. (1992), "Transforming the Consumer in Russia and Eastern Europe," International Marketing Review, 9(2), 43—59.

Shaver, P., J.Schwartz, D.Kirson, and C. O'Connor(1987), "Emotion Knowledge: Further Explanation of a Prototype Approach," *Journal of Personality and Social Psychology*, 52, 1061—1086.

Sheinin, D. A. (1998), "Positioning Brand Extensions: Implications for Beliefs and Attitudes," *Journal of Product and Brand Management*, 7, 137—149.

Sheinin, D. A. (2000), "The Effects of Experience with Brand Extensions on Parent Brand Knowledge," *Journal of Business Research*, 49(1), 47—55.

Sheinin, D.A. and B.H.Schmitt(1994), "Extending Brands with New Product Concepts: The Role of Category Attribute Congruity, Brand Affect, and Brand Breadth," *Journal of Business Research*, 31(1), 1—10.

Sherman, E. and E.S.Newman(1977—78), "The Meaning of Cherished Personal Possessions for the Elderly," *Journal of Aging and Human Development*, 8(2), 181—192.

Sirdeshmukh, D., J.Singh and B.Sabol(2002), "Consumer Trust, Value, and Loyalty in Relational Exchages," *Journal of Marketing*, 66(January), 15—37.

Sirgy, M.J.(1985), "Using Self-Congruity and Ideal Congruity to Predict Purchase Motivation," *Journal of Business Research*, 13, 195—206.

Sklair, L. (1994), "The Culture-Ideology of Consumerism in Urban China: Some Findings from a Survey in Shanghai," in Research in Consumer Behavior, ed. C.J.Schultz, Ⅱ, R.W.Belk and G.Ger, Greenwich, CT: JAI, 259—292.

Smith, D.C. (1992), "Brand Extensions and Advertising Efficiency: What Can and Cannot Be Expected," *Journal of Advertising Research*, 32(6), 11—20.

Smith, J.B.(1998), "Buyer-Seller Relationships: Similarity, Relationship Management, and Quality," *Psychology and Marketing*, 15(1), 3—21.

Soares, A.M., M.Farhangmehr and A.Shoham(2007), "Hofstede's Dimensions of Culture in International Marketing Studies," *Journal of Business Research*, 60, 277—284.

Sorce, P., L.Loomis, and P.R.Tyler(1989), "Intergenerational Influence on Consumer Decision Making," *Advances in Consumer Research*, 16, 271—275.

Spears, N., X.Lin and J.C.Mowen(2001), "Time Orientation in the United States, China, and Mexico: Measurement and Insights for Promotional Strategy," *Journal of International Consumer Marketing*, 13(1), 57—75.

Steenkamp, J.E.M. and M.G.de Jong(2010), "A Global Investigation into the Constellation of Consumer Attitudes toward Global and Loacal Products," *Journal of Marketing*, 74(6), 18—40.

Steenkamp, J.B.E.M., H.J.V.Heerde and I. Geyskens(2010), "What Makes Consumers Willing to Pay a Price Premium for National Brands over Private Labels?" *Journal of Marketing Research*, 47(Dec), 1011—1024.

Sternberg, R.J.(1986), "A Triangular of Love," *Psychological Review*, 93, 119—135.

Sternberg, R.J.(1987), "Liking vs. Loving: A Comparative Evaluation of Theories," *Psychological Bulletin*, 102, 331—345.

Stern, B.B.(1992), "Historical and Personal Nostalgia in Advertising Text: The Fin de siècle Effect," *Journal of Advertising*, 21(4), 11—23.

Stover, L.E.(1974), The Cultural Ecology of Chinese Civilization[M]. New York: Mentor.

Storm, C. and T.Storm(1987), "A Taxonomic Study of the Vocabulary of Emotions," *Journal of Personality and Social Psychology*, 53, 805—816.

Strauss, A.(1987), *Qualitative Analysis for Social Scientists*. New York: Cambridge University Press.

Strauss, A. and J.Corbin(1990), *Basics of Qualitative Research: Grounded Theory Procedures Techniques*. Newbury Park: Sage Publications.

Stuart, H. and L.Muzellec(2004), "Corporate Makeovers: Can a Hyena Be Rebranded," *Journal of Brand Management*, 11(6), 472—482.

Su, C. and J.E. Littlefield (2001), "Entering Guanxi: A Business Ethical

Dilemma in Mainland China?" *Journal of Business Ethics*, 33, 199—210.

Sung, Y. and S.F. Tinkham(2005), "Brand Personality Structure in the United States and Korea: Common and Culture-Specific Factors," *Journal of Consumer Psychology*, 15(4), 334—350.

Tallman, I., R. Marotz-Baden and P. Pindas(1983), *Adolescent Socialization in Cross-Cultural Perspective, Planning for Social Change*. New York: Academic Press.

Tauber, E.M.(1981), "Brand Franchise Extension: New Product Benefits from Exiting Brand Name," *Business Horizons*, 24(2), 36—41.

Taylor, S.M. and V.A. Konrad(1980), "Scaling Dispositions toward the Past," *Environment and Behavior*, 12(3), 283—307.

Taylor, S.A., S.Goodwin and K.Celuch(2004), "The Relative Importance of Brand Equity to Customer Loyalty in an Industrial Setting," *Journal Product and Brand Management*, 13(4), 217—227.

Thompson, C.G., A. Rindfleisch and Z. Arsel(2006), "Emotional Branding and the Strategic Value of the Doppelgänger Brand Image," *Journal of Marketing*, 70 (January), 50—64.

Thomson, M., D. J. MacInnis, and C. W. Park(2005), "The Ties That Bind: Measuring the Strength of Consumers/Emotional Attachments to Brands," *Journal of Consumer Psychology*, 15(1), 77—91.

Thomson, E.S., A. W. Laing and L. McKee(2007), "Family Purchase Decision Making: Exploring Child Influence Behavior," *Journal of Consumer Behavior*, 6(4), 182—202.

Triandis, H. C. (1995), *Individualism and Collectivism*. Boulder, CO: Westview Press.

Triandis, H.C. (1993), "Collectivism, Individualism as Cultural Syndromes," *Cross Cultural Research*, 27(August), 166—180.

Tsai, S.(2005), "Utility, Cultural Symbolism and Emotion: A Comprehensive Model of Brand Purchase Value," *International Journal of Research in Marketing*, 22, 277—291.

Tse, D. (1996), "Understanding Chinese People as Consumers: Past Findings and Future Propositions," In: Michael Bond. *The Handbook of Chinese Psychology*. Hong Kong: Oxford University Press, 352—363.

Tsikriktsis, N.(2002), "Does Culture Influence Web Site Quality Expectations? An Empirical Study," *Journal of Service Research*, 5(2), 101—112.

Van Oort, H. A.(1970), "Chinese Culture-Values Past and Present," *Chinese Culture*, 11(1), 34—44.

Verma, D.P.S. and S.Kapoor(2003), "Dimensions of Buying Roles in Family Decision-Making," *IIMB Management Review*, December, 7—14.

Villarejo, A. F. and M. J. Sánchez-Franco(2005), "The Impact of Marketing Communication and Price Promotion on Brand Equity," *Journal of Brand Management*, 12(6), 431—445.

Viswanathan, M., T.L.Childers, and E.S.Moore(2000), "The Measurement of Intergenerational Communication and Influence on Consumption: Development, Validation, and Cross-Culture Comparison of the IGEN Scale," *Journal of the Academy of Marketing Science*, 28(3), 406—424.

Wansink, B. and J.M.Gilmore(1999), "New Uses that Revitalize Old Brands," *Journal of Advertising Research*, 39(2), 90—98.

Wansink, B. and M.Ray(1996), "Advertising Strategies to Increase Usage Frequency," *Journal of Marketing*, 60(1), 31—46.

Ward, S.(1974), "Consumer Socialization," *Journal of Consumer Research*, 1(2), 1—14.

Ward S., D.B.Wackman and E.Wartella(1977), *How Children Learn to Buy: The Development of Consumer Information Processing Skills*. Sage Publications: Beverly Hills, California.

Watson, D., L.A.Clark, and A.Tellegen(1988), "Development and Validation of Brief Measures of Positive and Negative Affect: The PANAS scales," *Journal of Personality and Social Psychology*, 54(6), 1063—1070.

Weber, M.(1951), *The Religion of China: Confucianism and Taoism*. New York: The Free Press.

Webster, C. and L.B.Wright(1999), "The Effects of Strength of Family Relationship on Intergenerational Influence," *Advances in Consumer Research*, 26,

373—378.

Wei, R.(1997), "Emerging Lifestyles in China and Consequences for Perception of Advertising, Buying Behaviour and Consumption Preferences," *International Journal of Advertising*, 16, 261—275.

Whitbeck, L. B. and V. Gecas (1988), "Value Attribution and Value Transmission between Parents and Children," *Journal of Marriage and the Family*, 50(August), 829—840.

Wildschut, T., C. Sedikides, J. Arndt, and C. Routledge(2006), "Nostalgia: Content, Triggers, Functions," *Journal of Personality and Social Psychology*, 91(5), 975—993.

Wilson, T. D., S. Lindsey and T. Y. Schooler (2000), "A Model of Dual Attitudes," *Psychological Review*, 107(1), 101—126.

Wong, Y, H. and T.K.P.Leung(2001), "*Guanxi: Relationship Marketing in a Chinese Context*," New York: International Business Press.

Woodson, L. G., T. L. Childers and P. R. Winn (1976), "Intergenerational Influences in the Purchase of Auto Insurance," in *Marketing Looking Outward: 1976 Business Proceedings*, ed. W.Locander, Chicago: American Marketing Association, 43—49.

Wong, Y.H.(1998), "The Dynamics of Guanxi in China," Singapore Management Review, 20(2), 25—42.

Yang, M.M.(1986), *The Art of Social Relationships and Exchange in China*. University of California, Berkeley, CA.

Yang, Z., N.Zhou and J.Chen(2005), "Brand Choice of Older Chinese Consumers," *Journal of International Consumer Marketing*, 17(4), 65—81.

Yau, O.H.M.(1988), "Chinese Cultural Values: Their Dimensions and Marketing Implications," *Eurpoean Journal of Marketing*, 22(5), 44—57.

Yau, O.H.M.(1994), *Consumer Behavior in China: Customer Satisfaction and Cultural Values*. T.J.Press(Padstow) Ltd, Padstow Cornwall.

Yaveroglu, I.S. and N.Donthu(2002), "Cultural Influences on the Diffusion of Products," *Journal of International Consumer Marketing*, 14(4), 49—63.

Yoo, B., N.Donthu and S.Lee(2000), "An Examination of Selected Marketing

Mix Elements and Brand Equity," *Journal of the Academy of Marketing Science*, 2(2), 195—211.

Yoo, B. and N.Donthu(2001), "Developing and Validating a Multidimensional Consumer-based Brand Equity Scale," *Journal of Business Research*, 52, 1—14.

Yoo, B. and N.Donthu(2002), "Testing Cross-Cultural Invariance of the Brand Equity Creation Process," *Journal of Product & Brand Management*, 11(6), 380—398.

Yüksel, A., and F. Yüksel(2007), "Shopping Risk Perceptions: Effects on Tourists' Emotions, Satisfaction and Expressed Loyalty Intentions," *Tourism Management*, 28, 703—713.

Zandpour, F., V.Campos, J.Catalano and C.Chang(1994), "Global Reach and Local Touch: Achieving Cultural Fitness in TV Advertising," *Journal of Advertising Research*, 34(5), 35—63.

Zeithaml, V.(1988), "Consumer Perceptions of Price, Quality and Value: A Means-End Model and Synthesis of the Evidence," *Journal of Marketing*, 52(7), 2—22.

Zhang, J.(2005), "Cultural Values Reflected in Chinese Advertisingments: Self-Construal and Persuasion Implications," Unpublished Dissertation, University of Illinois At Urbana-Champaign, US.

Zhang, Y. and V.Mittal(2008), "Culture Matters: The Impract of Power-Distance Belief on Consumers' Impulsive Buying Tendency," *Advances in Consumer Research*, 35, 643.

Zhou, L. and M.K.Hui(2003), "Symbolic Value of Foreign Products in the People's Republic of China," *Journal of International Marketing*, 11(2), 36—58.

Zimmer, M.R., S.K.Little, and J.S.Griffiths, (1999), "The Impact of Nostalgia Proneness and Need for Uniqueness on Consumer Perceptions of Historical Branding Strategies," *American Marketing Association Conference Proceedings*, 10, 259—267.

Zinkhan, G.M. and R.C.Martin(1987), "New Brand Names and Inferential Beliefs: Some Insights on Naming New Products," *Journal of Business Research*, 15, 157—172.

图书在版编目(CIP)数据

长期品牌管理/何佳讯著.—上海:格致出版社:
上海人民出版社,2015
(上海市学术著作出版基金丛书)
ISBN 978 - 7 - 5432 - 2591 - 6

Ⅰ.①长… Ⅱ.①何… Ⅲ.①老字号-品牌-企业管
理-中国 Ⅳ.①F279.24

中国版本图书馆 CIP 数据核字(2015)第 298553 号

责任编辑 程 倩 王 萌

长期品牌管理
何佳讯 著

出 版	世纪出版股份有限公司 格致出版社	印 刷	常熟市新骅印刷有限公司
	世纪出版集团 上海人民出版社	开 本	635×965 1/16
	(200001 上海福建中路 193 号 www.ewen.co)	印 张	28.75
		插 页	4
	编辑部热线 021-63914988	字 数	409,000
	市场部热线 021-63914081	版 次	2016 年 4 月第 1 版
	www.hibooks.cn	印 次	2016 年 4 月第 1 次印刷
发 行	上海世纪出版股份有限公司发行中心		

ISBN 978 - 7 - 5432 - 2591-6/F • 900   定价:68.00 元